ON LIBERTY & REGULATION
COMPARATIVE COMMUNICATION LAW

群己权界新论
传播法比较研究

卢家银 著

商务印书馆
The Commercial Press

图书在版编目(CIP)数据

群己权界新论：传播法比较研究 / 卢家银著. —
北京：商务印书馆，2020
ISBN 978-7-100-18856-2

Ⅰ. ①群… Ⅱ. ①卢… Ⅲ. ①传播媒介－比较法学－
世界 Ⅳ. ① D912.104

中国版本图书馆 CIP 数据核字（2020）第 139396 号

权利保留，侵权必究。

群己权界新论——传播法比较研究
卢家银 著

商 务 印 书 馆 出 版
（北京王府井大街36号 邮政编码100710）
商 务 印 书 馆 发 行
艺堂印刷（天津）有限公司印刷
ISBN 978-7-100-18856-2

2020年9月第1版　　开本 710×1000　1/16
2020年9月第1次印刷　印张 18
定价：54.00 元

序一

进入21世纪以来，我国新闻传播领域发生了一系列重大变化，媒介市场化进程显著推进，新闻从业人员逐步增多，在主流媒体发展的同时，网络媒体迅速崛起，目前正朝着媒介融合和智能化的方向发展。在中央确立依法治国的基本方略和建设中国特色社会主义法治体系的总目标的背景下，为了规范和调整媒介运行所涉及的政治、经济与文化等社会系统，新闻传播法治也在推进。但学术界对这种制度演进和结构变迁的重视还不够聚焦，特别是对新闻传播法治的理论认知还有待深化，卢家银的这本著作正是试图在这方面有所贡献。

本书运用比较法学的理论视域和研究方法，尝试通过对普通法系、大陆法系、伊斯兰教法系主要代表国家新闻传播法律制度、法律适用和相关争议问题的比较研究，深化对新时期中国新闻传播法治进程的理解。这种比较法研究的视域和方法也正是法律界长期追求的目标之一。比较法是一种普遍的解释方法，它能够打破法律研究的"偏安一隅"和"空间藩篱"，揭示出法律学说的某些过于复杂或并不精确的层面。正如法学家莱翁丹让·康斯坦丁内斯库（Leontin-Jean Constantinesco）所言："比较法擦亮了法律学者们的眼睛，使其能够发现本国法律机制的一些缺陷与弱点。"本书所做的正是这样一项工作，作者试图通过这种传播法比较研究，释放隐藏在诸多准则和超级结构外壳中的法律现象的内核，阐释其文化与体制的异同。

这也正是我多年的期待，期待我培养的博士能够在前人研究的基础上，更进一步。2008年，我在复旦大学出版社出版了《新闻传播法学》，当时运用了比较研究的方法。本书作者卢家银当时就敏锐地发现了这一点，撰写了题为《比较研究可开新思路》的书评。难能可贵的是，他由此开始，开启了比较传播法研究的学术生涯。在过去的12年里，他围绕新闻传播法中的言论自由、宗教诽谤和隐私侵权等一系列重要议题，撰写了 20 多篇相关论文，现完成了《群己权界新论——传播法比较研究》一书。这是在我原来著作基础上的重要进步，作者对中外各主要国家传播法律体系和权利规范等进行了表里之别的纵横向比较，属于青出于蓝而胜于蓝的表现。所以我觉得，这部著作是一本好书，能开阔人们的眼界，尤其是传媒法研究者不能不读。

我国目前仍处于社会转型时期，新闻传播法在信息传播与社会发展中仍然发挥着举足轻重的作用。在全面推动国家治理现代化的语境下，学术界开始致力于互联网治理研究，用法学和新闻传播学等学科理论和经验方法来剖析新闻传播领域中的各种争议和问题。但是，新闻传播法研究属于一门边缘交叉学科，对于没有良好法学功底和缺失良好新闻传播学基础的师生而言，存在一定挑战。这本著作既避免以纯法学概念主义的传统，单纯阐述新闻传播活动中的法律关系，又避免以行为主义的新闻传播学路径，单一地讨论法律活动中的信息沟通或新闻报道。本书选择学科交叉的道路，将传播法编织成一种对新闻传播活动中的法律制度和社会关系规范的系统研究，不仅紧扣法律体系中的核心议题，而且紧扣信息传播活动的全过程，还规避了对相关学科专业术语的抽象运用。

最后，本书从严复和约翰·密尔两个大思想家身上汲取学术营养，让严复笔下的"利民之政"与"节矩之道"在当下又焕发风采，也让本书备添理论的魅力。而且，这本著作在最新资料和案例使用上亦有明显贡献。本书尽可能地展现了各大法系国家最新的传播立法，以及国内外的最新司法判例和相关研究成果，这为后续研究提供了文献基础。当然，本书还存在对互联网环境下、特别是当前智能媒体发展及其所带来的法律挑战的关注不够，对世界不发达国家传播法制未能涉足等不足。但瑕不掩瑜，本书是家银近十年来努力耕耘的代表作，应该能在国内传播法研究领域占有一席之地。我也期待他未来能够写出更加优秀的著作，为中国新闻传播法治的建设做出更大贡献。

孙旭培

2020 年 5 月于北京天通苑

中国社会科学院新闻与传播研究所研究员

序二

卢家银博士以"群己权界新论"来命题他从事传播法研究的最新成果，体现了他对于传播法的思考和理解。

"群己权界论"是我国近代启蒙思想家、翻译家严复（1854—1921）在1903年将英国自由主义思想家约翰·密尔（1806—1873）于1859年出版的重要论著《论自由》（On Liberty，我国20世纪50年代再次汉译出版则使用现名）译为汉语出版时所起的书名。在我国的思想史和翻译史研究中，对这个典故众说纷纭，评价不一。一般说来，人们认为在字面上"群己权界"与"自由"虽然相去甚远，然而却体现了译者对于原著议题的认识和阐释，即自由的实质乃在厘清个人权益（己）和群体、社会（群）权益之间的界限。现在本书作者则撷取这个百余年前的古色词组作为主标题，赋以当代传播法的新意。

信息传播是人类维系社会运作的一项基本活动。而从事传播活动的主体（自然人或法人及其他组织）必定会同他人、社会及其各种群体和组织以及国家发生这样或那样的关系，这正是传播法（或称传媒法、媒体法，因为现代社会的主要传播活动必须经过媒体）所要调整的对象。传播活动主体的权利，国际上通称言论自由（freedom of speech）、表达自由（freedom of expression）；在我国，宪法上称为言论、出版自由，政策和学术层面上较多称为表达权，这些称谓的所指其实并无不同。而传播主体行使自己的权利，不得损害他人的、社会及其各种群体和组织的乃至国家的权利和利益，也是举世公认的基本原则。传播法就是要调整两者之间的关系，设定合理的界限以及对任何一方逾越界限行为的制裁。由于传播活动涉及社会生活的方方面面，所以传播法不可能只是制定单一的一部法律，传播法的规范会涉及多种法律和——用大陆法系概念来说——法的部门（branch of law）。本书的架构正是体现了这样的特征。作者在第一章

"基本权利"阐述了表达自由或表达权之后,再以十二章的篇幅分叙法律为了保护其他各类权益,对传播主体基本权利所设定的限制:如果说,像"煽动诽谤""淫秽规制""亵渎宗教""种族仇视"等主要体现了调整传播行为与国家和社会的公共利益之间的关系,那么,像"名誉侵权""隐私保护""真实威胁""数据迁移"等则更多着眼于调整传播行为与公民权益之间的关系,从而系统体现了作者在传播法上的"群己权界"观。

如果说本书这十三章的设计主要是展现了传播活动中从权利到责任的纵向结构,那么本书各章内对不同国家不同法系就本章研究对象所作的"比较"则体现了一种横向结构。传播法所要调整的社会关系是相同或相似的,但是由于不同国家社会形态和制度、文化传统、宗教信仰、生活习俗等的差异,各国建立的法制、规范和准则以及它们的形态则会有很大的不同,甚至同样的法律命题或概念,在不同国家、不同社会的实施中也会出现很大的差别,就像上述传播者的权利在不同国家不同场合就有不同表述和解释那样。为此,在法学研究中,比较法(comparative law)是经常使用的、不可或缺的方法(由于其重要地位,有的学者主张比较法应该是一门学科)。比较法就是对不同法律制度的比较,为此,离不开法系(family of laws, legal family, etc.)的比较。法系是按照不同国家法律制度的共同传统、共同特征对各国法制所作的归类,学界各家有关区分或有详略之别。按照我国法学前辈学者沈宗灵先生(1923—2012)在20世纪末的论述,主要是大陆法系(民法法系)、英美法系(普通法法系),以及中国的社会主义法律制度;还有伊斯兰法、印度法等,也有其独立的地位(《比较法研究》,1998)。

本书以大陆法、英美法及我们中国特色的社会主义法律体系中传播法的比较为主,而对其他法系的国家也有涉及,如"煽动诽谤""种族仇恨"这些章内,亦介绍了印度的有关法制。第五章"宗教亵渎"专门比较了主要信奉基督教的国家(包含分属英美法系和大陆法系的英国、美国和意大利)、佛教国家(泰国、斯里兰卡和柬埔寨),对于制裁亵渎宗教行为的不同法律规范和案例,中国以无神论为主流观念,而依法保障宗教信仰自由,包括信教自由和不信教自由,传播法研究很少涉及亵渎宗教的问题,本章案例大多零碎见于报章,从法制层面加以综合讨论,足以拓展国人见识。当然同一法系的不同国家,法律制度也会存在很大差别。如在"名誉侵权""隐私保护"等章里我们可以看到,尽管英国与美国属于同一法系,美国法起源于英国法,但是历经两百余年的发展,两国的许多规范已经存在不容忽视的差异。这种比较甚至还可以深入一个国家的内部，如我国香港地区，按照"一国两制"原则，在"特别行政区基本法"的框架下基本保留回归前的法律而不实行中国内地的绝大多数社会主义法律，但又须按照"基本法"的要求对原有法律作出修改或制定新的法律，所以不能绝对说香港地区属于英美法系，在"煽动犯罪"这一章就涉及香港"基本法"和原有法律的关系问题。对不同法系、不同国家、不同地区传播法作这样的比较研究，并非着眼于它们孰优孰劣，法律制度总是要同社会的政治经济文化等制度相适应。比较法研究的主要启示是，他国的传播法制对于我们主要在于理论上的认识和借鉴意义，由于社会制度等诸多方面的不同，简单主张搬用他国规范有可能造成"南橘北枳"的效果。

传播法总是处于发展之中。有些国家的传播法、传媒法著作往往每隔数年就要修订一次，有的驰名著作已修订达 20 版以上。这不仅是由于法律制度虽然具有稳定性，但是随着社会政治经济文化的发展，在不同的法律部门往往需要制定新的法律或修改原有法律，而传播法如上所说，总是涉及众多法律部门，这种发展或修改往往会涉及传播法。更为重要的是，传播科技发展往往是社会发展的前驱。世纪之交以来，互联网的发展已经颠覆了原有的传统传播形态，由此带来网络空间"群己权界"发生新的变动。为了保障网络安全，规制网络传播，各国纷纷制定有关法律规范。本书在论述传播法那些固有议题如煽动、亵渎、名誉、隐私等时，也注意发掘网络时代的新动态、新变化、新案例，同时还以专章论述了随着网络传播发展而发展起来的新的传播法议题如"真实威胁"（true threats）、"数据迁移"（data portability）、"青少年在线保护"等。其中"数据迁移权"或译为数据可携带权，是 2018 年生效的欧盟《一般数据保护条例》首次确立的数据主体的权利，这种权利是适应社交网络兴起的需要而形成的。作者及时注意到这种新型权利加以研究，撰写论文发表（《论隐私自治：数据迁移权的起源、挑战与利益平衡》，《新闻与传播研究》2019 年第 8 期），又经扩充而成为本书第十二章，论述了这个权利的内涵、起源，对现实的挑战以及与国家、社会、个人等各方利益的平衡等，介绍了欧洲各国的落实措施和其他国家的借鉴，并就我国如何完善个人信息保护法制提出了自己的见解。这足以表明本书具有的前沿性。

传播法内容广泛，国际上已有的传播法著作往往篇幅浩瀚。本书既然着眼于比较研究，就不可能面面俱到。如"名誉侵权"，本身就是一部专著的选题，国内研究成果数以百计，本章就只是集中于讨论不同国家对死者、政府、公众人物等主体的名誉权益的比较研究，而不再泛论诸如侵权构成、抗辩事由、责任形态等问题。另外，全书主要关注于传播内容的法律规范，而并未涉及诸如纸媒（书报刊）、广播、电视、电影、网络等不同传播媒体的特定权利、责任和法律规制等问题，这也许是作者将本书称为"传播法"研究而不是"传媒法"研究的一个理由。这样说，并非指本书存在不足，而只是想借此说明，本书的出版意味作者多年的传播法研究登上了一个新的台阶，期待作者今后有更多的成果问世。

魏永征

2020 年 3 月 30 日于上海，全球抗疫高潮之际

中国政法大学光明新闻传播学院特聘教授

中国新闻史学会新闻法治与伦理委员会学术顾问

目 录

第一章 基本权利···1
　　一、法权的内涵···1
　　二、法权的历史···5
　　三、法权的渊源···9
　　四、法权的规制··16

第二章 煽动诽谤···21
　　一、禁止的行为··21
　　二、煽动的标准··30

第三章 泄密问题···40
　　一、国家安全···40
　　二、保守秘密···48
　　三、信息公开···58
　　四、司法审查···62

第四章 淫秽规制···68
　　一、认定标准···68
　　二、儿童色情···75
　　三、规制哲学···78

第五章　亵渎宗教 83
　　一、基督教国家 85
　　二、佛教国家 93
　　三、法律基准 99

第六章　种族仇视 102
　　一、国际准则 102
　　二、法系差异 106
　　三、法理根源 117

第七章　名誉侵权 120
　　一、逝者名誉 120
　　二、政府机构 127
　　三、公众人物 130
　　四、公正评论 135

第八章　隐私保护 140
　　一、权利变迁 140
　　二、隐私期待 143
　　三、隐性采访 148
　　四、公共利益 153

第九章　知识产权 159
　　一、新闻作品 159
　　二、网络游戏 166
　　三、孤儿作品 177

第十章　媒介审判 188
　　一、法系差异 188

二、媒介判意 ································· 196
　　三、报道限制 ································· 203

第十一章　真实威胁 ······························· 213
　　一、事实基准检测 ····························· 214
　　二、主观意图检测 ····························· 218
　　三、客观理解检测 ····························· 223
　　四、司法最低限度主义 ························· 226

第十二章　数据迁移 ······························· 229
　　一、法权意涵 ································· 230
　　二、社会起源 ································· 234
　　三、现实挑战 ································· 240
　　四、利益平衡 ································· 246
　　五、信息自决 ································· 252

第十三章　青少年在线保护 ························· 255
　　一、制法模式 ································· 256
　　二、本土路径 ································· 267
　　三、法律文化 ································· 272

跋 ·· 275

第一章 基本权利

> 如果有时间通过讨论揭露虚假与谬误、通过教育规避罪恶，可以采取的纠正措施应该是更多的言论，而非强行缄默。
>
> ——路易斯·布兰代斯

在传播法层面，所谓的基本权利主要是指公民的言论表达权。该权利是公民权利体系中最重要的基础性权利之一，属于宪法权利。作为公民的一项法定权利，基本权利作为现代民主政治的基石，备受法治国家和国际社会的普遍尊崇。在世界范围内，各个国家和地区都以不同形式但基本类似的表述在宪法或法律中对该项权利予以明确和强调。自联合国自成立以来即对该权利问题高度关注，强调"人人有自由发表意见的权利"，希望通过对该基本权利的保障，在世界范围内建设优质多元的信息社会。国际社会对于该权利的边界与规制范式也时有争论，但世界各国对于该权利的认可与保障程度随着法制体系的健全而不断提升。

一、法权的内涵

如前所述，传播法视域中的基本权利主要指表达权。它是一个宪法学概念，属于精神自由权范畴。[①] 该权利包括公民依法通过报刊、广播、电视、互联网等各类传播媒介及应用搜集、传播信息与发表见解的权利，体现了现代公民思想表达的公共特质与法律向度。法学家郭道晖指出：表达权即为表达自由，它主要是指言论自由（freedom of speech），但它比言论自由涵盖面更广。[②] 它所涉及的言论既包括纯粹性言论，又包括象征性言

[①] 萧瀚：《表达权是基本人权》，法制参考编辑部（编）：《法制参考》（第12辑），北京：中国民主法制出版社2007年版，第53页。

[②] 郭道晖：《论作为人权和公民权的表达权》，《河北法学》2009年第1期，第54—59页。

论。该基本权利从形式上可分为微观、中观和宏观三个层次：微观层次主要包含言论、讲学、著作、出版、艺术、绘画等权利；中观层次主要指集会、游行、示威与结社等权利形式；宏观层次主要包括政府和政党活动及投票选举的权利等。[①] 不论形式如何变化，其核心在于批评和建议的自由，具体而言，它包括设立新闻媒体的权利、搜集资讯的权利、不揭露资讯来源的权利、编辑权利和传播散发资讯的权利等。[②]

该权利是人类与生俱来的权利，所有民主国家都已在宪法中确认为公民的基本权利，是行使其他公民权利和社会权力的前提条件。[③]《欧洲人权公约》（1950年11月4日）第十条第一款规定："任何人都有权自由发表意见。这一权利包括意见发表自由，以及不受国家机关阻碍、不受国境限制而接受和传播信息和思想的自由。本条规定不妨碍国家规定电台、电视和电影企业应当取得许可。"[④] 德国《基本法》第五章第一款规定："每个人都有权在言论、文字和图像中自由表达和传播其见解，并从通常可获得的来源中获取信息。通过广播和摄像的出版和报导自由必须受到保障，并禁止审查。"[⑤] 美国《宪法第一修正案》规定：国会不得制定关于确立宗教或禁止自由从事宗教活动的法律；不得制定剥夺言论自由或新闻出版自由的法律；不得制定剥夺人民和平集会和向政府请愿的法律。[⑥]

比较重要的是，国际社会普遍承认并要求依法保障该项基本权利。联合国大会1966年12月16日通过的《公民权利和政治权利国际公约》（*International Covenant on Civil and Political Rights*）第19条明确规定："（一）人人享有保持意见不受干预之权利；（二）人人有表达自由之权利；此种权利包括以语言、文字或出版物、艺术或自己选择的其他方式，不分国界，寻求、接受和传播各种消息及思想之自由；（三）本条第二项所载权利之行使，附有特别责任及义务，故得予以某种限制，但此种限制以经法律规定且为下列项必要者为限：尊重他人的权利或名誉；保障国家安全或

---

① 甄树青：《论表达自由》，北京：社会科学文献出版社2000年版，第33页。
② 林子仪：《言论自由与新闻自由》，台北：元照出版有限公司1999年版，第97页。
③ 甄树青：《论表达自由》，北京：社会科学文献出版社2000年版，第33页。
④〔德〕罗尔夫·施托贝尔：《经济宪法与经济行政法》，谢立斌译，北京：商务印书馆2008年版，第153页。
⑤ 张千帆：《西方宪政体系》（下册·欧洲宪法），北京：中国政法大学出版社2001年版，第647页。
⑥ 陈建云：《舆论监督与司法公正》，上海：上海人民出版社2016年版，第132页。

公共秩序,或公共卫生或风化。"①该公约一经生效,就被许多国际文件所采用,已经有168个国家加入该公约。我国也于1998年10月签署了该公约。我国著名传播法学家魏永征教授指出:该公约主要从学理上阐述了表达自由的内涵,他认为该项权利涵盖广泛、表达方式包含随着科技发展所出现的任何传播载体和手段,是一项可限制的权利,但对其限制亦要受到法治原则的限制。②

对基本权利的法律保障,既有助于思想与信息的传播,又能为科技发展和人类进步保持强健的动力。它不仅能够开启民智、促进知识与真理的形成和分享,而且能够监督和约束政治权力、推动民主政治健康运行,同时还能够培育健全的公民人格,促进个体的自我实现。③欧洲人权法院指出:该权利建基于民主社会的需要,借此推动社会中的个体实现自我、获知真理,参与旨在构建和追求社会稳定和变革间平衡的决策过程,目的就是实现一个开放和多样化的社会。④英国著名政治哲学家约翰·密尔(John Stuart Mill)为此曾强调:"迫使一个意见不能发表的特殊罪恶乃在它是对整个人类的掠夺,对后代和对现存的一代都是一样,对不同意于那个意见的人比对抱持那个意见的人甚至更甚。假如那意见是对的,那么他们是被剥夺了以错误换真理的机会;假如那意见是错的,那么他们是失掉了一个差不多是同样大的利益,那就是从真理与错误冲突中产生出来的对于真理的更加清楚的认识和更加生动的印象。"⑤

在现代法治国家,基本权利不仅是一种消极的防卫权,更是积极的受益权。⑥"表达自由是民主发挥功能的先决条件,表达自由的真正地、有效地行使,不能只靠政府的不干涉,更要求政府采取积极的保护措施。"⑦根

---

① 本译文源自中国香港特别行政区公布的正式文本。转引自魏永征、张鸿霞(主编):《大众传播法学》,北京:法律出版社2007年版,第4页。
② 魏永征、张鸿霞(主编):《大众传播法学》,北京:法律出版社2007年版,第4-5页。
③ 韩升、刘晓慧:《言论自由及其边界的政治哲学反思》,《吉首大学学报》(社会科学版)2019年第2期,第95-101页。
④ 王伟亮:《负责任报道与媒体特权免责的平衡》,北京:中国政法大学出版社2013年版,第71页。
⑤ 〔英〕约翰·密尔:《论自由》,许宝骙译,北京:商务印书馆2009年版,第19-20页。
⑥ 汪进元、张扩振、汪新胜等:《〈国家人权行动计划〉的实施保障》,北京:中国政法大学出版社2014年版,第151页。
⑦ 崔明伍:《欧洲人权法院表达自由判例研究》,华中科技大学博士学位论文,2010年,第125页。

据英国哲学家以赛亚·伯林（Isaiah Berlin）提出的"两种自由概念"，该基本权利也可以分为积极权利和消极权利两种。所谓积极权利是指人在"主动"意义上的权利，即作为主体的人做的决定和选择，均基于自身的主动意志而非任何外部力量，当一个人是自主的或自决的表达，他就处于积极自由的状态之中，这种权利是"做某事的自由"。消极权利就是指无干预的权利和"被动"意义上的自由，即人在意志上不受他人的强制，在行为上不受他人的干涉，也就是处于免于强制和干涉的状态下的自由。①

在宪法层面，基本权利反映的是一种普遍与抽象适用的客观价值，它独立于任何具体关系。"这些价值不仅是个人的特定权利，而且也是普遍法律秩序的一部分；它不仅有利于和国家具备某种关系的个人，而且影响所有的法律关系。"② 美国著名哲学家亚历山大·米克尔约翰（Alexander Meiklejohn）认为，言论表达这项基本权利源于公众自治的需要。③ 保障基本权利的原则不是自然的或理性的抽象法则，而是从公共问题应决定于普遍性投票这一基本契约推导而来的。④ 宪法之所以规定基本权利，基本权利之所以不可剥夺，本身即是对多数权力的一种制约。⑤ 该基本权利开启和构成了一种处境化的法律与伦理场域，倾听与接纳而非操纵与控制成为该场域的价值模式，它超越了简单线性的信息传递和利益交换关系，包含着更为复杂的价值分享和意义共享。⑥ 正如美国哲学家理查德·帕尔默（Richard E. Palmer）所指出的："真正的言说，是那种在日常生活中发生在彼此相互理解的人之间的言说，允许未说出的东西伴随着已说出的东西，以便二者共同组成一个统一体；正是此统一体，使人自身通过言说、而不是通过说出的东西而被理解。"⑦

---

① 沈宗灵：《法理学》，北京：北京大学出版社2014年版，第46页。
② 张千帆：《西方宪政体系》（下册·欧洲宪法），北京：中国政法大学出版社2001年版，第351页。
③ Meiklejohn, *A Free speech and its relations to self-government*, New York: Harper Brothers, 1948, p.3.
④ 侯健：《言论自由及其限度》，杨柳、汪庆华（主编）：《北大法律评论》（第2辑），北京：法律出版社2001年版，第62-127页。
⑤ 〔美〕德沃金：《认真对待权利》，信春鹰、吴玉章译，北京：中国大百科全书出版社1998年版，第205页。
⑥ 韩升、刘晓慧：《言论自由及其边界的政治哲学反思》，《吉首大学学报》（社会科学版）2019年第2期，第95-101页。
⑦ 〔美〕理查德·帕尔默：《诠释学》，潘德荣译，北京：商务印书馆2012年版，第274页。

二、法权的历史①

该基本权利是伴随着民众对权利的觉醒和大众媒体的出现而勃兴的。在古代,教会焚书、皇室禁书之类的镇压行为就广为盛行,普通民众的表达权利长期备受压迫。像布鲁诺一样追求真理、坚持己见的人往往被作为异端而消灭。当时社会上的主导理论是源于极权主义的"国家统制",认为真理掌握在智者和王侯将相的手里,舆论应由皇室(和教会)控制。然而随着市场的兴起和资产阶级的出现,广大民众不愿再受限制,陆续提出了一系列颠覆性的启蒙理论,强调天赋人权,主张和要求从专制枷锁和外在约束中解放出来。例如卢梭主张"人生而自由",②洛克强调"自由意味着不受他人的束缚和强暴,哪里没有法律,哪里就不能有这种自由"。③

在世界范围内,英国有着较早的自由主义传统。早在17世纪末,英国就开始了将言论自由制度化的努力。光荣革命之后,英国议会于1689年通过了《权利法案》(*English Bill of Rights*),一方面从立法权、司法权、税收权等方面限制王权,从而取消了国王"搁置"法律的权利,规定国王没有权力使法律无效,或者不经国会同意而执行它;另一方面,将议会的权力以法律形式确定下来,规定了议会的权利,议会选举必须自由,议员有表达权。《权利法案》第九条规定:"议会内之演说自由、辩论或议事之自由,不应在议会以外之任何法院或任何地方,受到弹劾或询问。"④这虽然只是就议员在国会言论特许权的规定,但是连同法案中规定的人民请愿权,可以认为是在宪法上最初就表达做出的规定。

但是,英国并不是世界上第一个将基本权利法制化的国家,世界范围内第一个将表达权法制化的国家是瑞典。1718年,瑞典国王卡尔十二世(Karl XII)去世,由于没有法定继承人,国会趁机扩张权力。最后推举国王的妹妹继承王位,条件是她发表声明,承认其缺乏继承王位的正式权

---

① 该部分主要源自拙著第一章第一节,具体参阅卢家银:《第二国际的新闻自由理念(1889—1914)》,北京:知识产权出版社2013年版,第35-39页。
② 〔法〕卢梭:《社会契约论》,何兆武译,北京:商务印书馆1980年版,第8页。
③ 〔英〕洛克:《政府论》(下),叶启芳、瞿菊农译,北京:商务印书馆1964年版,第36页。
④ 戴学正等(编):《中外宪法选编》(下册),北京:华夏出版社1994年版,第21-22页。

利,并批准实行一种新的政府体制,防止君主独裁的重现,在国王和人民之间建立了一种分权机制。在这种政府体制下,国会的权力得到大幅扩张,从此开启了瑞典历史上长达半个世纪的"自由时代"(Freedom Period)。① 这样,作为王权和国会相互斗争和妥协的产物——《新闻出版自由法》(Freedom of the Press Act)(又译作《出版自由法》《新闻自由法》)于1766年出台,它首次将表达权赋予法律地位。虽然,后来即位的国王古斯塔夫三世(Gustav III)在两次军事政变之后,废除了《新闻出版自由法》,恢复了新闻检查。但是,到了19世纪,专制已经完全无法压住自由,1809年瑞典进行宪法改革,并于1810年制定了新的《出版自由法》。②

继瑞典之后,美国于1776年,即独立战争之后,在北美大陆会议上通过了《独立宣言》。虽然在《独立宣言》中对言论表达等基本权利未做专门规定,但是美国人民始终将该项权利作为其中"不言而喻"的重要权利之一,矢志不渝。1776年的《弗吉尼亚权利法案》(The Virginia Declaration of Rights)第十二款宣称:"言论与新闻自由是一切自由的重要保障之一,绝不能加以限制,只有专制政府才会限制这种自由。"③ 在1780年的《马萨诸塞宪法》(Massachusetts Constitution)中第十六条也规定:"新闻自由对于保障一个国家其他自由而言必不可少。在新的联邦政府中,这一自由不容妨害。"④ 在联邦宪法制定以后,联邦党人和反联邦党人围绕表达权问题展开了激烈的辩论,最终美国国会于1789年9月通过了宪法前十条修正案,即著名的《权利法案》(United States Bill of Rights),其第一条就规定:"国会不得制定关于下列事项的法律:确立宗教或禁止信教自由;剥夺言论自由或出版自由;或剥夺人民和平集会和向政府请愿伸冤的权利。"⑤ 作为"美国生活方式"的权利保障体制从此确立。

与美国不同,英国在1689年《权利法案》的基础上渐进发展,以一种

---

① 周汉华(主编):《外国政府信息公开制度比较》,北京:中国法制出版社2003年版,第18页。

② 卢家银:《第二国际的新闻自由理念(1889—1914)》,北京:知识产权出版社2013年版,第36页。

③ Virginia Declaration of Rights, *Virginia Gazette* on June 14, 1776.

④ Peters, R. M. *The Massachusetts constitution of 1780: a social compact.* Amherst: University of Massachusetts Press, 1978, p. 199.

⑤ Farrar, T. *Manual of the Constitution of the United States of America.* Boston: Little, Brown and Company, 1867, p. 19.

和平的方式，逐一瓦解了压制言论表达的法令，将言论表达权逐步制度化。首先是1694年，议会正式废除《出版法案》，出版特许制度被废除。其次是1843年，英国政府通过《康贝尔名誉侵害修正法》，指出新闻诽谤案例中可以援用"真实性抗辩原则"，该法规定"当报纸出现损害名誉或政治诽谤诉讼时，如果报纸能证明其为真实，则免予法律责任"。①1853年起，英国议会又先后废止了备受诟病的各项"知识税"（Tax on Knowledge）——广告税、印花税和纸张税。最后是1868年，英国国会通过法案，承认新闻记者报道和评论国会新闻不属于诽谤，英国新闻界的基本权利从此获得了法律的保障。

在法国，自由主义先驱们所撒下的言论自由的种子也不断开花、结果。1789年7月，法国大革命爆发，制宪会议通过了著名的《人权宣言》，其第十一款即向世界宣告了言论表达的基本原则："思想与意见的自由交换，为人类最宝贵的权利。因此，每一个公民享有言论、著作和出版自由。但在法律限制内，须担负滥用此项自由的责任。"②虽然在此后的近百年时间里，法国的自由主义制度不断回流与反复，但是表达权在这种反反复复中最终还是从抽象的理念转变为具体的制度。1881年，法国国民议会公布《出版自由法》，将《人权宣言》中的言论自由规定以法律的形式予以确立，法国从此在法律上实现了表达权的确权。③

经过不懈斗争，不仅言论表达等基本权利理念逐渐深入人心，而且表达权也在世界范围内开始获得法律的保障。言论自由除了在英、法、美、瑞典等国获得法律上的保障，事前审查制度和报刊税在奥地利、比利时、丹麦、德国、意大利等国的宪法或法律中也被相继废除。"对于许多19世纪的欧洲人而言，报刊和新闻自由几乎变成了神圣的字眼。"④

与此同时，在马克思、恩格斯的指导或影响之下，19至20世纪的社会主义运动席卷了整个欧亚大陆。与资产阶级一起争取表达权的工人阶级对表达权的发展和实现产生了重要影响。一方面，在马克思、恩格斯的影

---

① 刘迪：《现代西方新闻法制概述》，北京：中国法制出版社1998年版，第22页。
② 中国社会科学院新闻研究所、北京新闻学会（编）：《各国新闻出版法选辑》，北京：人民日报出版社1981年版，第248页。
③ 卢家银：《第二国际的新闻自由理念（1889—1914）》，北京：知识产权出版社2013年版，第38页。
④ Goldstein, R. J. *The War for the Public Mind: Political Censorship in Nineteenth-Century Europe*. Westport, Coon.: Praeger, 2000, p.19.

响之下，早期的工人阶级发展形成了一种普遍、平等的表达权观点，发展和完善了公民的基本权利理念。在社会主义运动中的左、中、右翼都认为言论与新闻自由就是空气、阳光和面包，强调批评金钱（资本）对自由的影响和控制。另一方面，社会主义运动加速了事前审查制度的瓦解，推动了公共媒体的发展。在第二国际时期，德国社会民主党人坚持斗争12年，最终战胜《反社会党人法》；法国社会民主党人揭露"德雷福斯事件"，坚决反抗禁止言论自由的"凶恶的法令"；奥地利社会民主党人通过议会斗争和选举，成功废止"报刊税"制度；英国工党直接影响了对英国广播公司的公有化改造，推动英国建立了一种非市场、非政府的公共服务广播模式。①

无论如何，表达权在第二次世界大战结束之后，仍然很快进入国际社会的议程。1946年，关于表达权的讨论就曾列入联合国议程。1948年，多国代表在日内瓦提出《国际新闻自由公约草案》（*Draft Convention of International Free Press*）。在此基础上，1966年，联合国发布的《公民权利和政治权利国际公约》得到了许多国家的认可（截至2015年10月，共有168个国家加入该公约），中国于1998年10月签署了该公约。该公约第十九条明确规定："人人有权持有主张，不受干涉；人人有自由发表意见的权利；此项权利包括寻求、接受和传递各种消息和思想的自由，而不论国界，也不论口头的、书写的、印刷的、采取艺术形式的、或通过他所选择的任何其他媒介。"②

在冷战时期，国际社会对于基本权利问题的讨论伴随着国际信息传播新秩序之争而变得一波三折。20世纪70年代，美国传播学界为改善新闻乱象进而提出言论自由的"社会责任论"以修正原有的"自由放任论"，未料此一论述旋即遭到一些国家的扩大解释，甚至高举社会责任之名消解言论自由，成为当时表达权国际纷争的重要特点。后在发展中国家的支持之下，联合国"国际传播问题研究委员会"于1980年发布《多种声音，一个世界》（*Many voices, one world*）的报告，这份报告强调各国公民均有传播权（right to communicate），新闻工作者更应享有便于进行新闻工作的基

---

① 卢家银：《第二国际的新闻自由理念（1889—1914）》，北京：知识产权出版社2013年版，第68-73页、第7页。

② 《公民权利和政治权利国际公约》，夏泽祥（主编）：《宪法学》，济南：山东人民出版社2011年版，第458-467页。

本条件。

发展到今天，虽然各国国情各不相同，该基本权利在不同体制国家遭受的挑战和冲击也各有差异，但表达权已经得到世界上绝大多数国家的普遍认可，保障公民基本权利的法律制度亦随着全球法治化的进步而持续发展。许多国家在建设民主政治的过程中，均在宪法或相关法律中做出了明确保障言论与新闻自由等表达权的规定。正如詹姆斯·卡伦（James Curren）所言："总的趋势是政府控制逐步地让位于市场控制"，"各国均在坚定地奔向媒介自由化"。①

三、法权的渊源②

基本权利从诞生并发展至今，虽然备受自由主义者的推崇，但它并不是自由主义者的专利。工人阶级崛起之始即开始矢志争取人人平等享有的自由表达权。特别是在马克思、恩格斯的指导下，19至20世纪席卷欧美的国际工人运动为该项基本权利注入了马克思主义的基因。

对于该基本权利，马克思和恩格斯在世时均作过不少论述，并且身体力行地坚决捍卫该权利。首先，马克思、恩格斯二人都主张所有人平等地享有表达权。马克思将表达权视作是"人类精神的特权"，是"普遍的权利"和"普遍自由"，而不是"个别人物的特权"。③马克思在《第六届莱茵省议会的辩论》中指出："没有新闻出版自由，其他一切自由都会成为泡影。自由的每一种形式都制约着另一种形式，正像身体的这一部分制约着另一部分一样。只要某一种自由成了问题，那么，整个自由都成问题。"④与马克思一样，恩格斯将言论自由称为公民的"第一个权利"。他在1844年的《英国状况英国宪法》中对言论自由主要组成部分的新闻出版自由作了具体解释："每个人都可以不受阻挠地和不经国家事先许可而发表自己的

---

① 〔英〕詹姆斯·卡伦、〔韩〕朴明珍：《去西方化媒介研究》，卢家银、崔明伍、杜俊伟、王雷译，北京：清华大学出版社2011年版，第15页。

② 本部分论述主要源自拙著的核心观点（涉及第三章第一节和第五章等其他多个章节），具体参阅卢家银：《第二国际的新闻自由理念（1889—1914）》，北京：知识产权出版社2013年版，第84-99、183-198页。

③ 〔德〕卡·马克思：《关于新闻出版自由和公布省等级会议辩论情况的辩论》，《马克思恩格斯全集》（第1卷），北京：人民出版社1995年版，第167页。

④ 同上书，第201页。

意见，这也就是新闻出版自由。"① 在此基础上，恩格斯还指出了实现言论自由的第一条件："一切自由的首要条件：一切公务人员在自己的一切职务活动方面都应当在普通法庭上按照一般法律向每一个公民负责。"②

其次，马克思和恩格斯二人都坚决反对压制表达权的书报检查制度。马克思、恩格斯针对当时德、法等国实行的书报检查制度，从不同的角度进行了猛烈的抨击。马克思在《第六届莱茵省议会的辩论》一文中曾指出："书报检查法是不能成立的，因为它要惩罚的不是违法行为，而是意见；因为它无非是一个以条文形式出现的书报检查官而已；因为任何国家都不敢把利用书报检查官这一工具实际上所能干出的事情在一般的法律规定中表述出来。因此，书报检查制度的执行不是交给法庭，而是交给警察机关。"③1842年，恩格斯在《普鲁士出版法批判》中则批评德国的"书报检查还是一种警察措施"，"这样行使书报检查制度正成为令人难堪的监督，成为对社会舆论的真正的压制，最后导致官吏专制，这对人民和对国王都是极其有害和同样危险的"。④

第三，马克思和恩格斯还强调保障党内表达权。特别是恩格斯，他针对工人运动发展中出现的新问题，提出了他对于党内言论自由的一系列观点。恩格斯始终主张保障党内自由交换意见。在"航运津贴事件"⑤（1884—1885）中，他在1885年《致爱德华·伯恩施坦》的信中指出："我从编辑部的角度会给予党团自由，让它在国会里爱怎么干就怎么干；把它的行动交给党内同志根据惯用的'自由发表意见'的原则去进行批

---

① 〔德〕弗·恩格斯：《英国状况英国宪法》，《马克思恩格斯全集》（第3卷），北京：人民出版社2002年版，第575页。
② 〔德〕弗·恩格斯：《致奥古斯特·倍倍尔》，《马克思恩格斯全集》（第34卷），北京：人民出版社1972年版，第123页。
③ 〔德〕卡·马克思：《关于新闻出版自由和公布省等级会议辩论情况的辩论》，《马克思恩格斯全集》（第1卷），北京：人民出版社1995年版，第181页。
④ 〔德〕弗·恩格斯：《普鲁士出版法批判》，《马克思恩格斯全集》（第41卷），北京：人民出版社1982年版，第326-327页。
⑤ 1884年11月，德国俾斯麦政府为推行殖民政策，要求帝国国会批准对轮船公司开辟远东和东非航线给予年度津贴。德国社会民主党国会党团的多数回避这种津贴的殖民性质，准备投赞成票。党的中央机关报《社会民主党人报》编辑部坚决谴责这一行为，于是在党团与编辑部之间发生了一场论战。相关资料可参阅中共中央编译局国际共运史研究室（编）：《国际共运史研究资料》（第6辑），北京：人民出版社1982年版，第224-232页。

评。"①1890年反社会党人法废除之后,恩格斯针对当时德国社会民主党内的争论仍然强调:"党已经很大,在党内绝对自由地交换意见是必要的。否则,简直不能同化和教育最近三年来入党的数目很大的新成分。"② 为了保证党内表达权,恩格斯还鼓励党员和党的报刊对党的领导人进行自由批评。1889年,丹麦社会民主党将党内的反对派开除出党,恩格斯虽然在某些问题上并不赞同丹麦社会民主党内的反对派的观点,但是坚决反对丹麦社会民主党这样处理争议,在《致格尔桑·特利尔》的信中,恩格斯指出:

> 工人运动的基础是最尖锐地批评现存社会。批评是工人运动生命的要素,工人运动本身怎么能避免批评,想要禁止争论呢?难道我们要求别人给自己以言论自由,仅仅是为了在我们自己队伍中又消灭言论自由吗?③

在处理党的领导机构和党报的关系上,恩格斯则主张党报应保持一定的独立性。在恩格斯心目中,党的报刊,包括党的机关报,是全党的舆论机关,不是党的执行委员会或党团的私有物,"而是全体党员的讲坛"。他在《致奥古斯特·倍倍尔》的信中指出:"执行委员会和你本人对《新时代》以及所有出版物保持着并且应该保持相当大的道义上的影响,这是不言而喻的。但是,你们也应该而且可以以此为满足。"④

第四,工人阶级将马克思、恩格斯的言论观与工人运动实践相结合,发展形成了马克思主义言论自由观。在国际工人运动发展过程中,主要形成了两种最有代表和影响较大的观点,即第二国际社会民主党人所主张的言论自由观和第三国际共产党人所鼓吹的言论自由观。两者均为现代表达权观念的形成和发展产生了深远的影响,现已成为当代公民基本权利的重要渊源之一。

---

① 〔德〕弗·恩格斯:《致爱德华·伯恩施坦》,《马克思恩格斯全集》(第36卷),北京:人民出版社1974年版,第309页。

② 〔德〕弗·恩格斯:《致弗里德里希·阿道夫·左尔格》,《马克思恩格斯全集》(第37卷),北京:人民出版社1971年版,第435页。

③ 〔德〕弗·恩格斯:《致格尔桑·特利尔》,《马克思恩格斯全集》(第37卷),北京:人民出版社1971年版,第324页。

④ 〔德〕弗·恩格斯:《致奥古斯特·倍倍尔》,《马克思恩格斯全集》(第38卷),北京:人民出版社1972年版,第88页。

第二国际社会民主党人曾受马克思、恩格斯的直接指导，在国际工人运动中的影响最大。他们结合所在国家的具体国情，将马克思、恩格斯的表达权观念发扬光大，提出在社会之中为所有人争取言论自由和在党内保障自由讨论的观点。① 第二国际从成立之初就号召全体劳动者和被压迫者团结起来，以争取享有与资产阶级同等的表达权。在 1896 年 7 月的伦敦代表大会上，与会的社会民主党人在一项名为《侵犯自由》的决议中宣布："一切国家之全体劳动者和社会各阶层都有信仰自由、言论自由和出版自由的不可剥夺之权利，并有为争取政治、经济和社会改革而进行结社和公开示威的权利。"②

第二国际的各成员政党也纷纷要求废除各类新闻检查制度，各自提出了人人自由的主张。其中，作为第二国际中影响力最大的成员政党——德国社会民主党（SPD），在其最具影响力的《爱尔福特纲领》（1891）中，直接宣称："德国社会民主党进行斗争并不是为了争夺新的阶级特权和优先权，而是为了废除阶级统治和阶级本身，为了使所有的人不分性别和出身都具有同样的权利和同样的义务。"德国社会民主党要求"废除所有限制或者压迫自由发表意见以及结社和集会权利的法律"。③ 第二大成员党"法国社会党"，也在其《纲领》中公开宣称：社会党"是为全人类、为一切人谋利益的，并且保证他们享有思想、写作、表达自己信仰的绝对自由；它主张独立思考的无限权利……"④ 第二国际的重要代表人物卡尔·考茨基（Karl Kautsky）和爱德华·伯恩施坦（Eduard Bernstein）共同起草了得到恩格斯肯定的《爱尔福特纲领》草案，提出了新闻出版自由是"一切人的平等权利"的著名观点。⑤ 与中派和右派一样，左派代表人物罗莎·卢森堡（Rosa Luxemburg）始终主张保障党内外的言论自由，她坚持认为："只给政府的拥护者以自由，只给一个党的党员以自由——就算他们的人数很

---

① 卢家银：《从民主主义与精英主义》，《国际新闻界》2012 年第 2 期，第 114–121 页。
② 〔苏〕伊·布拉斯拉夫斯基（编）：《第一国际第二国际历史资料：第二国际》，中国人民大学编译室译，北京：生活·读书·新知三联书店 1964 年版，第 63 页。
③ 张世鹏（编译）：《德国社会民主党纲领汇编》，北京：北京大学出版社 2005 年版，第 21、22 页。
④ 中国人民大学科学社会主义系（编）：《国际共产主义运动史文献史料选编》（第三卷），北京：中国人民大学出版社 1985 年版，第 34 页。
⑤ 同上书，第 128 页。

多——这不是自由。自由始终是持不同思想者的自由。"①

在政党之内，第二国际社会民主党人始终坚持不压制内部的反对派及其言论。例如，在德国社会民主党内，"温和派"与"激进派"围绕"航运津贴事件"在报刊上展开了激烈的争论、甚至是斗争。② 当时，党内"激进派"的代表奥古斯特·倍倍尔（August Bebel）与爱德华·伯恩施坦一道坚决捍卫党报编辑部的独立和党内的批评自由，他指出，"国会党团的这种独裁举动的可怕后果将会导致废除党内的新闻自由，报纸将会变成国会党团的机关报，而非全党的机关报"③，"倍倍尔甚至当面批评国会党团压制党内言论自由的极度无情，并警告'温和派'，如果他们还试图压制党内批评，他将被迫诉诸全党"④。面对党内"激进派"的激烈批评，党内"温和派"也没有采取过激措施，双方均没有制定压制内部自由交流的政策或制度，也没有互相将对方开除出党。在法国的社会党内，虽然派系林立，但是在1905年实现统一之后，并没有压制党内少数派在报刊上发表意见的自由。对于内部广泛存在争议的米勒兰、伯恩施坦等人，也并没有因为与党的领导人观点不同、与第二国际代表大会统一行动的精神不符，而被开除出党或是开除国际。⑤

第三国际则强调表达权的阶级性，公开宣称社会主义者只保障无产阶级（或工人阶级）的基本权利，坚决剥夺资产阶级的表达权，不论在政党内部还是政党外部，少数必须服从多数，批评言论和反对观点必须受到限制。第三国际的两大实际决策者列宁和斯大林，先后强调了共产主义者所追求的言论自由是部分人的自由、即阶级的自由，而不是所有人的自由。十月革命胜利以后，列宁明确提出阶级自由的理念，特别强调要区分哪个阶级的言论自由。当时列宁指出："只要最好的印刷所和大量的纸张被资本家霸占，只要资本还保持着对报刊的控制（在世界各国，民主制度与共和

---

① 〔德〕罗莎·卢森堡：《论俄国革命》，《卢森堡文选》（下卷），北京：人民出版社1990年版，第500页。

② 虽然说德国社会民主党由拉萨尔派（全德工人联合会）与爱森纳赫派（德国社会民主工党）合并而成，但这只是按照政党结构和来源的一种划分。此外，国外学者常用的另一种划分法是按照观点划分的"温和派"与"激进派"。

③ Lidtke, V.L. *The Outlawed Party: Social Democracy in Germany*, 1878–1890. Princeton, Princeton University Press, 1966, pp.205–206.

④ 同上。

⑤ 卢家银：《从民主主义与精英主义》，《国际新闻界》2012年第2期，第114–121页。

制度愈发达，这种控制也就表现得愈明显，愈露骨，愈无耻，例如美国就是这样），这种自由就是骗局。……真正的自由和平等，将是由共产主义者建立的制度。"① 继列宁之后，斯大林继续用新闻出版生产资料的公有制来说明言论自由是阶级的自由，而不是所有人的自由。1927年11月，他在回答德国和丹麦的工人代表的提问时强调："你们说的是什么样的出版自由？哪一个阶级的出版自由……资产阶级的还是无产阶级的？如果指的是资产阶级的出版自由，那么这种自由在我国是没有的，……所有这些以及其他很多为工人阶级出版自由所必需的东西都完全掌握在工人阶级和劳动人民的手里。这在我们这里就叫做工人阶级的出版自由。"②

除了突出表达权的阶级性，第三国际还指出纪律对于表达的重要意义。1919年3月，共产国际在第一次代表大会上通过的《共产国际章程》第5条明确规定："关于党的问题，只有在党的有关机关没有作出决议以前，党员和党组织才可以进行讨论。"③ 在1921年共产国际第三次代表大会上通过的《共产党的组织建设、工作方法和工作内容（提纲）》中，共产国际要求"党员在当众发表言论时，必须永远表现出自己是战斗组织中的一个遵守纪律的成员。如果在某一问题上对于做法是否正确发生意见分歧时，他们就应当尽可能在当众发表意见之前，先在党组织内进行协商，然后再根据所作的决定行事"。④ 共产国际主张，某一问题是否需要讨论，须由领导机构做出决定，即"各级党组织必须决定，某一项问题是否应由个别同志公开地进行讨论，以及讨论的形式和范围（在报刊上或印成小册子）。如果党组织或党的领导机关的决议，按照其他成员的看法甚至是错误的，这些同志在当众发表谈话时也不应该忘记，削弱或者破坏队伍的统一，是一种最要不得的违反纪律现象和革命斗争中最要不得的错误"。⑤

---

① 〔苏〕列宁:《关于资产阶级民主和无产阶级专政的提纲和报告》,《国际共产主义运动史文献》编辑委员会（编译）:《共产国际第一次代表大会文件》,北京：中国人民大学出版社1988年版，第281-282页。

② 〔苏〕斯大林:《和外国工人代表团的谈话》,《斯大林全集》（第10卷），北京：人民出版社1954年版，第181页。

③ 〔匈〕贝拉·库恩（编）:《共产国际文件汇编》（第一册），中国人民大学编译室译，北京：生活·读书·新知三联书店1965年版，第75页。

④ 同上书，第313页。

⑤ 同上。

此外，在国际社会主义运动的影响下，作为当今世界上连续执政时间最长的社民党——瑞典社会民主党，在执政期间不仅力推"人民之家"的理念，形成了受人瞩目的"瑞典模式"，而且提出并坚持"保证新闻多元化"的理念——既通过实施报刊津贴制度保障外部多元，又通过发展公共服务广播电视和在党内宽容批评意见促进内部多元。[①]1972年，瑞典社会民主党推动议会实施对工人报刊、特别是经济困难的报刊进行资助的津贴制度。[②]1976年1月，瑞典社会民主党又通过议会制定了一项鼓励社会组织和个人创办新报刊的制度，并强调津贴的拨付不以报刊的政治观点为准。[③]当时，瑞典各个政党的报刊、工人报刊、种族报刊和经济困难的报刊等普遍获得了津贴，各类报刊能够同时并存和共同发展。尽管批评者认为这种制度是政府干预的制度化工具，存在不公平，但是不可否认的是，这种制度成功地阻止了报刊死亡并保持了媒体的外部多元。[④]

在此过程中，瑞典社会民主党于1955年通过立法将1925年设立的广播股份公司（*Radiotjänst*）改组为瑞典广播电视公司（*Sverige Radio*），在公共服务广播公司的框架之内引入了电视。[⑤]1969年，政府在瑞典广播电视公司之下，又增设了第二个公共服务频道。[⑥]当时政府和这家公共服务公司还达成了一项特殊协议，保证维护公司的完整和独立。[⑦]由此，瑞典形成了与英国广播公司（BBC）模式相同的独立的公共服务广播电视公司，把牌照费作为主要财源，拒绝刊播商业广告，以此减缓电视的扩张速度。这样，瑞典报刊界通过多样化的纸媒提供外部多元服务，广电界也在牌照节目服务中努力保障内部多元。发展到今天，瑞典社会民主党保障基本权利

---

① 卢家银：《"保证新闻多元化"——瑞典社会民主党人的新闻自由理念》，《国际新闻界》2011年第3期，第29–33页。

② Misgeld, K., Molin, K., and Åmark, K. *Creating Social Democracy: A Century of the Social Democratic Labor Party in Sweden*. University Park, Pa., Pennsylvania State Univ. Pr., 1992, p.112.

③ Hadenius, S. Mass Media and the State in Sweden. *International Communication Gazette*, 1977, 23(2): 105–115.

④ Ots, M. *Efficient Servants of Pluralism or Marginalized Media Policy Tools?: The Case of Swedish Press Subsidies*. Journal of Communication Inquiry, 2009, 33(4): 376–392.

⑤ Findahl, O. Public Service Broadcasting – A Fragile, yet Durable Construction. *Nordicom Review* 1999, 20(1): 13–19.

⑥ Weibull, L., & Börjesson, B. The Swedish Media Accountability System: A Research Perspective. *European Journal of Communication*, 1992, 7(1): 121–139.

⑦ Hadenius, S. Mass Media and the State in Sweden. *International Communication Gazette*, 1977, 23(2): 105–115.

的媒体多元理念不仅在"人民之家"的建设过程中发挥了重要作用，而且也由于其强调民主、自由、平等和享受福利而成为"瑞典模式"的重要组成部分。①

四、法权的规制

虽然说是表达权是基本人权和宪法权利，既有助于维护国家利益、又能保障个人权利，对于个人和社会都有很高的价值，但是这并不意味着该权利的行使不受任何事前限制。就本质而言，该基本权利是一项法律上相对的权利。法学家孟德斯鸠指出："自由就是做法律所许可的一切事情的权利；如果一个公民能够做法律所禁止的事情，他就不再有自由了，因为其他的人也同样会有这个权利。"②如果滥用该权利，必然承担相应的法律责任。日本《宪法》第12条强调：国民宪法上保障的权利不可滥用，"必须常以公共福祉为前提，负权利行使之责任"。③《欧洲人权公约》第十条第二款明确规定：行使第一款规定的权利的时候应当履行有关义务和责任；为了维护国家安全、领土完整和公共安全；为了维护秩序或者预防犯罪，保护人民健康以及维护道德，防止机密信息的传播；为了维护司法的权威和独立性，可以通过法律规定行使这些自由所应当遵守的、于民主社会所必要的程序规定、条件、限制或者刑事制裁。④

德国《基本法》第五章中的但书条款规定："根据普遍法律条款、为保护青年的法律条款及尊重个人荣誉之权利，上述权利可受到限制。"⑤虽然美国宪法《第一修正案》的保障表面上似乎是绝对的，但是绝对主义的保护理念从未在美国联邦最高法院占据主流，美国联邦最高法院的多数大法官长期以来认为，《权利法案》中的保障必须接受一些限制，言论表达应该

---

① 卢家银：《"保证新闻多元化"——瑞典社会民主党人的新闻自由理念》，《国际新闻界》2011年第3期，第29-33页。

② 〔法〕孟德斯鸠：《论法的精神》（上），张雁深译，北京：商务印书馆1978年版，第154页。

③ 〔日〕松井茂记：《媒体法》，萧淑芬译，台北：元照出版有限公司2004年版，第34页。

④ 〔德〕罗尔夫·施托贝尔：《经济宪法与经济行政法》，谢立斌译，北京：商务印书馆2008年版，第153页。

⑤ 张千帆：《西方宪政体系》（下册·欧洲宪法），北京：中国政法大学出版社2001年版，第647页。

有边界。对表达的规制可以防止"沉寂化效应"的出现,法学家欧文·费斯(Owen M. Fiss)指出:"要求干预的理论是,培育全面、公开的辩论是一个对国家而言可允许的目标,这种辩论确保公众听到所有应该听到的声音。"① 即使是坚定的自由主义者哲学家哈耶克,也认为该基本权利并不是不受一般法规之限制的绝对权利,他称"言论自由当然不意味着我们可以自由地造谣、诽谤、欺诈、教唆犯罪或以报假警制造混乱等等"②。

美国联邦最高法院大法官霍姆斯曾指出:宪法保障言论自由,并非对每种言论的使用都赋予豁免权,对言论的保护仍要取决于它表达时的情形。③ 当该基本权利与公共利益,特别是国家安全、经济发展和社会福祉等重大公共利益之间产生巨大张力时,常常会对该权利予以合法规制。"当特定行为因公共利益受到限制,而其限制却牵制间接、有条件、部分侵犯言论自由时,法律之责任即在这种具体案件中,权衡比较这种相互对立之利益,决定予以何者以更大之保障。"④ 霍姆斯在1919年的"申克诉美国案"(Schenck v. U.S.)的判决书中写道:"一切行为的性质应由行为时的环境来确定。即使对自由言论最严格的保护,也不会保护一人在剧院谎报火灾而造成一场恐怖。它甚至不保护一人被禁止言论,以避免可能具有暴力效果。每一个案件中,问题都是,在这类环境中所使用的那些言论和具有这种本性的言论是否造成了一种明显和即刻的危险(Clear and Present Danger),以致这些语言会产生国家立法机关有权禁止的那些实质性罪恶。"⑤

同时,在权利边界交错的现实空间中,公民基本权利很可能发生冲突。"无论从逻辑上,还是从现实社会中,都可以充分说明,除了权利边界模糊导致的权利冲突,还存在交叉(相交)、重叠(内切)、相邻(外切)等多种权利关系下导致的权利冲突。"⑥ 为了减少或避免这种权利冲突,就需要

---

① 〔美〕欧文·费斯:《言论自由的反讽》,刘擎、殷莹译,北京:新星出版社2005年版,第14页。

② 〔英〕弗里德利希·哈耶克:《法律、立法与自由》,邓正来等译,北京:中国大百科全书出版社2000年版,第432页。

③ Schenck v. United States, 249 U.S. 47 (1919).

④ 温辉:《言论自由:概念及边界》,《比较法研究》2005年第3期,第16-24页。

⑤ 〔美〕凯瑟琳·扎科特、迈克尔·扎科特:《施特劳斯的真相:政治哲学与美国民主》,宋菲菲译,北京:商务印书馆2013年版,第250页。

⑥ 范毅:《权利冲突:逻辑与现实》,《南京财经大学学报》2008年第4期,第77-83页。

对表达权等基本权利进行法律规范。正如哲学家罗伯特·诺奇克（Robert Nozick）所言："权利意味着对所要从事的行为的边界约束，为了保护他人的权利，每一个社会的行为都应当自我克制，避免积极行为、侵犯他人权利。"① 并且，基本权利的规制受限于所在国家的历史传统、文化观念、宗教习俗、政治形态和科技发展等多种因素。表达权的规制及其限度，通常与国家的合法规制与社会主体自身的理性精神与能力直接相关。"表达自由有一个预设性前提，即人们作为单个的表达主体，都是一个理性的行为主体。这样的理性行为主体，他明白自己言论的道德界限与法律责任。他不会因为追求一时的快意，不顾道德界限与法律责任进行非法煽动或犯罪教唆。"②

在世界范围内，对该基本权利进行规制并不是争议的问题，备受争议的是如何规制。出于对公权力的怀疑和保障公民权利的需要，许多国家均在法律制度层面积极努力，以期为公民权利的实现创造法律空间。对于该权利的限制，目前常用的规制原则有比例原则、"明显而即刻的危险"、"最小限制替代手段"（less restrictive alternative）等原则。其中，比例原则在规制表达权方面适用较广，影响很大。所谓比例原则由三个子原则组成：（1）适当性（suitability），即所采取的措施可以实现所追求的目的；（2）必要性（necessity），即除采取的措施之外，没有其他给关系人或公众造成更少损害的适当措施；（3）狭义比例原则（proportionality in its narrow），即采取的必要措施与其追求的结果之间并非不成比例。③

在适用比例原则时，法院通常按照"适当性—必要性—狭义比例原则"的顺序，依次进行检验。如果规制行动能够通过前一个阶段的检验，那么就会进入下一个阶段的检验中，否则就会被判定为违法；只有全部通过了该三项检验，才能被认为是合法（宪）的。④ 对于比例原则的适用，欧洲人权法院认为，政府和社会对言论自由的干涉和限制必须具备三个基本条件：其一，这种干涉或限制是"依据法律所规定"；其二，这种干涉或限制具

---

① 〔美〕罗伯特·诺奇克：《无政府、国家和乌托邦》，姚大志译，北京：中国社会科学出版社 2008 年版，第 34-35 页。

② 任剑涛：《政治哲学讲演录》，桂林：广西师范大学出版社 2008 年版，第 246 页。

③ 张明楷：《法益保护与比例原则》，《中国社会科学》2017 年第 7 期，第 88-108 页。

④ 陈景辉：《比例原则的普遍化与基本权利的性质》，《中国法学》2017 年第 5 期，第 279-302 页。

有"合法目的";其三,这种干涉或限制是"在民主社会中是必需的"。①值得注意的是,对表达权进行规制时,通常会对言论进行高价值与低价值、公共与私人言论等类型的区分。宪法学者姜峰指出,规制表达的法律立场应该是双向的:对公共言论应严加保护,因为它是警惕利益权衡的权利;对私人言论应当从严限制,以保护其影响到的人格法益或者公共利益。②

与其他国家类似,中国对表达权等基本权利规制时也会进行利益平衡。2018 年,北京市第三中级人民法院对公民的表达权与人格权进行权衡时指出:"言论自由与名誉权之保护发生冲突时,应就个案审慎地加以衡量。"该法院认为:"公民行使言论自由不得侵犯他人之合法权利。人格权与言论自由系同受宪法保障的基本权利,并无价值高低之分。"③ 对于表达自由的合理限度,我国各级法院普遍主张"不逾越法律的边界"。吉林省高级人民法院曾在判决中强调:"言论自由权是我国公民的宪法权利,公民在行使言论自由权时必须遵守宪法和法律的规定,不得破坏社会秩序,不得损害国家的、社会的、集体的利益或其他公民的合法的自由和权利。"④ 与之类似,北京市第二中级人民法院亦主张:"对于竞争者间的否定性言论,应当得到法律的规范而非禁止,而规范的尺度,则需要根据市场和社会发展的实际情况作出判断。"⑤

此外,对公民基本权利进行规制时,还需要合理评估国家在社会治理中的功用。耶鲁大学法学院教授欧文·费斯（Owen M. Fiss）认为:"国家既可能是言论的敌人又可能是言论的朋友;国家可能做一些破坏民主的可怕的事情,也可能做一些推进民主的极好的事情。"⑥ 允许对基本权利进行合法限制,并不是鼓励和放任利维坦运用暴力机器封堵"社会压力阀"和压制社会弱势群体。尽管说在现代治理体系中,国家很难保持不偏不倚和客观中立,但在言论规制领域存有巨大的公共利益,适当、适度和适时的国家干预,有利于在对基本权利进行内部限制时保持必要的平衡。费斯指

---

① Paraschos, E. E. *Media Law and Regulation in the European Union*. Ames: Iowa State University Press, 1998, p. 46.
② 姜峰:《言论的两种类型及其边界》,《清华法学》2016 年第 1 期,第 38-55 页。
③ 北京市第三中级人民法院（2018）京 03 民终 14682 号。
④ 吉林省高级人民法院（2018）吉行申 142 号。
⑤ 北京市第二中级人民法院（2011）二中民初字第 12237 号。
⑥〔美〕欧文·费斯:《言论自由的反讽》,刘擎、殷莹译,北京:新星出版社 2005 年版,第 87-88 页。

出:"一个更强大的国家会产生多种危险,这是无可否认的,但要对这些危险成为现实做出风险评估,要对其可能造成的现实危害做出评估,必须与它可能带来的益处进行权衡估量。我们决不应当忘记国家实施压制的潜在可能,决不。但与此同时我们必须预期这样一种可能,即国家会使用其相当的权力来促进民主社会的核心目标——平等,甚至可能是自由言论本身。"①

最后,在规制表达权这项宪法权利的同时,还需要对规制进行规制。注意规制之规制意味着对表达权进行规制时,应同时斟酌所涉及的公共利益、基本权利包括被限制的言论的价值和实现之需求,限制基本权利的法律及其操作在保护相关权利或公共利益的同时其限制作用本身受到制约,给所限制的言论留下充分、合理的空间。②"历史表明,限制的混用与自由的滥用一样有害,甚或更为有害,而且人类有关滥用限制的历史要比滥用自由的历史长得多,有关限制自由的经验要比保护自由的经验多得多。这是因为,人们担心过分的自由远甚于担心过分的限制,限制总是超过必要的限度,造成对自由的伤害。"③

---

① 〔美〕欧文·费斯:《言论自由的反讽》,刘擎、殷莹译,北京:新星出版社2005年版,第25页。
② 唐煜枫:《言论自由的刑罚限度》,北京:法律出版社2010年版,第41–42页。
③ 侯健:《言论自由及其限度》,杨柳、汪庆华(主编):《北大法律评论》(第2辑),北京:法律出版社2001年版,第62–127页。

第二章　煽动诽谤

一切行为的性质应由行为时的环境来确定。即使对自由言论最严格的保护，也不会保护一人在剧院谎报火灾而造成一场恐慌。

——奥利弗·霍姆斯

煽动诽谤（seditious libel）是事关国家安全、尤其是政府安全的核心问题。所谓煽动诽谤指"在没有合法理由的情况下故意公开发表对于公众人物、法律或依法设立的机构的书面谴责"①。它既包括演讲或表演等口语形式，也包括印刷出版等书面形式，还包括广播、电视、互联网等现代电子传播媒介。②尽管煽动诽谤也是一种表达思想和观点的方式，但却严重危害社会公共利益，是非法甚至邪恶恐怖的表达形式，同现代传播追求的公平正义的基本原则完全相悖。利用各类传播媒介，煽动他人进行危害国家和社会的活动，后果和危害不堪设想。出于稳定政权和社会秩序的考虑，不论民主国家还是威权国家都全力以赴地禁止煽动诽谤行为。

一、禁止的行为

煽动诽谤行为在各国法律中都是禁止的行为。在英国，虽然法律中没有明确规定"煽动诽谤罪"，但是具有煽动性意图的口头或书面出版文字等信息在普通法中会被定为轻罪。对于法律的禁止行为，斯蒂芬指出："凡是对女王本人、其后嗣或继承人或者联合王国的合法的政府部门和宪法，

---

① 这是哈佛大学法学院教授泽卡利亚·查菲（Zechariah Chafee）对煽动诽谤的界定，具体参阅 Chafee, Z. Freedom of speech in war time. *Harvard Law Review*, 1919, 32(8): 932—973.〔英〕詹姆斯·密尔：《论出版自由》，吴小坤译，上海：上海交通大学出版社 2008 年版，第 32 页。

② 崔明伍：《新闻传播法》，合肥：合肥工业大学出版社 2006 年版，第 96 页。

或下议院或法院，煽动人们的痛恨或蔑视情绪或激发人们的不忠思想的意图，或煽动臣民企图不通过法律手段改变教会或国家方面合法制定的制度的意图，或者在女王子民中煽动不满或不忠情绪的意图；或在不同阶级臣民之间制造恶意和敌意的意图的行为，都要处以监禁或罚金。"① 并且，为保护公共安全，在《1936 年公共秩序法》(Public Order Act 1936)的基础上，《1986 年公共秩序法》(Public Order Act 1986)进一步赋予政府对必要的公共游行(public processions)进行组织并限定其路线的权力。该法第五章规定："任何人在任何场合或任何公共会议上使用威胁性的、辱骂性的或者凌辱性的言辞或行为，故意煽动破坏和平或借此造成可能出现的对和平的破坏，都属于犯罪。"②

在英国，公开表达一旦被认为具有煽动意图，则不再只是言语鲁莽的问题，而是很可能被认定构成严重犯罪。2011 年英国伦敦等几个城市发生骚乱事件，两名年轻人（21 岁的布莱克肖和 22 岁的萨克利夫-基南）因在社交网站"脸书"（Facebook）上煽动骚乱和暴力，被切斯特皇家刑事法院判刑 4 年。③ 虽然二人不服法庭判决，但他们的上诉请求均被英国上诉法院驳回。值得注意的是，虽然上述法律明确禁止的行为很可能会被认定为煽动诽谤，但是判断公开的表达是否属于法律所禁止的煽动行为或煽动诽谤政府罪的决定最终由陪审团作出。牛津大学的著名法学者威廉·格尔达特（William Geldart）认为："这能防止政府利用法律打击那些得到广泛认可的言论的表达。很明显，对于政府所犯的错误和章程中的弊病的公正评论与陈述，通过合法方式建议对其改革或撤销，都不属于煽动性的。发表煽动性言论将受到与煽动诽谤政府罪同等的惩罚。"④

在法国，法律规定煽动民众武装反抗政府、对抗国家权力的行为属于谋反罪。法国《刑法典》第 412—1 条规定："实施一项或多项足以危及共和国之各种制度或危害国家领土完整之行为，是谋反。谋反罪，处 30 年拘

---

① 〔英〕J. C. 史密斯、B. 霍根：《英国刑法》，马清升等译，北京：法律出版社 2000 年版，第 864 页。

② 〔英〕格尔达特：《英国法导论》，张笑牧译，北京：中国政法大学出版社 2013 年版，第 180 页。

③ 《两名英国青年因网上组织、煽动骚乱获刑 4 年》，来源：中国新闻网，2011 年 8 月 17 日，链接为 http://www.chinanews.com/gj/2011/08-17/3264275.shtml。

④ 〔英〕格尔达特：《英国法导论》，张笑牧译，北京：中国政法大学出版社 2013 年版，第 181 页。

押并科300万法郎罚金。"① 该法第412—4条"暴动罪"部分第四款还规定：参加暴动，采用任何手段，煽动暴动集会的，处15年拘押并科150万法郎罚金。法国《刑法典》第412—8条规定：煽动拿起武器，对抗国家权力，或者对抗一部分民众的，处5年监禁并科50万法郎罚金。煽动产生效果的，刑罚加至30年拘押并科300万法郎罚金。通过文字或视听新闻渠道进行此种煽动之情形，关于确定有责任人员，适用有关法律之特别规定。② 在《出版自由法》中，也有"煽动犯重罪和轻罪"的专项规定，其第23、24、25条详细规定了煽动军人违抗军令、在公共场所高唱煽动歌曲等违法行为及惩处方式。③

在美国，《美国法典》（United States Code，USC）第18篇第2381至2391条对滥用言论、集会、结社等权利危害国家安全的行为规定了极为严厉的惩罚措施，由此划定了法律所禁止的行为。其中，第2385条明文规定：

> 任何人蓄意或故意鼓吹、煽动、劝说或讲授理应、必须、值得或宜于以武力或暴乱或通过暗杀政府官员，推翻或摧毁美国政府或任何州、领地、特区或占领地政府，或任何下级政治机构或政府；任何人企图导致推翻或摧毁任何上述政府而印刷、出版、编辑、发表、传递、出售、分发或公开展出任何书写或印刷品以鼓吹、劝说或讲授理应、必须、值得或宜于以武力或暴乱推翻或摧毁美国境内任何政府或图谋如此行事；任何人组织、协助或图谋组织一切讲授、鼓吹、鼓励以武力或暴乱推翻或摧毁任何上述政府者组成社团、小组或举行集会，或其本身就是此类由具有上述明确目的分子组成的社团、小组、集会的成员或分会会员，均应判处最高2万美元罚款或最多20年有期徒刑，或两者并罚。刑满后5年内不得被美国政府或其任何部门或代理机构录用。④

---

① 《法国刑法典 刑事诉讼法典》，罗结珍译，北京：国际文化出版公司1997年版，第118页。
② 同上书，第118-119页。
③ 中国社会科学院新闻研究所、北京新闻学会（编）：《各国新闻出版法选辑续编》，北京：人民日报出版社1987年版，第203页。
④ 中共中央宣传部办公厅（编）：《宣传信息1992》，北京：中共中央党校出版社1993年版，第297-298页。

除了仍在实施的《美国法典》，美国于1917年通过的《反间谍法》（*Espionage Act*）曾将有意"帮助敌人获得胜利"的"虚假言论"定为犯罪。翌年出台的新《反叛乱法》规定"发展故意蔑视或嘲笑美国政府、宪法、国旗的任何不忠言论"都是犯罪行为。① 当时，由于批评美国政府参加"一战"、干预俄国革命和反对征兵等，许多激进人士因违反前述法案而受到起诉。除1919年的"申克诉美国案"（*Scheck v. U.S.*），美国当时出现了一系列案件，当事人普遍因表现出了前述法律所规定的煽动行为或涉嫌煽动行为而被认定有罪。在1927年的"惠特尼诉加利福尼案"（*Whitney v. California*）中，当时美国社会主义政党的要员夏洛特·安妮塔·惠特尼（Charlotte Anita Whitney）被控违反了加州的《禁止工团主义犯罪法》，构成了煽动诽谤。在该案中，惠特尼作为加州代表于1919年参加了美国社会党的全国大会，包括她在内的党内极端激进派与温和派分裂，组建了加州共产主义劳动党（Communist Labor Party of California）。她号召通过合法途径实现政党目标，但新党没有接受该政纲，而是决定采取大罢工和革命性群众运动的纲领。美国联邦最高法院依据惠特尼的行为维持了对她的判决，并认为加州的这项法案既不违反正当程序，也不违反平等保护条款和宪法第一条修正案。②

1940年，美国国会通过的《外侨登记法案》（*The Alien Registration Act*）（又称《史密斯法》）亦有类似规定。③ 该法第二条规定："意图颠覆、破坏联邦政府，提倡、鼓吹、教唆或印刷、发行、编辑、出版、公布、出售、公开展示颠覆、破坏联邦政府的必要性、适宜性的书写品或印刷品，都是被禁止的犯罪行为，最高刑期20年。"④ 这项法律制定发布后，虽然几经修订并缩小了适用范围，但目前仍然有效。在麦卡锡主义（McCarthyism）盛行的年代，美国政府1948年7月以鼓吹暴力推翻美国政府和违反《史密斯法》为由，对尤金·丹尼思（Eugene Dennis）等11位美

---

① 〔美〕马克·图什内特：《反对有理：美国最高法院历史上的著名异议》，济南：山东人民出版社2010年版，第77页。

② 在该案中，惠特尼虽然被联邦最高法院维持定罪，但在判决宣布之后，加州州长克莱门特·克劳德就赦免了惠特尼，惠特尼因此并未入狱。具体参阅〔美〕马克·图什内特：《反对有理：美国最高法院历史上的著名异议》，济南：山东人民出版社2010年版，第77—78页。

③ 该法案因发起人是众议员霍华德·史密斯而被称为《史密斯法》（*The Smith Act*）。

④ 贺文发：《言论表达与新闻出版的宪政历程：美国最高法院司法判例研究》（下册），北京：中央编译出版社2015年版，第254页。

国共产党领导人提起诉讼。① 该党领导人虽然声称该法案侵犯了他们的《宪法第一修正案》权利，但仍被判有罪。1949 年 10 月 19 日，美国联邦地区法院对 11 人均做出有罪判决，处以 3 年或 5 年徒刑和 1 万美元罚金。1950 年 8 月 1 日，美国联邦上诉法院作出维持原判的裁决。②

当时，被告依据美国宪法修正案第 1、第 5、第 14 条上诉到联邦最高法院。联邦最高法院九位法官经过投票表决，以 6∶2 的结果维持原判。1951 年 6 月，美国联邦最高法院判决认为："凡当言论对于完成法律所禁止的罪行具有巨大而潜在的祸害之可能性时，对这种言论就应当予以制止。我们不同意政府在人们筹划革命时无能为力的原理，这个原理如果发展到它可想而知的结果，必然导致无政府主义。对于企图以暴力推翻政府的行为，国会予以禁止。任何人不能认为这不在国会权力范围之内。本案中我们关心的问题，不是国会是否具有这种权力，而是国会的权力是否违反宪法第一条和第五条修正案。"③ 首席大法官弗雷德·文森（Fred M. Vinson）在判决中指出："国会法案的目的，显然是为了保护现存政府不受暴力、革命或恐怖主义颠覆，而非阻碍通过和平、合宪与合法手段的改革。国会有权保护美国公民不受武装叛乱的侵害，这是一个不需要讨论的问题。无论反对独裁政府的权利在理论上有什么价值，在政府现有的结构提供和平和有序的变化时，都是没有力量的。"④

"9·11"事件发生后，美国国会于 2001 年通过了《爱国者法案》（*Patriot Act*），通过扩大执法机构的权力，加大了对煽动诽谤、煽动恐怖活动和恐怖主义的打击力度。基于该法案，美国批准了对联邦量刑指南第三部分（Section 3）的修订，对于计划通过胁迫、恐吓方式影响政府行为，或者报复政府行为的，以及通过胁迫、恐吓方式煽动或影响普通民众的行为，将被认定为极端犯罪，会面临最少 210 至 262 个月的监禁。⑤ 2010 年 6 月 10 日，美国联邦最高法院在"荷尔德诉人道法计划案"（*Holder v. Humanitarian Law Project*）中肯定了禁止向被美国依法认定的恐怖组织提供物资支持的

---

① Dennis v. United States, 341 U.S. 494 (1951).
② 贺文发：《言论表达与新闻出版的宪政历程——美国最高法院司法判例研究》（下册），北京：中央编译出版社 2015 年版，第 254 页。
③ 〔美〕斯坦利·库特勒（编著）：《最高法院与宪法——美国宪法史上重要判例选读》，朱曾汶、林铮译，北京：商务印书馆 2006 年版，第 391 页。
④ Dennis v. United States, 341 U.S. 494 (1951).
⑤ Said, W. E. Sentencing Terrorist Crimes. *Ohio State Law Journal*, 2014, 75(3): 477–528.

联邦法（18 U.S.C.§2339B）合宪。① 当然，该法案也因此招致公民权利团体的强烈批评，霍德华·津恩认为"这个法案让司法部仅凭怀疑、无须起诉，就有权抓捕非美国公民，使他们不受美国宪法的保护"②。特别是在战争状态下，公民无法批评政府的行为。一名退休的电话工人在健身俱乐部批评了布什总统，不久就受到联邦调查局的讯问。③该法对公民基本权利产生的寒蝉效应显而易见。

毋庸置疑，在美国，长期以来威胁严重破坏政府安全运转的言论一直都是《宪法第一修正案》保护的一个经典性例外。根据美国联邦法院历来在案例中的解释，言论自由的运用以不致妨碍美国宪法的规定为限，任何出版物的刊行以不得恶意诽谤政府或企图颠覆政府的存在为限。④但是，美国主流媒体目前正在遭受前所未有的压力并被现任总统指责为"人民的敌人"，并时常受到剥夺白宫记者证等行政处罚。美国总统特朗普在任期间已经表现出了对媒体的公开敌意，并明确宣称要追究媒体的煽动诽谤罪和支持约翰·亚当斯（John Adams）总统曾倡导的臭名昭著的《外国人和煽动叛乱法》。2006年，特朗普起诉了一本声称夸大了他的财富的书及其作者，只是最终因他未能证明出版社的过错而败诉。⑤

在土耳其，法律禁止任何破坏宪法秩序、危害立法机关和政府的煽动行为。司法机构会视其具体行为和表现形式，以危害国家安全罪或危害治安罪进行处罚。对于前者，《土耳其刑法典》第312条规定："任何人使用武力或者威胁手段，力图解散土耳其共和国政府或者部分或者全部地阻止其履行职责的，处终身监禁。"该法第313条亦规定："任何人煽动土耳其公民举行针对土耳其共和国政府的武装叛乱的，处15年以上20年以下监禁。如果成功地导致暴乱发生的，处20年以上25年以下监禁。"⑥对于后者，《土耳其刑法典》第217条规定："任何人公开地煽动人们不遵守法

---

① Holder v. Humanitarian Law Project, 561 U.S. 1 (2010). Oyez. Retrieved October 3, 2019, from https://www.oyez.org/cases/2009/08-1498.

② 〔美〕霍德华·津恩：《我反抗：一部独特的美国史》，汪小英译，杭州：浙江人民出版社2014年版，第268页。

③ 同上。

④ 〔美〕约翰·泽莱兹尼：《传播法：自由、限制与现代媒介》，张金玺、赵刚译，北京：清华大学出版社2007年版，第81页。

⑤ Tofel, R. Donald Trump and the Return of Seditious Libel. Retrieved from https://www.propublica.org/article/donald-trump-and-the-return-of-seditious-libel, Nov. 21, 2016.

⑥ 《土耳其刑法典》，陈志军译，北京：中国人民公安大学出版社2009年版，第134页。

律，如果给公共安宁造成潜在危险的，处 6 个月以上 2 年以下监禁或者罚金。""通过新闻传播手段实施前述犯罪的，加重 1/2 处罚。但是，如果只是出于提供信息或者进行批评的目的实施的，不构成犯罪。"① 并且，该法还对利用宗教服务实施煽动的行为作出禁止性约束：伊玛目、布道者、牧师、犹太教堂神职人员在提供服务的过程中，教唆、煽动人们不服从由政府或者履行职务的公务员发布的命令的，处 3 个月以上 2 年以下监禁，并处罚金，同时暂时或者永久地剥夺其从事该种服务的资格并没收所得利益。②

伊朗在伊斯兰革命之后，于 1996 年重新修订和出台了《伊朗刑法典》。该法将危害国家安全和煽动颠覆政权的罪名置于源于《古兰经》的术语"Muharaba"（意为好战和颠覆政府）之下。"Muharaba"在伊斯兰法学中作为技术性术语使用，主要指携带武器引发恐怖的行为，以及煽动或者抢劫人民的财产等。《伊朗刑法典》第 498 条规定："拥有任何意识形态的任何人在伊朗境内或者境外，以任何名义从事建立超过两人以上成员的某有组织团体，或者任何人从事领导这种团体，旨在扰乱国家安全，法律未将其行为视为 Muharaba 的，则处以 2 年至 10 年有期徒刑。"③ 如果这类行为被认定为是 Muharaba，根据该法第 190 条的规定，则要被处以死刑、钉在十字架上刑、砍掉右手和左脚刑、流放刑四种刑罚之一。④

与之类似，煽动诽谤在亚洲国家印度亦属法律禁止的行为。印度的煽动诽谤法源于英属殖民地时期，曾经被用来反抗英国统治。印度独立之后，该法律及其核心条款被继续沿用，以处罚威胁印度新政权者。现行印度《刑法典》(*The India Penal Code 1984*) 第 124 条 A 款即是其煽动法的核心。该法条规定："无论何人，用文字语言、符号、能够辨认的图像或其他方法，引起或企图引起对印度政府仇视或藐视；煽动或企图煽动对印度政府不满情绪，处无期徒刑或可达三年的监禁，可并处或单处罚金。"⑤ 依据该法，包括不忠诚和一切敌意情绪均包含在"不满情绪"之中。该法第

---

① 《土耳其刑法典》，陈志军译，北京：中国人民公安大学出版社 2009 年版，第 93-94 页。
② 同上书，第 94 页。
③ 赵秉志、卢建平（主编）：《国际刑法评论》（第 4 卷），北京：中国人民公安大学出版社 2009 年版，第 273 页。
④ 同上。
⑤ 赵炳寿、向朝阳等译：《印度刑法典》，成都：四川大学出版社 1988 年版，第 33 页。

505 条第一款进一步规定：无论何人，制作、发表或散布任何声明、谣言或报告——（a）企图使或可能使印度陆、海、空军中的任何官员、士兵、水兵或空军叛变，或漠视或不履行其职责；（b）企图引起或可能引起公众或部分公众惊恐，并由此可能诱使他人实施反对国家或妨害公共安全的犯罪行为；（c）企图煽动或可能煽动一定阶层或社团的人对其他阶层或社团的人实施犯罪；处可达三年的监禁或罚金，或二者并处。①

在中国，自古就很重视国家安全，煽动诽谤历来被作为一种严重危害国家安全的罪行而受到严厉禁止。《礼记·王制》载："析言破律，乱名改作，执左道以乱政，杀。"②《唐律疏义·贼盗律》也规定："诸造妖书及妖言者，绞。传用以惑众者，亦如之；其不满众者，流三千里。言理无害者，杖一百。"③在清代，对煽动诽谤的禁止主要依据《大清律例》，清代的绝大多数文字狱案件均是依据该法和皇帝圣旨予以处置的。《大清律例》卷二十三规定："凡造谶纬妖书妖言者，及传用惑众者，皆斩监候，被惑人不坐，不及众者，流三千里，合依量情分坐。若他人造传私有妖书，隐藏不送官者，杖一百，徒三年。""凡妄布邪言，书写张贴，煽惑人心，为首者，斩立决；为从者，皆斩监候。"④1906 年，《大清印刷物件专律》颁布之后，清政府又将煽动诽谤定义为讪谤予以查禁和处罚。《大清印刷物件专律》第四章第四条规定："讪谤者，是一种惑世诬民的表揭，令人阅之有怨恨或侮慢，或加暴行于皇帝皇族或政府，或煽动愚民违背典章国制，甚或以非法强词，又或使人人有自危自乱之心，甚或使人彼此相仇，不安生业。"⑤对于处罚措施，该章第十七条规定："凡科讪谤案，罚锾不得过五千元，监禁期不得过十年，或罚锾监禁两科之。"⑥

时至 1949 年以降，对于危害国家安全的煽动诽谤行为，从《宪法》《刑法》到 2017 正式实施的《网络安全法》，仍然严厉禁止。《宪法》第 1 条即规定："禁止任何组织或个人破坏社会主义制度。"在此框架下，《刑法》第 103、105、249、278、373 条对煽动颠覆国家政权、煽动分裂国家

---

① 赵炳寿、向朝阳等译：《印度刑法典》，成都：四川大学出版社1988年版，第132–133页。
② 吕思勉：《读史札记》（上），南京：译林出版社2016年版，第337页。
③ 刘双舟（主编）：《中国法制史》，北京：对外经济贸易大学出版社2014年版，第103页。
④ 张友渔、高潮（主编）：《中华律令集成》，长春：吉林人民出版社1991年版，第26页。
⑤ 中国社会科学院新闻研究所、北京新闻学会（编）：《各国新闻出版法选辑》，北京：人民出版社1981年版，第4页。
⑥ 同上书，第6页。

等各类煽动行为作了禁止性规定。其中,《刑法》第 105 条明确规定:"以造谣、诽谤或者其他方式煽动颠覆国家政权、推翻社会主义制度的,处五年以下有期徒刑、拘役、管制或者剥夺政治权利。首要分子或者罪行重大的,处五年以上有期徒刑。"除了宪法、刑法和《国家安全法》,其他关于国防、军事、传媒的法律法规,如《网络安全法》(第 12 条)、《电信条例》(第 57 条)、《出版管理条例》(第 26 条)等都与惩治煽动性犯罪有关,均严厉禁止"颠覆国家政权,破坏国家统一"的行为。在中国,由于国家对各类媒体的管制较严,媒介从业人员和公众的政治敏感度普遍较高,所以自《刑法》颁布以来,尚未发生过利用国内主流媒体实施煽动犯罪的案件。

另外,中国香港特区所实施的《刑事罪行条例》第 10 条规定:作出下述行为即属犯罪:"(一)作出、企图作出、准备作出或与任何人串谋作出具有煽动意图的作为;(二)发表煽动文字;(三)刊印、发布、出售、要约出售、分发、展示或复制煽动刊物(即带有煽动意图的刊物);或(四)输入煽动刊物。触犯此罪,第一次定罪可处罚款 5 千元及监禁两年。"①《邮政署条例》第 32(1)(h)条规定,任何人不得投寄任何煽动刊物,违反者会被处罚款 2 万元及监禁六个月。②1967 年颁布实施的《公安条例》第 18 条亦规定:凡有三人或多于三人集结在一起,作出扰乱秩序的行为或作出带有威吓性、侮辱性或挑拨破性的行为,意图导致或相当可能导致任何人合理地害怕如此集结的人会破坏社会安宁,或害怕他们会借以上的行为激使他人破坏社会安宁,他们即属非法集结。③根据该条例,如果相关人如作出上述行为,即使其原来的集结是合法的,也会构成违法,并会因此受到三至五年的监禁等定罪处罚。

对于法律所禁止的煽动行为,国际社会也有普遍共识。1948 年,51 国新闻代表团(包括当时的中国代表团)在联合国通过了《国际新闻自由公约草案》。在其中第 3 公约第 2 条对新闻媒体的十项责任与限制中,就有两款规定:"意图煽动他人以暴力变动政府制度或扰乱治安者"、"意图煽惑

---

① 香港特别行政区政府保安局:《实施基本法第二十三条》咨询文件,2002 年 9 月,第 18 页。
② 同上书,第 17—18 页。
③ 吴昱江:《香港现行法律对煽动性言论的规制》,《法学论坛》2019 年第 1 期,第 104—113 页。

人民犯罪者"，"应予以法律明文规定之必要惩罚"。[①]1966年联合国大会通过的《公民权利与政治权利国际公约》，在充分肯定言论自由的前提下，第19条第3款规定将"保障国家安全或公共秩序"作为限制条件，并在第20条中规定"任何鼓吹战争的宣传，应以法律加以禁止"。[②]《欧洲人权公约》第十条第二款也同样规定"为了维护国家安全、领土完整和公共安全"，"为了维护秩序或者预防犯罪，保护人民健康以及维护道德"，可以对煽动诽谤行为予以限制。[③]欧洲人权委员会认为："对言论的某些限制在适当的情形下是可以接受的，在这种场合下，民主社会下的表达自由通常受制于法律设立的、被认为是防止煽动、诽谤、亵渎和淫秽出版物所必需的限制。"[④]

二、煽动的标准

煽动诽谤言论不受法律保护，这是世界通则。但对于这种法律例外和规制的标准，则一直是争论的焦点。对于煽动的标准，目前许多国家的讨论主要围绕是否明确指向颠覆政府制度、鼓吹非法活动和煽动的故意等展开，核心在于是否限制对抽象理论和观点的表达与鼓吹。在世界范围内，煽动诽谤罪是行为犯，只要有明确表示颠覆或变更所在国家政府制度或政权形式的表现，就会认为构成了煽动诽谤罪。

在加拿大，任何人教唆或主张，或发表或传播书面材料主张在未经法律许可时，使用武力，作为在加拿大境内变更政府之手段将被认定为煽动性诽谤，会被处以14年以下监禁。[⑤]《美国法典》第2385条的规定也是首先明确了煽动的标准："任何人蓄意或故意鼓吹、煽动、劝说或讲授理应、

---

① 中国社会科学院新闻研究所、北京新闻学会（编）：《各国新闻出版法选辑》，北京：人民出版社1981年版，第36页；全国人大常委会法制工作委员会研究室（编）：《法制参考资料汇编》第一辑，北京：光明日报出版社1985年版，第140页。

② 刘海年（主编）：《〈经济、社会和文化权利国际公约〉研究》，北京：中国法制出版社，2000年，第318页。

③〔德〕罗尔夫·施托贝尔：《经济宪法与经济行政法》，谢立斌译，北京：商务印书馆2008年版，第153页。

④ Council of Europe (Ed.). *Digest of Strasbourg case-law relating to the European Convention on Human Rights*(vol.3). C. Heymanns-Verlag, 1984, pp.487–488。

⑤ 卞建林、杨新芝等（译）：《加拿大刑事法典》，北京：中国政法大学出版社1999年版，第40页。

必须、值得或宜于以武力或暴乱或通过暗杀政府官员，推翻或摧毁美国政府或任何州、领地、特区或占领地政府，或任何下级政治机构或政府"，然后对构成犯罪者予以相应的处罚，把宣扬用暴力推翻政府的行为定为犯罪。①1902年，在威廉·麦金莱（William Mckinley）总统遇刺后，纽约州通过的《反无政府主义犯罪法》（Criminal Anarchy Act）第161节第二条规定："任何人不得印刷、发表、编辑、颁发、故意传播或公共展示书籍、文章、文件或其他任何形式的印刷资料，去鼓吹、建议或教唆用暴力或任何违法手段来推翻政府组织。违者犯有重罪。"②

在1925年的"吉特洛诉纽约州案"（Gitlow v. New York）中，左派人士受到纽约州《反无政府主义犯罪法》的处罚。包括吉特洛在内的数名被告在《革命时代》杂志上发表"左翼宣言"，鼓吹阶级斗争和暴力革命，呼吁通过罢工和任何形式的阶级行动来建立社会主义。在受到刑事指控并被州法院定罪之后，被告提起上诉。③然而，美国联邦最高法院判决该州法律并未违反宪法第一修正案。联邦最高法院的多数派判决意见指出："言论和新闻自由并不保护任何人去扰乱公共治安或企图颠覆政府。它并不保护具有危险倾向的出版和教学，去颠覆或危及政府、或妨碍或阻止政府履行职责。它也不保护鼓动用暴力推翻政府的刊物；如果作品的发表具有摧毁组织社会的倾向，那么惩罚这类作品对保障自由和国家稳定而言都是必不可少的。"④对于任何国家而言，虽然保障言论自由具有重大意义，但是很难容忍对政权制度的挑战。大法官爱德华·桑福德（Edward Terry Sanford）强调："言论自由并不剥夺国家自我生存的首要和基本权利；要使人类政府维持长久，它们就不得被剥夺生存权利。对自由和宪政机构的保障，乃是新闻自由的基础和主要依据；因此，新闻自由并不包括摧毁这些机构的权利。"⑤

在"吉特洛诉纽约州案"中，美国联邦最高法院主张必须对煽动表达进行合理限制，否则这类滥用自由的言论就可能成为共和国的灾源。爱德

---

① 中共中央宣传部办公厅（编）：《宣传信息1992》，北京：中共中央党校出版社1993年版，第297–298页。

② 张千帆：《西方宪政体系》（上册：美国宪法）（第2版），北京：中国政法大学出版社2004年版，第464页。

③ Gitlow v. New York, 268 US 652 (1925).

④ 张千帆：《西方宪政体系》（上册：美国宪法）（第2版），北京：中国政法大学出版社2004年版，第465页。

⑤ 同上。

华·桑福德大法官在其执笔的多数意见中写道:"如果言论公开宣扬用暴力和其他非法手段,来推翻合众国和各州的代议制和宪政形式的政府,那么国家就可以对它施加惩罚。"① 英国法学家威廉·布莱克斯通（William Blackstone）亦指出:"当法律惩罚煽动性诽谤时,绝不意味着它侵害了言论自由。言论自由意味着不能对出版物进行事先审查,并不意味着在其出版后不受惩罚。已经出版的著作如果具有某种有害倾向,而制止这种倾向是维护政府良好秩序这一自由社会的根基所必须,那么在公正审判的基础上对其进行的事后惩罚就是正当的。这样个人的思想就是自由的,只有那些被滥用的思想才是法律惩罚的目标。"②

但是,奥利弗·霍姆斯（Oliver Wendell Holmes）大法官则认为吉特洛并没有违反申克诉美国案中所确立的"明显而即刻的危险"的检测标准。霍姆斯主张:"吉特洛的号召性文字是抽象的,不会引起很多人的共鸣,无法以迫在眉睫的危险来处罚该言论。"③ 与多数派意见不同,霍姆斯和布兰代斯坚持强调该言论并未引发立即的危险行动,也没有可能造成星火燎原之势,他在异议书中指出:"如果运用我所认为的正确标准,那么和被告持有同样观点的少数团体用武力推翻政府的企图,并未构成现存危险。"④ 在1927年的"惠特尼诉加利福尼亚案"中,路易斯·布兰代斯（Louis D. Brandeis）在异议书同样强调:"立法机构的职能是查明在特定时期的特定情形之下,组织或参加鼓吹犯罪的工团主义组织,是否构成带来实质性罪恶的明显而现实的威胁。"⑤ 他认为,如果宣扬违法并未构成煽动诽谤,且不能表明这种主张会被立刻实施,那么无论其在道德上应受何种谴责,宣扬违法并不能成为剥夺宪法第一修正案赋予权利的理由。⑥

不可否认,在"1964年《纽约时报》诉沙利文案"之前,美国联邦

---

① 张千帆:《西方宪政体系》（上册:美国宪法）（第2版）,北京:中国政法大学出版社2004年版,第465页。

② Blackstone, W. *Commentaries on the Laws of England* (Vol.4). Chicago: University of Chicago Press, 1979, pp.151–152. 转引自 徐会平:《意涵与保护:美国言论自由的考察与分析》,《山东大学学报》（哲学社会科学版）2013年第3期,第65–71页。

③ Gitlow v. New York, 268 US 652 (1925).

④ 张千帆:《西方宪政体系》（上册:美国宪法）（第2版）,北京:中国政法大学出版社2004年版,第466页。

⑤ 〔美〕马克·图什内特:《反对有理:美国最高法院历史上的著名异议》,济南:山东人民出版社2010年版,第78页。

⑥ Whitney v. California, 274 U.S. 357 (1927).

最高法院大部分与煽动性诽谤有关联的案件基本上都是依据"明显而即刻的危险"原则进行裁决的。在当时,"申克诉美国案"中所确立的"明显而即刻的危险"标准虽然在不断松动,但并未被颠覆或重释。该标准直到"《纽约时报》诉沙利文案"时才被正式推翻,煽动性诽谤才被正式宣布为违宪。在该案中,布伦南大法官援引杰弗逊的观点在判决书中强调:"查菲等人的论点反映了广泛的共识,煽动诽谤法案为批评政府和政府官员施加了限制,因此与《宪法第一修正案》相抵触。"①

需要注意的是,在普通法上,判断某言论是否构成煽动诽谤,在很长一段历史时间内所依据的是"有害倾向"标准。只要某表达具有某种有害倾向,不管这种倾向成为现实的可能性多么渺茫,政府都有权对其进行惩罚。② 在这种情况下,任何批评政府或政府官员的言论都可能被认为包含某种危险倾向,煽动诽谤就很可能被滥用。对此,芝加哥大学法学教授哈里·凯尔文(Harry Kalven)指出:"煽动性诽谤正好击中了民主社会的心脏……在我看来,法律中是否包含煽动性诽谤这一概念,决定了这个社会的性质。一个社会是否将淫秽或者出版物藐视视为犯罪,都不会改变这个社会的性质。但是如果把煽动性诽谤视为犯罪,那么无论这个社会其他方面的特征是什么,都不能被称为自由社会。"③

除了客观上的行为表现,对于煽动诽谤,主观上必须有故意构成,即具有煽动意图(seditious intention),才可以构成犯罪,过失就不能认定为构成犯罪。加拿大法律将煽动意图描述为:"任何人在发表或发行的作品中,提倡不经法律授权,而使用暴力手段在加拿大实现政府更迭者,将被假定怀有煽动的意图。"④《加拿大刑事法典》第59条第四款规定:"除'煽动性意图'之一般含义外,任何人,为下列行为,应被推定有煽动性意图:教唆或主张;或发表或传播书面材料主张在未经法律许可时,使用武力,

---

① New York Times Co. v. Sullivan, 376 U.S. 254 (1964).
② 徐会平:《意涵与保护:美国言论自由的考察与分析》,《山东大学学报》(哲学社会科学版)2013年第3期,第65—71页。
③ Kalven, H. The New York Times Case: A Note on "The Central Meaning of the First Amendment". *The Supreme Court Review*, 1964 (1964): 191—221.
④ 〔美〕约翰·C.梅里尔等:《世界新闻大观》,杜跃进、张晓崧、刘玉亭等译,郑州:河南人民出版社1988年版,第493页。

作为在加拿大境内变更政府之手段。"① 同时，该法对于不是煽动意图的例外情况也作出了详细规定，《加拿大刑事法典》第 60 条指出："不得仅由于任何人出于善意为下列行为，而视其具有煽动性意图：(a) 表明女王陛下之措施已被误导或出现错误；(b) 指出错误或缺点存在于，i) 加拿大政府或宪法或某个省中，ii) 议会或省立法机构中，或 iii) 加拿大司法中；(c) 以合法手段，促成或变更加拿大政府之事务；或 (d) 为消除而指出引发或可能引发加拿大不同阶层人民之间敌对感情或敌视情绪之事项。"②

在英国，刑法要求对煽动诽谤的认定必须具有能够证明的犯罪意图。在"《撒旦的诗篇》案"中，分区法院指出："对煽动性诽谤罪的诉讼必须建立在煽动意图上，而此处煽动意图是指煽动暴力行为或制造对女王或政府机构表示不满的公众骚乱或动乱的意图。有致使不同臣民阶级之间产生恶意和敌意的意图作为证据本身还不能构成煽动意图。不仅要有证据证明存在煽动暴力的意图，还要有扰乱权力机构的暴力行为或抵抗行为或挑衅行为存在。"③ 如果被告人的行为或语言导致了法律禁止的一种或多种煽动效果，就可以推定被告人具有煽动意图。④ 在认定煽动诽谤时，英国法律界还强调："只有用语言表达出的煽动性意图还不够。必须有犯罪行为，也就是说，语言必须有扰乱公共秩序的倾向。判断语言是否有此倾向，最好观察一下所有周围的相关环境，包括公众的心态、地点、文件发行方式等等。"⑤

在美国，联邦最高法院在认定煽动诽谤时，也经常将煽动意图作为重要参考标准。在 1917 年的"拒邮左派杂志案"（*Masses Publishing Co. v. Patten*）中，纽约邮政局以邮寄内容含有违反《反间谍法案》拒绝邮寄《大众》杂志而被告上法庭。地区法院汉德法官（J. Hand）支持了原告的诉求，他认为："如果一人并未促使他人有责任或利益去抵制法律，那么他就不应被认为企图引起违法。如果不采取这项标准，那么不可避免的结

---

① 卞建林、杨新芝等（译）：《加拿大刑事法典》，北京：中国政法大学出版社1999年版，第40页。
② 同上。
③ 〔英〕J.C. 史密斯、B. 霍根：《英国刑法》，马清升等译，北京：法律出版社2000年版，第865页。
④ 王世洲、郭自力、张美英（主编）：《危害国家安全罪研究》，北京：中国检察出版社2012年版，第199页。
⑤ 〔英〕J.C. 史密斯、B. 霍根：《英国刑法》，马清升等译，北京：法律出版社2000年版，第865页。

论将是：所有易于产生煽动情绪的政治鼓动，都将被这节法律条款定为非法。"①在"抵制征兵第四案"（Abrams v. US）中，霍姆斯大法官在反对意见中强调："如果同一被告需要进一步行动才构成实际罪行，那么只有具备我所解释的实际意图，它才能构成妨碍企图……如果妨碍企图的成功取决于他人，那么这一因素同样必要，因为如果实际意图并不存在，那么行为者目标的实现可能并不带来［国会所］寻求控制的危害。"②

在1925年的"吉特洛诉纽约州案"中，美国联邦最高法院判决指出："如果某表达构成煽动诽谤罪，那么所使用语言或出版的内容必须'合理地诱使特定人'实施武力、暴力或非法行为。"③对于言论中所包含的意图问题，法院要求陪审团必须确定《宣言》的意图、宗旨和公正含义，爱德华·桑福德承认："这些词句也只能被可能接触到的人以通常的含义来理解，在这样一篇本质上属于论文的文章中，只是对社会、经济发展和历史事件进行陈述或分析，以及对未来发展进行预言，并没有包括教学、建议或行动鼓吹，不构成煽动诽谤，即无法构成法律意义上推翻政府的建议与煽惑。"④联邦最高法院的多数派判决意见也认为："仅仅是一项可能导致推翻政府非法行为的陈述是不够的，除非有以推翻政府为目的而使用这种非法行为的教学、咨询和鼓吹。"⑤

在1969年的"布兰登堡诉俄亥俄州案"（Brandenburg v. Ohio）中，美国联邦最高法院通过对煽动意图的再次阐述从而确立了煽动标准。在该案中，一位名为布兰登堡的3K党（Ku Klux Klan，缩写为 K. K. K.，原称白人种族集体，又称白色联盟和无形帝国）领袖在一次集会上公开发表了一段过激言论。该过程恰好被一位电视新闻记者拍摄了下来。布兰登堡在该视频中公开宣称："我们并非报复性的组织，但是如果我们的总统、我们的国会和我们的最高法院继续压制白人和高加索种族，将可能迫使我们采取一些复仇行动。"同时他还宣称："黑鬼应该被遣回非洲，犹太人应该回到以色列。"⑥为此，布兰登堡被控违反了俄亥俄州《有组织犯罪防治法》。该

---

① 张千帆：《西方宪政体系》（上册：美国宪法）（第2版），北京：中国政法大学出版社2004年版，第458页。

② 同上书，第463页。

③ Gitlow v. New York, 268 U.S. 652 (1925).

④ 同上。

⑤ 同上。

⑥ Brandenburg v. Ohio, 395 U.S. 447 (1969).

法规定:"任何煽动、教导或帮助教唆犯罪、破坏或暴力等偏激非法手段,以变更产业所有或管制状态,或影响政治变更之言论,或协同参与此类组织及其活动者,以重罪论罚。"他被州地方法院判决1000美元的罚款和10年的监禁。但此案在上诉至联邦最高法院后,联邦最高法院却推翻了地方法院的有罪判决,并判定俄州的《有组织犯罪防治法》违宪无效。① 大法官厄尔·沃伦(Earl Warren)指出:"宪法对言论自由的保障,不允许政府对任何主张暴力或主张不遵守法律的言论进行禁止或限制,除非该言论是以煽动他人从事立即的违法行为或产生立即的非法行为为目标,而且该言论的确会煽动或产生这种立即的违法行为,才可以对此进行限制或惩罚。"②

"布兰登堡诉俄亥俄州案"确立煽动诽谤的标准之后,鼓吹抽象的思想或观点并不会被认定构成煽动。但是该标准在国际反恐浪潮中进一步被明确了法律适用边界。在2010年的"荷尔德诉人道法计划案"(*Holder v. Humanitarian Law Project*)中,美国联邦最高法院认为,在适用于原告的情况下,物质支持法案不违反第一修正案所保障的言论自由。"考虑到在国家安全和外交事务中的敏感利益,各政府部门已充分证实了他们禁止物质支持的决心,包括为国外恐怖主义组织提供培训、专家建议、人员和服务以服务于美国政府反恐的利益,即使这些提供的支持仅仅是为了促进这些组织的非暴力目的。"③ 联邦最高法院主张,国会和政府在反恐和外交问题上,存在压倒性的重大利益,为保证美国的国家安全,国会可以立法授权行政机构规制那些为国外恐怖组织提供物质支持的行为。

在该案中,库尔德工人党(KWP)和泰米尔伊拉姆猛虎解放组织(LTTE)的支持者向法院寻求禁制令,以限制政府强制执行《反恐及有效死刑法》(*Antiterrorism and Effective Death Penalty Act*)中的某些条款。其中一条为,该法第303条规定任何为特定组织(即使是非暴力活动)提供物质支持的行为均为犯罪。如果个体"明知"某组织是恐怖组织,仍然提供物质支持或资源,则违反该法。尽管上述两个组织主要从事各种非法活动,但人权组织起诉美国政府,他们认为政府通过的前述法律侵犯了他们受《宪法第一修正案》保护的言论自由,导致他们面临政府的刑事指控。他们强调,通过向一些被美国政府认定的外国恐怖组织提供国际法咨询等

---

① 徐显明(主编):《人权研究》(第12卷),济南:山东人民出版社2013年版,第115页。
② Brandenburg v. Ohio, 395 U.S. 447 (1969).
③ Holder v. Humanitarian Law Project, 561 U.S. 1 (2010).

支持形式，可以帮助这些组织更好地参与和平谈判和减少暴力行为。然而，首席大法官约翰·罗伯茨（John G. Roberts）在撰写的多数意见中指出："最高法院承认该法规可能并非在所有方面都明确，但在本案中对于原告而言已经足够明确，且不违反《宪法第一修正案》。"①

对于该多数意见，斯蒂芬·布雷耶（Stephen G.Breyer）、露丝·金斯伯格（Ruth Bader Ginsburg）和索尼亚·索托马约尔（Sonia Sotomayor）三位大法官却并不赞同。布雷耶大法官在撰写的异议书中写道："尽管他们认为该法案并非违宪，但是不认为宪法允许政府对原告进行刑事起诉，原因是他们参与了促进特定组织合法政治目标的教学与鼓吹工作。"②他认为政府没有满足法定的举证责任，以证明该法案所禁止的言论包含令人信服的压倒性政府利益。③斯蒂芬·布雷耶还指出："出于政治目的的言论和结社是《宪法第一修正案》通常对其提供的最有力保护的一种活动，这是基本的。"并且，"与从事非法活动的团体进行'协调'也不会剥夺第一修正案对原告的保护，这种表达不属于任何传统不受保护的例外'类别'。他们没有从事欺诈、诽谤或散布淫秽物品"④。"《宪法第一修正案》甚至保护对非法行动的鼓吹，只要这种鼓吹没有直接煽动或导致迫在眉睫的违法行为与可能煽惑或导致这种行为。"⑤

在印度，最高法院对煽动法的适用施加了限制，使煽动暴力成为构成犯罪的必要条件。对于不赞成政府行政或其他措施的评论，只要没有煽动或企图煽动仇恨、藐视或不满情绪的，就不构成煽动诽谤的犯罪。⑥因为根据现行印度《刑法典》，对于不赞成政府措施的评论，法律认为其目的在于用合法手段变更这项措施，而未煽动或企图煽动仇恨、藐视或不满情绪的，不构成煽动诽谤犯罪。在2016年的学生抗议事件中，虽然德里的警察在贾瓦哈拉尔·尼赫鲁大学逮捕了学生会主席坎哈伊亚·库马尔（Kanhaiya Kumar）等多名学生。但是由于没有发现库马尔等抗议者提出任何反政府的口号和任何煽动暴力的证据，所以很快就在公众抗议声中释

---

① Holder v. Humanitarian Law Project, 561 U.S. 1 (2010).
② 同上。
③ 同上。
④ 同上。
⑤ Brandenburg v. Ohio, 395 U. S. 444, 447 (1969).
⑥ 赵炳寿、向朝阳等译：《印度刑法典》，成都：四川大学出版社1988年版，第34页。

放了被捕的抗议者。①印度最高法院在"莎瑞雅·辛格哈尔诉印度联邦案"（*Shreya Singhal v. Union of India*）中宣布《资讯科技法》第66A条违宪，并指出："论及民主，思想和言论自由是一项核心价值，它在我们的宪法框架下至关重要。"②尽管如此，印度政府对媒体和民众提起煽动诽谤的诉讼一直较多，只是被定罪的很少。因为在法律上即使无法满足上述构成犯罪的要件，警方仍然会继续提起煽动诽谤罪的指控。

在中国，现行法律和司法判例均显示煽动意图是认定煽动犯罪的重要标准之一。例如，最高人民法院1998年发布的《关于审理非法出版物刑事案件具体应用法律若干问题的解释》第一条规定："明知出版物中载有煽动分裂国家、破坏国家统一或者煽动颠覆国家政权、推翻社会主义制度的内容，而予以出版、印刷、复制、发行、传播的，依照刑法第一百零三条第二款或者第一百零五条第二款的规定，以煽动分裂国家罪或者煽动颠覆国家政权罪处罚。"2015年出台的《刑法修正案九》第七条第五款规定："明知是宣扬恐怖主义、极端主义的图书、音频视频资料或者其他物品而非法持有，情节严重的，处三年以下有期徒刑、拘役或者管制，并处或者单处罚金。"这两条司法解释表明，实施煽动行为的人构成煽动犯罪的前提"明知"，是一种故意的心态。我国刑法中的"明知"是指"知道或者应当知道"。它包括对特定内容否定性的价值评判或特定行为危害性的后果认知。③

此外，中国香港特区的法律对煽动犯罪的意图问题亦有详细规定。依据香港《基本法》第23条的规定，修订后的香港《刑事罪行条例》第II部第9(1)条指出煽动意图是指："引起憎恨或藐视中华人民共和国中央人民政府或其他主管机关，或香港特区政府，或主权国家领土其他部分的政府，或激起对其离叛；或激起中国公民或香港特区居民企图不循合法途径改变其他在香港特区的依法制定的事项；或引起对香港特区司法的憎恨、藐视或激起对其离叛；或引起中国国民或香港特区居民间的不满或离叛；或引

---

① Mukherjee, A. Stifling Dissent: The Criminalization of Peaceful Expression in India. Retrieved from https://www.hrw.org/report/2016/05/24/stifling-dissent/criminalization-peaceful-expression-india, 2016-05-24.

② Shreya Singhal vs U.O.I on 24 March, 2015.

③ 冷大伟：《犯罪故意"明知"问题探析》，《烟台大学学报》（哲学社会科学版）2015年第5期，第44—53页。

起或加深香港特区不同阶层居民间的恶感及敌意；或煽惑他人使用暴力；或怂使他人不守法或不服从合法命令。"① 该条例的内容已根据《香港回归条例》对《释义及通则条例》所作的修订进行了调整，以确保充分保障国家利益。

依据该条例第10条，发表煽动文字，刊印、发布、出售、要约出售、分发、展示或复制带有煽动意图的刊物，或输入煽动刊物及任何作出、企图作出、准备作出或与任何人串谋作出具有煽动意图的作为即属犯罪，违法者第一次定罪会被罚款5千元及监禁两年。但是，《刑事罪行条例》还明文规定任何作为、言论或刊物，不会仅因其下述四项意图而被认定具有煽动性：显示主管机关在其任何措施上被误导或犯错误；指出香港特区政府或特区宪制的错误或缺点，或法例或司法的错误或缺点，而目的在于矫正该错误或缺点；或怂恿国民或居民尝试循合法途径促致改变依法制定的事项；以消除为目的指出在不同阶层居民间产生或有倾向产生恶感及敌意的事项。②

概言之，煽动诽谤事关国家安全与公共秩序，是一类受到各国法律和国际公约普遍禁止的表达行为。虽然它与叛国罪、颠覆罪和间谍罪等罪名有较大区别，但是在法律适用实践中仍然会被视为严重危害国家利益和社会秩序的限禁类言论。鉴于其潜在的危害，世界上绝大多数国家均以其对合法政府和社会稳定的挑战而普遍限制和禁止这类表达行为，并在各自的法律体系和框架中探索煽动表达的认定标准与适用规则。世界范围之内，一个普遍的共识是主张在管制煽动言论的过程中增强对限制的限制，强调法律特别是刑法的谦抑性，反对权力的滥用和法律解释与适用的扩大化。

---

① 香港特别行政区政府保安局：《实施基本法第二十三条》咨询文件，2002年9月，第17页。

② 同上书，第18页。

第三章　泄密问题

公开和例外都是信息存在的应有状态和一种常态，例外绝非信息存在的不正常状态。

——凯蒂·罗伯逊

保守秘密与信息公开向来是法律中的重大问题。它既关乎国家安全，又与公民知情权息息相关。伴随着情报科技的突飞猛进、致命武器技术的迅速提升和恐怖主义的不断漫延，国家层面对保守秘密的要求日益提高，许多国家都在国家秘密问题上建立了完善的法律体系和行政制度，以防止秘密泄露。世界上绝大多数国家普遍在坚持信息公开的原则下，划定秘密范围、出台禁止规范和强化惩戒措施。但是，由于对于秘密例外事项内容、禁止性规范的涵盖维度和惩戒措施的力度大小等核心内容的争议，特别是世界范围内对国家安全前所未有的高度关注，导致保守秘密与信息公开之间的张力始终未能减弱。

一、国家安全

国家安全事关国家的生死存亡，是整个国家和全体人民的根本利益所在。所谓国家安全是指国家政权、主权、统一和领土完整、人民福祉、经济社会可持续发展和国家其他重大利益相对处于没有危险和不受内外威胁的状态，以及保障持续安全状态的能力。[①]它主要指构成国家的三个基本要素——人民、疆域和政府的安全。国家安全是一个动态的概念，需要不间断地追求。在不同的历史时期，用不同的立场观察问题，人们的解释往往

---

① 国务院法制办公室（编）：《中华人民共和国法规汇编（2015年1月—12月）》，北京：中国法制出版社2016年版，第452页。

差别各异。英国学者曼戈尔德谈到国家安全时说:"人们越仔细地观察它,问题就越多,人们在定义安全时,要么过于宽泛,以致没有实际意义;要么过于狭窄,以致引来了直接的挑战。"①在当代,伴随着精密武器的发展、科学技术的飞跃和国际恐怖主义的扩散,各国政府对国家安全的关注已不再仅仅聚焦于疆域与军事等层面的传统安全,目前世界各国已经全面关注文化、信息与网络安全等非传统安全问题。

保守秘密作为维护国家安全的根本和核心议题,它既与传统国家安全紧密勾连,又与非传统安全息息相关。与世界其他国家相比,美国军方网站受到的黑客攻击极为频繁。根据美国国防部副部长约翰·哈姆雷(John Hamme)的报告,1999年第一季度中,每天都会检测到80—100次来自黑客的攻击。②1998年2月和3月间,即英美在波斯湾聚集兵力准备轰炸伊拉克之时,美国共有500个军事、民用和私人计算机遭受不明黑客攻击。③国家基础设施保护中心首任主管米歇尔·瓦提斯(Michael Vatis)报告称,外国情报专家使用了计算机技术作为信息搜集和间谍活动的工具。在一个被称为"杜鹃蛋"(Cuckoo's Egg)的案件中,一伙德国黑客进入美国、西欧和日本的军事、科学与工业网站,盗走了大量密码、程序和其他数据,并将其贩卖给俄罗斯。④"2000年8月初,国防部网站和国家计算机基础设施受到的攻击数目达到所有记录的最高值——将近1.5万次,接近1999年的全年数据。"⑤在欧洲,2007年爱沙尼亚政府移除公园里一座第二次世界大战时期苏联士兵的铜像之后,遭到了一场来自俄罗斯持续3周的网络袭击,一波所谓的分布式拒绝服务攻击(DdoS)席卷了包括爱沙尼亚议会、银行、政府机构、报纸和广播公司等各类网络,最后导致网站服务器宽带拥堵而瘫痪。⑥

为了应对这种挑战,美国国会在"9·11"事件发生后通过了《爱国者法案》(Patriot Act),通过扩大执法机构的权力,加大了对恐怖主义的打击

---

① 夏保成:《国家安全论》,长春:长春出版社1999年版,第1页。
② 〔英〕约翰·帕克:《全民监控:大数据时代的安全与隐私困境》,关立深译,北京:金城出版社2015年版,第279页。
③ 同上书,第280页。
④ 同上书,第286页。
⑤ 同上书,第292页。
⑥ 〔英〕阿兰·柯林斯(主编):《当代安全研究》(第三版),高望来、王荣译,北京:世界知识出版社2016年版,第544页。

力度。该法案第 203 条规定："联邦执法机关有权交换利用窃听方式取得的境外情报信息，不用经过司法审查，在允许该窃听行为进行前，也不必考察该窃听行为与犯罪调查的相关性。"①2011 年 11 月，美国公布了新的《防务授权法案》(Defense Authorization Bill)，明确表示国际法规范适用于网络空间，并宣称"一旦美国遭受针对其经济、政府或军事领域重大的网络攻击，美国有权进行军事报复"。②

与美国相类似，英国于 2000 年 2 月推动《调查权监管法案》(Regulation of Investigatory Powers Bill)，以代替 1985 年的《通信拦截法》(Interception of Communications Act) 立法。该法案授权警察和其他执法部门全权监控所有电话、电子邮件、传真和其他个人或各种组织的来往，几乎涵盖了所有的监控手段以及监控授权的程序。③在英国，2010 年出台的《国家安全战略》规定主要优先事项是："保持英国情报部门和警方的反恐行动能力，向它们提供必要的技术；制定革新性的网络安全计划，应对来自国家、犯罪集团和恐怖分子的威胁；把握网络空间为英国未来繁荣和拓展国家安全利益所带来的机遇，其中包括应对洪涝灾害和流行性疾病，以及打造企业和社区的应急能力等；集中和整合外交、情报、防务和其他预防国际军事危机威胁的能力，同时保留假定威胁成为现实的应对能力。"④

在德国，为全面应对网络空间的严峻挑战，德国政府于 2011 年推出首份《国家网络安全战略》，明确了网络安全战略的总体目标和保障措施，成立了国家网络防御中心和国家网络安全委员会，并于 2016 年发布了最新的《网络安全战略》，对网络安全建设再次作出全面部署。2015 年 7 月，德国议会通过《德国网络安全法》，不仅吸收了前述战略中关于"关键基础设施"的界定，而且扩大了网络监控权，确定了网络安全报告制度，增设了电信运营商的义务，并且进一步明确了"关键基础设施"运营者的法律责任。该法规定，凡是涉及水资源、能源、通信、医疗、交通、金融、

---

① 张民安（主编）：《隐私权的比较研究——法国、德国、美国及其他国家的隐私权》(《侵权法报告》第 6 卷)，广州：中山大学出版社 2013 年版，第 507 页。
② 杨吉：《互联网：一部概念史》，北京：清华大学出版社 2016 年版，第 256 页。
③ 〔英〕约翰·帕克：《全民监控：大数据时代的安全与隐私困境》，关立深译，北京：金城出版社 2015 年版，第 258—259 页。
④ 宋德星、李庆功等：《世界主要国家安全政策》，北京：中央文献出版社 2016 年版，第 136 页。

保险等与德国民众日常生活紧密相关的行业或企业均属于关键基础设施的保护范围。①2017年6月30日，德国联邦议会通过了一项针对社交媒体平台的监管法案《网络执行法》。该法案强制要求在德国境内符合条件的社交网络平台建立虚假新闻、煽动性言论和仇恨言论等违法信息的投诉与处理机制，并对处理不力、不当者设置最高达5000万欧元（约合5750万美元）的巨额罚款，且已于2018年1月1日正式生效实施。②

在中国，2015年7月，全国人民代表大会修订出台了新的《国家安全法》。该法第15条仍然明确规定："防范、制止和依法惩治窃取、泄露国家秘密等危害国家安全的行为；防范、制止和依法惩治境外势力的渗透、破坏、颠覆、分裂活动。"该法第77条还要求公民和组织应当"遵守宪法、法律法规关于国家安全的有关规定"、"保守所知悉的国家秘密"，积极履行维护国家安全的义务。③为维护国家安全，2015年12月，全国人大通过的《中华人民共和国反恐怖主义法》（第48条）对于保密问题也专门作了规定："反恐怖主义工作领导机构、有关部门和单位、个人应当对履行反恐怖主义工作职责、义务过程中知悉的国家秘密、商业秘密和个人隐私予以保密。违反规定泄露国家秘密、商业秘密和个人隐私的，依法追究法律责任。"④2016年11月，全国人大常委会通过了我国第一部规范媒介活动的法律《网络安全法》（People's Republic of China Network Security Law）。该法明确要求"任何个人和组织使用网络应当遵守宪法法律，遵守公共秩序，尊重社会公德，不得危害网络安全，不得利用网络从事危害国家安全、荣誉和利益"的活动。对于保密事宜，除了第12条，该法第77条还规定："存储、处理涉及国家秘密信息的网络的运行安全保护，除应当遵守本法外，还应当遵守保密法律、行政法规的规定。"⑤

---

① 熊光清：《互联网治理的国外经验》，《人民论坛》2016年第3期，第42–43页。
② 华屹智库：《德国网络安全战略发展及实施情况》，《网信军民融合》2018年第10期，第62–66页。
③ 全国人民代表大会常务委员会：《中华人民共和国国家安全法》，《中华人民共和国全国人民代表大会常务委员会公报》2015年第4期，第701–707版。
④ 全国人民代表大会：《中华人民共和国反恐怖主义法》，《中华人民共和国全国人民代表大会常务委员会公报》2016年第1期，第5–17版。
⑤ 全国人民代表大会常务委员会：《中华人民共和国网络安全法》，《中华人民共和国全国人民代表大会常务委员会公报》2016年第6期，第899–907版。

2015年9月，国家主席习近平访美期间，中美双方曾就网络安全进行讨论，并初步签订了一份网络军备控制双边协议。双方在条约中承诺，在和平时期相互不会向对方的关键基础设施发起网络攻击，特别是承诺不会"首先使用"这样的攻击手段。这类基础设施包括发电站、银行、手机通讯网和医院等。该协议一定程度上可以和1963年肯尼迪总统与苏联签订的"限制大气层核试验"条约相媲美。中美两国初签的这份协议因此成为世界上两个最大的经济体在防止网络武器滥用方面做出的首次努力。①

截至目前（参阅表3-1），"已有40多个国家颁布了网络空间国家安全战略，除美国不遗余力、声势浩大地建设国家网络安全体系外，德国总理默克尔与法国总统奥朗德探讨建立欧洲独立互联网，计划从战略层面绕开美国以强化数据安全"。②俄罗斯于2013年发布《俄罗斯联邦在国际信息安全领域国家政策基本原则》，并于翌年1月出台《俄罗斯网络安全战略框架》，推动网络空间安全战略建设。在亚洲，日本和印度也都在积极行动。日本2013年6月出台《网络安全战略》，明确提出"网络安全立国"。并且，"日本组建了一支由陆海空自卫队组成的网络部队，人数多达5000人，专门负责进行反黑客、反病毒入侵任务，其重要作战指导思想是通过掌握'制网权'达到使敌人作战系统瘫痪的目的"③。印度于2000年6月颁布了《信息技术法》，并于2013年5月出台《国家网络安全策略》，目标是"安全可信的计算机环境"。④在非洲，肯尼亚于2014年发布《网络安全战略》，加纳于2014年3月宣布开始制定国家网络安全战略。⑤

---

① 周晶璐：《中美或首签网络军备控制协议》，《东方早报》2015年9月21日，第A09版。吴艳洁：《美媒：中美或首签网络军备控制协议，承诺不率先攻击关键设施》，来源：澎湃新闻，2015-09-20，https://www.thepaper.cn/newsDetail_forward_1377154，2018-04-10。
② 杨吉：《互联网：一部概念史》，北京：清华大学出版社，2016年，第257页。
③ 洪京一（主编）：《工业和信息化蓝皮书：世界网络安全发展报告（2014—2015）》，北京：社会科学文献出版社，2015年，第11页。
④ 杨吉：《互联网：一部概念史》，北京：清华大学出版社，2016年，第257页。
⑤ 洪京一（主编）：《工业和信息化蓝皮书：世界网络安全发展报告（2014—2015）》，北京：社会科学文献出版社，2015年，第4页。

表 3-1 世界各国及欧盟网络安全战略文件制定情况

地区	国家		战略文件名称	时间
美洲	美国	1)	《保护网络空间安全国家战略》	2003
		2)	《网络空间政策评估》	2009
		3)	《网络空间国际战略》	2011
		4)	《网络空间行动战略》	2011
		5)	《IT 域名解析服务风险管理战略》	2011
		6)	《网络空间可信身份国家战略》	2011
		7)	《提升关键基础设施网络安全总统令》	2013
		8)	《提升关键基础设施网络安全框架》	2014
		9)	《网络空间国际战略》	2015
		10)	《网络安全战略》	2018
	加拿大	11)	《加拿大网络安全战略》	2010
		12)	《加拿大网络安全战略 2010—2015 行动计划》	2013
	巴拿马	13)	《国家网络安全和关键基础设施保护战略》	2013
	特立尼达和多巴哥	14)	《国家网络安全战略》	2012
欧洲	欧盟	15)	《欧盟网络安全战略》	2013
		16)	《确保欧盟网络和信息安全达到高水平的措施》	2013
	奥地利	17)	《奥地利国家信息和通信技术安全战略》	2012
		18)	《奥地利网络安全战略》	2013
	比利时	19)	《比利时网络安全战略》	2014
	拉脱维亚	20)	《拉脱维亚网络安全战略 2014—2018》	2014
	芬兰	21)	《芬兰网络安全战略》	2013
		22)	《芬兰网络安全战略——背景档案》	2013
	瑞士	23)	《瑞士防范网络风险国家战略》	2012

续表

地区	国家		战略文件名称	时间
欧洲	挪威	24）	《挪威网络安全战略》	2012
		25）	《挪威网络安全战略行动计划》	2012
	黑山共和国	26）	《黑山共和国网络安全战略至2017》	2013
	德国	27）	《德国网络安全战略》	2011
	捷克共和国	28）	《捷克共和国网络安全战略2011—2015》	2011
		29）	《捷克共和国控制论安全领域战略2012—2015》	2011
	法国	30）	《法国信息系统防御和安全战略》	2011
	立陶宛	31）	《电子信息安全（网络安全）发展计划2011—2019》	2011
	卢森堡	32）	《国家网络安全战略》	2011
	荷兰	33）	《网络防御战略》	2012
		34）	《国家网络安全战略》	2013
	匈牙利	35）	《匈牙利国家网络安全战略》	2013
	波兰	36）	《波兰共和国网络空间保护政策》	2013
	罗马尼亚	37）	《罗马尼亚网络安全战略》	2011
		38）	《罗马尼亚网络安全战略和国家网络安全执行行动计划》	2013
	英国	39）	《英国网络安全战略》	2011
	爱沙尼亚	40）	《网络安全战略》	2014
	斯洛伐克共和国	41）	《斯洛伐克共和国国家信息安全战略》	2008
	俄罗斯	42）	《俄罗斯联邦信息安全学说》	2000
		43）	《关于俄罗斯联邦武装部队在信息空间活动的概念视图》	2011
		44）	《俄罗斯联邦在国际信息安全领域国家政策基本原则》	2013
	格鲁吉亚	45）	《格鲁吉亚网络安全战略2012—2015》	2012
	土耳其	46）	《国家网络安全战略及2013—2014行动计划》	2013

续表

地区	国家		战略文件名称	时间
欧洲	意大利	47）	《国家网络安全战略框架》	2013
		48）	《国家网络安全计划》	2013
	西班牙	49）	《国家网络安全战略》	2013
大洋洲	澳大利亚	50）	《国家网络安全战略》	2009
	新西兰	51）	《新西兰网络安全战略》	2011
亚洲	中国	52）	《国家网络空间安全战略》	2016
	印度	53）	《国家网络安全政策》	2013
	阿联酋	54）	《国家网络安全战略》	2014
	约旦	55）	《国家信息保障和网络安全战略》	2012
	阿塞拜疆	56）	《阿塞拜疆共和国国家信息安全社会建设战略2014—2020》	2014
	韩国	57）	《国家网络安全战略》	2011
	日本	58）	《保护国民信息安全战略》	2013
		59）	《网络安全战略》	2013
		60）	《网络安全合作国际战略》	2013
	蒙古	61）	《信息安全计划》	2010
	新加坡	62）	《国家网络安全总蓝图2018》	2013
		63）	《国家网络安全总蓝图2018情况说明》	2013
	马来西亚	64）	《国家网络安全政策》	2006
非洲	肯尼亚	65）	《网络安全战略》	2014
	摩洛哥	66）	《国家信息社会和数字经济战略》	2013
	南非	67）	《南非网络安全政策》	2010
		68）	《南非网络安全政策》	2012
	乌干达	69）	《国家信息安全战略》	2011

资料来源：工业和信息化部电子科学技术情报研究所[1]

---

[1] 洪京一（主编）：《工业和信息化蓝皮书：世界网络安全发展报告（2014—2015）》，北京：社会科学文献出版社2015年版，第5-7页。

二、保守秘密

保守国家秘密是国家政治安全、信息安全和网络安全的重要内容，几乎所有国家都在法律中规定涉密主体必须保守秘密和限制媒体传播秘密信息。并且，国家秘密与情报信息的天然联系，使得保密事宜备受行政部门关注，各类媒体的报道和网络传播活动也因此常常受到不同形式的法律限定。

美国联邦现行保密制度建立在克林顿总统1995年发布的12958号总统命令——《保密的国家安全信息》基础上。① 这个命令将八类信息划为保密范围，在此范围之外的信息不能进行保密。这八类信息包括军事计划、外国政府信息、情报活动、外交活动、与国家安全有关的科技事项、美国政府保护核设施的计划、与国家安全有关的基础设施易受攻击的信息以及与大规模杀伤性武器有关的信息。② 但是，行政机关也不是对所有这八类信息都可以进行保密处理。行政机关只能对行政机关所拥有、产生以及控制的信息才可以进行保密。这就意味着，对于不处于政府控制范围内的信息，即使有可能危害国家安全，政府也不能简单地利用它的保密权力来禁止这些信息在公民间的传播。③

为防止泄露国家秘密，《美国联邦法典》第18编第641、952和1924节分别规定：" 禁止盗用、强占政府财产为私人所用"，"禁止未经授权公布或泄露外交代码、加密通讯"，"禁止未经授权转移、扣留或存储机密信息"；第50编第421节和第783节依次规定："禁止将美国秘密特工的身份告知无知情权者"，"禁止政府雇员、政府控股的企业员工向外国特工传达机密信息"。④ 同时，第18编的第793、第794和第798节，是通常所说的《间谍法》，对保守秘密作了全面规定。其中，第18编第798节是1950年颁布的《间谍法》修正案，它将泄露机密，尤其是泄露加密情报和通信

---

① Exec. Order No. 12,958: Classified National Security Information, as Amended, 68 Fed. Reg. 15315.

② 程迈：《美国联邦保密制度简介》，姜明安（主编）：《行政法论丛（第11卷）》，北京：法律出版社2008年版，第440页。

③ 同上。

④ 〔美〕罗斯（Ross G.）：《谁来监管泄密者？》，巩丽娟译，北京：金城出版社2013年版，第175页。

情报的行为定为犯罪，并且不要求"危害美国或有利于他国的目的"，只要泄密人"明知"或者"故意"，即为犯罪。值得注意的是，该节是《美国联邦法典》中唯一明确规定禁止出版机密信息的条款。①

对于违反第798节者，可处以罚款和十年以下监禁，触犯第794节（特别禁止向任何外国政府泄露机密信息）者最高可处以终身监禁。近年来美国正在考虑修改《间谍法》，对部分触犯第794节者处以死刑。可能被处以死刑的情形有：因泄密致人死亡的；战争期间泄露军事计划的；泄露有关核武器信息、早期预警系统信息的。②按照《美国联邦法典》第5编第8312节，即1954年的《西斯法案》（Hiss Act）的规定，因触犯《间谍法》第793、第794或第798节（或《军事审判统一法典》中的同类规定）而获罪的，应剥夺其领取联邦养老金或其他退休福利的权利。③后来，理查德·谢尔比（Richard Shelby）、基特·邦德（Kit Bond）、琼·凯尔（Jon Kyl）等议员先后提起《情报授权法案》、《参议院法案3374》（Senate Bill US.3374）和《2007年改善美国安全法案》（Improving America's Security Act of 2007）等修法或立法提案，均因遭到强烈批评而无法实现。最近一次修改保密法律的努力是2010年12月的《保护人工情报与加强合法传播法案》。这条提案由参议院提出，主要目的在于修改《间谍法》第798条。该提案增加了两类机密，未经授权不得泄露。一类是美国情报机构的秘密线人或情报来源，另一类是美国政府或外国政府的人工情报活动。与此同时，众议院也提出了类似的议案。但是截至第111届国会任期结束时，这两项提案都没有获得通过。④

在美国，联邦最高法院已经认识到，保护涉及国家安全的信息对政府而言意义重大。因此，联邦最高法院认为在某些情况下，限制适用《宪法第一修正案》是有其正当性的。在1968年的"皮克林诉教育委员会案"（Pickering v. Board of Education）和1988年的"美国联邦雇员联盟诉合众国案"（National Federation of Federal Employees v. United States）中，最高法院都判定，当涉及重大政府利益时，可以限制政府雇员寻求《宪法第一

---

① 〔美〕罗斯（Ross G.）：《谁来监管泄密者？》，巩丽娟译，北京：金城出版社2013年版，第176页。

② 同上。

③ 同上。

④ 同上书，第179-180页。

《修正案》的保护，但是采取措施必须非常谨慎。① 在1980年的"斯内普诉合众国案"中，联邦最高法院判决指出，出于国家利益的考虑，中央情报局有权对其雇员准备发表的文章或图书进行预审，包括在职的和已经离任的雇员。一年后，在"海格诉阿吉案"（Haig v. Agee）中，联邦最高法院判定，行政部门可以以国家安全为由拒绝向个人发放护照。在该两起案件中，辩护律师都强调《宪法第一修正案》赋予委托人的权利受到了侵犯，但是法庭都没有采纳。②

尽管如此，美国媒体仍然坚定地认为有权刊登所谓秘密信息，他们认为这样做能够为公众提供更多的信息，有助于促进广泛的辩论并监督政府的保密行为是否适当。联邦最高法院大法官布莱克曾指出："政府保密本质上是反民主的，它会使官僚的错误永远得不到纠正。公开辩论和讨论公共事务对国家健康至关重要。第一修正案的主要目的就是禁止政府广泛压制它不喜欢的信息。"③ 2006年5月，国会召开了有关未授权信息泄露的听证会。在此之前，美国报业协会和全国报业协会就曾向众议院情报特别常设委员会提交了联名信。信中写道："就泄密的直接影响而言，利弊兼而有之，但是从总体上来说，公开政府事务有助于民众了解政府的所作所为，追究政府责任。"④ 在美国历史上，体现保密与自由之间冲突关系的经典案例当属"五角大楼文件泄密案"，它集中反映了美国法律界对该问题的法律平衡。

1971年6月13日至15日，美国《纽约时报》连续在头版刊出一批美国国防部的绝密文件——关于美国政府越南战争决策过程的历史文件。这些文件反映了当时美国的核心决策层是如何用掩盖真相、编造谎言的方式将美国一步步拖入越南战争的泥潭的。⑤ 文件公开了诸多富有争议的政府行为，例如扩大在老挝、柬埔寨及越南北部的空袭和地面行动，军事行动时机的政治化等。美国政府见状大惊，认为这些保密文件发表出来有害于国

---

① 〔美〕罗斯（Ross G.）:《谁来监管泄密者？》，巩丽娟译，北京：金城出版社2013年版，第182–183页。

② 同上书，第183页。

③ New York Times Co. v. United States, 403 U. S. 713, 723 (1971).

④ 〔美〕罗斯（Ross G.）:《谁来监管泄密者？》，巩丽娟译，北京：金城出版社2013年版，第41页。

⑤ 颜廷、任东来:《美国新闻出版自由与国家安全》，《新闻与传播研究》2008年第6期，第11–20页。

家安全，司法部通知《纽约时报》，要求立刻终止此一连载，并将文件交给政府。在该要求遭到拒绝后，政府就此向联邦地方法院提出指控，地方法院听证后发出"禁制令"，要求报纸"暂停发表五角大楼秘密文件"。①

在此期间，《华盛顿邮报》亦因连载该文件内容而被起诉讼。案子就这样不断升级，控辩双方最后均上诉至联邦最高法院。两家报纸的辩护律师坚持主张，公民有对政府决策和行动的知情权，显示出他们对国家安全的担忧。②1971年6月30日，联邦最高法院以6比3作出多数裁决：禁止乃至延迟报纸发表"五角大楼秘密文件"是对《宪法第一修正案》的"冒犯"，《纽约时报》和《华盛顿邮报》胜诉。波特·斯图尔特大法官在判决书中写道："在国防和国际事务领域，对政策和权力唯一有效的限制就是公众的开明与进步。也就是说，要保持公众信息通畅、使舆论富有批判精神，仅此一点就能保护民主政府的价值观念……没有消息灵通、言论自由的新闻界，就没有公众的开明与进步。"③

恼羞成怒的政府对媒体奈何不得，便转而追查泄密者。尼克松总统亲口说"要将这家伙送入监狱"，还要"把审判的所有细节都告诉媒体，我们要在媒体前摧毁他"。④实际上，为《纽约时报》和《华盛顿邮报》泄露文件内容的幕后人物，美国国防部部长助理的高级助手、兰德公司员工丹尼尔·埃尔斯伯格已于最高法院开庭前赴美国司法部自首。但是由于政府的不当行为——"特别调查组"（Special Investigations Unit）成员窃听了埃尔斯伯格的电话，并盗窃了埃尔斯伯格心理医生的办公室，导致该诉讼被迫撤销。这个调查组还盗窃了美国民主党全国委员会（Democratic National Committee，缩写为DNC）在水门大厦的总部，因此得名"管道工"，从此声名狼藉。⑤

英国是西方国家中保密法律制度相对较为严格的国家。"在被称为政府

---

① 颜廷、任东来：《美国新闻出版自由与国家安全》，《新闻与传播研究》2008年第6期，第11—20页。

② 〔美〕罗斯（Ross G.）：《谁来监管泄密者？》，巩丽娟译，北京：金城出版社2013年版，第41页。

③ 同上书，第42页。

④ 颜廷、任东来：《美国新闻出版自由与国家安全》，《新闻与传播研究》2008年第6期，第11—20页。

⑤ 〔美〕罗斯（Ross G.）：《谁来监管泄密者？》，巩丽娟译，北京：金城出版社2013年版，第34页。

或'官方'信息的交流方面,与国家机密有关的立法对适用于此领域的言论自由规定了大量的限制性条款。"① 早在1889年,英国的第一项保密法案就由议会通过,该法案的制定是为制止公务员向报界透露消息。1911年颁布的《官方保密法》(后经1920、1939、1989年三次修订)是世界上第一部完整的成文保密法。其中第一部分规定了重要秘密资料的保密,该法第一节曾被描述成英国成文法中最严厉的法律;②第二部分规定任何公务员未经授权,不得透露他们所知道的资料,任何人(包括记者)收集这些资料都是违法行为。公务员在退出政府工作或退休之后泄露政府秘密的行为,仍被视为犯罪。③

在社会各界的推动之下,1989年该法得到修订,称为《1989年官方秘密法》。虽然大幅缩小了保密范围,突出了应保守的核心机密。但修订后的法律仍然指明了安全与情报、国防、国际关系、外国秘密、可能诱发犯罪的信息等六类未经授权不得泄露的政府信息,泄露这些信息属违法行为。同时,该法还在政府内部指定了审查委员会,允许政府雇员向该委员会报告政府的非法行为、权力滥用及欺诈行为。④ 英国《1989年官方秘密法》规定,是或曾经是公务员或政府雇员的人,没有合法授权进行破坏性泄露任何与国防、国际关系、安全与情报相关的信息、文件或其他物品,而这些信息、文件或其他物品是他因为其身份或工作关系而持有或者曾经持有的,则构成犯罪。⑤ 根据犯罪情节、性质及后果的轻重,泄露国家秘密者将会被处以两年监禁或罚款(规定罚款最高数额为2000英镑)、6个月监禁或罚款或两刑并处等处罚。⑥

与美国不同的是,英国没有类似于《宪法第一修正案》的规定来限制《官方保密法》。所以,英国民众要求情报部门透明化和监督情报机构的呼声一直比较高。1989年,时任全国公民自由议会高级干事的帕特里夏·休

---

① 〔英〕萨莉·斯皮尔伯利:《媒体法》,周文译,武汉:武汉大学出版社2004年版,第403页。
② Robertson, G, The Justice Game, 1999, Vintage.
③ 张超:《世界各国立法防泄密各有高招》,《青年参考》2009年7月4日。
④ 〔美〕罗斯(Ross G.):《谁来监管泄密者?》,巩丽娟译,北京:金城出版社2013年版,第166页。
⑤ 《英国刑事制定法精要(1351—1997)》,谢望原、刘涛等译,北京:中国人民公安大学出版社2003年版,第294-298页。
⑥ 杨东录等:《秘密战争警报》,西安:陕西人民教育出版社1992年版,第229-231页。

伊特和哈丽雅特·哈曼把英国政府告到欧洲人权法院。二人指控称，军情五处把她们当作颠覆分子来调查，事实上她们只不过是和公民自由运动有些瓜葛而已，她们要求将一切与她们相关的案卷都销毁，英国政府拒绝了这一要求。然而，欧洲人权法院最终判决支持了这两位女性的上诉。受此案影响，英国在制定《安全局法》(Security Service Act) 时就开始考虑对情报机构的适当审查。[1] 1999 年初，担任过军情五处法律顾问的大卫·比克福德向下议院内政特别委员会提交了一份备忘录，对情报部门的工作进行强烈批评。他指责称，前国防大臣汤姆·金（Tom King）领导下的情报与安全委员会（Intelligence and Security Committee）很少对情报机构在防止大规模杀伤性武器扩散、信息战方面的工作进行审查，没有一种机制检查情报机构在背地里究竟做了什么。[2] 约翰·帕克（John Parker）亦提出应当监督情报机构各种工作的成果，同时要对可能存在的职权滥用现象进行监管。[3]

在信息保密方面，英国还有一种非强制性的沟通机制，即以著名"国防咨询通知"（Defense Advisory Notices，缩写为 DA Notices）的形式来防止保密内容在新闻媒介泄露。[4] 这是一种是对媒体就有关何种与国家安全有关的信息可以被公开或者不可以被公开提供指导方法的建议机制。"国防咨询通知"由组建于 1912 年的英国国防新闻与广播咨询委员会（Defence Press and Broadcasting Advisory Committee, DPBAC）发出。该委员会主席为国防部政务次官（Under-Secretary of State for Defence），由 16 名媒体代表和 5 名政府官员组成，这 5 名官员分别代表 4 个政府机构，是一个由公务员和媒体代表组成的自愿性和非约束性的实体。[5] 除了军事活动、核武器与非核武器装备、密码及安全通信、敏感装置及内部地址、英国安全和情报特别服务五类信息，该委员会还会针对具体事件发出信函。当委员会得到通知或者有理由相信媒体可能公开涉及国家安全的信息时，委员会就会

---

[1] 〔英〕约翰·帕克：《全民监控：大数据时代的安全与隐私困境》，关立深译，北京：金城出版社 2015 年版，第 196 页。
[2] 同上书，第 195–196 页。
[3] 同上书，第 201 页。
[4] 又称为 D 通知。
[5] 〔美〕罗斯（Ross G.）：《谁来监管泄密者？》，巩丽娟译，北京：金城出版社 2013 年版，第 166 页。

发出通知。① 该委员会已经发布了许多国防咨询通知，这些通知条款宽泛，其意在向媒体提供一般性的指导。但是，这些通知并不具有法律效力。遵守国防咨询通知并不一定意味着，对相关资料的公开行为将不会产生保密法之下的刑事责任，或者任何其他类型的责任。媒体也可以选择不听其建议，保留公开报道的权利。② 尽管这一制度没有法律效力，但它为英国媒体与政府搭建了一个协调平台，让双方能够在涉及国家秘密的问题上密切沟通，大大减少了有关新闻传播界触犯保密法的诉讼案件的数量。

　　类似于其他西方国家，转型之中的俄罗斯将"人和公民的权利与自由"作为宪法和法律的第一保护对象，将国家秘密作出了"例外"式规定。在保密范围上，1993 年 7 月俄罗斯联邦通过的《国家秘密法》移植了西方国家普遍遵循的准则，国家秘密的概念被定为"军事、外交、经济、情报、反间谍和侦查领域受国家保护，其散布可能损害国家利益的信息"。具体到宪法所确立的"国家秘密信息清单"时，上述领域被进一步细化为军事情报、经济科技信息、外交和对外经济领域的信息，以及情报、反间谍和侦缉领域的信息四个方面。为了避免保密手段被滥用，俄罗斯《国家秘密法》第七条以列举方式规定了七项"不应被定为国家秘密及加密的信息"："对公民安全和健康构成威胁的重大事故、灾难、自然灾害及其官方预报和后果；生态、卫生、医疗、人口、教育、文化、农业状况及犯罪率状况；国家为公民、官员、企业、机关和组织提供优待、补偿和社会保障；侵害公民权利和自由的行为；俄联邦黄金和外汇储量；最高公职人员的健康状况；国家权力机关及其公职人员违法情况。"③

　　值得注意的是，该法第七条还规定："决定将上述信息定密或为此目的将其定为属国家秘密载体的官员，根据对社会、国家和公民造成的物质和精神损害程度，承担刑事、行政或纪律责任。公民有权对上述决定向法院提起上诉。"④ 在保密法中作"不得保密"的规定，并非俄罗斯的发明，但是与美国总统令中的类似规定相比，俄罗斯《国家秘密法》中的禁止性条

---

　① 〔美〕罗斯（Ross G.）：《谁来监管泄密者？》，巩丽娟译，北京：金城出版社 2013 年版，第 167 页。
　② 〔英〕萨莉·斯皮尔伯利：《媒体法》，周文译，武汉：武汉大学出版社 2004 年版，第 413—414 页。
　③ 东辰：《俄罗斯〈国家秘密法〉及其宪法背景》，《保密工作》2010 年第 1 期，第 21 页。
　④ 同上。

款更多、更细、更明确。①

与俄罗斯相比，荷兰没有制定专门的保密法，主要是依据刑法、公务员法、档案法等相关法律中的保密条款对新闻媒体采取禁止性约束。《政府信息获取法》明确规定了国家秘密予以保护的信息范围，《刑法》规定知悉国家秘密的任何人都不得向公众公开相关信息，《公务员法》规定公务人员所知悉的信息不得对外公开。② 其中，对于秘密信息的范围，1991年最新修订通过的《政府获取信息法》第十条规定，根据法律不得公布和泄露的信息包括：威胁到王国统一的信息，损害国家安全的信息，自然人或法人向政府秘密提供的关于公司情况或生产工艺的数据，行政当局的经济和金融利益信息，对刑事犯罪的调查和对违法者的起诉，政府机构或代表政府机构进行的检查、管理或监督等。③ 并且，荷兰没有保密工作的专门主管部门，各部门都是依据首相颁布的行政条例和命令对未移交档案馆的秘密信息进行管理。国家秘密主要集中在情报机构，荷兰有国家情报局和军事情报局两个国家情报机构，情报部门产生的信息几乎都被确定为国家秘密。一般来讲，国家情报机关掌握的信息都不公开，只有根据国家安全情报服务法案有关条款，在特殊情况下，才会公布。公务员违反保密规定，泄露国家秘密可以处以2个月至6年监禁。④

对于飞速发展的互联网对泄密的挑战，以色列采用了禁止使用社交网站等手段以防泄密。2010年10月，以色列军方发布命令：包括高级将领在内的所有以色列军人一律禁止使用互联网上的社交网站，如美国知名社交网站"推特"和"脸书"等，以防敌对势力渗透进以色列安全系统和国家机密被泄露。此前以军有个别部队营地就已禁止使用互联网。⑤ 并且，与英国的做法相近，以色列也运行着一套类似于"国防建议系统"的程序，称为"调解人"系统（The DA-Notice System）。另外，1952年，澳大利亚也建立了建议委员会（Advisory Committee），对媒体提出指导纲

---

① 东辰：《俄罗斯〈国家秘密法〉及其宪法背景》，《保密工作》2010年第1期，第21页。
② 国家保密局法规处（编）：《德国荷兰保密法律制度》，北京：金城出版社2001年版，第4页。
③ 同上书，第254-255页。
④ 林广华：《荷兰、法国、英国保密法制建设的经验与启示》，《中国发展观察》2010年第2期，第55-57页。
⑤ 安国章：《以色列禁止所有军人使用网络的社交网站以防泄密》，人民网，2010年10月21日，链接为http://world.people.com.cn/GB/1029/42361/13018139.html。

领。该委员会组建后持续运转了 30 年。到了 1982 年，委员会停止召开会议。①2010 年 11 月，澳大利亚司法部长罗伯特·麦克莱兰德（Robert Mcclelland）建议政府与媒体重新组建一个"双方互认的正式协议，共同处理涉及国家安全的敏感信息"。②协议的目的在于"降低风险，方便媒体报道……避免破坏重要调查或重要行动"，以及"在国家安全和公众知情权之间寻求平衡"。③

与其他国家类似，中国法律对保守国家秘密也有系统和严密的规范。《宪法》第 53 条规定"中华人民共和国公民必须遵守宪法和法律，保守国家秘密"。1951 年政务院出台的《保守国家机密暂行条例》，作为行政法规，实施了 30 多年。1988 年 9 月，全国人大常委会颁布了《保守国家秘密法》（以下简称"《保密法》"），并于 2010 年 4 月 29 日通过了修订后的《保密法》。1988 年 9 月全国人大常委会还通过了《关于惩治泄露国家秘密犯罪的补充规定》，将为境外的机构、组织、人员窃取、刺探、收买、非法提供国家秘密的行为认定为犯罪。构成该罪者，将会被处五年以上十年以下有期徒刑；情节较轻的，处五年以下有期徒刑、拘役或者剥夺政治权利；情节特别严重的，处十年以上有期徒刑、无期徒刑或者死刑。1997 年《刑法》将泄露国家重要机密罪改为泄露国家秘密罪，增列了为境外窃取、刺探、收买、非法提供国家秘密、情报罪等的相关条款。2001 年最高人民法院还发布了《关于审理为境外窃取、刺探、收买、非法提供国家秘密、情报案件具体应用法律若干问题的解释》。2015 年 7 月修订通过了新的《国家安全法》（1993 年出台的《国家安全法》于 2014 年废止）第 77 条进一步规定：公民和组织应当保守所知悉的国家秘密。④

对于国家秘密，我国《保密法》第九条用列举的方式专门划定了其涵盖范围，认为"泄露后可能损害国家在政治、经济、国防、外交等领域的安全和利益的、涉及国家安全和利益的事项"均为国家秘密，具体包括：（一）国家事务重大决策中的秘密事项；（二）国防建设和武装力量活动中

---

① 〔美〕罗斯（Ross G.）:《谁来监管泄密者？》，巩丽娟译，北京：金城出版社 2013 年版，第 167 页。

② 同上。

③ 同上书，第 167-168 页。

④ 全国人民代表大会常务委员会:《中华人民共和国国家安全法》，《中华人民共和国全国人民代表大会常务委员会公报》2015 年第 4 期，第 701-707 版。

的秘密事项；（三）外交和外事活动中的秘密事项以及对外承担保密义务的秘密事项；（四）国民经济和社会发展中的秘密事项；（五）科学技术中的秘密事项；（六）维护国家安全活动和追查刑事犯罪中的秘密事项；（七）经国家保密行政管理部门确定的其他秘密事项。政党的秘密事项中符合前款规定的，属于国家秘密。①

对于秘密范围，国务院2014年出台的《保守国家秘密法实施条例》第八条规定："保密事项范围应当根据情况变化及时调整。制定、修订保密事项范围应当充分论证，听取有关机关、单位和相关领域专家的意见。"与其他国家的做法比较类似，我国也要求行政部门不可将信息公开的内容划为国家秘密的例外事项，该"实施条例"第五条强调："机关、单位不得将依法应当公开的事项确定为国家秘密，不得将涉及国家秘密的信息公开。"②

除了对保密事宜进行总括性规范，我国相关保密法律法规还对传播活动中的保密事项做了具体要求。《保密法》第27条规定："报刊、图书、音像制品、电子出版物的编辑、出版、印制、发行，广播节目、电视节目、电影的制作和播放，互联网、移动通信网等公共信息网络及其他传媒的信息编辑、发布，应当遵守有关保密规定。"对于网络信息传播活动，《保密法》第26条规定："禁止非法复制、记录、存储国家秘密。禁止在互联网及其他公共信息网络或者未采取保密措施的有线和无线通信中传递国家秘密。"③除了《保密法》，国家保密局、中央对外宣传小组、新闻出版署、广播电影电视部曾于1992年6月共同发布了《新闻出版保密规定》，用以专门规范新闻出版中的保密工作。

为进一步规范新闻从业人员的保密等职务行为，2014年6月30日，国家新闻出版广电总局发布了《新闻从业人员职务行为信息管理办法》，要求新闻单位健全保密制度。该办法第四条规定："对新闻从业人员在职务行为中接触的国家秘密信息，应明确知悉范围和保密期限，健全国家秘密载体的收发、传递、使用、复制、保存和销毁制度，禁止非法复制、记录、

---

① 全国人民代表大会常务委员会：《中华人民共和国保守国家秘密法》，《中华人民共和国全国人民代表大会常务委员会公报》2010年第4期，第372-377页。
② 国务院：《中华人民共和国保守国家秘密法实施条例》，《中华人民共和国国务院公报》2014年第5期，第5-10页。
③ 全国人民代表大会常务委员会：《中华人民共和国保守国家秘密法》，《中华人民共和国全国人民代表大会常务委员会公报》2010年第4期，第372-377页。

存储国家秘密，禁止在任何媒体以任何形式传递国家秘密，禁止在私人交往和通信中涉及国家秘密。新闻从业人员上岗应当经过保密教育培训，并签订保密承诺书。"该办法特别强调"新闻从业人员不得违反保密协议的约定，向其他境内外媒体、网站提供职务行为信息，或者担任境外媒体的'特约记者'、'特约通讯员'、'特约撰稿人'或专栏作者等"。① 依据该规定，在2014年的新版新闻记者证换发开始之际，18家中央新闻单位中就有14家第一时间启动从业者保密协议签署工作，其中求是杂志社、解放军报社、中国日报社、中国纪检监察报社、农民日报社、法制日报社、中新社7家单位作为第一批主流媒体单位与记者签署了保密承诺书和保密协议。② 全国各级各类媒体迅速按照规定全面落实。

在我国，由于思想政治教育的系统化和常态化，特别是新闻宣传纪律的强化要求，各类传统媒体及其从业人员的政治敏感度相对较高，且各类媒体内部均建有严格的保密制度，媒体从业人员极少出现泄露国家秘密的情况。到目前为止，出现的少数泄露秘密的案例，主要集中在互联网平台。网络空间的去边界化及其海量信息的传播，导致普通公众尤其是新兴传播主体无法迅速对涉密信息作出准确判断，以及部分社会主体受金钱利益与所谓点击率的诱惑而放松了警惕，从而导致了泄密情况的出现。

三、信息公开

虽然公开与保密两者之间一直存在着张力和冲突，但是法律界并不否认"公开是原则、保密为例外"的基本准则。法学者姜明安指出："信息公开是公众有效参与的基本条件和前提。没有信息公开，公民不了解政府决策、决定的事实根据、形成过程、基本目标、预期的成本和效益等情况，就很难对政府的相应决策、决定进行评价，提出自己的意见、建议。"③ "没有法定信息公开，行政机关在公众参与时往往会临时向公众说明有关情况。这种说明有可能被行政机关用来误导公众，其真实信息可能通过整理被增

---

① 国家新闻出版广电总局：《新闻从业人员职务行为信息管理办法》，《新疆新闻出版》2014年第4期，第86页。
② 《14家中央新闻单位启动从业者保密协议签署》，《新闻战线》2014年第9期，第196页。
③ 姜明安：《公众参与与行政法治》，《中国法学》2004年第2期，第26–36页。

减、加工。"① 并且，保守国家秘密的例外有时会扩展为与国家安全毫无干系的领域，从而沦为腐败官员与威权政府掩饰错误的工具。

对于保密和公开的这种关系，传播法学者崔明伍曾经将其解释为跷跷板的关系。他认为，保密会给新闻传播带来诸多麻烦。当新闻记者对有关部门进行采访时，对方若不愿意接受采访或有难言之隐，很可能会以秘密为由予以搪塞；在传播那些不是秘密而被不当定为秘密的信息时，媒体或记者则又可能涉嫌泄密。② 经济学家约瑟夫·斯蒂格利茨（Joseph Stiglitz）曾经在一次演讲中分析了政府官员保守信息秘密的两大动因：一是保守信息秘密可以使得在某些情况下，政府免于因犯相应的错误或过失而被提起诉讼；二是保密给予了特殊利益集团施加更多影响力和控制力的机会（在某些社会里，这表现为赤裸裸的腐败与贿赂。即使是在反对腐败和贿赂的社会里，政治家依然需要竞选资金以追求当选和连任）。③

在此基础上，斯蒂格利茨还指出政府过分保守信息秘密会导致信息的缺乏，这和其他人为制造的稀缺性一样，都导致了寻租。他强调："寻租问题已经得到了人们长时期的关注，这里存在一个不健康的动态循环怪圈：政府官员有着制造信息秘密的激励，因为借此可以获取租金。秘密的出现使得新闻舆论对公开的要求呼声更加强烈，官员有时仅仅向那些和自己相处'关系'好的新闻界人士才公开信息，用这种方式来收获租金。"④ 在此背景下，"不仅公众本应享有的及时获取相关信息的权利被剥夺，而且政府官员有可能利用他们对信息的控制权，基于自身的利益来扭曲信息；政府官员会这样做，多少让我们感到匪夷所思，但这样的事情其实每天都在发生。传媒与政府的关系就这样被扭曲，如果有新闻记者有勇气披露这些，破坏两者之间这默示的契约，那么其所在媒体就很有可能被政府排斥在主流传媒之列"⑤。

对此，斯蒂格利茨解释称："在这种情况下，即使是再有勇气有独立自由思想的新闻业主，也只能别无选择地把惹祸的记者解职。我们无法想象，

---

① 姜明安：《公众参与与行政法治》，《中国法学》2004年第2期，第26-36页。
② 崔明伍：《新闻传播法》，合肥：合肥工业大学出版社2006年版，第113页。
③ 〔美〕斯蒂格利茨：《自由、知情权和公共话语——透明化在公共生活中的作用》，宋华琳译，《环球法律评论》2002年第3期，第263-273页。
④ 同上。
⑤ 同上。

当记者写作了稍微过头的批评文章,就会被批评对象限制其信息获得权时,新闻媒体怎样来进行有效的舆论批评和监督。这种畸形的关系削弱了政府的公信力,也削弱了公众对媒体的信任程度。"①在这种情况下,信息不公开就会增加信息成本,限制公民有效参与政治过程的能力。它直接制约了公众对政府运作和官员行为的客观评价,也容易滋生腐败和纵容利益集团,从而削弱公众对民主国家的制度信赖。在法律上讲,尽管保密是国家安全的刚性追求,但并非保密事务越多越好,"保密化、安全化应当被视为一种消极的手段,是作为常规政治处理问题的一种失败而不得已的措施"②。毕竟保守秘密只是一种服务性的措施和手段,公开则是政府的工作目标,它才是根本性的。

在国家秘密问题上,对保密范围的界定,在很大程度上也就是对信息公开范围的判定,国家秘密只是免予信息公开的例外情形。③ 在保密法体系比较健全的美国,虽然有《国家安全法》、《秘密情报程序法》、《情报人员身份保护法》和《获取机密资料程序法》等一系列保密法律法规,但是《信息自由法》(该法于 1966 年 7 月 4 日正式实施,该法于 1974、1976 和 1996 年进行修订)仍然能对保密法体系构成重要制约。美国总统之所以选择 7 月 4 日签署这个法律,是因为这一天是美国独立日,美国人把《信息自由法》看成是国家荣誉和开放社会的象征。④ 该法规定:全部政府文件在申请人要求时,都必须公开,除非该文件属于该法规定的九项免予公开的情况;对于属于保密的内容,政府需要说明不公开的理由;⑤ 即使属于免予公开的文件,政府仍然可以自主决定是否公开。⑥ 除了严格限定国家秘密范围,美国保密法律制度中还规定了定密异议制度、定密审查制度和解密制度等一系列监督保障制度,以确保国家秘密的划定始终不超出必要的限度

---

① 〔美〕斯蒂格利茨:《自由、知情权和公共话语——透明化在公共生活中的作用》,宋华琳译,《环球法律评论》2002 年第 3 期,第 263–273 页。

② 朱立言、陈宏彩:《论行政公开与国家安全的关系》,《湖南社会科学》2005 年第 1 期,第 52–56 页。

③ 王锡锌:《政府信息公开语境中的"国家秘密"探讨》,《政治与法律》2009 年第 3 期,第 2–11 页。

④ 同上。

⑤ 沈福俊:《建立与政府信息公开制度相适应的保密制度》,《法学》2009 年第 9 期,第 48–59 页。

⑥ 王名扬:《美国行政法》,北京:中国法制出版社 1995 年版,第 960–962 页。

和相关定密信息尽可能地走向公开。①

英国虽然有较为严厉的《官方保密法》，并且保密的历史传统惯性仍然无法逆转，但是英国的保密文化从 20 世纪末就开始悄然转变。在欧洲人权法院的强大压力和公众对情报机构的批评与质疑下，英国于 2000 年出台了英国《联合王国信息自由法》(Freedom of Information Act 2000)。与美国《信息自由法》的立法技术比较类似，该法通过列举的方式明确了国家秘密的范围。《联合王国信息自由法》开出了共 23 项免予公开信息的清单。该法规定的国家秘密主要包括由情报机关收集和提供的信息，涉及国家安全、国防、国际关系、联合王国内部关系等方面的信息。②与《官方保密法》中所列国家秘密范围相比，英国《信息自由法》对免予公开的国家秘密的列举更为明细化、具体化，虽然免予公开的"清单"过长，但由于采用了明确的列举方式，政府对"国家秘密"界定的自由裁量空间也相应得到了压缩。③

与之类似，欧盟成员国之一荷兰虽然建立有保密制度，但保密属于特例和例外，宪法强调其基础是信息公开。荷兰的政府官员和学者普遍认为："民主政治制度的核心是政府与公民的权利平等，政府在对社会实施管理的同时，对公民负有相应的公开行政活动的义务。"④在 20 世纪 90 年代，荷兰修订通过的《政府信息获取法》明确规定公民有权向政府申请获取政府活动中产生的信息。一般情况下，每个公民都可以向政府要求获取信息，接到请求后，政府部门应当提供公民所要求的信息，除非提供这些信息不利于政府的利益时，可以拒绝。如果公民向政府部门请求获得信息而遭到拒绝，可以向法院提起诉讼，由行政法院的法官进行裁决。⑤如果法官认为，这些信息对国家安全并不构成危害，就可以判决政府相关部门向请求人提供信息。在这个过程中，政府部门和法官的决定都必须说明理由，并进行充分的论证。⑥

---

① 王锡锌：《政府信息公开语境中的"国家秘密"探讨》，《政治与法律》2009 年第 3 期，第 2–11 页。
② 同上。
③ 同上。
④ 国家保密局法规处（编）：《德国荷兰保密法律制度》，北京：金城出版社 2001 年版，第 4 页。
⑤ 同上书，第 33 页。
⑥ 同上书，第 34 页。

在全球化浪潮的推动下,我国在发展市场经济的过程中也开始努力与国际接轨,全面建设法治社会和推动信息公开。2007年4月5日,国务院发布《政府信息公开条例》,明确规定"行政机关应当将主动公开的政府信息,通过政府公报、政府网站、新闻发布会以及报刊、广播、电视等便于公众知晓的方式公开"。① 同时,信息公开范围也不断扩大,2011年,中央部门首次向社会公开了"三公"经费,在信息公开领域走出了突破性的一步。截至2011年8月1日,已有90多家中央部门公布了2010年财政拨款开支的"三公"经费支出决算和2011年预算情况。② 目前,全国各大城市的信息公开在全面建设智慧城市的过程中,在数据开放的趋势中得到持续推进。

四、司法审查

从应然层面讲,对国家秘密采用实质审查比采用形式审查的方式,更有利于防止国家秘密范围的扩张与权力的滥用。但是,在实然层面,形式审查却备受法律界青睐,国际上采用实质审查的国家并不多。即使是法治国家,也仅是在一定范围内实施有限度的司法审查。国际社会的惯常做法是法院尊重行政机构的判断,一般不要求行政机构提供涉密文件或进行实质审查,通常坚持涉密信息呈堂豁免的原则。③

在1974年《信息自由法》修订之前,美国也曾长期采用形式审查的方式。在"环保局诉明克案"(Environmental Protection Agency Etal v. Mink Etal)中,国会议员明克要求依据《信息自由法》知悉关于地下核试验计划实施可行性的报告。环保局根据尼克松总统的行政令认为该报告中有六份文件涉及国家机密不予公开,剩余三份可以公开。明克对于该结果并不满意。他向法院提起诉讼,请求法院判决公开这些文件。上诉法院在审理该案时判决地区法院对争议的六份文件进行秘密审查。然而,联邦最高法

---

① 国务院:《中华人民共和国政府信息公开条例》,栾政明主编:《政府法治建设问题聚焦》,北京:中国检察出版社2016年版,第248–254页。
② 张宗堂、刘铮、吴晶晶、何雨欣:《重要的一步 热切的期待——透视中央部门首次公开"三公"经费》,《重庆日报》2011年8月2日,第9版。
③ 祝华(主编):《法官思考的轨迹——青岛司法论坛精粹》,北京:人民法院出版社2015年版,第60页。

院最终否决了上诉法院的判决,并限制了法院进行秘密审查的权力。联邦最高法院认为,对于涉及国家秘密的文件,应只审查其是否属于总统令中的保密范围,本案争议的六份文件已经被总统令定义为保密文件,其内容法官不应进行审查。①

该判决否定上诉法院行为的做法使得行政主体可以自由决定哪些文件可以公开或不公开,可能导致行政权力无限扩张,从而引发广泛批评和质疑。布伦南、马歇尔和道格拉斯大法官部分或全部反对这一判决。他们认为,即使是对国家秘密的豁免,也应允许法院进行秘密审查,上诉法院并没有错判。既然议会在《信息自由法》中规定的全面审查包括了事实审查,那么法院应对该案中拒绝公开的文件是否真的依照总统行政命令中有关保守国家秘密的规定属于国家秘密进行审查。②正因如此,1974年国会修订了《信息自由法》,该法案明确规定法院对行政机关主张保密的文件可以进行秘密审查,决定是否可以公开。③该法由此授权法院对秘密事项进行实质性审查,即法院在审查涉及国家秘密的文件时,除要审查其是否属于总统令的范围,还要审查其是否正确执行了总统令。④

1974年以降,对于普通的司法审查,美国的法院一般不关心事实问题,而仅对法律问题进行审查。在涉及例外的案件中,例如国家秘密问题,法官采用的是重新审查的标准,也就是说法官会以自己对于事实的判断来代替之前行政主体所作的判断。⑤修订后的《信息自由法》赋予法官审查争议信息的权力,并且法官审查之后,可以依据自己的审查结果,判断争讼信息是否应该公开。之所以"采用如此严格的审查标准是因为行政主体对于政府信息一般是抵触公开的,正是鉴于此争讼信息是否应当适用例外规则,不应由行政主体作出判断,必要时法院需要重新审查文件,在此基础上作出决定"。⑥

---

① 董妍:《政府信息公开例外规则及其司法审查》,北京:经济日报出版社2015年版,第145页。
② 许莲丽:《政府信息公开诉讼中的秘密审查制度:美国的实践》,《环球法律评论》2011年第3期,第92–98页。
③ 王名扬:《美国行政法》,北京:中国法制出版社1995年版,第950页。
④ 董妍:《政府信息公开例外规则及其司法审查》,北京:经济日报出版社2015年版,第145页。
⑤ 同上书,第144页。
⑥ 同上。

但是，在美国，对国家秘密的实质审查也只是在一定情况下才可以使用。这些情况主要包括四种：案件中仅行政机关提供的书面陈述和沃恩索引（Vaughn Indexes）无法证明；行政机关在信息公开中有不诚实、用心不良的表现；案件涉及的拒绝公开的文件数量不多；案件涉及国家安全。① 其中，沃恩索引是美国信息公开和涉密信息司法审查中最为常用的重要制度，是指行政机关在诉讼过程中，对拒绝公开的文件按照豁免公开的理由逐一编制的索引。索引对拒绝公开的文件进行详尽的描述和充分的说理，强调豁免公开的文件和例外条款一一对应。②

沃恩索引源于 1973 年的"沃恩诉罗森案"（Vaughn v. Rosen）。在该案中，一位法学教授沃恩依照《信息自由法》的规定向文官事务委员会提出申请，要求公开人事科的报告而遭到该委员会拒绝。在法庭上，该委员会主张该报告属于行政主体之间的往来内容和行政主体内部文件，按照《信息自由法》的规定，属于例外，可以不公开。虽然哥伦比亚特区法院支持了该委员会的主张，但是上诉法院推翻了该判决。上诉法院指出：该委员会对于主张适用例外规则的条款，应当详细说明理由，并且制作索引，指出哪些文件是应当公开的，哪些文件是不应当公开的。③ 沃恩索引制度由哥伦比亚上诉法院创制，后得到参议院的承认和法律界的广泛适用。

显而易见，美国对涉密信息进行实质审查的主要目的是为了防止以沃恩索引为主导的信息公开制度的失灵和行政机构滥用豁免权，保留了司法系统对行政特权进行监督的权力，能有效预防行政部门凭借国家安全的例外理由将信息公开和民主制度完全架空。④ 正因如此，有上级法院才强调，"只有在记录模糊，或行政机构的宣称过于笼统或有'用心不良'的迹象时，地区法院才应进行秘密审查"。⑤ 在进行秘密审查之前，法院一般允许有关机构提出书面证明，在不披露秘密的前提下证明定密的材料确实涉及

---

① 许莲丽：《政府信息公开诉讼中的秘密审查制度：美国的实践》，《环球法律评论》2011 年第 3 期，第 92–98 页。

② Vaughn v. Rosen, 484 F.2d 820 (D.C. Cir, 1973).

③ 董妍：《政府信息公开例外规则及其司法审查》，北京：经济日报出版社 2015 年版，第 148 页。

④ 许莲丽：《政府信息公开诉讼中的秘密审查制度：美国的实践》，《环球法律评论》2011 年第 3 期，第 92–98 页。

⑤ 祝华（主编）：《法官思考的轨迹——青岛司法论坛精粹》，北京：人民法院出版社 2015 年版，第 60–61 页。

国家秘密。①

在日本，对涉密信息也普遍采用形式审查的方式，法院不愿意就行政机构对具体文件和材料保密决定的正当性进行实质审查。日本《信息公开法》规定，因公开可能妨碍国家安全、损害与其他国家或国际机关之间的信赖关系或造成与其他国家及国际机关的谈判中的不利影响的信息，不予公开。这类信息不予公开时，需经行政机关的长官确认并且有正当理由。申请人对行政机关的决定不服的，可以根据《行政不服审查法》提起不服申诉，或者根据《行政案件诉讼法》提起行政诉讼。②并且，日本还有审查会制度这一特色制度。日本的审查会是行政机构之外的第三方部门，依据《审查会设置法》第2-16条关于信息公开的规定，审查会享有审查秘密的权力。"审查会对受审查的政府信息有足够的专业素质和足以让民众信服的职业道德操守，尽管其审查的结论对法院没有法律上的强制约束力，但是法院必须充分地尊重、实际上也会采纳其做出的判断。"③

与美国和日本略有不同，德国对涉密信息采取形式审查与实质审查相结合的方式。一般而言，州级或地方法院会对相关信息进行形式审查，而联邦法院则会对涉案信息进行实质审查。"德国司法部门容许政府以行政命令明确宣示一定的事务范围或处所之限制，即在不废弃实质的国家秘密概念之情况下，兼采形式的国家秘密概念。"④在1962年的"《明镜周刊》案"中，德国联邦宪法法院主张，《刑法典》第93条所采取的国家秘密实质概念的立法体例，并不抵触罪刑法定主义原则，也不意味着法官可以正反任意裁量。⑤"法律上之所以对国家秘密概念不作客观具体地描述规范，其原因并非法规的欠缺，而是国家秘密客体的本质使然。对德国刑法条文中'对国家安全重大不利之危险'，或'国家或各邦之福祉'等规范性概念的解释，不容以政治先入为主的观念或政治的价值意识形态来支配，而必

---

① 祝华（主编）：《法官思考的轨迹——青岛司法论坛精粹》，北京：人民法院出版社2015年版，第61页。

② 同上。

③ 许莲丽（主编）：《保障公民知情权——政府信息公开诉讼的理论与实践》，北京：中国法制出版社2011年版，第268-269页。

④ 张群：《国家秘密司法审查研究》，《法治研究》2014年第6期，第21-36页。

⑤ 同上。

须有明显的证据事实佐证才行。"① 对于国家秘密的司法判定,法官们指出:
"在冲突的个案中必须衡量被公布之事实对潜在敌人与国民政治判断之意
义,以及公布行为对国家安全造成之危险,与人们对国防政策领域重要事
件之知的需求。"②

  在中国,从现有法律规定和司法实践看,我国法院对国家秘密采取的
主要是间接性的形式审查,而不是实质审查。对于政府信息公开案件,我
国法院对国家秘密主要限于形式审查:行政机关提供的承载国家秘密的纸
介质、光介质、电磁介质等载体是否具有国家秘密标志;国家秘密的保密
期限是否已满或者提前解密;如果法院认为行政机关提供的证据不充分或
者存在重大嫌疑,对是否属于国家秘密或者属于何种密级不明确或者有争
议的,应送保密部门确定。③ 对于泄密刑事案件,法院对国家秘密的形式审
查主要是通过密级鉴定的方式进行的。根据《保密法》第 46 条规定,在办
理涉嫌泄露国家秘密的案件中,就某一事项是否属于国家秘密及属于何种
密级,法院可以送国家保密局和省级保密局进行密级鉴定。人民法院根据
鉴定结果判决支持被告不予公开的行为,或驳回原告的诉讼请求。④ 值得注
意的是,"在这一过程中,法院对于保密审查机关的认定函完成采信,几乎
没有审查余地"⑤。当然,法院自身也没有进行实质性审查的意愿和动力。

  虽然有法官建议,法院对国家秘密应当进行实质审查,即规定法院审
查国家秘密的范围和标准,包括国家秘密确定机关是否有法定的授权、国
家秘密确定是否有法定的依据、国家秘密确定是否依据法定程序进行,以
及国家秘密确定后是否依法对外公示,同时还应当审查国家秘密确定是否
符合《保守国家秘密法》第 8 条规定的秘密事项,以及会否造成《保守国
家秘密法实施办法》第 8 条规定的后果之一。⑥ 但是,不论何种案件,我
国法院通常的做法是尊重行政机关在涉密事项上的裁量权,并不会对涉案

---

  ① 苏俊雄:《论"国家机密"法益与新闻自由的保护》,《政大法学评论》1993 年第 48 期,
第 165-182 页。
  ② 张群:《国家秘密司法审查研究》,《法治研究》2014 年第 6 期,第 21-36 页。
  ③ 李广宇:《政府信息公开判例百选》,北京:人民法院出版社 2013 年版,第 379、381 页。
  ④ 许莲丽(主编):《保障公民知情权——政府信息公开诉讼的理论与实践》,北京:中国法
制出版社 2011 年版,第 275 页。
  ⑤ 林鸿潮、许莲丽:《论政府信息公开诉讼中的证明责任》,《证据科学》2009 年第 1 期,
第 33-41 页。
  ⑥ 杨伟东:《政府信息公开主要问题研究》,北京:法律出版社 2013 年版,第 254 页。

政府信息进行实质性的直接审查。但是，根据证据规则的要求，行政机关应当向法院出示确实充分的证据，以证明其主张涉案政府信息属于国家秘密。① 对于不符合相关程序条件的所谓国家秘密，法院可以以行政机关定密违反《保守国家秘密法》规定为由，否定其国家秘密的性质，要求行政机关公开该项政府信息。②

  总体而言，在世界范围内，各国法院普遍不愿意对涉密事宜进行实质审查，毕竟绝大多数法官在辨识国家秘密问题上并不具备专业性，判别秘密与否的界限只能依据概括性很高的法条来划定。并且，司法资源的相对有限，特别是司法系统任务繁重的现状，以及法官们想尽量保持诉讼中的立场中立和控辩双方的直接对抗的意愿，也导致司法系统在秘密审查问题上常常抽身而出，不愿意实质性介入。法院对于任何豁免信息都尽量避免启用秘密审查程序，对国家安全类的豁免信息则更是慎之又慎，只有在万般无奈之下才将其作为最后的替补。③

---

① 祝华（主编）：《法官思考的轨迹——青岛司法论坛精粹》，北京：人民法院出版社2015年版，第62页。
② 江必新（主编）：《〈最高人民法院关于审理政府信息公开行政案件若干问题的规定〉的理解和适用》，北京：中国法制出版社2011年版，第114页。
③ 许莲丽：《政府信息公开诉讼中的秘密审查制度：美国的实践》，《环球法律评论》2011年第3期，第92-98页。

第四章　淫秽规制

> 人类自我表现的动力,历经几个世纪已经建立了丰碑,这种表现力并非局限于规定的范围,昨天还是招人讨厌、伤风败俗的创新,今天就成了经典。
>
> ——马修·托布里纳

涉性表达涉及文化、艺术、道德、法律与人性,一直是公众热衷讨论的焦点问题之一。虽然说它事关言论自由,但是由于涉性言论与社会道德和公序良俗密切相关,在法律上如何认定、规制与进行利益平衡,直接与公共利益和社会秩序的保障息息相关。就淫秽与色情言论的管理与限制而言,它始终是困扰国际社会和许多国家的一个大问题。为了解决该问题,许多国家均在宪法、普通法、判例法等各个层面展开积极的法益权衡和探索。虽然世界各国管制色情言论、特别是淫秽表达的法律标准各有不同,宽严尺度各有差异,但几乎所有国家的法律均主张禁止淫秽言论和限制色情表达。

一、认定标准

虽然说在法律上对淫秽进行准确的定义相当困难,但是世界许多国家均在立法和司法活动中对其进行了界定。由于历史文化传统和社会制度等诸方面的差异,各国法律对于淫秽(obscenity)的认定标准各有不同。与较有争议的色情(pornography)规制相异,世界上几乎所有国家的法律均不保障淫秽表达,普遍认为淫秽言论不受宪法保护或违背公序良俗与影响社会秩序。

（一）英国

英国是公认的最早为"淫秽"进行法律界定的国家。19世纪，维多利亚时代地下色情业的发达导致了《1857年淫秽出版物法》（Obscene Publication Act 1857）的诞生。该法虽然没有对"淫秽"进行界定，但该法的倡导者坎贝尔（Campbell）勋爵提出，该法适用于"完全为腐化青少年道德而创作的作品，和有意在任何心智健全者通常正派的情感方面引起震荡之特性的作品"[①]。1868年，在"女王诉希克林案"（Regina v. Hicklin）中，法官库克伯恩（Cockburn）宣布淫秽出版物的标准是：被指控为淫秽的出版物，是否具有腐化和败坏那些思想上对此类不道德影响不存戒心之人的倾向，和持有此类出版物的人是否会堕落。在该案中，希克林因散发包含性描写的反天主教书籍而被控有罪。这即是著名的"希克林准则"，该原则这种截取有争议部分的做法显得该标准过于广泛，但它曾主导英国的淫秽法，其影响力一直持续到20世纪。

在之后适用该标准的几十年中，包括从《尤利西斯》（乔伊斯）、《洛丽塔》（纳巴科夫）、《幸福之源》等著名小说到医学教科书，本不属于淫秽范畴的作品亦难逃被禁命运，从而导致广泛非议。为了革除这种弊端，英国对原有法律进行修订，《1959年淫秽出版物法》（Obscene Publication Act 1959）便应运而生。1959年英国修订通过的《淫秽出版物法》废除了希克林准则，并重新确立了淫秽的标准。该法第1条"淫秽检测"（Test of obscenity）第1款规定："为了该法的目的，对于在所有有关场合可能读到、看到或听到相关作品所包含或体现的内容的人而言，如果该物品或者（当物品由两部分或更多部分组成时）作为其整体的任何一部分，具有倾向于使人堕落、腐化的效果，那么该物品就应被认为是淫秽物品。"[②] 并且，英国新制定的标准还增加了豁免事项，该法第4条规定："如果针对相关物品的公开行为被证明是为了科学、文学、艺术或者其他公众关注的事项的利益，那么此种公开行为就具有有利于公共利益的正当理由，其不应被视为

[①] 王四新译：《英国表达自由制度（三）》，2009-08-22，http://wang4xin.fyfz.cn/art/511645.htm, 2017-07-22。

[②] Obscene Publications Act 1959, https://www.legislation.gov.uk/ukpga/Eliz2/7-8/66/section/1, 2019-05-02.

违法行为。"①

该法首先突出了从作品"整体上"判断的标准，且增加了第4条的公共利益抗辩。这种将严肃作品和淫秽出版相区别的做法彰显了该法名称中宣称的保护文学艺术发展的立法宗旨。对于该淫秽的定义，英国1964年修订的《淫秽出版物法》也未做任何改动。尽管传播法学者萨莉·斯皮尔伯利批评该认定标准不足够清晰，称该条款中的"可能读到、看到或听到相关作品所包含或体现的内容的人"是多少人，是"绝大多数"还是"实质性的多数"未作阐明，亦有法官认为不妥。②但是，该法相较于希克林准则确是巨大进步，不仅较大程度地活跃了文化活动与公共讨论，而且为不少优秀的艺术作品解除了法律的枷锁。著名文学家劳伦斯的最后一部作品《查泰莱夫人的情人》也是依靠该法才得以甩掉"黄色下流"的帽子。1960年10月，该书的出版商企鹅出版社获得无罪裁决。③

（二）美国

由于历史原因与法律传统，美国早期对淫秽的认定标准亦是希克林准则。该原则在19世纪中下半叶的适用，导致美国联邦政府和州政府对直白与非直白性材料的查禁大获全胜。在1957年的"罗斯诉美国案"（*Roth v. U. S.*）中，美国联邦最高法院废除了"希克林"检测，认为如果继续实行该标准，那么美国成人只能获准阅读那些适合孩子阅读的材料，"这是因噎废食"。④在该案中，纽约警方以传播淫秽传单和黄色书籍为由逮捕了书商罗斯，他经常通过寄送传单、广告招揽生意。纽约南区法院判处罗斯五年有期徒刑及5000美元的罚金，他只好一路上诉至最高法院。

对此，罗斯的代理律师主张，就算宪法不保护淫秽言论，但政府必须对何谓淫秽作出准确界定，否则一个人不知道什么是淫秽，就被按传播淫秽物品定罪，显然违反了正当法律程序。1957年，美国最高法院正式就淫秽作品的宪法地位和认定标准表态，首先明确了一个原则：性表达中的一

---

① 〔英〕萨莉·斯皮尔伯利:《媒体法》，周文译，武汉：武汉大学出版社2004年版，第382、386页。
② 同上书，第383-385页。
③ 李树忠（主编）:《宪法学案例教程》，北京：知识产权出版社2002年版，第231-233页。
④ 〔美〕唐·彭伯:《大众传媒法》，张金玺、赵刚译，北京：中国人民大学出版社2005年版，第439页。

种类型——淫秽不受《宪法第一修正案》的保护。布伦南法官指出："性和淫秽不是同义词。性是人类生命中的一股伟大和神性的动力，一直是人类津津乐道的话题，并非不可触碰的禁忌话题。但是，淫秽出版物描述性的目的，只是为了挑起人们的性欲，这是它与描写性的艺术作品和科普作品的本质区别。"① 同时，联邦最高法院宣布废除希克林准则，并对淫秽进行了界定，提出了所谓的"罗斯标准"，即"运用当代的社区标准，该资料的主题整体上能够引发普通人的淫欲，且完全缺乏补偿性社会价值"。②

该案之后，美国各地的出版商们开始活跃起来。1959 年，纽约南区法院裁定《查泰莱夫人的情人》具有一定的文学价值，可以邮寄和公开发行。受此影响，《洛丽塔》、《包法利夫人》和《南回归线》等文学名著相继重见天日。③ 美国联邦最高法院通过"罗斯案"确立了淫秽的检测标准，但是在某种程度上，也导致大法官们作茧自缚，把自己绑定在审查者的位置上。但凡一部作品引起司法争议，其文学与社会价值都需各级法院法官审定。④ 直到 1973 年，联邦最高法院才得以初步搁置争议并确立淫秽的认定标准，从而摆脱自身疲于奔命地充当各类作品特别是电影审查者的角色。

1973 年，美国联邦最高法院在"米勒诉加利福尼亚案"中，重新界定了淫秽，由此确立了影响广泛的米勒检测标准，一直沿用至今。该检测标准由三部分组成：（1）对于普通人，根据当下的社区标准，能发现某作品从总体上看投合人们的淫欲；（2）作品对性行为的描写具有明显的冒犯性，违反了所在州相关法律的特别规定；（3）作品从整体上看不具有任何重要的文学、艺术、政治或社会价值。⑤ 根据该标准，在法庭上，某材料被贴上淫秽的标签、被剥夺宪法权利并得到相应的惩罚之前，该标准的所有组成部分都必须被一一证明。⑥ 在该案中，加州一位分销色情书籍和电影的生意人马尔文·米勒（Marvin Miller）因主动向纽波特比奇的一家餐馆邮寄五

---

① 何帆：《大法官说了算——美国司法观察笔记》，北京：中国法制出版社 2016 年版，第 185 页。
② Roth v. United States, 354 U.S. 476 (1957).
③ 何帆：《大法官说了算——美国司法观察笔记》，北京：中国法制出版社 2016 年版，第 186 页。
④ 同上书，第 188 页。
⑤ Miller v. California, 413 U.S. 15 (1973).
⑥ 〔美〕约翰·泽莱兹尼：《传播法：自由、限制与现代媒介》，张金玺、赵刚译，北京：清华大学出版社 2007 年版，第 396 页。

本小册子而被判违法。这些小册子包含他正在宣传的色情书和电影的广告，其中有各种男女性交行为的图片，而加州法律规禁止出售、持有、分发或出版淫秽物品，米勒因此被逮捕。[1]

对于米勒检测，美国最高法院在"米勒案"判决和1973年之后的"詹金斯诉佐治亚州案"等其他淫秽诉讼判例的基础上，作了进一步阐释。[2]首先，米勒标准的第一条确立了普通人原则。这个"普通人"应该是组成社会的所有成年人，而不是将目光过分集中于最可怀疑和最敏感的人身上（例如未成年人）。首席大法官伯格指出："在涉及该问题时，儿童不应该被包括在'社会'的范畴之内。"他认为，法官可以指导陪审团考虑某材料对敏感或不敏感人群的影响，只要这些人被认为是整个社会的一部分。[3]其次，米勒标准第一条的关键所在是社区标准。首席大法官伯格在"米勒案"判决中明确指出，应适用地方标准。在大部分案件中，"地方标准"被解释为"州标准"，同一州的所有地区适用同一标准。[4]

再次，米勒标准的第二条规定了明显的冒犯性标准。美国最高法院适用明显冒犯性（patent offensiveness）标准时将淫秽限定于赤裸裸的性材料。哈伦大法官认为，"特定冒犯性"和"激起性兴奋"是构成淫秽的必要条件和共同的充分条件。[5]最高法院在"米勒案"中以举例的方式指出，淫秽法可以禁止的性材料是：以具有明显冒犯性的方式再现或描述赤裸裸的性行为（ultimate sexual acts），无论这种性行为是正常的或异常的、是真实的或是假装的；以具有明显冒犯性的方式再现或描述手淫、排泄功能，或以猥亵下流的方式表现生殖器。[6]最后，米勒标准的第三条确立了重要的价值原则。这个标准和前两条不同，它的参考依据不是当地的社区标准。在认定淫秽材料时，法院会从不同地方请来艺术或文学专家等，向陪审团解释涉案作品的价值。并且，作品是否具有严肃价值不能根据普通人的品位或标

---

[1] Miller v. California, 413 U.S. 15 (1973).

[2] Jenkins v. Georgia, 418 U.S. 153 (1974).

[3] 〔美〕唐·彭伯:《大众传媒法》，张金玺、赵刚译，北京：中国人民大学出版社2005年版，第441页。

[4] Hunt, C. Community Standards in Obscenity Adjudication. *California Law Review*, 1978,66 (6): 1277-1291.

[5] 〔美〕乔尔·范伯格:《刑法的道德界限》（第二卷），方泉译，北京：商务印书馆2014年版，第196页。

[6] Miller v. California, 413 U.S. 15 (1973).

准判断。判断标准并不是社会中的普通人能否发现严肃的文学、艺术、政治或科学价值，而是一个理性人能否看到作品中的严肃价值。[①]

根据米勒检测，尚未达到淫秽标准的色情作品仍受《宪法第一修正案》保护，但这并不意味着政府不能对这类言论进行规制。在涉及重要公共利益的情况下，国会授权政府对一般色情内容予以合理的限制。在美国，对色情言论施加的基于内容的限制一般会根据传统的严格审查标准进行审视。[②]1995年8月，美国联邦通讯委员会（FCC）制定了一项行政法规（47 CFR § 73.3999）：（1）禁止任何广播电台或电视台播放淫秽内容；（2）任何广播电台或电视台不得在上午6时至晚上10时之间播出不雅（indecent）内容。[③]在该规定中，虽然政府对"不雅"（中文有时亦称猥亵，并非淫秽）的内容施加了一定的限制，但它并不违宪，因为它是为了实现一项重大的公共利益（即保护未成年人的身心健康），而且只是禁止它们在未成年人最有可能收听广播或观看电视的时段内播出。[④]

（三）中国

我国目前的淫秽认定标准是1997年的《刑法》第367条。该条规定："本法所称淫秽物品，是指具体描绘性行为或者露骨宣扬色情的诲淫性的书刊、影片、录像带、录音带、图片及其他淫秽物品。有关人体生理、医学知识的科学著作不是淫秽物品。包含有色情内容的有艺术价值的文学、艺术作品不视为淫秽物品。"对于该条中的"其他淫秽物品"，最高人民法院、最高人民检察院2004年发布的《关于办理利用互联网、移动通讯终端、声讯台制作、复制、出版、贩卖、传播淫秽电子信息刑事案件具体应用法律若干问题的解释》做了类推性的补充解释，其第九条规定："刑法第三百六十七条第一款规定的'其他淫秽物品'，包括具体描绘性行为或者露骨宣扬色情的诲淫性的视频文件、音频文件、电子刊物、图片、文章、

[①] 〔美〕唐·彭伯：《大众传媒法》，张金玺、赵刚译，北京：中国人民大学出版社2005年版，第443页。

[②] 〔美〕阿兰·艾德斯、克里斯托弗·梅：《美国宪法：个人权利案例与解析》，项焱译，北京：商务印书馆2014年版，第431页。

[③] 47 CFR § 73.3999–Enforcement of 18 U.S.C.1464.

[④] 郑海平：《"淫秽色情"与言论自由：美国的经验》，周永坤（主编）：《东吴法学》（2012年秋季卷），北京：中国法制出版社2013年版，第56–74页。

短信息等互联网、移动通讯终端电子信息和声讯台语音信息。"[1] 这是我国法律对淫秽物品的权威认定标准。虽然其中的抗辩事项并未提及政治与社会价值，但是该标准完全符合国际社会通行的准则。

在此标准之下，我国的各项行政法规则对淫秽物品与内容作出了禁止性规定，即有名的"九条底线"之一。例如，国务院 2001 年通过的《电影管理条例》第 25 条第七款规定：电影片禁止载有宣扬淫秽、赌博、暴力或者教唆犯罪的内容；国务院 2016 年修订通过的《出版管理条例》第 25 条第七款规定：任何出版物不得含有宣扬淫秽、赌博、暴力或者教唆犯罪的内容。在网络空间治理领域，国家管理部门不仅将淫秽列为禁载内容的基础上，而且把色情信息亦作为禁止事项。1997 年，公安部颁布的《计算机信息网络国际联网安全保护管理办法》第五条第六款规定：任何单位和个人不得利用国际联网制作、复制、查阅和传播宣扬封建迷信、淫秽、色情、赌博、暴力、凶杀、恐怖和教唆犯罪的信息；国务院 2001 年 9 月出台的《互联网信息服务管理办法》第 15 条第七款也规定：互联网信息服务提供者不得制作、复制、发布、传播散布含有淫秽、色情、赌博、暴力、凶杀、恐怖或者教唆犯罪的信息。值得注意的是，2016 年全国人大出台的《网络安全法》第 12 条第二款同样规定不得利用网络传播淫秽色情信息。这说明我国的淫秽认定在制度建设上有从淫秽向色情溢出的发展趋向。

在法律适用过程中，对于淫秽物品的认定主要由全国人民代表大会授权的部门实施，依据的标准仍然是《刑法》第 367 条，通常是将这种认定权力交由司法鉴定中心或公安部门。全国人大常委员 1990 年制定的《关于惩治走私、制作、贩卖、传播淫秽物品的犯罪分子的决定》（2009 年修订）将对淫秽物品的鉴定权力授权给国务院有关主管部门，该决定第八条规定"淫秽物品的种类和目录，由国务院有关主管部门规定"。在此基础之上，1993 年 1 月国家新闻出版总署与公安部联合发布的《关于鉴定淫秽录像带、淫秽图片有关问题的通知》最终形成了淫秽物品鉴定的治理格局。该通知第一条指出：

> 办理走私、制作、贩卖、传播淫秽物品案件中，对查获的录像带、图片、扑克、手抄本等，需审查认定是否为淫秽物品的，国内出版单

---

[1] 最高人民法院、最高人民检察院：《关于办理利用互联网、移动通讯终端、声讯台制作、复制、出版、贩卖、传播淫秽电子信息刑事案件具体应用法律若干问题的解释》，《司法业务文选》2004 年第 35 期，第 44—47 页。

位正式出版发行的录像带、图片等出版物由省级以上新闻出版管理部门、音像归口管理部门负责鉴定；其他由地、市以上公安机关治安部门负责鉴定。淫秽录像带、淫秽图片的鉴定标准依照全国人大常委会《关于惩治走私、制作、贩卖、传播淫秽物品的犯罪分子的决定》、国务院《关于严禁淫秽物品的规定》和新闻出版署发布的《关于认定淫秽及色情出版物的暂行规定》执行。①

此外，对于淫秽物品的认定，还应当参考公安部对江苏省公安厅《关于鉴定淫秽物品有关问题的请示》的批复。该批复指出："各地公安机关查获的物品，需审查认定是否为淫秽物品的，可以由县级以上公安机关治安部门负责鉴定工作；当事人提出不同意见需重新鉴定的，由上一级公安机关治安部门会同级新闻出版、音像归口管理等部门重新鉴定。"② 从上述法律法规和规范性文件来看，我国法律法规中规定的淫秽物品的鉴定机关主要包括省级以上新闻出版管理部门、音像归口管理部门与地、市以上公安机关治安部门。

二、儿童色情

在美国，虽然米勒检测已经被确立为一条区分被禁止的性言论和受保护的性言论的分界线，但是仍然存在一个例外。这个例外就是儿童色情材料，联邦最高法院允许政府禁止儿童色情（child pornography）。1982年，美国联邦最高法院在"纽约州诉费伯案"（*New York v. Ferber*）中判决，政府可以禁止传播儿童色情材料——表现儿童实施性行为的材料，无论该材料是否符合米勒案的淫秽标准。③ 美国联邦最高法院规定，各州在试图禁止向儿童出售或传播色情材料时或在阻止色情电影制片人强迫儿童拍摄性行为电影时，可使用更为宽泛的淫秽定义。但在制定并实施这类法律时务必

---

① 新闻出版署办公室（编）：《新闻出版工作文件选编（1993年）》，北京：中国ISBN中心1995年版，第1–2页。
② 公安部对《关于鉴定淫秽物品有关问题的请示》的批复（公复字〔1998〕8号），1998年11月27日。
③ 〔美〕约翰·泽莱兹尼：《传播法：自由、限制与现代媒介》，张金玺、赵刚译，北京：清华大学出版社2007年版，第401页。

谨慎，以免同时禁止了那些合法的材料。美国联邦最高法院承认，禁止儿童色情材料的法律和淫秽法律一样，也可能会因为变得太过严厉而压制受保护的言论。但是，联邦最高法院认为，各州有权力在抵制儿童色情材料方面拥有更多的自主回旋余地。

从 1996 年开始，美国国会先后通过《抵制儿童色情法》(Child Pornography Prevention Act, CPPA)、《儿童在线保护法》(Child Online Protection Act, COPA) 和《儿童因特网保护法》(Children's Internet Protection Act, CIPA)，试图禁止儿童色情等有害信息，并防止侵害成年人的宪法权利。尽管前三部法律均由于对淫秽的规定过于宽泛等原因被宣布违宪，但《儿童因特网保护法》(CIPA) 仍然获得了最高法院的支持。值得注意的是，2000 年 12 月通过的《儿童因特网保护法》规定，学校和图书馆可以通过安装过滤软件屏蔽"属于淫秽或儿童色情的图像，防止未成年人获取对其有害的材料"①。首席大法官威廉·伦奎斯特（William Rehnquist）撰写了多数意见，他认为该法是国会合法行使其权力来实现其保护未成年人的利益的，它并不侵犯图书馆和学校等公共场所中的用户的《宪法第一修正案》权利。②

在 2009 年"联邦通讯委员会诉福克斯电视台"(FCC v. Fox Television Stations, Inc.) 一案中，美国联邦最高法院以 5∶4 判决联邦通讯委员会胜诉并发回重审。最高法院判决认为，联邦通讯委员会对福克斯电视台节目中出现的所谓"临场粗口"(fleeting expletives) 这种不雅内容的处罚并不武断和反复无常。③虽然该案在 2012 年的联邦最高法院再审时，法院以《宪法第十四修正案》中法律正当程序的规定——"任何州不经正当法律程序，不得剥夺任何人的生命、自由或财产"，裁决联邦通讯委员会败诉，但这并未减弱美国法律对猥亵和不雅内容的规制力度。④

在英国，儿童色情内容亦属重点限禁内容。《1978 年青少年保护法》(Protection of Children Act 1978) 单独规定了对儿童色情的禁制，其第一节

---

① Children's Internet Protection Act (CIPA), P.L.106–554, 20 U.S.C. § 7001. Cited from Ku, R.S.R. & Lipton, J.D. *Cyberspace Law: Cases and Materials*. New York: Aspen Publisher, 2010, p. 148.

② 左亦鲁：《美国的互联网管制——以未成年人互联网保护为例》，《中国经济》2010 年第 4 期，第 1–12 页。

③ FCC v. Fox Television Stations, Inc., 556 U.S. 502 (2009).

④ FCC v. Fox Television Stations, Inc., 567 U.S. 239 (2012).

规定，任何拍摄、允许拍摄、散发、展示、广告、为散发或展示而持有16周岁以下儿童有伤风化的照片或类似照片的行为都构成犯罪；《2003年性侵犯保护法案》进一步将未成年人的年龄范围从16岁扩展到18岁，违法者会受到最高三年监禁的刑事处罚。① 在该法的基础之上，英国相继修订《淫秽出版物法令》、颁布《1994年刑事正义和公共秩序法》、出台《2000年电子通讯法案》，结合传播科技发展不断修订相关法律，以期在现行法律框架下保障未成年人的合法权利。在2002年的"女王诉史密斯与杰森等案"（R. v. Jayson）中，上诉法院裁定"自愿从互联网下载不雅图像到电脑的行为属于制作照片或虚拟照片的行为，因为计算机操作员在下载时会导致图像存在于屏幕上"②。

在德国，出于对青少年的保护，儿童色情亦属重要的规制内容。德国《基本法》第一条第二款规定为保护青少年可对信息传播活动进行限制。③ 为此，德国制定了《刑法典》、《多媒体法》、《青少年保护法》和《阻碍网页登录法》等多项法律法规，以保护青少年的基本权利。其中，德国《刑法典》第184条明文规定，向青少年传播色情信息的将被处罚款或者三年以下有期徒刑，传播或有组织传播儿童色情信息的，将被处以最高十年有期徒刑。④ 在州层面，1991年，德国布兰登堡州制定通过了《布兰登堡法》，该法第20条强调保护青少年的基本权利，规定"允许通过法律的制约来保护青少年、保护（个人）名誉和其他重要的法律价值，不得从事战争宣传和宣扬伤害人类尊严的公共歧视"⑤。

在联邦层面，1985年修订颁布的《危害青少年书籍传播法》第一条第一款规定："凡会在道德上危害青少年的书籍，尤其包含不道德、残忍情节、煽动暴力、犯罪或种族仇恨以及歌颂战争的书籍，应被列入禁书名单。"⑥ 德

---

① 〔英〕萨莉·斯皮尔伯利：《媒体法》，周文译，武汉：武汉大学出版社2004年版，第393页。

② R. v. Graham Westgarth Smith and Mike Jayson [2002] EWCA Crim 683 (No.2001/.00251/Y1).

③ 张千帆：《西方宪政体系》（下册·欧洲宪法），北京：中国政法大学出版社2001年版，第647页。

④ 卢家银：《德国青少年在线活动的法律保护框架》，《青年记者》2012年11月上，第79-80页。

⑤ 张咏华、曾海芳：《德国和法国大众传播领域对未成年人的保护》，《新闻记者》2009年第9期，第86-90页。

⑥ 张翔（主编）：《德国宪法案例选择（第2辑）：言论自由》，北京：法律出版社2016年版，第143-144页。

国联邦宪法法院在处理色情作品与青少年保护问题时，主张青少年保护可以成为限制艺术自由的正当理由。正因如此，该法院在1990年的"约瑟芬·穆岑巴赫尔案"中指出："即使是艺术自由这种无法律保留的利益，在面对青少年保护这种相互对立的利益时，也需在个案中相互协调一致。"①

在中国，儿童色情同样属于重点查禁对象。首先是《宪法》第46条建立了重点保护未成年人健康发展的框架，明确规定"国家培养青年、少年、儿童在品德、智力、体质等方面全面发展"。其次，在宪法框架之下，全国人大常委会于1991年制定了《未成年人保护法》，后于2006年经过修订，该法第34条规定："禁止任何组织、个人制作或者向未成年人出售、出租或者以其他方式传播淫秽、暴力、凶杀、恐怖、赌博等毒害未成年人的图书、报刊、音像制品、电子出版物以及网络信息等。"另外，现行《刑法》第364条还规定"向不满十八周岁的未成年人传播淫秽物品的，从重处罚"。与之类似，全国人大常委会1999年制定的《预防未成年人犯罪法》也对此作了禁止性的规定。截至目前，我国现行保护未成年人权益与限禁儿童色情的规定大多渗透穿插于社会保护当中，相关规定分散在《宪法》、《刑法》、《民法》、《网络安全法》和《未成年人保护法》等各类法律法规、部门规章以及规范性文件之中。

三、规制哲学

对于淫秽的治理虽然一直伴有争议，但世界上大多数国家均在立法和司法中予以限制，以期通过控制性材料的自由流通并维护法律秩序。尽管社会公众对涉性信息的容忍度与接受度会因时代不同而不同，也会伴随科技发展而持续演变，但国际社会普遍支持对性表达予以合法限制。许多国家均主张，淫秽信息可以受到事前限制，但是这种限制必须建立在及时的司法判决的基础上，并且普遍强调运用比例原则等法律适用方法对淫秽进行规制。并且，各国防治淫秽和色情信息对公序良俗影响的立场基本是一致的，所不同的只是对于淫秽信息的认定标准、制裁力度以及对色情表达的规制尺度。这个问题的实质在于各国对于言论自由和公共秩序的利益平衡各有差异。

---

① 张翔（主编）：《德国宪法案例选释（第2辑）：言论自由》，北京：法律出版社2016年版，第152页。

许多人之所以支持对淫秽进行限禁，主要基于一种得到普遍认可的社会通念，这种社会通念在大多数国家主要体现为"性行为不公开"的原则。①人类社会文明进步的重要标尺之一就是性行为、排泄活动等的非公开与私密化，这也是人类与动物的重要区别之一。依据该原则，如果将生殖器官、性行为等私密活动公开展示，就会伤害他人的人格尊严、社会道德甚至是公共秩序。虽然有质疑的声音，但在该原则之下，对性行为的文字、图片、音频与视频描述与表现，也属于将性行为公开的受规制行为。这正是许多国家立法禁止淫秽的观念基础。

同时，对淫秽表达的规制也植根于道德传统。英国法学家帕特里克·德富林（Patrick Arthur Devlin）指出："在任何时候，一个社会的共同道德都是由风俗与信念、理性与感觉、经验与偏见组成的混合物。"②这种道德传统主要通过信仰、直觉、启示引申出的道德原则，将性问题纳入道德范畴，告诉人们哪些是恰当的性行为，哪些是下流和无耻的。③淫秽与色情表达通常会被认为是道德上不当且有危害性的，这种危害既有伦理层面的，也有形象纬度的。因为这些行为冒犯了观者不是因为他们通常会令观者不快，而是因为通过行为表达的行为者的态度令观者认为有某种道德不当。④并且，这种对道德情感的公开冒犯，还象征着某种不敬、不雅的姿态与形象，它会进一步吞噬一个社会得以运行的伦理基础。

在民主社会中，因为淫秽作为一种必要的事实，破坏了稳定的宪政民主所具备的文明美德，导致了平等自由的宪法秩序的崩溃，因此以平等自由原则为由禁止淫秽是合理的。⑤法哲学家乔尔·范伯格（Joel Feinberg）因此主张，法律应当预防人们腐化青少年道德，应当预防以公开从事他人视为恶行的方式冒犯他人的道德标准。⑥在中国古代社会，受传统道德观念

---

① 蒋小燕：《淫秽物品的"淫秽性"之判断标准》，《法学评论》2011年第1期，第139-144页。

② 〔英〕帕特里克·德富林：《道德的法律强制》，马腾译，北京：中国法制出版社2016年版，第126页。

③ 李建新：《网络色情淫秽的法律规制》，郑州：郑州大学出版社2013年版，第71页。

④ 〔美〕乔尔·范伯格：《刑法的道德界限》（第二卷），方泉译，北京：商务印书馆2014年版，第123页。

⑤ Richards, D. Free speech and obscenity law: Toward a moral theory of the first amendment. *University of Pennsylvania Law Review*, 1974,123: 45–91.

⑥ 〔美〕乔尔·范伯格：《刑法的道德界限》（第二卷），方泉译，北京：商务印书馆2014年版，第121页。

的影响，导致描述男女之间恋爱的作品都被视为与封建专制礼教相悖的毒害而被加以禁止。虽然文学史上出现了《金瓶梅》这样的著作，但是该书在古代也一直被认为是我国有名的侵蚀社会道德的淫秽小说，从而长期被查禁。

对淫秽表达的这种规制还有宗教信仰层面的基础。罗素考察了古代基督教、中世纪天主教和近代新教等不同时期的性观念，基督教古代教会尤其是圣保罗，认为一切的性交都是罪恶的，甚至婚姻以内的性交也不例外。性交是一件阻碍人得救的勾当，私通是该入地狱的重罪。在基督教意识形态占支配地位的中世纪，裸体变成了禁忌，色情艺术、文学的生产和传播被禁止。① 纵观基督教的性道德体系，普遍反对私通行为，鼓励禁欲。在伊斯兰教中，淫秽与色情属于"妄言嬉行"的禁忌，《古兰经》要求朝觐者必须洁身净心，要摆脱尘世装饰和禁止淫秽、作恶与纷争。② 佛教中的"五戒"之一即是"邪淫戒"，淫秽亦属禁止事项。这样，由于与各大宗教所宣扬的价值体系相冲突，淫秽与色情物品就成为各大宗教信徒们普遍主张限禁的物品。发展到今天，在西方国家，宗教禁忌的这种文化影响特别是宗教法律化的渗透已经根深蒂固。哲学家康德就承认："性爱慕中完全简单和粗鄙的情感虽然直接地导向大自然的伟大目的，而且由于它实现了大自然的要求，它也适宜于直截了当地使人身幸福；然而，由于巨大的普遍性的缘故，它很容易蜕变为纵欲和放荡。"③ 在这种情况下，由于淫秽物品触犯了宗教禁忌，会导致人们纵欲与放荡，且超出了必要的限度，这就构成了规制的理由。

这种社会通念、道德传统与宗教文化不仅可以单独构成规制淫秽的理由，而且在社会发展中会共同影响一个国家、民族或地区的文化发展，特别是法律建设，常常会通过集体合意的形式影响立法机关、法官、陪审团与社会公众，不同程度地转化为本土法律或政策。英国《1857年淫秽出版物法》、《1959年淫秽出版物法》和《2011年电子出版物法》的先后出台；美国的希克林准则、罗斯标准、罗期回忆录标准和米勒标准，直到2010年"查尔斯顿市诉卡那瓦剧院案"（*City of Charleston v. The Kanawha Players*）

---

① 李建新：《网络色情淫秽的法律规制》，郑州：郑州大学出版社2013年版，第71页。
② 赛生发（编译）：《伟嘎叶教法经解——伊斯兰教法概论》，银川：宁夏人民出版社1993年版，第204页。
③ 李秋零（编译）：《康德著作全集》，北京：人民出版社2006年版，第296-297页。

的裁决；中国《刑法》第367条的制定与《电信条例》和《网络空间安全法》的实施；均体现了这种本土化的法律文化转化的影响。

特别是在美国，法律对言论实行了类型化界分的保障方式，将色情言论划归低价值言论，施以较低层级的保护。在1942年的"查普林斯基诉新罕布什尔州案"（*Chaplinsky v. New Hampshire*）中，联邦最高法院将政治言论、宗教言论划归高价值言论，将淫秽色情言论、攻击言论划归低价值言论，强调对政治言论等高价值言论给予较高层级的保护。大法官弗兰克·墨菲（Frank Murphy）在该案中指出："言论自由的权利并非在任何时刻或任何情境下，都是一种受到绝对保障的权利，并且认为从言论自由的本质系在追求真理的观点出发，某些类型的言论对于社会并不具任何价值，纵能为社会带来利益，其利益也明显地低于限制这些言论所欲维持的社会秩序与道德规范所带来的社会利益。"① 在此基础上，美国最高法院在言论表达案件领域逐步发展形成了"双阶理论"（two-level theory）。即将系争案件事实以其言论对于社会所具有之价值加以区分，分成低价值言论与高价值言论而采取不同的审查标准。这样，"一旦所论争的言论被界定为属于不受保护言论的类型范围内，就无所谓内容管制和应受严格审查的问题了，因为此类言论从根本上是可以被禁止的"②。

此外，对淫秽表达的法律限禁还包含平等主义观念的因素。耶鲁大学法学院教授欧文·费斯认为："可以发现，一些女性主义对淫秽新的抨击中，平等观念发挥了其效力。他们对淫秽品的反对并非出于宗教或道德的原因，而是因为淫秽品将妇女简化为性对象，她们的支配权也被色情化了。"③ 这直接涉及如何保障女性利益和改善妇女社会经济地位的平权问题。在女权主义者看来，淫秽物品的传播导致了对妇女的暴力，包括强奸和家庭虐待，最终导向一个对社会不利的普遍模式，不仅体现在最私己的事件中，而且体现在公共领域里。④ 与制定竞选活动开支的规则一样，规制淫秽

---

① 陈狄建：《论色情言论管制之合宪性》，《学员法学研究报告》2008年第47期，第61–75页。
② 郑智航（主编）：《山东大学法律评论（2014）》，济南：山东大学出版社2014年版，第142–143页。
③ 〔美〕欧文·费斯：《言论自由的反讽》，刘擎、殷莹译，北京：新星出版社2005年版，第8页。
④ 同上。

表达也是由平等主义的考虑所促发的。①尽管这种平等主义的观念在20世纪60年代的欧美国家并未完全引起法律界的重视，但是该观念现在已发展成为法律界中的核心价值之一，影响着对淫秽表达的规制。费斯也由此强调："只有当平等的条件被完全满足时，真正的民主政治才可能实现。"②

目前，淫秽材料在许多国家还是被普遍禁止。即使是在享有高度言论自由的美国，也是如此。美国《宪法第一修正案》将淫秽作为例外事项，它不受该《宪法第一修正案》的保护。对于公共利益的维护，美国还对儿童色情、猥亵材料也予以一定的限禁，尽管法律禁止向未成年人出售与传播直白的色情材料，但这类色情材料仍然可以在成年人之间自由传播。对此，政府虽然不审查言论内容，但通常会限制言论的时间、地点或方式，并让人们有足够的替代方式表达自己的观点。大法官布伦南指出，国家并无合法依据禁止个人享有色情，但在规制性内容物品的销售方式上或许存在国家利益，包括防止污染儿童、保护被动读者不受冒犯，以及保护社会不至伦理腐化。③尽管说在法律允许的范围内，每一个成年人都有持有及阅读涉性书刊、图片、视频等材料的权利，但是这种权利的实现不能以牺牲未成年人和他人的权利为代价。

最后，面对网络传播科技的冲击与挑战，特别是人工智能的快速发展，淫秽与色情表达的形式可能更加多样和具有迷惑性。伴随着网络文化对传统道德观念和法律文化的进一步侵蚀，公共利益维护、未成年人保护与色情表达之间的冲突可能进一步加剧。虽然公众的容忍度会因科技与人文环境的不断变化而可能进一步提升，但各类传播主体，特别是大众媒体、互联网平台和富有影响力的传播个体，均应恪守法律底线，积极维护社会道德和人格尊严，鼓励和践行合法理性的性表达，而不应大肆鼓吹权利滥用、性自由、非法制作与传播淫秽信息，违背法律规定或偏离社会主流的婚恋道德规范。

---

① Levit, K. J. Campaign finance reform and the return of Buchley v. Valeo. *Yale Law Journal*, 1993, 103(2): 469–503.

② 〔美〕欧文·费斯：《言论自由的反讽》，刘擎、殷莹译，北京：新星出版社2005年版，第9页。

③ 〔美〕乔尔·范伯格：《刑法的道德界限》（第二卷），方泉译，北京：商务印书馆2014年版，第207页。

第五章　亵渎宗教

> 偏执和成见的根源是无知和恐惧。只要人们对相互的宗教信仰了解得越多，他们就会变得更容易接受和宽容。
>
> ——皮特·本森

亵渎宗教始终是困扰社会的一个重要问题。多年来，通过报刊、书籍、广播、电视和互联网等各类传播媒介亵渎和冒犯宗教的事件总是层出不穷。2005年1月，英国广播公司（BBC）播出音乐剧《杰瑞·史宾格：歌剧》(Jerry Springer: The Opera)，该剧在后半段幻想的地狱场景中将耶稣描绘成一个过大的婴儿，且称是同性恋。节目刚一播出即引发抗议和投诉，数万民众到英国广播公司电视中心抗议示威，同时该公司收到了63000多份亵渎宗教的投诉。英国最大的宗教团体基督之声（Christian Voice）向法院提起诉讼，控告英国广播公司亵渎宗教。[①] 2006年5月，好莱坞大片《达芬奇密码》(The Da Vinci Code) 在全球上映不久，即在斯里兰卡被控亵渎宗教而遭遇起诉，斯里兰卡随后禁止该影片在当地电影院上映和在当地电视频道播出。[②]

2012年，一部臆造穆罕默德生活的美国影片《穆斯林的无知》(Innocence of Muslims) 在社交网站YouTube上的疯传，迅速引发了各国穆斯林民众的抗议和暴力冲突。[③] 2015年1月，法国杂志《查理周刊》(Charlie Hebdo) 因刊登嘲讽穆罕默德的漫画，杂志社遭到武装分子的暴力袭击，

---

① R. (Green) v. City of Westminster Magistrates' Court (2007) EWHC 2785 (Admin).

② Chalcraft, D.J., Howell, F., & Lopez, M. Menendez et al, *Max Weber Matters: Interweaving Past and Present*. Farnham: Ashgate Publishing Limited, 2008, pp.243-244.

③ Kirkpatrick, D., Cowell, A., & Gladstone, R. Anti-American Protests Over Film Expand to More Than a Dozen Countries. *The New York Times*, September 15, 2012.

造成12人死亡及多人受伤。①在21世纪以来的历届联合国大会上，许多国家围绕该问题进行了激烈的辩论，联合国也多次通过决议，反对和谴责各类亵渎宗教的言论和行为。对于这种悲剧的不断上演和争论的持续发酵，我们除了谴责恐怖分子的残忍冷酷、反思文明的冲突，还需要对不同法律体系，特别是作为抗议主体所在国家对仇恨表达尤其是亵渎宗教言论的法律规制进行系统研究。只有这样，才能深入分析宗教自由和言论表达在不同国家的法益平衡问题，从而尽力避免类似悲剧的再次发生。

亵渎诽谤是一种宗教犯罪，早期在犹太教法和罗马法中都有与之相应的罪行，曾被译为亵渎神明罪（或称渎神罪）。在《牛津法律大辞典》中，亵渎宗教（Blasphemy）是指以口头或书面方式用轻蔑或不敬的言语嘲弄、指责基督教教义，发表或出版傲慢无礼的言论来谴责耶稣，无礼嘲笑《圣经》，肆意嘲弄或蔑视其中任何章节的行为。②从国内外的相关法律活动和发展来看，所谓亵渎宗教就是指有意对自身和他人宗教信仰中的宗教人物、宗教教义、宗教器物、宗教习俗等进行攻击、扭曲等言语诽谤和冒犯的行为。③亵渎这一术语最早源自习惯法中的亵渎罪，是从教会的法例发展演变而来，有时也被称为亵渎诽谤（Blasphemous libel）。随着时代的演变和国度的不同，被称之为亵渎事项的种类也相应地发生变化。然而，亵渎在部分基督教国家、伊斯兰教世界和一些佛教国家等均为犯罪，直到今天仍然如此。

在世界范围内，各类大大小小的宗教与教派不仅在宗教教义上各有差异，而且在宗教生活中也存在不同程度的宗教禁忌。在三大宗教中，基督教中有"十诫"，忌讳崇拜除上帝以外的偶像、忌食血制品和不妄称上帝之名等；④伊斯兰教禁止描绘先知穆罕默德或安拉的具体形象、禁止饮酒并禁食自死物等；佛教有"五戒"（杀生戒、偷盗戒、邪淫戒、妄语戒、饮酒

---

① Witte, G. Charlie Hebdo's New Muhammad Cartoon Sparks Fears of More Violence in France. *The Washington Post*, Jan. 13, 2015.

② 〔英〕戴维·沃克：《牛津法律大辞典》，李双元等译，北京：法律出版社2003年版，第124页。

③ 卢家银：《伊斯兰教国家亵渎宗教言论的法律规制研究——基于对埃及、巴基斯坦和沙特阿拉伯三国的比较法分析》，《国际新闻界》2015年第8期，第154–170页。

④ "十诫"主要包括不可信仰耶和华以外的神、不可为自己雕刻偶像、不可妄称耶和华之名、当纪念安息日、不可对父母不敬、不可杀人、不可奸淫、不可偷盗、不可假见证陷害他人、不可贪恋他人财物。

戒）①，教徒素食、忌讳触碰佛像和僧侣的头部等。根据各宗教的教规，触犯这些宗教禁忌或是在言语上冒犯圣灵或圣典的行为往往会被认定为亵渎犯罪。尽管有些表达行为未必构成犯罪，但是仍然会招致宗教团体和社会公众的抗议与谴责，甚至会引发族群冲突。目前，关于如何规制亵渎宗教的言论、怎样平衡宗教表达和言论自由两种权利的讨论愈来愈多，许多国家的立法和司法部门也积极采取措施来应对亵渎宗教给社会带来的一系列问题。

一、基督教国家

在基督教国家，亵渎宗教曾经是很严重的罪行，任何诽谤基督教或圣经倾向的表达均为刑事犯罪。发展到现代，出于对言论自由的保障，英国、美国、意大利等许多基督教国家对亵渎宗教言论日渐宽容，亵渎宗教呈现出一种除罪化的趋势。通常而言，在现代基督教国家，单纯地对基督教和其他宗教教义的否认，以及对各类宗教精神的温和攻击都不足以构成亵渎犯罪。特别是在美国，出于对言论自由的高度保障，亵渎宗教言论一般不会被追究法律责任。本部分在选取代表国家时主要考虑对象国的宗教传统、主导宗教、是否有国教和宗教信徒的多寡四个因素。基于此，本章在基督教国家中选取英国、美国和意大利。在英美两国，绝大多数人都信奉基督教（尽管教派有差异），法庭上证人宣誓原则上须手持《圣经》，美国总统就职宣誓时也是手捧圣经；在意大利，天主教曾是其国教，现有90%以上的民众信仰天主教。

（一）英国

在基督教国家中，亵渎宗教类法律最早出现在英国。在英国，绝大多数人信奉基督教，伊斯兰教、佛教、印度教、锡克教和犹太教也拥有大量的信徒。在英国历史上，亵渎宗教类法律只保护基督教不受批评和攻击，任何否认耶稣存在和圣经核心理论的表达均有可能被判处死刑、监禁和罚款等。这类法律也常常被用于打压无神论者、唯一神教派（Unitarians）和

---

① 也有观点认为佛教最基本的戒律是"五戒十善"。其实，"十善"是"五戒"的分化和细化，内容包括三类，身体行为的善（禁忌）：不杀生、不偷盗、不邪淫；语言方面的善（禁忌）：不妄语、不两舌、不恶口、不绮语；意识方面的善（禁忌）：不贪欲、不嗔恚、不邪见。

其他宗教派别。进入现代社会，特别随着英国社会民主化进程的快速发展和宗教多元化程度的提高，亵渎宗教开始去罪化。

在英国，与亵渎有关的罪行规定当初是为了保卫英王国内部的安宁而予以制定的，它属于教会法院的法学范畴，后来世俗法院接受了这种观点。英国国教会的利益和国家利益的历史性联结导致了一种不正常的例外，英国的亵渎法保护英国国教的利益，不对其他宗教或教派予以同等保护。英国历史上第一起有案可考的此类案件是1676年的"泰勒案"（Taylor's Case）。一个名叫约翰·泰勒（John Taylor）的男子因公开宣称"耶稣基督是一个杂种和皮条客，宗教是一种欺骗"，而被控有罪。法官马修·海尔（Matthew Hale）在判决中指出："这种邪恶的亵渎字眼不仅仅是对上帝和宗教的冒犯，而且是一种反对法律的犯罪，必须受到惩罚。"[①] 该判决成为英国亵渎宗教类法律的基石。在此案的基础上，1838年，英国法院把亵渎罪具体限制于保护英国国教会（即安立甘宗，又称圣公会）（Anglican Church）的信仰。[②] 在此之后（直到2008年）的法律表述为："任何攻击犹太教或伊斯兰教甚或是基督教的任何其他教派（除国教外）的人都无须担心受到亵渎罪指控。"[③]

尽管有此判例制度，英国在进入20世纪之后，对亵渎宗教言论的规制力度仍然出现了明显松动，开始向宽松化发展。这一方面表现在亵渎宗教类案件的逐渐减少。根据英国一家法院的统计，1883年之前，亵渎宗教类案件非常普遍，但是1883至1977年期间仅有7起此类案件，其中5起还发生在1922年之前。[④] 根据笔者的统计，1977年之后虽然英国又新增了3起亵渎宗教的诉讼，但均为民事诉讼。英国对亵渎宗教言论规制力度的松动另一方面表现在处罚力度的日益变轻。从20世纪以来，英国法律对亵渎宗教者的处罚开始从以往严厉的刑事制裁向行政处罚过渡。英国历史上最后一位因亵渎宗教罪被判监禁的人是约翰·高特（John William Gott）。约翰·高特是一位作家，他因为将耶稣与小丑一起比较而被法院于1922年被

---

① R v Taylor, 1 Vent 293, (1676) 86 ER 189.
② Jones, R. & Welhengama, G. *Ethnic Minorities in English Law*. London: Trentham Books, 2000, p.202.
③ 〔英〕萨莉·斯皮尔伯利：《媒体法》，周文译，武汉：武汉大学出版社2004年版，第399页。
④ Whitehouse v Gay News Ltd (1979) AC 617 at 635, HL.

判入狱做 9 个月的苦役。①

发展到 1977 年，在"怀特豪斯诉莱蒙案"（*Whitehouse v. Lemon*）中，当事人仅受到法院的行政处罚。该案涉及发表在《同志新闻》（*Gay News*）杂志上的一则题为《敢于道出已名的爱》（*The Love that Dares to Speak its Name*）的诗歌。这首诗歌讲述了基督和许多男人的同性恋关系，详细描述了一个罗马军队百夫长与受难后基督的同性恋性行为。由于这首诗歌可能伤害和侮辱基督信徒的宗教感情，被判定为"以文字亵渎基督教"，杂志社被处以 1000 英镑罚金，主编被罚款 500 英镑。② 在该案中，斯卡曼（Scarman）法官引述了《斯蒂芬刑法汇编》（*Stephen's Digest of the Criminal Law*）的观点，他指出："任何含有对上帝、耶稣或者《圣经》的侮辱性、辱骂性、庸俗下流的以及荒谬可笑的文字的出版物，都被认为是对由法律确认的英国教会的教义的亵渎。但是如果相关出版物是以得体和适度的文字写成的，其旨在宣扬或发表反对基督教，或者否认上帝存在的观念，此种行为并不构成亵渎犯罪。"③

在此基础上，英国各界开始讨论并积极推动亵渎宗教法律的废止。1985 年，英国法律委员会（Law Commission）发布了一份题为《亵渎宗教和公共信仰的刑事犯罪》（*Criminal Law: Offences against Religion and Public Worship*）的报告，建议取消法律中的亵渎宗教犯罪，以免民众因侮辱和伤害他人的宗教感情而被追究刑事责任。④1989 年，印度裔英籍作家萨曼·拉什迪（Salman Rushdie）创作的幻想小说《撒旦诗篇》（*The Satanic Verses*），被控亵渎《古兰经》和先知穆罕默德，尽管英国的穆斯林以此罪名控告《撒旦诗篇》的作者及出版商，但是法院却拒绝受理此案。⑤ 法院之所以拒绝受理该案，除去当时英国法律只保护基督教不受亵渎（并不保护伊斯兰教）的因素，另一个非常重要的因素应该是英国当时有修订亵渎

---

① Stewart, G. God and the trouser press: A old novelty. *The Times*, February 4, 2006.

② 中国社会科学院新闻研究所、北京新闻学会（编）：《各国新闻出版法选辑》，北京：人民日报出版社 1981 年版，第 239 页。

③〔英〕萨莉·斯皮尔伯利：《媒体法》，周文译，武汉：武汉大学出版社 2004 年版，第 398 页。

④ Weller, P. *Time for a Change: Reconfiguring Religion, State and Society*. London: T & T Clark, 2005, p.161.

⑤ Jones, R. & Welhengama, G. *Ethnic Minorities in English Law*. London: Trentham Books, 2000, pp.179–180.

法律的打算。对此，英国法律大臣约翰·帕登（John Patten）于 1991 年对穆斯林群体发表了一个声明，表示英国政府不会再利用这一罪名去保护信仰不被亵渎。他说："宗教信仰自身的力量是反对嘲弄者和亵渎者最好的武器。"① 该事件进一步推动了社会对亵渎宗教法律改革的讨论，既有人主张应该将保护范围扩展至所有宗教，也有人认为亵渎宗教类法律已经不合时宜，应该废止。

受此鼓舞，2002 年，部分人权运动人士故意到伦敦特拉法加广场（Trafalgar Square）的圣马田教堂（St Martin-in-the-Fields church）的台阶上集体朗诵了曾经被控有罪的诗歌《敢于道出已名的爱》，以挑战亵渎宗教法，然而并未受到任何阻挠和指控。② 2005 年 1 月，英国广播公司（BBC）播出的音乐剧《杰瑞·史宾格：歌剧》（*Jerry Springer: The Opera*）又引发数万民众的抗议和投诉。③ 虽然英国最大的宗教团体基督之声（Christian Voice）向法院提起诉讼，控告英国广播公司亵渎宗教，但是伦敦西敏斯特地区法院（City of Westminster Magistrates' Court）和最高法院均驳回了基督之声的诉讼要求。2007 年，最高法院在驳回上诉的意见中称，根据《1968 年剧院法》（*Theatres Act 1968*）和《1990 年英国广播电视法》（*Broadcasting Act 1990*）的规定，普通法中的亵渎犯罪并没有明确地适用于戏剧制作和广播电视领域。④ 到 2008 年，英国政府与国教会及其他教派进行磋商之后，出台了《刑事正义和移民法案》（*Criminal Justice and Immigration Act 2008*），废除了英格兰和威尔士普通法中的亵渎宗教罪和亵渎诽谤（但是，在北爱尔兰亵渎宗教仍属犯罪，废除亵渎宗教的动议在北爱尔兰议会未获通过）。从此，英国法律为亵渎宗教言论大幅松绑，英国在亵渎宗教去罪化发展上迈出了历史性的一大步。

（二）美国

在美国，大约有 80% 的民众属于基督教的各种教派，主要是信仰新教

---

① 〔英〕萨莉·斯皮尔伯利：《媒体法》，周文译，武汉：武汉大学出版社 2004 年版，第 400—401 页。

② Sutherland, J. *How Literature Works: 50 Key Concepts*. New York: Oxford University Press, 2011, p.178.

③ Nash, D. *Blasphemy in the Christian World: A History*. New York: Oxford University Press, 2007, pp.36–38.

④ R. (Green) v. City of Westminster Magistrates' Court (2007) EWHC 2785 (Admin).

和天主教（1990年约为90%），剩下20%信奉多种多样的宗教，包括犹太教、印度教、伊斯兰教、佛教和其他宗教，还有非特定宗教的人群及无神论者。受英国法律传统的影响，美国马萨诸塞、密歇根、俄克拉何马、南卡罗来纳、怀俄明和宾夕法尼亚州等一些州曾经拥有亵渎法，有些州的这类法律甚至一直保留到2000年以后，但是在联邦层面，美国始终没有禁止宗教批评或宗教侮辱的亵渎立法。① 任何专门针对亵渎宗教表达的法律和诉讼，都会构成违宪。美国《宪法第一修正案》规定："国会不得立法建立宗教，不得立法禁止宗教活动自由；不得立法剥夺言论自由和出版自由……"② 发展到今天，亵渎宗教已经在美国完全去罪。

在亵渎宗教言论在美国除罪化的过程中，最后一个被认定有罪的案件是"查尔斯·史密斯（Charles Lee Smith）案"。1928年，无神论活动者查尔斯·史密斯在阿肯色州的小石城租了一家店面，用来散发免费的无神论作品。店面的窗户上写着："进化是真实的，圣经是一个谎言，上帝是幽灵。"③ 为此，史密斯被指控违反了小石城的亵渎法令。因为他是一个无神论者，所以他不能在法庭上作宗教宣誓，法庭不允许他为自己作证。这样，法官取消了对史密斯的原始指控，然后以一项散发淫秽、诽谤或粗鄙作品的罪名控告他。史密斯被判有罪，处以25美元的罚款和26天监禁。当史密斯一获释，他立即继续开展无神论活动。很快，史密斯又被指控亵渎宗教，并且此项指控被确认。在审判中，他又一次拒绝宣誓作证。然后他被判90天监禁和100美元的罚款。史密斯在交了保释金后迅速提起了上诉，但是该案拖延了好几年直到最后被驳回。④ 1952年，美国联邦最高法院在"约瑟夫·博斯汀公司诉威尔逊案"（*Joseph Burstyn, Inc v. Wilson*）这个里程碑式的案件中，判定亵渎神灵不能成为禁止放映影片《神迹》（*Miracle*）的理由，由此宣布纽约州的亵渎法违宪。美国联邦最高法院指出："在美国，政府的职责不是去压制针对某种宗教原则的真实攻击或虚构攻击，且

---

① 关于美国亵渎宗教的主体部分已经公开发表，具体参阅卢家银：《美国法律中的亵渎宗教与言论自由——以影片〈穆斯林的无知〉引发的冲突为例》，《青年记者》2013年4月上，第84-85页。
② Farrar, T. *Manual of the Constitution of the United States of America*. Boston: Little, Brown and Company, 1867, p. 19.
③ Stein, G. *The Encyclopedia of Unbelief*. Amherst, NY: Prometheus Books, 1985, pp.633–634.
④ 同上。

不论这种言论是出现在出版物、演讲或电影之中。"① 这样，美国由此实现了对亵渎宗教言论的去罪，对批评宗教或亵渎宗教言论的指控在后来的判决中被相继宣布违宪。

在现代美国，亵渎宗教的言论尽管不受民众欢迎，但一般不会构成犯罪。2012年，美国影片《穆斯林的无知》（Innocence of Muslims）虽然引发了抗议和冲突，但是仍然不受法律审查和制裁。是年9月，影片《穆斯林的无知》的一段长达14分钟的阿拉伯语配音预告片被上传至YouTube后，迅速引发了穆斯林世界的抗议。在"9·11"事件11周年当天，伊斯兰国家爆发了激烈的反美示威活动，美国驻埃及和利比亚班加西的使领馆遭到抗议者袭击。包括美国驻利比亚大使约翰·克里斯托弗·史蒂文斯（John Christopher Stevens）在内的4名美国人，在事件中遇袭身亡。伊朗第一副总统穆罕默德·礼萨·拉希米（Mohammad-Reza Rahimi）宣布对这部"不可接受的和侮辱性"的电影给予谴责，称伊朗政府将追捕亵渎先知穆罕默德的影片《穆斯林的无知》的制作者。②

尽管这部电影招致穆斯林民众及支持者的抗议，但是美国政府并不认为该影片构成了亵渎犯罪。有诈骗前科的影片导演马克·巴斯利·优素福（Mark Basseley Youssef）随后被捕并被判监禁一年和四年监控释放（supervised release），主要原因是他违反假释法律规定，在保释期间欺骗演员、用了化名"萨姆·巴奇莱"（Sam Bacile）并使用了计算机和互联网。③为此，美国联邦机构始终对外强调，将不会对他所拍影片的内容展开调查。针对质疑，美国总统奥巴马在2012年9月底的联合国大会上发言时解释称："我们不仅尊重宗教自由——我们还制定了保护个人不因外表或信仰而受到伤害的法律。……大多数美国人和我一样是基督教徒，但我们不禁止亵渎我们最神圣的信仰的言论。"④

---

① Joseph Burstyn, Inc. v. Wilson, 343 U.S. 495 (1952).
② Kirkpatrick, D., Cowell, A. and Gladstone, R. Anti-American Protests Over Film Expand to More Than a Dozen Countries. *The New York Times*, September 15, 2012.
③ Kim, V. "Innocence of Muslims" filmmaker gets a year in prison. *Los Angeles Times*, November 7, 2012.
④ 奥巴马：《奥巴马在第67届联合国大会上的讲话（全文）》，中国改革网，2012年9月28日，http://www.chinareform.net/show.php?id=9854，2013年1月10日。

（三）意大利

在意大利，90%以上的民众信仰天主教，其余民众信仰新教、东正教、犹太教、伊斯兰教和耶和华见证会及佛教。伴随着民主化的进程，亵渎宗教类法律跨越了只保护一种宗教的阶段，已经转向为所有宗教提供保护。亵渎宗教在意大利正在逐步向轻罪化和非刑罚化发展。

在意大利，自20世纪30年代以后，亵渎法只保护一种宗教：罗马天主教。后来，这项规定被意大利宪法法院裁定违宪，将其适用范围扩大到所有宗教。1995年10月18日，意大利宪法法院以第440号判决宣告：《刑法典》第724条中"或者在国家信仰中受尊崇的象征或人物"一语违反《宪法》规定而被删除。这样，从1995年11月以后，禁止亵渎行为的规则对一切宗教提供保护。[1]1999年12月，《刑法典》第724条中的刑罚被第507号立法性命令第57条修改为行政处罚，其表述为："以斥骂或侮辱性语言公开谩骂神明的，处以51至309欧元行政罚款。"[2]在此基础上，2006年2月24日，意大利出台了第85号法律《对刑法典关于见解犯罪的修改》，对侵犯国家宗教罪及颠覆性和反民族的宣传罪等进行了非犯罪化处理，将原《刑法典》中的第406条"侵犯国家中的合法宗教"废除，并对其他条款进行了修订。

新出台的《刑法典》减轻了处罚力度，体现了去刑罚化的特点。其中，第404条"通过对物的侮辱或损坏侵犯宗教信仰"一条将原来规定的1至3年有期徒刑的处罚作了改变和减少，该条规定："在用于礼拜的场所、公共场所或向公众开放的场所，通过对构成礼拜对象的物品、礼拜供奉品或礼拜中必须使用的物品的侮辱侵犯宗教信仰的，或者当宗教司铎在私人场所履行宗教职务时实施行为的，处以1000至5000欧元罚金。公开地和故意地毁坏、消耗、侵蚀构成礼拜对象的物品、礼拜供奉品或礼拜中必须使用的物品的，或者使上述物品不可使用或加以玷污的，处以2年以下有期徒刑。"[3]对于旧法中第403条"通过人身侮辱侵犯宗教信仰"的1至3年的有期徒刑处罚则完全改为了罚金处罚。《刑法典》第724条中的行政罚款处

---

[1] 〔比利时〕路易斯·克利思蒂安斯(Louis-Léon Christians)：《欧洲宗教团体的自治与自决》，普世社会科学研究网，2005年1月11日，http://www.paciulution.com/ShowArticle.asp?ArticleID=453，2012年10月12日。

[2] 《最新意大利刑法典》，黄风译注，北京：法律出版社2007年版，第259页。

[3] 同上书，第145页。

罚仍然被保留了下来。自此，除了《刑法典》第404条规定的对宗教器物的侮辱和损坏追究较轻的刑罚之外，对其他亵渎宗教的表达只予以罚金处罚，亵渎宗教在意大利开始不被追究刑事责任。

根据意大利的这些法律规定，亵渎宗教虽然已经轻罪化和基本去刑化，但是仍属违法行为，任何传播和出版此类内容的人，都会受到起诉和行政处罚。2002年7月11日，意大利警方即在意大利关闭五家"亵渎宗教宣传色情"的美国网站。据意大利警方称，这五家网站极度蔑视宗教，公然污辱"上帝和圣母"，并且张贴大量极端下流淫秽的色情图片。[①]2006年6月，75岁的意大利著名记者奥里亚娜·法拉奇（Oriana Fallaci）被控亵渎伊斯兰教，面临高达5000欧元的罚金处罚。原因是她在其争议性著作《理性的力量》(The Strength of Reason) 中有多处冒犯性描述，该案在初次听证之后，由于法拉奇的因病去世而告终止。[②]

在当代意大利，虽然法律对各类宗教异见言论的容忍度提高了，但是不少民众对亵渎宗教言论仍然比较反感。即使一些言论不构成犯罪，但也很可能会引发公众的抗议和批评。意大利新《刑法典》出台前夕，即2006年2月18日，时任意大利改革部长、北方联盟领导人的罗伯托·卡尔代罗利（Roberto Calderoli）因前一天身穿印有亵渎宗教人物漫画图案的T恤衫出镜，引发公众批评，从而不得不辞职。[③]2012年8月，奥地利导演尤里西·塞德尔（Ulrich Seidl）执导的电影《天堂：信仰》(Paradise: Faith) 在威尼斯举行首映式，其中女主人公对耶稣近乎变态的表达"爱"的行为被观众认为是对宗教的亵渎。在该电影中，女主人公安妮每天跪在耶稣像面前祈祷，在家中跪着前行"朝圣"，偌大的房间里到处都是耶稣的记号，每晚睡觉时，她都必须要亲吻耶稣的照片，甚至会忍不住用耶稣像自慰，这一系列情节让观众认为是亵渎宗教，从而引发了抗议。[④]

---

① 陆鹏:《意警方关闭5家亵渎宗教宣传色情网站》，北方网，2002年7月11日，http://it.enorth.com.cn/system/2002/07/11/000370378.shtml，2013年2月1日。

② McMahon, B. Author's trial for defaming Islam begins. *The Guardian*, 13 June 2006.

③ 章磊:《意大利部长穿印有亵渎宗教图案T恤出镜引发批评》，《北京晨报》2006年2月20日，第25版。

④ 欣培:《专访〈天堂信仰〉导演：谈争议 影片没有亵渎宗教》，凤凰网，2012年9月4日，http://ent.ifeng.com/movie/special/69venice/djbd/detail_2012_09/04/17326184_0.shtml，2012年12月5日。

二、佛教国家

在佛教国家，亵渎宗教同样是一种犯罪行为。①泰国、斯里兰卡、柬埔寨、缅甸等东南亚佛教国家不仅保护佛教免受亵渎，而且也为伊斯兰教、基督教等其他宗教提供同等保护。这些国家的法律普遍禁止侮辱宗教领袖、玷污宗教场所和宗教器物，对于构成犯罪者，将会被追究刑事责任，判处监禁、处以罚金或二刑并罚，但不会被判处死刑。本节在佛教国家中选取泰国、斯里兰卡和柬埔寨。其中，泰国素有"黄袍佛国"之称，全国95%的人口信仰佛教，佛教为国教；在斯里兰卡，宪法规定给佛教以最优先的地位；在柬埔寨，佛教是国教，全国有93%以上的民众信奉佛教。

（一）泰国

泰国素有"黄袍佛国"之称，是以国王为国家元首的民主体制国家，全国95%的人口信仰佛教，佛教为国教。泰国有僧侣30多万人，其中许多人终生为僧。泰国境内寺庙林立，全国共有佛寺3.2万多所，平均每个行政村或每1600多人有一所寺庙，平均每160多人当中有一名僧侣。②《泰王国宪法》虽然保障民众享有较高程度的宗教自由和言论自由，但是禁止侮辱佛教和其他宗教依然是言论表达的边界之一。根据泰国法律，以任何方式亵渎宗教者，都会被处以罚金、有期徒刑或二刑并罚。

泰国现有涉及禁止亵渎宗教的法律主要由《宪法》和《刑法》组成，《宪法》是基础和框架，《刑法》是主体。《宪法》中与此紧密相关的主要是第38条第1款和第39条第2款的规定。其中，第38条第1款规定："公民应享有信仰宗教、教派或教义的充分自由，公民还有按照自己的信念遵守宗教教义、进行祭祀活动的自由，但这种信仰不得与履行公民义务相抵触，不得危害社会的良好道德风尚。"③第39条首先规定保障公民的言论、著作、出版、宣传和进行其他舆论活动的自由，然后在第2款中规定了限

---

① 本节主体部分已经公开发表，具体参阅卢家银：《佛教国家亵渎宗教言论的法律规制研究——基于对泰国、斯里兰卡和柬埔寨三国的比较》，《前沿》2014年Z2期，第75-77页。
② 由禾、周方冶（主编）：《泰国》，北京：社会科学文献出版社2005年版，第43页。
③《泰王国宪法》（通过于1997年），王义明（编著）：《泰国经济贸易法律汇编》，北京：中国法制出版社2006年版，第6页。

制事项。该款规定："本条第一款中涉及的公民自由,不得对其强加限制,除非法律的具体制定,特别是以维护国家安全,维护公民的权利、自由、尊严、名誉、家庭或其他人的隐私权,维护社会治安、良好的社会道德风尚、防止思想的恶化或公众健康为目标的规定。"①立足于《宪法》规定,《泰国刑法典》单列一章"关于宗教的犯罪",对亵渎宗教犯罪的惩治做了详细的规定。这一章共有3条,其中第206条和第208条与言论表达直接相关。第207条主要是处罚扰乱宗教礼拜或宗教仪式行为的。其中,第206条明确规定:"以任何方式对众人宗教礼拜的物或者处所,有足以侮辱该宗教的行为的,处一年至七年有期徒刑,并处或者单处二千至一万四千铢罚金。"第208条则规定:"非法穿着服饰或者使用标志,意图使他人误信其是佛教传教士或者其他宗教的修士、圣徒或者牧师的,处一年以下有期徒刑,并处或者单处二千铢以下罚金。"②

在司法活动中,泰国相关部门主要根据这些法律规定制裁涉嫌亵渎宗教的言论表达。但是,由于《宪法》对言论自由的高度保障和对所有宗教的平等保护,在司法实践中被认定侮辱宗教罪的情况并不多见。绝大多数案例是针对媒介的行政处罚。较早的一个案例是一则电视广告涉嫌亵渎宗教。这个案例发生在1988年,当时日本索尼公司为了在泰国推销产品收录机,就用佛祖释迦牟尼的形象拍摄了一个广告片。在该广告片中,刚开始佛祖释迦牟尼法相庄严,闭目凝神,纹丝不动。然而,当佛祖戴上索尼收录机的耳机之后,竟然喜笑颜开,在佛堂上眉飞色舞、手舞足蹈,佛祖之威严和宗教之虔诚荡然无存。该广告在泰国播出之后,由于涉嫌亵渎佛教,遭到泰国民众的强烈抗议。泰国政府随后强令索尼公司立即停播该广告,同时规定,一年内任何大众媒体不得刊登有关索尼公司的任何信息。③

2004年9月,美国影片《好莱坞佛陀》(Hollywood Buddha)在美国本土使用了一个男子(男主角)坐在释迦牟尼头像上的宣传海报,影片描述了好莱坞一个独立片商挣扎求存的事迹,后来靠着咒语和月租两千美元的一尊佛像,把其最后一部影片变成"摇钱树"。然而,这张海报激怒了许多国家的佛教徒,包括泰国、柬埔寨、斯里兰卡、大马佛教徒在内的多国

---

① 《泰王国宪法》(通过于1997年),王义明(编著):《泰国经济贸易法律汇编》,北京:中国法制出版社2006年版,第6页。

② 吴光侠译:《泰国刑法典》,北京:中国人民公安大学出版社2004年版,第44页。

③ 张光忠(编著):《市场圣经》,北京:中国财政经济出版社2002年版,第339页。

佛教组织抗议这种对佛祖的侮辱行为，他们认为这部好莱坞电影根本就是在诋毁佛教。该片导演菲力浦·卡朗德（Philippe Caland）随后向泰国公开道歉，称他的错误是"无心之过"，并同意删除那些违反泰国文化传统的内容。为此，泰国政府编写发行了一本文化手册，让外国人了解泰国的佛教文化，并决定把冒犯佛教违反泰国文化传统的外国人列入黑名单，禁止入境。①2007年底，泰国本土上映的争议性电影《纳迦的阴影》引起了泰国本国佛教协会的不满，他们要求文化部禁映这部影片。他们认为该片的内容触犯了佛教的禁忌以及挑战了僧侣的忍受底限。这部影片讲述了三名盗贼将抢来的赃款藏于某一寺庙中。当他们再次回来寻找的时候却发现寺庙附近多了其他几座庙宇。为了寻回赃款，他们剃发假扮僧侣疯狂地在寺庙里挖掘，最后善恶有报。并且，影片中还出现了手枪作为暴力武器直接指向寺庙院长以及假僧侣的镜头。②后来，该影片不得不延迟到2010年2月上映。对于亵渎宗教表达的频繁出现，2009年2月，泰国内阁会议一致通过禁止放映包括亵渎宗教信仰等电影作品在内的影视条例增补法规，其增补法规之一规定：禁止在国内放映的电影，包括亵渎宗教信仰、冒犯皇室、危及国家安全等内容。③

（二）斯里兰卡

斯里兰卡是一个民主社会主义共和国，佛教虽然不是国教，但仍是第一大宗教，信徒约占全国总人口的76.7%，宪法规定赋予佛教最高地位。④与泰国类似，在斯里兰卡，民众享有法定言论自由的同时，法律明确规定不得亵渎宗教。对于亵渎宗教者，将会被罚款、监禁或是二刑并处，但不会被判处死刑。

斯里兰卡现行的关于禁止亵渎宗教的法律主要由宪法和刑法组成。其中，斯里兰卡在《宪法》第14条第1款规定"每个公民都有包括出版自由在内的言论自由和表达自由"的前提下，在第15条第2款专门规定了对于

---

① 《电影〈好莱坞佛陀〉引起全世界佛教徒不满》，佛教在线，2004年10月4日，http://www.fjnet.com/yw/ywpic/200410/t20041004_1819.htm，2013年4月2日。
② 《泰国佛教团体抵制电影〈纳迦的阴影〉，要求禁映》，时光网，2009年8月30日，http://group.mtime.com/zhouliming/discussion/927529/，2013年3月28日。
③ 观和：《泰国禁止放映包括亵渎宗教信仰等在内电影作品》，人间福报，2009年2月24日，http://www.fjnet.com/gdb/200902/t20090224_110003.htm，2013年2月27日。
④ 1972年制定的宪法和1978年修订颁布的宪法都规定给佛教以最优先的地位。

言论自由的限制事项。该款规定:"第 14 条第 1 款第 1 项规定的基本权利的行使应遵守为维护民族和睦与宗教和睦或因涉及议会特权、藐视法庭、诽谤和教唆犯罪等法律规定的限制。"① 立足于《宪法》,斯里兰卡《刑法典》单列一章"关于宗教的犯罪"(共六条)对于亵渎宗教表达的规制做出了详细规定。其中,第 291(A)条和第 291(B)条最为息息相关。第 291(A)条规定:"不论任何人,在他人听力所及的范围内说出任何故意伤害他人宗教感情的话和发出任何此类声音,或在他人视力所及的范围之内做出任何故意伤害他人宗教感情的动作,或放置任何故意伤害他人宗教感情的物品,都将被处以不超过一年的监禁或罚款,或二刑并罚。"第 291(B)条规定:"不论任何人,使用口头表达或书面表述、或是通过视觉呈现,故意和恶意侮辱任何阶层民众的宗教感情,侮辱或试图侮辱该阶层的宗教信念或宗教信仰者,将被判处不超过两年的监禁或罚款,或二刑并处。"② 其他几条则规定了禁止破坏或玷污宗教场所或宗教器物、禁止在宗教场所或宗教场所附近做出任何伤害他人宗教感情的行为和禁止扰乱合法的宗教集会等。

根据这些法律规定,斯里兰卡相关部门在司法活动中对亵渎宗教表达进行指控和处罚。2006 年 5 月,好莱坞大片《达芬奇密码》在全球上映不久,首先就在斯里兰卡被禁。介于片中所述关于耶稣的争议性内容,斯里兰卡天主教主教会议(Catholic Bishops Conference)起诉该片亵渎宗教并强烈要求政府查禁该电影。这些主教们指控称"该电影影响了教众的大多数神圣信念,是一部完全让心灵堕落的作品",认为已经达到了令道德腐化的地步。应教会请求,斯里兰卡总统马欣达·拉贾帕克萨(Mahinda Rajapaksa)命令公众表演理事会(Public Performances Board)禁止了《达芬奇密码》在当地电影院上映和当地电视频道播出。但是,可能是介于民众对禁令合法性的质疑,斯里兰卡并没有禁止《达芬奇密码》小说和 DVD 碟片的销售以及来自国外的付费有线电视和卫星电视播出该影片。③ 2012

---

① 《斯里兰卡民主社会主义共和国宪法》,刘楠来(主编):《发展中国家与人权》,成都:四川人民出版社 1994 年版,第 86 页。

② Penal Code of Sri Lanka, 24 April, 2006, available at http://www.refworld.org/docid/4c03e2af2.html, accessed 1 November, 2013.

③ Chalcraft, D.J., Howell, F., & Menendez, M.L., et al. *Max Weber Matters: Interweaving Past and Present*. Farnham: Ashgate Publishing Limited, 2008, p.243–244.

年 8 月，三名法国游客在斯里兰卡南部一家照相馆冲洗照片时，被照相馆老板发现他们的照片涉嫌亵渎佛教而报警，后被告上当地法庭。照片显示，这三名游客在佛像前面合影，并做出与一尊佛像接吻的动作。当月 21 日，斯里兰卡一家法院根据《刑法典》290（A）条禁止在宗教场所或宗教场所及器物附近做出任何伤害他人宗教感情的行为及相关规定认定这三人构成犯罪，判决三名法国游客监禁六年，缓期五年执行。①

（三）柬埔寨

柬埔寨是一个实行多党制的君主立宪国家，佛教是国教，全国有 93% 以上的民众信奉佛教，另有 2% 的民众信仰伊斯兰教，基督教徒及其他占 5%。在柬埔寨，几乎每一个村庄都有一座寺庙，每个寺庙通常住着若干和尚。只要穿上袈裟就被视为不可侵犯的人，不受拘捕、不服兵役、也不纳税，当过和尚的人，还俗后在就业、婚姻等诸多方面有优越性。② 柬埔寨法律在规定保障表达自由与宗教信仰自由的同时，将亵渎宗教作为限制条款之一。与斯里兰卡类似，对于亵渎宗教者，将会被判处监禁、罚款或二刑并罚。

柬埔寨禁止亵渎宗教的法律主要由柬埔寨王国《宪法》、《刑法典》和《媒体法》组成，《宪法》规定是基础，《刑法典》和《媒体法》中的相关规定是主体。柬埔寨王国《宪法》第 41 条和第 43 条在规定保障公民的言论、新闻和宗教信仰自由等权利的前提下，以但书条款的形式明确规定"任何人不得因此损害他人名誉、社会习俗、公共秩序和国家安全"，"不得妨碍他人信仰或宗教自由、社会公德和社会安宁"。③ 柬埔寨《刑法典》和《媒体法》虽然没有对亵渎宗教犯罪做专门的规定，但是也有与此相关的条文规定禁止宗教仇恨与歧视。柬埔寨《刑法典》第 61 条第 1 款规定："任何人，在公共场所或会议中通过说话、呼喊或威胁，或是通过写作、出版、绘画、雕刻、涂写、制作标识或拍摄电影或任何其他写作和演说形式，或是通过公共场所或会议中电影的销售、发行或放映，或是通过公开场合中

---

① 《法国游客斯里兰卡"亵渎佛像"被捕 遭法院定罪》，中国新闻网，2012 年 8 月 23 日，http://www.chinanews.com/gj/2012/08-23/4127974.shtml，2013 年 3 月 20 日。
② 李晨阳、瞿健文等（编著）：《柬埔寨》，北京：社会科学文献出版社 2005 年版，第 45-46 页。
③ 《柬埔寨王国宪法（1993 年 9 月 24 日国会通过）》，许肇琳、张天枢编著：《柬埔寨》，南宁：广西人民出版社 1995 年版，第 371-372 页。

符号或海报的展示及任何其他视听传播形式,激起包含歧视、敌对或暴力的民族、种族或宗教仇恨的,将被处以一个月至一年的监禁,一百万至一千万柬埔寨瑞尔的罚款,或二刑并罚。"①2010 年,经过修订的柬埔寨《刑法典》又进一步规定,针对他人出身、民族划分、种族、国籍或宗教信仰进行侮辱或诽谤者,无须自诉,将由检察官提起公诉。柬埔寨 1995 年通过的《媒体法》第 7 条第 6 款则规定:"媒体应当避免公开任何激起和引起基于种族、肤色、性别、语言、信仰、宗教、观点或政治倾向、民族或社会出身、社会资源或其他社会地位歧视的任何信息。"②

尽管有此法律规定,柬埔寨司法部门却很少动用这些法律,媒体和个人因此而被刑事制裁的很少。比较常见的情况是,媒体管理部门对亵渎宗教表达予以行政处罚。③2004 年 11 月,柬埔寨禁播了一首名为《情困和尚》(Leaving The Monkhood For Love)(又名《为爱还俗》)的音乐电视。该音乐电视描写了一个削发出家的青年人在一个偶然的机会邂逅儿时的同村少女,两人一见钟情,之后感情飞速发展到难舍难分的地步。后经过痛苦的思想斗争,和尚毅然决定为爱还俗。然而,当他脱下袈裟走出寺庙后,却因为经济拮据而常常与情人发生感情冲突。不久,他惊讶地发现自己热恋着的情人与一个豪门子弟相拥在一起。还俗的和尚默默地接受了残酷的现实,他选择了祝福他们,并毅然再次剃度走进寺庙。其中较有争议的是该音乐剧以出家和尚为主角,特别是电视镜头中出现了一名光头"和尚"与情人在莲花池内谈情说爱的场面。面对部分民众的抗议和宗教团体的亵渎佛教指控,柬埔寨新闻部以该音乐电视有违佛教严谨的传统,并对青年僧侣造成不良影响为由,下令禁播该音乐电视。④2009 年初,柬埔寨历史上第一部摇滚歌剧《大象哭泣之地》(Where Elephants Weep)在柬埔寨上演之后,引起巨大争议。因为该剧中,男主角萨姆披袈裟剃度出家的

---

① Muntarbhorn, V. Study on the prohibition of incitement to national, racial or religious hatred: Lessons from the Asia Pacific Region, United Nations Human Rights, 17 June, 2010, available at http://www.ohchr.org/Documents/Issues/Expression/ICCPR/Bangkok/StudyBangkok_en.pdf, accessed 28 March, 2013.

② 同上。

③ 卢家银:《佛教国家亵渎宗教言论的法律规制研究——基于对泰国、斯里兰卡和柬埔寨三国的比较》,《前沿》2014 年 Z2 期,第 75—77 页。

④ 鲁特:《环球视野:柬埔寨禁播和尚情歌 称其亵渎佛教》,《环球时报》2004 年 12 月 24 日,第 9 版。

仪式竟然用唱歌、跳舞、拥抱等方式演绎，剧中对白出现了"和尚想女人"之类的亵渎之辞，甚至男主角萨姆还脱下袈裟与女子同眠等。柬埔寨佛教界上下强烈抗议，认为该剧是对佛教的践踏、侮辱和贬低，一致要求禁演此剧。① 翌年初，一家柬埔寨广播电台在节目中发表评论称，只有基督教徒始终为台风、洪水或地震所致的受害者提供救灾援助。鉴于此类事件的相继发生，2010 年 1 月，柬埔寨信息部（Information Ministry）发布命令，要求全国所有的电视台和广播电台不要播出任何侮辱宗教信仰的评论。②

三、法律基准

在世界范围内，绝大多数国家都将亵渎宗教表达视为仇恨性言论予以规制，通常作为言论自由的限制条件，当它与其他基本权利或公民人身权利发生冲突时，许多国家的立法和司法活动均对亵渎宗教言论予以一定程度的限制。这既是三大宗教代表国家的法律在规制亵渎宗教言论上的共同点，也是国际社会的共识。《公民权利和政治权利国际公约》第 20 条规定："任何鼓吹民族、种族或宗教仇恨的主张，构成煽动歧视、敌视或强暴者，应以法律加以禁止。"③ 欧洲人权法院也已经表示，只要相关限制为法律所规定，并与其所追求的目标相适应，法院支持为保护宗教感情而对言论自由施加某些限制。④ 2008 年 12 月，联合国大会连续第四年讨论反对亵渎宗教的文件，并获得多数票通过。会议通过的文件声明对各种宗教给予保护，"反对任何以贬损和诽谤的形式对所有宗教的仇恨、歧视、威胁、故意羞辱的行为"。在有关维护"言论自由"的条款中，文件解释称，行使言论自由"必须同时承担言论自由所造成的后果和责任，否则服从限制"。⑤

---

① Cohen, C., Varea, R. & Walker, P. *Acting Together: Resistance and reconciliation in regions of violence*. Oakland: New Village Press, 2011, pp.218-219.

② Xiong Tong. *Cambodia cautions TVs and radios on religious broadcast*, Xinhuanet, 15 January, 2010, available at http://news.xinhuanet.com/english/2010-01/15/content_12817522.htm, accessed 15 March, 2013.

③ 刘海年（主编）：《公民权利和政治权利国际公约》,《经济、社会和文化权利国际公约》研究》，北京：中国法制出版社 2000 年版，第 318 页。

④ Wingrove v. UK, 24 EHRR 1 (1996).

⑤ 伊光：《联大再次表决反亵渎宗教法》，伊斯兰之光，2008 年 12 月 24 日，http://www.norislam.com/?viewnews-5078，2012 年 10 月 23 日。

同时，三大宗教代表国家对宗教诽谤的规制存在宽严程度不同的区别。三者相比，现代基督教国家相对最为宽松，以往法律只保护一国国教或某一种宗教的做法，已经慢慢发生变化，规制范围逐步扩大，法律日渐倾向于为各类宗教提供同等保护。随着对言论自由价值的不断认识和社会包容度的提高，涉及宗教的亵渎冒犯和亵渎诽谤类法律开始逐步被废除，已经出现了轻罪化和除罪化的明显趋势。伊斯兰教国家惩治亵渎宗教的法律则最为严厉，发表任何亵渎伊斯兰教的言论都会被认为是叛教，将遭遇较重的刑罚，有时甚至重至死刑。

佛教国家对亵渎宗教言论的法律规制力度介于基督教国家和伊斯兰教国家之间。在佛教国家，由于受历史传统和宗教禁忌的影响，惩治亵渎宗教的法律仍在一定范围内存在，亵渎宗教的表达同样受到法律限制，亵渎佛像和宗教器物的言论可能会被追究法律责任，但一般是轻罪，不会被处以死刑，比较常见的是对亵渎宗教者予以行政处罚。对此，安东尼·杰瑞米（Anthony W. Jeremy）指出："宗教冒犯反映了社会的多元价值，其目的就是要实践这种价值。毫无疑问，当代英国人生活的重要组成部分就是宗教自由，这种理念直到现在仍然受到早已确立的宗教宽容实践的影响，它不受宗教压迫。"① 尽管许多国家都在努力消除仇恨言论，但是废除亵渎法或宗教诽谤法案似乎才是一个可行之道。②

值得注意的是，宗教诽谤法的严厉程度与宗教禁忌息息相关。宗教禁忌是亵渎法产生的首要根源。从根本上讲，直接源出于宗教法的现代法律、特别是禁止性法律规范在很大程度上承袭了宗教禁忌的规定，这一点对现代法律影响颇大。③ "通过宗教禁忌所强化的神圣与世俗的区别，世界在人的心目中不再是昏乱无序的，而是一个有组织的、有目的的、充满意义的世界。"④ 每一个宗教社会都会惩罚否认或谩骂其信仰和圣灵的行为。⑤ 譬如基督教，因为其宗教禁忌的存在，许多基督教国家都曾制订或实施过亵渎宗教法。例如，2006年以前，意大利《刑法典》第724条曾规定以斥骂或

---

① Jeremy, A. W. Religious Offences. *Ecclesiastical Law Journal*, 2003(7): 127–142.
② Temperman, J. Freedom of Expression and Religious Sensitivities in Pluralist Societies: Facing the Challenge of Extreme Speech. *Brigham Young University Law Review*, 2011(3): 729–757.
③ 魏治勋：《禁止性法律规范的概念》，济南：山东人民出版社2008年版，第182页。
④ 金泽：《宗教禁忌》，北京：社会科学文献出版社2002年版，第151页。
⑤ Levy, W. L. *Blasphemy: Verbal Offense Against the Sacred, from Moses to Salman Rushdie*. Chapel Hill: University of North Carolina Press, 1995, p.3.

侮辱性语言公开谩骂神明的，要追究刑事责任。① 在美国，马萨诸塞州、密歇根州、俄克拉何马州、南卡罗来纳州、怀俄明州和宾夕法尼亚州都曾经拥有亵渎法。有些州的这类法律从美国独立之后就存在、甚至一直保留到 2000 年以后。②

此外，这些国家对亵渎宗教言论法律规制的宽严程度除与了各大宗教的宗教禁忌有直接关系之外，还与所在国度的法律传统等密切相关。尼克勒·麦克劳林（Nicole McLaughlin）在研究宗教诽谤时指出："种族和宗教单一、同质化的国家，倾向于制定制裁亵渎宗教的法律；种族和宗教多元化的国家，比较倾向于保障表达自由。"③ 凡是受教会法律较大影响且这种法律传统尚未消褪的国家，对亵渎宗教言论的法律规制就会相对较严；凡是受教会法律影响较小或是这类法律传统已经淡化的国家，对亵渎宗教言论的法律规制就会相对较为宽松。

在现代社会，亵渎宗教不仅有悖于宗教信仰自由和言论自由的国际准则，而且会伤害教徒的宗教感情，损害社会主体的人格尊严，甚至有可能引发族群冲突、威胁社会秩序和导致地区动荡。对此，广大社会民众和各类媒体在传播活动中应该慎之又慎。特别是对于现代传播媒介而言，应该立足于国际准则和所在国家的各项法律，在尊重他人宗教信仰的基础上，致力于通过和平对话与交流，消除持有不同文化信念和宗教信仰人士之间的误解、冲突和仇恨，应该积极促进传播正义和社会和解。各类传播主体切不能以言论自由的名义恶意亵渎宗教，挑起宗教纷争，宗教团体也不能假借宗教自由之名压制不同信仰者的言论表达，限制相关社会主体的传播权利，行违法之事。

---

① 意大利议会：《意大利刑法典》，载黄风译注：《最新意大利刑法典》，北京：法律出版社 2007 年版，第 259 页。

② 卢家银：《美国法律中的亵渎宗教与言论自由——以影片〈穆斯林的无知〉引发的冲突为例》，《青年记者》2013 年第 10 期，第 84-85 页。

③ McLaughlin, N. Spectrum of Defamation of Religion Laws and the Possibility of a Universal International Standard. *Loyola of Los Angeles International and Comparative Law Review*, 2010, 32(3): 395-426.

第六章　种族仇视

> 关于种族的诽谤、绰号或其他刺耳的语言,其目的在于伤害他人或群体,或将该他人或群体边缘化,除此之外别无他意。
>
> ——理查德·达尔加多

人类世界是由不同的种族和民族所组成,由于历史、文化、经济、习俗等方面的差异和分歧,曾经出现过一些区别对待不同人群的种族、民族歧视甚至是仇恨、隔离和屠杀。例如,"二战"期间德国纳粹对犹太人的屠杀、20世纪美国白人对黑人的歧视、1998年发生的印尼排华事件等。这些均为种族仇视,又称种族仇恨。种族仇视言论属于仇恨言论的一种类型(具体可参照"亵渎宗教"和"真实威胁"两章的论述)。所谓种族仇视是指基于种族、肤色、世系或民族或人种的任何区别、排斥、限制或优惠,其目的或效果为取消或损害政治、经济、社会、文化或公共生活任何其他方面人权及基本自由在平等地位上的承认、享受或行使。[①]国际社会普遍认为虽然它事关言论自由,但这种仇恨言论是造成人类仇恨与分裂的重要因素,它既侵害了人人平等的基本人权,又妨害了不同族群和地区民众的友好交流甚至影响国际社会的和平及安全。

一、国际准则

国际社会向来反对任何形式的种族仇视和民族仇视表达与鼓吹(在国外主要表现为种族仇视与仇恨)。1948年12月10日在巴黎召开的联合国大会上通过的《世界人权宣言》第七条规定:人人有权享受平等保护,以免受违反本宣言的任何歧视行为以及煽动这种歧视的任何行为之害。该宣

[①]《消除一切形式种族歧视国际公约》第一条对此做了界定。

言第 26 条在规定保障教育权时亦指出：教育应促进各国、各种族或各宗教集团间的了解、容忍和友谊，并应促进联合国维护和平的各项活动。①该宣言是人权史上具有里程碑意义的文件，它是国际社会在第二次世界大战之后意识到保护公民基本权利的重要性之后，由来自世界各个国家和地区具有不同法律和文化背景的代表共同讨论起草完成的，作为所有人民和所有国家努力实现的共同标准而实行。

在此基础上，1963 年 11 月 20 日，《联合国消除一切形式种族歧视宣言》进一步宣告，要迅速消除世界上一切种族歧视。该宣言第九条指出："一切宣传及组织，凡以某一种族或属于某一肤色或人种的人群为优越的思想或理论作根据，而意图为任何形式的种族歧视辩解或鼓吹者，概应严加谴责。""所有国家应立即采取积极措施，包括立法及其他措施在内，对于各组织的怂恿或煽动种族歧视，或煽动强暴或使用强暴以达基于种族、肤色或人种之歧视为目的者，予以诉究并（或）宣告其为非法。"②1965 年 12 月 21 日，联合国大会通过的《消除一切形式种族歧视国际公约》（1981 年 11 月 26 日，中国加入了该公约）第七条规定："缔约国承诺立即采取有效措施尤其在讲授、教育、文化及新闻方面以打击导致种族歧视之偏见，并增进国家间及种族或民族团体间的谅解、容恕与睦谊。"其第四条还规定："凡传播以种族优越或仇恨为根据的思想，煽动种族歧视"，"凡组织及有组织的宣传活动与所有其他宣传活动的提倡与煽动种族歧视者，概为非法，加以禁止，并确认参加此等组织或活动为犯罪行为，依法惩处"。③

1973 年 11 月 30 日，联合国通过《禁止并惩治种族隔离罪行国际公约》，再次明确宣布，凡触犯、参与、直接煽动或共同策划种族隔离行为的组织、机构或个人，即为犯罪，应负国际罪责。1978 年 11 月 27 日，联合国教育、科学及文化组织大会第 20 届会议通过了《种族与种族偏见问题宣言》，该宣言第七条规定：法律如同政治、经济和社会措施一样，是保障个人尊严与权利平等的一种主要手段，亦是制止以所谓某些种族或民族群体具有优

---

① 董云虎、刘武萍（编著）：《世界人权约法总览》，成都：四川人民出版社 1990 年版，第 960-963 页。

② 王铁崖、田如萱（编）：《国际法资料选编》，北京：法律出版社 1986 年版，第 206-210 页。

③ 董云虎、刘武萍（编著）：《世界人权约法总览》，成都：四川人民出版社 1990 年版，第 1321-1329 页。

越性的思想或理论为根据、或企图为任何形式的种族仇恨的种族歧视辩解或鼓吹的任何宣传、任何组织形式或任何习俗的一种主要手段。各国应为此通过适当的法律,并遵照《世界人权宣言》所载诸原则保证法律效力及保证为所有执法机构所遵行。该宣言要求各国以此为框架制定的法律应成为使其得到实施的政治、经济和社会体制的一部分。①

同时,联合国大会1966年12月16日通过的《公民权利和政治权利国际公约》(International Covenant on Civil and Political Rights)第19条第一第二款虽然规定"人人有自由发表意见的权利",但是该条第三款进一步明确规定:"本条第二款所规定的权利的行使带有特殊的义务和责任,因此得受某些限制,但这些限制只应由法律规定并为下列条件所必需:尊重他人的权利或名誉;保障国家安全或公共秩序,或公共卫生或道德。"除了对言论自由的这种普遍限制,对于仇视言论,该公约第20条还规定:"任何鼓吹民族、种族或宗教仇恨的主张,构成煽动歧视、敌视或强暴者,应以法律加以禁止。"②

与之类似,尽管1969年11月通过的《美洲人权公约》(American Convention on Human Rights)第13条第一款规定保障"人人都有思想和发表意见的自由",第二款亦同时规定:"前款规定的权利的行使不应受到事先审查,但随后应受到法律明确规定的义务的限制,其程序保证达到下列条件所必需:(1)尊重他人的权利或名誉;或者(2)保护国家安全、公共秩序、公共卫生或道德。"并且,该条第五款进一步规定:"任何战争宣传和任何鼓吹民族、种族或宗教仇恨,构成煽动非法暴力行为,或以任何其他理由,包括以种族、肤色、宗教、语言或国籍为理由,对任何人或一群人煽动任何其他类似的非法活动,都应视为法律应予惩罚的犯罪行为。"③

1953年9月生效的第一份区域性国际人权条约《欧洲人权公约》(European Convention on Human Rights)同样规定了对言论表达的这种限制。该公约第十条第一款虽然规定"人人享有表达自由的权利",但是第

---

① 董云虎、刘武萍(编著):《世界人权约法总览》,成都:四川人民出版社1990年版,第1330–1335页。

② 《公民权利和政治权利国际公约》,夏泽祥(主编):《宪法学》,济南:山东人民出版社2011年版,第458–467页。

③ 刘国福(编译):《移民法:国际文件与案例选编》,北京:中国经济出版社2009年版,第63–72页。

二款进一步明确指出:"行使上述各项自由,因为负有义务和责任,必须接受法律所规定的和民主社会所必需的程式、条件、限制或者是惩罚的约束。这些约束是基于对国家安全、领土完整或者公共安全的利益,为了防止混乱或者犯罪,保护健康或者道德,为了保护他人的名誉或者权利,为了防止秘密收到的情报的泄漏,或者为了维护司法官员的权威与公正的因素的考虑。"对于种族仇视言论的这种法律限制自然包括在该但书条款之中,因为它与公共安全、防止混乱与犯罪息息相关。

欧洲人权委员也曾指出:对毁谤种族团体和号召驱逐他们的行为可以进行惩罚,因为这种言论旨在说服民众可以违反他人的权利,即那些种族团体成员的权利。因此国际法要求将言论自由权与人权文件中所述其他相关权利尤其是平等权结合在一起审查,行使言论自由权,如果是为了毁灭其他人的权利,就构成滥用这项权利,就可以受法律的限制。[1] 为限制仇恨言论在网络空间的扩散和导致仇恨犯罪的增加,2016年5月欧盟委员会宣布了其与"脸书"(Facebook)、"推特"(Twitter)、"油管"(YouTube)和微软将展开合作以控制网络不法仇恨言论,后者集体签署了一项行为准则,承诺"接到举报后24小时内屏蔽和删除相关仇恨言论"。[2]

对此,1981年非洲统一组织通过的《非洲人权和民族权宪章》(African Charter on Human and Peoples' Rights)亦有类似规定。该宪章第二条规定:人人均有权享有本宪章所确认和保障的各项权利和自由,不因种族、种群、肤色、性别、语言、宗教、政见或任何其他见解、国籍或社会出身、财产、出生或其他身份等等而受到歧视。同时,该宪章第19条进一步规定:"一切民族均属平等,它们理应受到同样的尊敬,拥有同样的权利。一个民族受另一个民族统治是毫无法律依据的。"[3] 对于公民义务,该宪章强调每一个人行使其权利均须适当顾及其他人的权利、集体的安全、道德和共同利益,该宪章第28条指出:人人均有义务尊重和体谅其同胞而不加歧视,有义务维护旨在促进、捍卫和增进互相尊重和宽容的关系。[4] 为了保障公民

---

[1] 凌岩:《利用媒体宣传种族仇恨和煽动灭绝种族的犯罪》,刘楠来、李兆杰(主编):《中国国际法年刊2005》,北京:世界知识出版社2007年版,第62–87页。

[2] 何志鹏、姜晨曦:《网络仇恨言论规制与表达自由的边界》,《甘肃政法学院学报》2018年第3期,第20–31页。

[3] 董云虎、刘武萍(编著):《世界人权约法总览》,成都:四川人民出版社1990年版,第1082–1092页。

[4] 同上。

的各项基本权利,非洲统一组织不仅于 1987 年设立了非洲人权和民族委员会,并于 2004 年成立了非洲人权和民族权法院。

1995 年,阿拉伯国家联盟理事会通过的《阿拉伯国家人权宪章》(*Arab Charter on Human Rights*)同样限禁种族仇恨言论。该文件第二条第三款指出:"一切形式的种族主义、犹太复国主义以及外国的占领和统治都构成对人类尊严的损害,是行使人民基本权利的主要障碍;所有这些做法都必须受到谴责,必须为消除这种做法而作出努力。"① 虽然该文件第 24 和 32 条均规定保障公民的言论表达权,但是该两条中均有但书条款明确规定公民基本权利的行使必须与社会基本价值观相符,并应为确保尊重他人的权利、声誉或保障国家安全、公共秩序和公共卫生或道德接受必需的限制。为有效规制种族仇恨表达,阿拉伯国家联盟理事会还设立了阿拉伯人权委员会,以推动该宪章的实施。

在国际社会,禁止歧视与鼓吹仇恨原则是种族言论表达领域的普遍准则,它贯穿《世界人权宣言》、《公民权利和政治权利国际公约》和《欧洲人权公约》等国际法文件和区域性国际人权文件之中,体现了对于人权的普遍尊重、保护以及与表达自由之间的利益平衡。国际社会在普遍承认和保护言论自由的基础上,主张对言论表达予以法律限制,这种法律限制不同程度地涵盖对种族与民族仇视言论的限禁。中国作为联合国五大常任理事国之一,积极参与了前述多份国际文件的讨论和制订,支持依法限制种族仇视表达。当然,国际社会对种族仇视言论的这种禁制,也是建立在合法程序与明确的法律规定之上。对此,法学家路易斯·亨金(Louis Henkin)指出:"对权利的克减是否真正为国家危急关头所要求,或者对权利的限制是否真正服务于国家安全或公共秩序,最终并非一个国家自行决定的,而要服从国际监督。"②

二、法系差异

虽然说国际社会在消除种族歧视、偏见和仇恨上作出了较多努力,认

---

① 刘国福(编译):《移民法:国际文件与案例选编》,北京:中国经济出版社 2009 年版,第 99–103 页。

② 〔美〕路易斯·亨金:《当代中国的人权观察:一种比较观察》,夏勇(编):《公法》(第 1 卷),北京:法律出版社 1999 年版,第 81–102 页。

为任何鼓吹种族差别或种族优越的学说在科学上均属错误,在道德上应受谴责,在社会上有失公平且有严重的危害性。但是,世界各国因对言论自由理念的认识不同,许多国家在规制种族仇视言论方面存在法律原则与宽严尺度的差异。①

在美国,对各类言论的宽容度较高,尽管种族仇视言论属于低价值的仇恨性言论,但表达种族仇恨和对族群加以污蔑的言论虽会遭到舆论谴责和行政规制,但是法律并不严厉限禁。令人难以置信的是,社会团体和个人能够自由公开地发表诋毁特定种族、信仰或肤色的言论,甚至可以宣扬种族灭绝。只有在这种言论濒于对遭到攻击的人们造成直接的身体伤害的情况下,才会对其加以限制。②虽然宪法没有明确禁止种族仇视言论,但是许多州都制定了禁止这类言论的法律,不少法院也不同程度地以判例法的形式表明了对种族仇恨言论进行规制的态度。然而,美国联邦最高法院却对种族仇视言论确立了比较宽容的规制立场,仍然容忍种族仇视言论的公开表达。正如美国学者的自我评价:"我们既有发表提倡种族和谐言论的自由,同时也可以推行种族仇恨的言论。这正是言论自由的魅力所在。"③

美国对种族仇恨言论予以容忍的司法表态最早源于1969年的"布兰登堡诉俄亥俄州案"。俄亥俄州3K党领袖布兰登堡在公开集会上宣称"黑鬼应该被遣回非洲,犹太人应该回到以色列",他因此被控违反了俄亥俄州《有组织犯罪防治法》而被判十年监禁。美国联邦最高法院推翻了该判决,在确立煽动标准(具体可参见第二章煽动诽谤)的同时指出:"仅仅鼓吹一种观点而不鼓励人们采取行动,或者鼓励他人以人们不希望行事的方式采取行动的观点,都受《宪法第一修正案》的保护。"④2003年4月7日,美国联邦最高法院在"弗吉尼亚诉布莱克案"(*Virginia v. Black*)中做出裁决,有条件地认可政府可以立法管制具有强烈种族主义意涵的行为,例如对于臭名昭著的"焚烧十字架"行为,这种立法并不违反《宪法第一修正案》。⑤该法院指出:"第一修正案对言论和表达行为的保护不是绝对的,因为焚烧

---

① 孙旭培:《新闻传播法学》,上海:复旦大学出版社2008年版,第172-173页。
② 同上书,第173页。
③ Strossen, N. Regulating racist speech on campus: A modest proposal?. *Duke Law Journal*, 1990, 39(3): 484-573.
④ Brandenburg v. Ohio, 395 U.S. 444 (1969).
⑤ 廖元豪:《美国法学院的1001天》,北京:中国法制出版社2012年版,第314页。

十字架是一种特别恶毒的恐吓形式，宪法允许弗吉尼亚州禁止意图恐吓的焚烧十字架行为。"① 在该案中，克莱伦斯·托马斯（ClarenceThomas）法官在异议书中还强调：焚烧十字架根本不是什么言论，而是一种本来就该被禁绝的行为，根本不值得用言论自由来分析。②

"弗吉尼亚诉布莱克案"的判决与"RAV 诉圣保罗城案"（*RAV v. City of St. Paul*）进行了区分，在挑衅言论（fighting words）的基础上对种族仇恨言论也作了界分。③ 最高法院认为对于这种不受保护的言论加以限制，要接受严格审查。发展到"斯奈德诉菲尔普斯案"（*Snyder v. Phelps*），大法官塞缪尔·阿利托（Samuel A. Alito）在异议书中写道："第一修正案不保护这种对个人的恶毒攻击，这种攻击不属于言论自由的范畴。我们国家对自由和公开辩论的保护承诺并不是对恶毒口头攻击的许可。人们可以充分展开对公共问题的讨论，但不能出于任何理由伤害无辜民众。"④

2017 年，美国联邦最高法院裁决的"马塔尔诉塔姆案"（*Matal v. Tam*），虽然认为贬低条款适用于贬低种族或族裔群体成员的商标，但是认定该贬损性条款违反第一修正案而被裁定违宪。美国联邦最高法院指出："贬低条款（disparagement clause）拒绝注册对任何群体的大部分成员具有冒犯性的商标，这就是观点歧视。观点的公开表达不能仅仅因为这些观点本身是对一些听众的冒犯而被禁止。"⑤ 在该案中，摇滚乐队"The Slants"的主唱西蒙·塔姆（Simon Tam）在美国申请注册"The Slants"商标。他选择这个带有诋毁亚裔群体"塌鼻斜眼"之意的表达试图淡化该词的贬义。但是专利商标局（PTO）根据《兰纳姆法》（*Lanham Act*）法案的规定（《联邦商标法》第二节，15 U.S.C. 1052(a)，禁止注册诋毁他人的标识）而拒绝注册。⑥ 大法官塞缪尔·阿利托（Samuel A. Alito）在判决书中援引霍姆斯大法官在"美国诉施维默案"（*United States v. Schwimmer*）中的异议观点强调："虽然基于种族、民族、性别、宗教、年龄、残疾或任何其他类似理由的贬损言论都是可恨的，但是我们言论自由的法律中最自豪的内容是，

---

① Virginia v. Black, 538 U.S. 343 (2003).
② 廖元豪:《美国法学院的 1001 天》，北京：中国法制出版社 2012 年版，第 315 页。
③ R.A.V. v. City of St. Paul, 505 U.S. 377 (1992).
④ Snyder v. Phelps, 562 U.S. 443 (2011).
⑤ Matal v. Tam, 582 U.S. ___, (2017).
⑥ 同上。

我们保障表达'我们痛恨的思想'的自由。"①

在行政规制层面，虽然美国的成文法律和判例法中没有明文规定电台、电视台不得发布种族问题评论，但是美国联邦通讯委员会要求媒体自律，并通过行政手段，要求不得将电台、电视台卖给雇佣有种族歧视倾向的主持人的公司，社会集团也会通过舆论、广告与订阅压力迫使媒体解雇散布种族歧视的主持人。②2011年8月，美国新泽西州一名新任共和党众议员帕特·德兰尼（Pat Delany）就因他妻子珍妮弗·德兰尼（Jennifer Delany）向新泽西州一名非裔民主党参议员候选人发送了包含种族歧视内容的邮件而宣布辞职。珍妮弗在向九次夺得奥运会金牌的运动员、民主党参议员候选人卡尔·刘易斯（Carl Lewis）的竞选团队发送的邮件中称："一个有着深色皮肤、名声在外的人，就等于他懂政治吗？"面对舆论批评，帕特·德兰尼不得不做出道歉并辞职。③

与美国不同，欧洲和亚洲许多国家普遍通过限制性的立法，对污蔑族群和煽动仇恨的言论加以管制。2007年4月19日，欧盟通过一项决议，规定各成员国须把煽动种族仇恨或暴力的言行（包括散发手册、图片或其他资料）定为刑事犯罪。煽动人群以仇恨或暴力对待特定的肤色、种族、民族、族群团体或其个另成员者，得提起公诉，判处一至三年徒刑，各国可只罚"可能扰乱公共秩序"的煽动言行。④2016年5月，在"挪威检察署诉某人案"（*Norwegian Prosecution Authority v. X*）中，挪威奥斯陆地方法院指出："种族仇恨言论并不属于宪法所保障的言论范畴。"⑤在该案中，挪威一网民在"脸书"（Facebook）上发布了针对一名非裔挪威籍知名歌手、作家和记者的种族主义信息，辱骂原告为"猥亵恶心的半猿""该死的黑鬼"并要求她"搬回非洲"，该被告因此被认定违反挪威的仇恨言论法律而被判处监禁。该法院强调，社交媒体上的仇恨言论的传播范围很广，导致这种犯罪具有特别大的破坏潜力。⑥

---

① Matal v. Tam, 582 U.S. ___, (2017). United States v. Schwimmer, 279 U. S. 644, 655 (1929) (Holmes, J., dissenting).
② 吴玉玲（编著）：《广播电视概论》，北京：中国传媒大学出版社2007年版，第130页。
③ 李金良：《美国1名议员因妻子发种族歧视邮件辞职》，来源：国际在线，2011-08-24，链接为 http://news.163.com/11/0824/14/7C7T9B9K00014JB5.html，2012-09-30。
④ 陈宜中：《何为正义》，北京：中央编译出版社2016年版，第120页。
⑤ Norwegian Prosecution Authority v. X (2016), 16–051378MED-OTIR/08.
⑥ 同上。

挪威奥斯陆地方法院认定，被告在发布此"脸书"信息时非常疏忽，因此该罪行符合挪威刑法规定的有罪的法律要求。该法院认为，根据挪威《刑法典》第185条，该信息构成了根据肤色和/或民族或种族背景发表仇恨言论的罪行。法院宣称，脸谱帖子中使用的词语和短语，例如"不雅恶心的半猿"和"该死的黑鬼"，并不属于保护宪法规定言论自由的性质。法院强调，社交媒体上的仇恨言论犯罪具有特别大的破坏性潜力，因为它们有能力接触到大量人口。[1]法院通常会判处有条件监禁，这意味着被告不会入狱，除非他重新犯罪或违反其他刑期，但因为被告也被发现拥有大麻，他被判处30天无条件监禁。

在英国，最早规制种族仇恨犯罪的法律是《1965年种族关系法》，该法要求证明引起这种仇恨的故意。由于证明犯罪故意的困难，《1976年种族关系法》对原有规定作了修订，用客观检验取代了要求故意。根据该法，只要被告的行为可能引起种族仇恨即可构成犯罪，而不论是否有引起这种仇恨的故意。发展到20世纪80年代以降，伴随着《1986年公共秩序法》（Public Order Act 1986）的实施，客观检验的标准得以确立。该法第17条规定"'种族仇恨'（Racial hatred）是指针对根据肤色、种族、所来源的民族（包括国籍）或人种或国家而加以界定的大不列颠境内的某一人群团体的仇恨"[2]。

由此，《1986年公共秩序法》第18—23条用六种种族仇恨犯罪取代了原来的一种犯罪，涉及各种类型的媒介形式和表达方式。"每一犯罪的实质是，被告作出某种使用了威胁性的、谩骂性的或侮辱性的言辞、行为或材料的行动而且或者（1）他意图通过这些言辞、行为或材料引起种族仇恨；或者（2）考虑到当时所有在关情况，种族仇恨可能因为这些言辞、行为或材料而引起。"[3]在此基础之上，《2006年种族和宗教仇恨法》（Racial and Religious Hatred Act 2006）补充修订了《1986年公共秩序法》，在明确保护言论自由的同时，增加了第3A条。该条规定："如果一个人意图使用威胁性的言辞或行为，或者展示任何威胁性的书面材料，以激起宗教仇恨，就

---

[1] Norwegian Prosecution Authority v. X (2016), 16–051378MED-OTIR/08.
[2] 〔英〕J.C.史密斯、B.霍根：《英国刑法》，马清升等译，北京：法律出版社2000年版，第879页。
[3] 同上书，第880页。

构成犯罪。"①

2011 年,两名英国男子(Jordan Blackshaw 和 Perry Sutcliffe-Keenan)即因借助网站煽动骚乱和种族仇恨被起诉。他们在网上发布了包括被屠杀的犹太人图片以及嘲笑其他族群的卡通画和文章。英国切斯特皇家刑事法院认定他们发布的材料是"攻击性的和侮辱性的"并有导致"巨大社会危害"的潜力,两人分获 4 年和 2 年不等的监禁。②2018 年 3 月,英国极右翼反移民团体"英国优先"的头目人物保罗·戈尔丁和杰达·弗兰森因针对三名伊斯兰信徒的仇恨言论而分别受到 18 和 36 个周的监禁处罚。二人曾在当地分发歧视性宣传单且到受害人家门外辱骂,且将前述行为的视频发布到"英国优先"网站。③

在反思历史的基础上,德国现行法律对极端主义的言论采取范围广泛的限制措施,禁止任何文章或广播煽动种族仇恨。在德国,煽动种族仇恨和暴力的表达无需产生现实危险即会受到法律的处罚。德国《刑法典》第 130 条对煽动种族仇恨的行为进行了限禁。该条第一款规定:"以扰乱公共安宁的方法,实施下列行为的,处三个月以上五年以下自由刑:(1)激起对部分居民的仇恨,煽动对其实施暴力或专制,或(2)辱骂、恶意蔑视或诽谤部分居民,侵害其人格尊严。"第二款规定:煽动对部分居民或民族、种族、宗教或由其民族特性决定的集团的仇视、要求对之实施暴力或专制、或通过辱骂、恶意蔑视或诽谤部分居民而侵害其人格尊严者,处三年以下自由刑或罚金。④德国《刑法典》第 86 条还规定禁止使用和传播违反宪法的组织和纳粹组织的宣传物及标示。《民法典》第 823 条也规定发表种族仇恨言论者需要承担相应的民事责任。

在德国出生的澳大利亚人弗雷德里克·托班(Frederick Toben)就因种族仇恨言论而被以"挑战种族仇恨罪"判罚 10 个月的监禁。在该案中,澳

---

① Brown, A. The Racial and Religious Hatred Act 2006: a Millian response. *Critical Review of International Social and Political Philosophy*, 2008, 11(1): 1–24.

② Bowcott, O. Facebook riot calls earn men four-year jail terms amid sentencing outcry. *The Guardian*, Aug 16, 2011.《英国 2 名青年因网上煽动骚乱获刑 4 年》,网易新闻,2011-08-17,链接为 http://news.163.com/11/0817/14/7BLQLHQ800014JB6.html,2017-06-15。

③ 刘曦:《宣扬白人至上 煽动仇恨 英极右翼团体头目获刑》,来源:新华网,http://www.xinhuanet.com/world/2018-03/09/c_129825671.htm,2018-03-09。

④《德国刑法典》(2002 年修订),徐久生、庄敬华译,北京:中国方正出版社 2004 年版,第 75—76 页。

大利亚阿得雷德研究所负责人托班在自己的网站和印制的手册中，否认纳粹曾在"二战"期间屠杀数百万犹太人的史实，并质疑奥斯维辛集中营毒气室的存在而被德国一家法院起诉。① 在1988年的"库南诉德国案"（*Kuhen v. Germany*）中，欧洲人权法院同样认为该案中的新纳粹主义言论不受《欧洲人权公约》第10条的保护，因为该材料违背了民主与自由的基本秩序。在该案中，新纳粹主义的出版物倡议重建纳粹党和纳粹的国家社会主义，德国法院依据德国刑法典认定该主体需承担刑事责任，库南不服而诉至欧洲人权法院。② 针对互联网上的种族仇视表达，德国于2017年批准了一项新法案，法案规定"脸书"（Facebook）、"推特"（Twitter）等社交网站若未能迅速采取措施删除仇恨言论或虚假信息等违法内容，他们将受到严厉处罚。如果给他人造成伤害，违法社交媒体平台将会面临最高五千万欧元的罚款。③

在澳大利亚，国会曾于1975年颁布《种族歧视法》（*Racial Discrimination Act*），在法律上保障全体公民不分种族、肤色与信仰，一律平等，以保持澳洲多元文化社会的和谐。该法第 S18C 条规定：任何人基于种族、肤色及文化背景等原因公开得罪、侮辱、羞辱或恐吓任何一个人和任何一个群体是非法的。出于对言论自由的广泛保护，澳大利亚联邦律政部于2014年3月宣布拟修改该法案特别是 S18C 条，拟将缩小"种族歧视"的范围，将其改为"公开丑化和恐吓任何或任何群体是非法的"，以使起诉种族仇视者较为困难。④ 然而，该修法动议一经公开，便引起澳大利亚社会的极大关注，各反对党和各少数族裔社区均强烈反对。澳大利亚华人社会也对修法提案表示极大的愤慨，坚决反对该修订行为。新州工党莫索曼上议员指出："澳洲是自由和公平的民主社会，我们重视自由言论，但自由言论总是伴随着责任，这包括不在种族和民族的基础上诽谤人们。"⑤ 迫于强大的舆论压力，2014年8月5日，联邦总理阿博特正式宣布，放弃修订《种族歧视法》

---

① 龚艳：《仇恨言论法律规制研究》，厦门：厦门大学出版社2013年版，第149页。
② 同上书，第197页。
③ Butcher, M.：《英国检察机关：在线仇恨犯罪的性质等同于现实生活中的犯罪》，https://techcrunch.cn/2017/08/22/online-hate-crime-to-be-treated-the-same-as-face-to-face-crime-in-the-uk/, 2017–08–22。
④ 冯小洋（主编）：《澳大利亚华人年鉴（2014）》（*Yearbook of Chinese in Australia*），新州：澳大利亚华人年鉴出版社2015年版，第191页。
⑤ 同上。

的动议。①

　　作为世界上最大的民主政体国家，印度同样限禁种族仇恨言论。现行印度《刑法典》（*The India Penal Code 1984*）第 505 条即是其反种族仇恨言论法的核心所在。该法条第一款明确规定："无论何人，制作、发表或散布任何声明、谣言或报告，企图煽动或可能煽动一定阶层或社团的人对其他阶层或社团实施犯罪，处可达三年的监禁或罚金，或二者并处。"② 同时，该法第 505 条第二款进一步规定："无论何人，制作、发表或散布构成谣言或令人惊恐的声明或报告，企图制造或激起，或可能制作或激起不同宗教、种族、籍贯、居住地、语言、阶层、团体等公民之间互相敌视、仇恨或不满情绪的，处可达三年的任何监禁或罚金，或二者并处。"③ 依据该法，如果言者没有前述煽动意图，且有合理的根据证明这些声明、言论或报告是真实的，则不构成煽动种族仇恨罪。

　　在新加坡，《煽动法》与《维护宗教和谐法案》等法律禁止各类煽动族群仇恨的言论。其中，《煽动法》规定：任何行为、言论、出版或表达，只要在国民中煽动仇恨或种族之间制造对立等内容，均可构成煽动罪。④ 2005 年 10 月，新加坡对两名在博客中发表种族煽动性言论的年轻男子判刑，明确强调种族仇视言论不受欢迎，网上言论自由也有限度。这两名青年被指控在 2005 年发布了有种族仇视言论的网络日记，并引发网民激烈争论。其中一人被判处一个月监禁，另一人被判处一天监禁，并被处以 5000 新元（约合 2976 美元）的罚款。⑤ 同年 11 月，新加坡法院依照《煽动法令》判处一名 17 岁的博客作者（中学生颜怀旭）缓刑监视 2 年，且必须从事 180 个小时的社区服务。原因是该博客作者在其名为"第二次大屠杀"的博客里，以"极端种族主义者"自居，在表示仇恨马来人和穆斯林的同时，还叫嚣着要"用狙击步枪暗杀部分政治人物"。⑥

---

　　① 冯小洋（主编）：《澳大利亚华人年鉴（2014）》（*Yearbook of Chinese in Australia*），新州：澳大利亚华人年鉴出版社 2015 年版，第 192 页。
　　② 赵炳寿、向朝阳等译：《印度刑法典》，成都：四川大学出版社 1988 年版，第 132-133 页。
　　③ 同上书，第 133 页。
　　④ 朱阁（编著）：《中国电子商务发展与问题治理》，北京：知识产权出版社 2015 年版，第 175 页。
　　⑤《新加坡首次对博客判刑 初犯者将面临 3 年监禁》，新华网，2005 年 10 月 9 日，链接为 http://news.xinhuanet.com/it/2005-10/09/content_3595928.htm。
　　⑥《以极端种族主义者自居 新加坡"过线"博客被判刑》，和讯网，2005-11-30，链接为 http://data.stock.hexun.com/invest/detail.aspx?id=1427605，2011-02-23。

纵观国外，媒体和记者因散布种族仇恨、煽动民族冲突而受到法律处罚的典型案例当属"卢旺达大屠杀中三记者煽动种族屠杀案"。2003年12月，联合国卢旺达问题国际刑事法庭对在1994年卢旺达大屠杀中利用媒体煽动种族仇杀的三名卢旺达新闻从业者做出判决，判处53岁的千山广播电台（RTLM）创建者和负责人费迪南德·纳希马纳和42岁的胡图族极端主义杂志《坎古拉》（Kangura）的所有人和编辑哈桑·恩格泽终身监禁。同时，法庭判处该电台的管理者让－博斯科·巴拉亚圭扎27年有期徒刑。① 这是自"二战"结束纽伦堡法庭对利用媒体煽动对犹太人的种族仇恨的反犹周刊（Der Stmer）出版商尤利斯·施特莱彻判处死刑以来，媒体工作者再次因煽动种族屠杀而被国际法庭判刑。

在审判中，法庭指出："在卢旺达发生大屠杀期间，这三名被告借助自己从事媒体宣传的机会，将媒体变成了屠杀的工具。"② 这导致大量民众在教堂、学校以及医院等处被无辜屠杀。在大屠杀发生之前，1992年3月，卢旺达广播电台就曾反复广播一则虚假新闻，警告人们国内的图西族人正准备杀害某地区的胡图族政治领导人。该电台的不实报道再加上当地组织者火上浇油的宣传鼓动，结果导致军人和民兵组织攻击了他们的图西族邻居，几百人惨遭杀害。③ 1992年11月，该电台甚至广播称："要知道，你不割他的喉咙，他就要割你的喉咙。"④

从1993年11月至种族屠杀开始，千山广播电台（RTLM）指名道姓地攻击包括当时的总理和一些部长、甚至是联合国维和部队的指挥官和士兵，指控他们都是卢旺达爱国阵线的代理人或爪牙，号召胡图族人展开与图西族人的战斗。在该国总统的座机被击落之后，该电台进一步煽动说比利时维和士兵帮助爱国阵线击落了总统的飞机。此举致使十名维和士兵惨遭杀害。⑤ 该电台还开辟了专门节目，公布图西族人的住址和同情图西族人

---

① 赵新宇：《利用媒体散布仇恨煽动屠杀 国际法庭对卢旺达三名记者判处重刑》，《检察日报》2003年12月6日。
② 同上。
③ 凌岩：《利用媒体宣传种族仇恨和煽动灭绝种族的犯罪》，刘楠来、李兆杰（主编）：《中国国际法年刊2005》，北京：世界知识出版社2007年版，第62–87页。
④ Gordon, G. S. "A war of media, words, newspapers, and radio stations": The ICTR media Trial verdict and a new chapter in the international of hate speech. *Virginia Journal of International Law*, 2004, 45: 140–197.
⑤ 凌岩：《利用媒体宣传种族仇恨和煽动灭绝种族的犯罪》，刘楠来、李兆杰（主编）：《中国国际法年刊2005》，北京：世界知识出版社2007年版，第62–87页。

的胡图族人的地址、汽车牌照号码以及藏身之处，使他们无处可逃，并把图西族人比作蟑螂。①

与之类似，卢旺达一份名为《坎古拉》（Kangura）的杂志从1990年就开始鼓吹种族仇恨。是年12月，该杂志第6期刊发一篇题为"唤起胡图人的意识"的文章，大肆宣传对图西族人的仇恨与暴力。该刊宣称图西族人计划采取金钱和女人两种武器来对付胡图族人并控制国家权力机关。②该杂志编辑恩格泽还刊登胡图族十戒律，宣称"任何与图西族人交友、雇用或通婚的人都是叛徒"等，以刺激胡图族人参与杀戮。特别是大屠杀发生前夕，该刊编辑撰文煽动："让胸中继续的愤懑都爆发出来吧……在这样一个时刻，鲜血将滚滚成河。"③

根据新华社2003年的报道，1994年的卢旺达种族屠杀是人类历史上最严重的种族灾难之一。当年4月，卢旺达总统哈比亚·利马纳遇空难身亡，使已持续3年之久的卢旺达内战骤然升级，导致大规模的部族仇杀。短短100天内，大约80万人被杀害，其中大多数是图西族人，也包括一些同情图西族的胡图族人。凶手们手持尖锐的棍棒和手雷走上大街，一些历史学家称，其凶残程度甚至超过"二战"期间的纳粹。④在该案中，法庭认为基于种族或其他歧视理由针对某一种族人口的仇恨言论，其严重程度已达到了危害人类罪中其他违反基本人权行为同样的严重程度。

联合国卢旺达问题国际刑事法庭指出："仇恨言论是一种进攻性的歧视形式，它损毁那些受攻击的人群的尊严。它不仅使受攻击的人感到他们处于低下的地位，而且使其他人也看不起他们和把他们作为劣等人对待。对于一个人的程度损毁可以是一个不可逆转的损害。"⑤对于仇视宣传是否必须亦煽动暴力才能构成犯罪的问题，法庭认为，就煽动种族仇恨而言，关键不是煽动以引起损害，而是煽动种族仇恨本身就是损害。针对辩方提出的言论自由的观点，法庭强调言论自由和不受歧视并不是互不相容的法律

---

① 金晶：《卢旺达媒体被控煽动种族屠杀》，《北京晨报》2003年12月5日。
② 同上。
③ 赵新宇：《利用媒体散布仇恨煽动屠杀 国际法庭对卢旺达三名记者判处重刑》，《检察日报》2003年12月6日。
④ 金晶：《卢旺达媒体被控煽动种族屠杀》，《北京晨报》2003年12月5日。
⑤ 凌岩：《利用媒体宣传种族仇恨和煽动灭绝种族的犯罪》，刘楠来、李兆杰（主编）：《中国国际法年刊2005》，北京：世界知识出版社2007年版，第62-87页。

原则，仇恨言论是不受国际法保护的。①

在纽伦堡审判中，纳粹战犯之一尤利乌斯·施特莱彻就因在第二次世界大战期间大力鼓吹反犹而被判死刑。纽伦堡国际军事法庭指出，施特莱彻自1923年创办反犹周刊《冲锋队员》起，就开始发表大量反犹文章和演说，特别是1934年晋升为党卫军地区总队长军衔后就竭力煽动"斩尽杀绝"犹太人，积极参与策划和推行"最后解决"。②该法庭起诉他的理由之一即是他"煽动了对犹太人的迫害"，法庭认定施特莱彻在获悉东部占领区大批犹太人遭受屠杀后，还继续撰写并发表鼓吹杀害犹太人的文章，该法庭以违反人道罪判处其死刑，并于1946年10月16日凌晨执行绞决。③虽然当时的纽伦堡判决并未详细辨明构成违反人道罪（现称为危害人类罪）的要件，但是《卢旺达国际刑庭规约》明确了危害人类罪的构成条件需有三个：必须存在广泛或有系统的对平民人口的攻击，有关的犯罪行为必须是该攻击的一部分；这些危害人类的行为必须基于任何种族的、宗教的或政治的歧视理由；迫害行为必须严重违反基本人权，并达到危害人类罪中其他行为，例如谋杀、灭绝、酷刑等同样的严重程度。④

值得注意的是，即使新闻媒体散布的种族歧视言论未触犯所在国的法律，也很有可能引发公众的抗议或社会冲突等。2001年5月27日凌晨及夜晚，英国中部城镇奥尔德姆连续发生亚裔青年与白人青年冲突事件。在该起冲突中，《奥尔德姆晚间新闻报》办公室在当天晚间的新一轮骚乱中被烧毁。⑤原因是这家报纸较早前被指控没有给予种族攻击中的亚裔受害者公平的报道。2008年4月，北京奥运圣火在旧金山传递之际，美国有线电视新闻网（CNN）主持人杰克·卡弗蒂（Jack Cafferty）在CNN的"形势研讨室"节目中使用侮辱性的语言评价中国，他称"中国产品是垃圾"，"在过去50年里中国人基本上一直是一帮暴民和匪徒"。⑥这种种族歧视的

---

① 凌岩：《利用媒体宣传种族仇恨和煽动灭绝种族的犯罪》，刘楠来、李兆杰（主编）：《中国国际法年刊2005》，北京：世界知识出版社2007年版，第62-87页。

② 冯仲诚等：《正义之剑——全球追捕、审判纳粹战犯史鉴》，北京：中国海关出版社2002年版，第201页。

③ 同上书，第201-202页。

④ 凌岩：《利用媒体宣传种族仇恨和煽动灭绝种族的犯罪》，刘楠来、李兆杰（主编）：《中国国际法年刊2005》，北京：世界知识出版社2007年版，第62-87页。

⑤ 闻兵：《种族歧视引发奥尔德姆镇骚乱》，《共产党员》2011年第19期，第57页。

⑥ 安龙：《CNN："辱华"评论无意冒犯中国人》，BBC，2008-04-16，链接http://news.bbc.co.uk/chinese/trad/hi/newsid_7350000/newsid_7350100/7350186.stm, 2019-02-23。

恶毒言论迅速激起了全球华人心中的怒火，在一浪高过一浪的抗议声中，CNN不得不做出道歉。

三、法理根源

总体来看，在传播活动中，涉及种族或民族问题的内容，必须参照国际法律、公约与基本准则，严格按照所在国家现行法律法规获取、编辑和传播相关信息，需慎重对待和处理。各类传播主体既要努力避免任何基于人种、肤色、民族、风俗和宗教层面的倾向性褒扬或贬损表达，又要对传播信息进行法律与道德维度的审视，以期推动平等对待各族群的媒介正义与公平。在互联网和人工智能快速发展的当下，智能算法的编码规制看似可能会限制平台发展和有损用户权利，但是也能够让用户和社会共享法治化传播的福利和实现公民基本权利。从行政治理的视域来看，对于比较重要的涉及种族类信息的传播，如果编审者没有太大把握，理应与相关工作部门进行沟通和征求意见，以避免构成仇恨表达。

从理论上讲，种族仇视言论的规制，涉及言论表达的边界问题，它直接与宪法基本权利、政治利益和道德标准之间的潜在冲突息息相关。通常而言，尽管世界范围内承认言论自由是公民基本权利，但也普遍赞同对种族仇视言论予以合法限禁。因为仇恨言论表达辱没了受害者以及受害者所属团体的价值与利益。[①] 支持规制仇视言论的理由主要分为两类：一是诉诸公共利益或集体旨趣，指陈仇恨言论破坏和平、扰乱公共秩序；二是诉诸公民基本权益，强调仇恨言论有损他人的人性尊严、名誉、平等地位或其他重要权利。[②] 这两个理由共同建构了对种族仇恨表达进行限禁的法律逻辑，尤其是后者为规制仇恨言论提供了更具政治伦理分量的支撑。

无论如何，种族仇视的状态和恐慌的状态一样都不是先天的、无法消除的心理状态。盲目的恐慌和种族挑衅并不是根植于人的本性之中，人类行为的这些模式主要是社会的可变性结构的产物。[③] 种族仇恨言论是一种攻

---

① 〔美〕欧文·费斯：《言论自由的反讽》，刘擎、殷莹译，北京：新星出版社2005年版，第7—8页。

② 陈宜中：《何为正义》，北京：中央编译出版社2016年版，第121页。

③ 〔美〕罗伯特·默顿：《社会理论和社会结构》，唐少杰等译，南京：译林出版社2015年版，第653页。

击性的表达，它所传达出的明显的歧视和威胁可能导致对弱势群体的压制，会导致多元和平的社会之内充满敌意、冲突与矛盾。法学家欧文·费斯指出："仇恨言论造成的伤害并不限于恐吓个人使其不敢畅所欲言，还会对思想市场这一公共利益造成严重损害，公共话语是民主制度的关键要素，仇恨言论对其他人言论的压制损害了公共话语的效用及正当性。"①从平等主义的视域来讲，限禁仇恨言论并非出于道德或宗教的原因，而是这种表达导向一个对社会公共利益不利的畸形模式，会对社会造成难以修复的结构性伤害。

从后果论上讲，"煽动种族仇视会导致那些带有引发暴力倾向的公共行为的发生"②③。种族仇恨言论会为暴力犯罪创造可能，它不仅会为种族仇视提供意见气候和舆论氛围，形成沉默螺旋的温床，而且会导致不同族群之间的仇视、对立、隔离甚至是暴力冲突。著名法学家理查德·波斯纳（Richard A. Posner）指出：因为一个人即使不接受仇恨言论的规则，他也可能知道群体诽谤会惹出争斗、带来痛苦。虽然种族仇恨言论和实际的暴力行为之间的直接因果关系较难确定，但是种族仇恨言论的严重后果却无人否认。特别是对于纳粹大屠杀、卢旺达大屠杀这些历史重大事件，尽管无法准确评估种族仇恨言论在大屠杀中的具体作用，但是现实证明这些大屠杀的确与种族仇恨言论密切相关，两次国际审判也证明了这一点。

但是，法家家罗纳德·德沃金（Ronald Dworkin）却反对对种族仇视言论进行管制。他认为原则上仇恨言论也属于言论自由权的正当行使，"一个合乎正义的政治社会的构成要件之一，即在于对每位公民的道德独立性的平等尊重；若要平等地尊重每位公民的道德独立性，便须平等地尊重每位公民作为说话/表达者与阅听者的自主权利"④。尽管如此，德沃金也并不否认"如果仇恨言论明确且严重地侵害了他人基本权益，政府得对其设限"⑤。毕竟德沃金所主张的平等原则与规制种族仇视言论的基础几近一致。对此，法学家安东尼·刘易斯指出："在今天这样一个言论已然曾经挑起大

---

① 齐延平（主编）：《人权研究》（第13卷），济南：山东人民出版社2014年版，第83页。
② 同上。
③ 〔美〕理查德·波斯纳：《超越法律》，苏力译，北京：北京大学出版社2016年版，第426页。
④ 陈宜中：《何为正义》，北京：中央编译出版社2016年版，第125页。
⑤ 同上书，第128页。

规模愤然和恐怖主义活动的年代，布兰代斯所说的'邪恶言论只要还能补救，便不算太坏'，已经很难再像从前那样令我信服。"[1]威廉姆·萨巴斯（William Schabas）亦强调：仇恨言论容易导致歧视甚至是种族大屠杀，卢旺达种族大屠杀即是因此而起。[2]

---

[1] 〔美〕安东尼·刘易斯：《言论的边界：美国宪法第一修正案简史》，徐爽译，北京：法律出版社2010年版，第156页。

[2] Schabas, W. A. Hate speech in Rwanda: The road to Genocide. *McGill Law Journal*, 2000, 46(1): 141–171.

第七章　名誉侵权

> 新闻的混乱臭名昭著……新闻的放纵并不是自由的体现。当人民堕落之时，新闻可能会成为促使他们崩溃的动力。
>
> ——约翰·亚当斯

名誉权是保护特定主体能力、声誉和个人尊严受到公正评价的权利。在世界范围之内，名誉诽谤已经基本上实现了去刑化，许多国家的法律普遍将其作为一般人格权进行保护。名誉侵权是媒介侵权中最常见的表现形式，在实践中产生的纠纷最多，在理论界引发的争议也最多。[1] 特别是伴随着互联网科技的快速发展，媒体、公民、网络平台和企业团体等各类传播主体引发的名誉侵权纠纷层出不穷。社会各界围绕死者名誉、机构法人、公众人物、公众评论等维度，不断探讨名誉诽谤、侮辱与人格尊严保护问题。

一、逝者名誉

自然人是名誉权的主体，这是一个毫无争议的事情。只要一个国家的民事法律制度确认名誉权这种民事权利，它就必然会确认自然人为名誉权的权利主体。每个人从出生到死亡，不论性别、年龄、种族、财产、职业和社会地位等，其所享有的名誉权都是平等的。名誉如身体和生命一样是人们重要的法益，有名誉为人之第二生命之说。[2] 对于名誉权的主体问题，较有争议的问题是逝者的名誉保护问题，即死者是否享有名誉权。因为人格权始于出生，终于死亡，自然人过逝后理应不享有名誉权。但是，死者

---

[1] 孙旭培：《新闻传播法学》，上海：复旦大学出版社2008年版，第196页。
[2] 洪伟：《大众传媒与人格权保护》，上海：上海三联书店2005年版，第66-67页。

在世时的名誉还有现实影响,如果逝者的名誉受到损害,他的近亲属就会遭受精神痛苦和利益损害。

对此,世界上不少国家普遍否认死者享有名誉权,即对于已经死亡之人的诽谤,行为人不对死者的遗产、继承人或其亲友承担任何责任。美国现行法律即不支持保护死者名誉权。在美国,普通法普遍不承认逝者名誉侵权的诉因,并且该规则得到了广泛遵循。[1] 美国《侵权责任法(第二次)重述》(Restatement (Second) of Torts)第 560 条规定:"发表关于已死亡之人之诽谤性事项,无须对其遗产、其子孙或其他亲友负责。"[2] 现有判例已经建立了一种规则,即个人没有免于对死者痛苦或诽谤指控的不被玷污和建立美好记忆的一般性权利。特别是对于公众人物而言,尽管对亡者相关材料的公开会对其遗属带来痛苦,但公众对于这些材料有合理的兴趣。[3] 正因如此,著名歌手迈克尔·杰克逊(Michael Jackson)在世时并没有哪家媒体敢于播放其涉嫌犯罪的耸人听闻的节目,但是当杰克逊 2009 年去世之后,美国有线电视网(HBO)和《福布斯》(Forbes)杂志等媒体均对其进行贬损性攻击,而当事人遗属却很难提起诉讼并胜诉。美国路易斯安那州最高法院马库斯·克拉克(Marcus R. Clark)大法官在判决书中指出:"一旦一个人去世,就没有所谓尚存的名誉受到损害或受到法律的保护的问题。因为诉因是要弥补对个体名誉损害所带来的伤害,我们认为这种可诉的诽谤陈述必须是与原告直接或间接相关的,是对原告的个人反映。"[4]

在"古鲁兹诉 KCMC 公司案"(Gugliuzza v. KCMC, INC.)中,法院判决指出:该判决与普通法限制逝者名誉诽谤诉因的规则相一致,除非诽谤性传播是对原告的个人反映。法院反对持有这种对死者诽谤诉因的理由主要在于:(1)诽谤诉因是一种个人化的;(2)允许死者诽谤诉因将会阻碍历史研究与写作;(3)在描述原告现存利益边界上存有困难;(4)这种诉因的逻辑扩展需要对另一个在世个人诽谤诉因的支持;(5)该诉因与传统个人价值成功的观念不一致;(6)该诉因充满了实际和程序问题,例如无法交

---

[1] Brown, L. Dead but not forgotten: Proposals for imposing liability for defamation of the dead. *Tex. L. Rev.*, 1989, 67(7): 1525–1568.

[2] Restatement (Second) of Torts § 560. Middleton, K., Lee, W., & Stewart, D. *The Law of Public Communication*. New York, NY: Routledge, 2017, p.106.

[3] Catsouras v. Department of California Highway Patrol, 104 Cal. Rptr. 3d 352 (Cal. Ct. App. 2010).

[4] Coulon v. Gaylord Broadcasting, 433 So.2d 429(La.App. 4th Cir. 1983).

叉质问死者以进行辩护、无法在原告的记忆和死者实际的名誉之间形成一致、无法协调多个原告变化的记忆。① 美国路易斯安那州最高法院还发现支持死者的名誉诽谤诉因会产生宪法问题："这是因为增加一个新的诉因会扩张潜在诽谤主张者的种类和已被原有诽谤诉讼救济的诽谤伤害的种类。这种扩张会对宪法第一修正案保护的言论与新闻自由产生寒蝉效应。"②

在英国，法院普遍认为死者的名誉权随本人的死亡而消失，死者的名誉无法受到损害。③ 英国《改革法案（其他条款）1934》[Law Reform (Miscellaneous Provisions) Act 1934]第41章第一部分专门对"死亡的诉因影响"进行了规定：本法令生效后，任何人死亡之后，所有针对或归属于他的诉讼理由，均可以为保护其遗产利益而生效，但本款规定不适用于诽谤诉讼的理由。④ 该法律后经两次修订，至今仍然有效。萨莉·斯皮尔伯利也指出，在英国，"不论某些被散布的事实是如何的不真实或者如何的具有诽谤性，死者的遗产继承人都是不能提起诉讼的"⑤。爱尔兰法律虽然规定对死者的诽谤也会对生者的名誉造成损害，死者遗属有权（且只能）以其自己名誉受损而提起诉讼。但是，如果诽谤性陈述只是针对死者的，那么其他人无权提起诽谤诉讼。法律改革委员会建议修订上述条款，以允许死者去世三年内其亲属可以提起诽谤诉讼。⑥

与此不同，死者名誉在其他欧洲国家则受到普遍保护。譬如，希腊、荷兰、德国、法国、比利时、奥地利和意大利等国的法律均保障死者名誉不受侵害。《希腊民法典》第57条第一款规定：近亲属拥有死者在世时人格权受到侵害时拥有的一切权利，既包括财产损失也包括非财产损失的赔偿请求权。对于此规定，希腊学术界这样阐述："在希腊，一些人生活的目的就在于死后能给子女留下好的名声。这一现象并不少见。法律不能无视这些高尚的思想，它必须保护后人对死者的崇敬之情。"⑦ 德国最高法院对

---

① Gugliuzza v. KCMC, INC., 606 So. 2d 790 (La.1992).
② 同上。
③ Harvey Smith v Bobby Dha, [2013] EWHC 838 (QB).
④ Law Reform (Miscellaneous Provisions) Act 1934, 1934 c. 41 (Regnal. 24_and_25_Geo_5).
⑤ 〔英〕萨莉·斯皮尔伯利：《媒体法》，周文译，武汉：武汉大学出版社2004年版，第70页。
⑥ Ghent, C. Protecting the reputation and personality after death. *The Irish Times*, Oct 25, 2004.
⑦ 〔德〕克雷斯蒂安·巴尔：《欧洲比较侵权行为法》（下），张新宝译，北京：法律出版社2001年版，第149页。

人格权的保护扩大到死者问题解释时称："人的权利能力消灭后，其人格仍有保护的价值，对死者进行贬低或歪曲性描述，死者的近亲属有权利要求制止或收回对死者的不实之词。……亲属在这里行使的是自己的权利，授予他们权利既是为了死者的利益，又是为了他们自己的利益。"① 欧洲人权法院的一系列判决指出，根据欧洲人权公约第八条，对个人过世亲属的公开诽谤会影响私人生活受到尊重的权利。

欧洲人权法院在"库茨克诉俄罗斯案"（*Kunitsyna v. Russia*）中判决认为，只有在普通读者感到诽谤性陈述直接与死者家庭成员直接相关，或者是批评直接针对原告，第八条才可以适用。② 2017年11月，欧洲人权法院在"马克电视台诉斯洛伐克案"（*MAC TV v. Slovakia*）中尽管支持了表达自由，但是并不否认死者名誉应该受到法律的保护。该法院只是认为，根据欧洲人权公约第十条第二款的规定，该案中对死者名誉的保护缺少一个合法的目的，对言论自由的限制是非民主社会所必需。③ 在该案中，一家波兰电视台在总统莱赫·卡钦斯基（Lech Kaczynski）去世两天后播出的节目中，虽然对总统的逝世作了正面评价，但也明显包含了对其政治观点的批评性讨论。斯洛伐克广播电视委员会（Broadcasting Council of Slovakia）对该电视台处以五千欧元的罚款。该电视台不服提起诉讼，但斯洛伐克最高法院和宪法院均支持广播电视委员会的处罚。欧洲人权法院的判决显示，成员国拥有积极义务保护公约第八条所规定的个人权利，以避免对死者亲属名誉的攻击。④

与之类似，印度法律也保障逝者名誉。印度《刑法典》第499条说明1规定："意图损害死者家属或其他近亲的情感，而制造或散布对死者的指责，如该指责在死者在世时足以损害其名誉的，可以构成诽谤。"⑤ 根据该法第501条，无论何人，印刷或刻印明知或有理由相信是对他人具有诽谤性质的东西，处可达两年的单纯监禁或罚金，或二者并处。对于出售该类物品者，亦会受到同样的刑事处罚。⑥ 与印度与欧洲国家的做法相近，中

---

① 〔德〕卡尔·拉伦茨：《德国民法通论》（上），北京：法律出版社2003年版，第173页。
② Kunitsyna v. Russia, no. 9406/05, ECHR 2016. Reznik v. Russia, no. 4977/05, § 45, ECHR 2013.
③ MAC TV S.R.O. v. Slovakia, no.13466/12, ECHR 2017.
④ 同上。
⑤ 赵炳寿、向朝阳等译：《印度刑法典》，成都：四川大学出版社1988年版，第128页。
⑥ 同上书，第131页。

国的立法和司法实践也保护死者名誉。这主要表现为对死者遗属人格权益的保护。我国 1987 年实施的《民法通则》第 101 条规定：公民、法人享有名誉权，公民的人格尊严受法律保护，禁止用侮辱、诽谤等方式损害公民、法人的名誉。最高人民法院在 1989 年以"复函"形式，就"处理荷花女名誉权纠纷案"作出《关于死亡人的名誉权应受法律保护的函》的答复，其中明确指出："吉文贞（艺名荷花女）死亡后，其名誉权应受法律保护。其母陈秀琴亦有权向人民法院提起诉讼。"后来，这种保护死者名誉权的观点又慢慢向"法益保护说"发展。该观点认为，自然人死亡后，民事权利能力终止，不再享有人身权。但是，死者的某些人身利益"人身法益"继续存在，法律应予以保护。①1993 年，最高人民法院《关于审理名誉权案件若干问题的解答》第五条指出："死者名誉受到损害的，其近亲属有权向人民法院起诉。"这条规定不再称"死者名誉权"，而是改称"死者名誉"，实际上是把死者名誉视为死者近亲属的一种合法权益加以保护。这条规定中还包含了时限规定，即死者名誉保护到第三代为止。2001 年发布的《最高人民法院关于确定民事侵权精神损害赔偿责任若干问题的解释》第三条规定，自然人死亡后，其近亲属因侮辱、诽谤、贬损、丑化或者违反社会公共利益、社会公德的其他方式侵害死者姓名、肖像、名誉、荣誉的，有权向人民法院提起诉讼。另外，《最高人民法院关于适用〈中华人民共和国民事诉讼法〉的解释》第 69 条还规定，对侵害死者遗体、遗骨以及姓名、肖像、名誉、荣誉、隐私等行为提起诉讼的，死者的近亲属为当事人。

在法律适用过程中，自 2000 年到 2018 年，全国至少有 187 份名誉侵权纠纷裁决主张死者名誉及其法益受法律保护。例如，北京市海淀区人民法院认为："法律保护死者生前的名誉在死后不遭受他人毁损，使公民生前得到的社会评价在死后得到维护，死者名誉受到损害的，其近亲属有权向人民法院提起诉讼。"②与之类似，在 2010 年的宋某某、谢甲与徐某某名誉权纠纷案中，上海市第二中级人民法院也同样主张死者名誉受法律保护，该院确认涉案博客文章为诽谤文章并指出："徐某某作为谢甲的遗孀有权提起诉讼并选择侵权被告。"③在该案中，虽然谢甲是我国著名的电影导演、

---

① 王利明、杨立新（主编）：《人格权与新闻侵权》，北京：中国方正出版社 2000 年版，第 383 页。
② 北京市海淀区人民法院（2002）海民初字第 5097 号。
③ 上海市第二中级人民法院（2010）沪二中民一（民）终字第 190 号。

属于公众人物，但涉案博客文章所说的其因嫖妓致死及与他人有私生子均非事实，且侵权手段十分恶劣。

同样，在2007年的霍寿金诉中国电影集团公司等名誉权侵权案中，虽然法院认为通过司法认定何为"真实的历史"勉为其难，且影片并未有损毁名誉的故意而未支持原告的主张，但是法院认为死者的名誉受法律保护。北京市高级人民法院指出：根据《民法通则》的规定，虽然自然人的民事权利能力始于出生，终于死亡，但是，自然人死亡后，其延续的人格利益，包括名誉的法益，应受法律保护。① 该院同时认为，侵害死者的名誉应符合的要件与侵害生者名誉的要求相同：过错、违法行为、损害后果、违法行为和损害后果之间的因果关系。在该案中，霍元甲之孙霍寿金以电影《霍元甲》构成名誉侵权提起诉讼，该电影的部分细节将霍元甲虚构为一个好勇斗狠之徒和全家被灭门。

值得注意的是，我国在对于死者的名誉保护问题中，单独对英雄烈士的名誉进行了专门的立法规范。2017年修订出台的《民法总则》第185条首次作出规定："侵害英雄烈士等的姓名、肖像、名誉、荣誉，损害社会公共利益的，应当承担民事责任。"在此基础上，为加强对英雄烈士的保护和弘扬社会主义核心价值观，2018年4月27日，十三届全国人大常委会第二次会议全票表决通过的《英雄烈士保护法》（自是年5月1日起施行）第22条进一步明确规定："禁止歪曲、丑化、亵渎、否定英雄烈士事迹和精神。英雄烈士的姓名、肖像、名誉、荣誉受法律保护。任何组织和个人不得在公共场所、互联网或者利用广播电视、电影、出版物等，以侮辱、诽谤或者其他方式侵害英雄烈士的姓名、肖像、名誉、荣誉。任何组织和个人不得将英雄烈士的姓名、肖像用于或者变相用于商标、商业广告，损害英雄烈士的名誉、荣誉。"该法第26条还指出：以侮辱、诽谤或者其他方式侵害英雄烈士的姓名、肖像、名誉、荣誉，损害社会公共利益的，依法承担民事责任；构成违反治安管理行为的，由公安机关依法给予治安管理处罚；构成犯罪的，依法追究刑事责任。

在2015年的邱少华诉孙杰等一般人格权纠纷案中，北京市大兴区人民法院认为邱少云烈士生前的人格利益仍受法律保护。该法院在判决书中指出："自然人死亡后，其生前人格利益仍然受法律的保护。死者的近亲属有

---

① 北京市高级人民法院（2007）高民终字第309号。

权就侵害死者名誉、荣誉等行为提起民事诉讼,死者的近亲属是正当当事人。"①在该案中,新浪微博知名博主孙杰以"作业本"的账号发文称"由于邱少云趴在火堆里一动不动最终食客们拒绝为半面熟买单,他们纷纷表示还是赖宁的烤肉较好",邱少云胞弟邱少华为此提起诉讼。该法院认为被告言论"是对邱少云烈士的人格贬损和侮辱,属于故意的侵权行为,且该言论通过公众网络平台快速传播,已经造成了严重的社会影响,伤害了社会公众的民族和历史感情,同时损害了公共利益,也给邱少云烈士的亲属带来了精神伤害"②。同时,加多宝公司未尽到合理审慎的注意义务,存在主观上的过错,该院判决其与孙杰共同承担侵权责任。

在2016年的洪振快诉葛长生名誉权纠纷案中,北京市第二中级人民法院同样主张自然人死亡后,其生前人格利益仍然受法律的保护。该法院在判决书中指出:"死者的近亲属有权就侵害死者名誉、荣誉等行为提起民事诉讼,死者的近亲属是正当当事人。"③在该案中,洪振快因刊发题为《"狼牙山五壮士"的细节分歧》的争议文章,被"五壮士"之一的葛振林之子葛长生起诉。二审法院北京市第二中级人民法院认为一审法院适用法律正确,驳回洪的上诉并指出:"案涉文章侵害的不仅仅是葛振林个人的名誉和荣誉,并且侵害的是由英雄人物的名誉、荣誉融入的社会公共利益。"④

日本也持这种"法益保护"的观点。日本《刑法》第230条第二款规定"毁损死者之名誉者,若非指摘虚伪之事实,不罚"。⑤从该规定来看,虚假的指控可能对死者构成名誉损害。在民法上也无类似规定。日本虽然不支持对死者名誉的直接保护,但判例承认因损毁死者名誉而造成侵害死者遗属名誉或遗族对故人的追忆敬慕之情时,构成侵害死者遗属的人格权。在"落日燃油"案件中,日本法院判决认定,死者之名誉权应受法律保护,侵害死者名誉之行为,有可能构成侵权行为,然而问题在于实定法上并无任何条文规定对于死者名誉权之侵害得以行使民事上的请求权请求损害赔偿。在该案中,有人撰写了一本描写第32任首相广田弘毅生平的小说《落日燃油》,书中有一段提及广田首相担任外交官时期的同事,并描述了该同事

---

① 北京市大兴区人民法院(2015)大民初字第10012号。
② 同上。
③ 北京市第二中级人民法院(2016)京02民终6272号。
④ 同上。
⑤ 〔日〕松井茂记:《媒体法》,萧淑芬译,台北:元照出版有限公司2004年版,第96页。

与女性之间的关系，为此这位同事的外甥向法院提起诉讼，请求损害赔偿并要求刊登道歉启事。对于原告所受精神上的痛苦，该法院表示："遗族对于故人的敬爱追思之情亦是一种人格法益，应受到法律保护，因此对这种人格法益的违法侵害行为构成侵权行为。"①

二、政府机构

在法律中，法人是名誉权的重要主体之一。通常而言，法人包括企业法人、事业单位法人、机关法人和社会团体法人。在我国，法人和普通公民一样都享有名誉权。原《民法通则》第101条曾规定："公民、法人享有名誉权"；第120条规定："法人的名称权、名誉权、荣誉权受到侵害的，适用前款的规定。"现行《民法总则》第110条同样明确规定："法人、非法人组织享有名称权、名誉权、荣誉权等权利。"企业法人名誉不仅是企业的重要无形资产，而且与企业的经营活动和经济效益直接挂钩，当企业法人的名誉遭受损毁时，必然给企业带来巨大的经济损失。对于企业法人名誉保护问题，国内外均没有争议，有争议的是政府机构是否可以作为法人而享有名誉权。

但是，由于政府机构的特殊性质及其公共服务职能，许多国家的法律并不主张其享有名誉权。在英国，已有司法判例先后指出，中央政府机构、地方政府当局、政治党派和国有工业企业等实体无权就诽谤行为提起诉讼。②英国法院禁止这类组织提起诽谤诉讼的论据是公共利益，他们认为在针对这类实体的不受限制的公开批评中存在着公共利益。但是，英国法院还强调，在民事法院中被禁止提起诉讼的组织依然有权就刑事诽谤提起诉讼。如果它们可以对诉因要件进行证明，此类组织也可以恶意欺诈罪名提起诉讼。③在美国，政府机构不被允许提起诽谤诉讼。④1923年，《芝加哥论坛报》报道芝加哥市政府破产的消息完全失实，芝加哥市政府起诉该报

---

① 〔日〕松井茂记：《媒体法》，萧淑芬译，台北：元照出版有限公司2004年版，第97页。
② 〔英〕萨莉·斯皮尔伯利：《媒体法》，周文译，武汉：武汉大学出版社2004年版，第71页。
③ 同上书，第72页。
④ 〔美〕约翰·泽莱兹尼：《传播法：自由、限制与现代媒介》，张金玺、赵刚译，北京：清华大学出版社2007年版，第111页。

诽谤它在证券市场上的信誉。伊利诺伊州法院在判决该报无责时说："宁可让一个人或报纸在报道偶尔失实时不受惩罚，也不能使全体公民由于担心受惩罚而不敢批评一个无能和腐败的政府。"①该法院强调："这一国家的任何法院从未认为或者甚至暗示，对诽谤政府言论的控诉在美国法律中有一席之地。"②

1964年3月，美国联邦最高法院在《纽约时报》诉沙利文案的判决中直接援引了上述观点并进而宣布，诽谤政府的言论不能作为政府的制裁对象，除非能够证明被告有实际恶意。布莱克大法官在判决中指出："对公共议题的辩论应该无拘无束、强健和普遍公开，尽管它可能包含对政府和公职人员的激烈、刻薄和有时令人不快的尖锐批评。"③发展到20世纪80年代，在"美国铝业公司诉拉法叶市案"（Aluminum Co. of America v. City of Lafayette）中，印第安纳上诉法院认为原审法院在驳回拉法叶市的诽谤诉讼方面没有错，判决指出："即使被告恶意发布诽谤性言论，知道这些言论是虚假的且有伤害意图，政府实体也不能自行维持诽谤诉讼。"④

在我国，由于原《民法通则》只是宽泛地规定法人享有名誉权，没有具体确定各类法人享有名誉权的情况，曾导致部分受到批评的地方政府机构以报道失实提起名誉权诉讼，出现过个别支持政府机构享有名誉权的案例。例如，1995年7月，在深圳市福田区法院诉《民主与法制》杂志侵害名誉权案中，深圳市中级人民法院审理认为被告没有全面、客观地报道导致广大读者对原告的不满，损害了原告的形象，判决被告向原告深圳市福田区法院赔礼道歉、消除影响及赔偿经济损失5000元。⑤2014年10月，在沭阳县悦来镇人民政府诉蒋新花和蒋小娟名誉权案中，沭阳县人民法院在判决中认为原告悦来镇人民政府享有名誉权，之所以驳回原告的请求，主要是因为该院认定两被告并未采用侮辱、诽谤方式损害原告的名誉，其行为尚不构成对原告名誉权的侵害。⑥

在2014年的魏国平诉沈阳市城市管理行政执法局铁西分局名誉权纠纷

---

① 李道揆：《美国政府和美国政治》（上册），北京：商务印书馆1999年版，第135页。
② 郭道晖：《舆论监督权与官员名誉权》，《炎黄春秋》2010年第11期，第34-36页。City of Chicago v. Tribune Co., 307 Ill. 595, 139 N.E. 86 (1923).
③ New York Times Co. v. Sullivan, 376 U.S. 254 (1964). Terminiello v. Chicago, 337 U.S. 1 (1949).
④ Aluminum Co. of America v. City of Lafayette, 412 N.E.2d 312 (1980).
⑤ 深圳市中级人民法院（1995）深法民初字第021号。
⑥ 沭阳县人民法院（2014）沭民初字第1942号。

案中，辽宁省高级人民法院虽然指出"法人的名誉权仅指在经济往来中从事经营活动的私法人，公法人机关名誉权不受保护"，但是仍然裁定"魏国平的行为其主观过错明显，给沈阳市城市管理行政执法局铁西分局造成了严重的负面影响，故原审法院认定其构成名誉侵权并承担民事责任并无不当"。①本案中，魏某因对当地城管工作人员执法不满，在新浪、搜狐等网络论坛中，发帖批评当地城管执法缺乏人文关怀而引发诉讼。2017 年 5 月，在杨顺永与唐山市路南区稻地镇桥东村村民委员会名誉权纠纷案中，河北省唐山市中级人民法院也支持了该村委会享有名誉权的主张，在判决中指出：被告"存在主观过错，实施了对桥东村村民委员会的侵权行为，导致桥东村村民委员会的社会评价明显降低，其行为已超出了行使言论自由的权利边界，构成了对桥东村村民委员会名誉权的侵害，据此应承担相应的侵权责任"。②

对此，法律界相继提出质疑，普遍认为政府机构掌握着公权力，应当接受公民的批评，并且政府机构从事的不是经营活动，如果名誉受损也不会造成经济损失和影响公务的实际执行。同时，即使政府机构的声誉受到侵害，政府机构也有充足的资源和各种手段进行自我辩解和澄清。并且，法人名誉权与公民名誉权存有显著的不同。像其他法人一样，政府机构不具有自然人所有的情感、思维和心理活动等，对法人名誉的侵害不可能产生精神损害。更为重要的是，法人活动是社会公共活动的一个组成部分，同公众利益密切相关，需要更广泛地置于社会的监督和公评之下。③

此外，从建设社会主义民主政治和推进舆论监督的视角来看，如果赋予政府机构名誉权，这会极大约束对公共事务的讨论和舆论监督的正常开展。传播法学者侯健指出，对于批评性言论所引起的政府机构名誉权问题，可以考虑以公法方面的规定来代替在私法上赋予政府机构名誉权的做法。④伴随着依法治国方略的确立，全国各级法院已经开始拒绝承认公法人享有名誉权的主张，政府机构也日益不愿就名誉侵权提起诉讼。当然，尽管说政府机构不享有名誉权，但是这并不意味着在政府机构工作的人员不享

---

① 辽宁省高级人民法院（2014）辽审一民申字第 193 号。
② 河北省唐山市中级人民法院（2017）冀 02 民终 3882 号。
③ 魏永征：《新闻传播法教程》，北京：中国人民大学出版社 2006 年版，第 157 页。
④ 侯健：《舆论监督与政府机构的"名誉权"》，《新闻与传播研究》2002 年第 3 期，第 2-13 页。

有名誉权。在我国，大众媒体和网民对政府官员的激烈批评、特别是过度贬损言论也常常导致政府公职人员提起个人诽谤诉讼。当然，如果民众对政府机构的批评超出了法律限度，不论国内外均会被提起煽动诽谤的刑事诉讼。

三、公众人物

对于自然人的名誉权，我国的司法实践确立了公众人物与一般名誉权保护的区分原则。从其本质来说，体现的是保护言论自由、社会监督以及个人名誉权之间的均衡关系。① 在公共领域之中，公众人物、尤其是公共官员的言行会影响到公众事务以及公共利益，各级法院普遍主张公众人物应当接受公众的关注，对公众的批评和监督应有一定的容忍度。

公众人物是美国判例法创造的法律术语。美国联邦最高法院在1964年的"《纽约时报》诉沙利文案"（New York Times Co. v. Sullivan）中提出了公共官员的概念，后在1967年的"柯蒂斯出版公司诉巴茨案"（Curtis Publishing Co. v. Butts）案中进一步把公共官员的概念扩展到公众人物。② 所谓公众人物是指因特殊地位或表现而为公众所瞩目者，如各级政府官员、主动寻求公众评价的各种公示的候选人、体育艺术明星、因重大不凡表现而影响社会的发明家和企业家等。③ 我国有法院认为公众人物是指在社会生活中广为人知、具有相当高知名度的社会成员。④ 公众人物的表现或与公共利益有重大关系，或为大众关心的焦点，其成为公众人物而自愿暴露在公众面前。⑤ 通常而言，公众人物可分为完全公众人物（all-purpose public figures）和有限公众人物（limited-purpose public figures）。前者指那些拥有普遍的美名或恶名的社会主体，他们的名字在全国范围内，或者至少在诽谤性陈述发表的一定区域内家喻户晓。例如，电影明星、电视名人、体育

---

① 广东省广州市中级人民法院（2016）粤01民终14346号。
② Curtis Pub. Co. v. Butts, 388 U.S. 130 (1967).
③ 江必新、何东宁等：《最高人民法院指导性案例裁判规则理解与适用 侵权赔偿卷二》，北京：中国法制出版社2014年版，第81页。
④ 北京市第一中级人民法院（2017）京01民终5729号。
⑤ 王利明、杨立新（主编）：《人格权和新闻侵权》，北京：中国方正出版社1995年版，第600页。

英雄和知名的社会批评家。①有限公众人物也称为"漩涡公众人物"（vortex public figures），一般指将自己推到特定的公共讨论的前台，试图影响有关问题的解决的主体。②例如，地方公职候选人、堕胎权利的倡导者、公司顶级主管人员、参与公共讨论的刑事被告等。

不同于法律界对公众人物的认知，在美国，并不是每个名人或官员均能被法院认定为公众人物。美国各级法院对公众人物的认定通常比较严格。在首次提出公众人物概念的纽约时报诉沙利文案中，公众人物主要是指公共官员。这不仅体现在当时联邦最高法院的判决文书中，而且也为后来的研究者所发现。中国最高人民法院法官何帆在评介《批评官员的尺度》一书时指出："美国大法官之所以降低对'公众人物'名誉权、隐私权的保护规格，是因为'公众人物'多是政府官员，允许人民批评'公众人物'，更有利于推动公众、媒体'对公共事务的讨论'。"③可以说，美国法律界提出公众人物，其主要依据的是《宪法第一修正案》，目的主要是主要保障强健的和不受事前限制的公共讨论，并不是允许他人散布针对公众人物的诽谤言论。

在"《纽约时报》诉沙利文案"中，联邦最高法院将沙利文认定为公共官员。当时，《纽约时报》刊登了一则题为《关注他们高涨的呼声》（Heed Their Rising Voices）的整版政治广告，呼吁民众支持并资助马丁·路德·金领导的黑人平权运动。该广告谴责蒙哥马利市对黑人平权运动的压制，批评"某些南方违法者"七次以"超速""闲逛"等罪名将金逮捕等。该文内容多处出现了明显失实。为此，蒙哥马利市原负责警局事务的市政委员沙利文将该报告上法庭。④1964年3月9日，联邦最高法院判决指出，尽管广告内容存在失实问题，但沙利文没有足够的证据证明《纽约时报》是出于恶意诽谤他。威廉·布伦南大法官在判决书中强调：只有当诽谤性陈述具有实际恶意——即明知其虚假或漠然不顾事实真相时，公共官员才

---

① 〔美〕约翰·泽莱兹尼：《传播法：自由、限制与现代媒介》，张金玺、赵刚译，北京：清华大学出版社2007年版，第133页。
② 〔美〕唐·彭伯：《大众传媒法》，张金玺、赵刚译，北京：中国人民大学出版社2005年版，第170页。
③ 何帆：《如何确定批评官员的尺度》，《中国审判》2012第1期，第48-49页。
④ 〔美〕约翰·泽莱兹尼：《传播法：自由、限制与现代媒介》，张金玺、赵刚译，北京：清华大学出版社2007年版，第124-125页。

能获得诽谤赔偿金的救济。①

　　该案对于公共官员须证明被告有实际恶意的裁决，改变了诽谤严格责任侵权的法律适用传统，确立了过错责任侵权原则。在这种情况下，法院通常会要求原告证明被告有一定程度的过错，即未能尽到合理的注意。在"《纽约时报》诉沙利文案"之后，所有针对新闻媒体提起诉讼的原告都必须证明被告有实际恶意。这随之带来了公众人物和普通人物的区分问题。对此，在 1974 年的"格茨诉罗伯特·韦尔奇公司案"（*Gertz v. Robert Welch, Inc.*）中，美国联邦最高法院认为格茨既不是公共官员，也不是公众人物，他在该案中的角色并不能使他成为公众人物。对于公众人物的认定，该法院指出："除了未在政府担任公职，如果没有明确的证据证明其在社区中享有普遍的美名或恶名、以及广泛参与社会公共事务，个人不应被视为公众人物。相反，公众人物问题应该参考个体参与特定争议问题所引发的诽谤来确定。"②

　　同时，"格茨案"还进一步明确了普通个人在诽谤诉讼中的举证责任。美国联邦最高法院认为，在普通个人提起的诉讼中，不实行宪法性的过错标准，原告只需证明某种较轻等级的过错即可。在该案中，一名芝加哥警察被法院判处谋杀罪，知名律师埃尔默·格茨（Elmer Gertz）代表受害人家属向该警察提出损害赔偿的民事诉讼。韦尔奇公司出版的《美国舆论》（*American Opinion*）杂志，在没有任何证据的情况下，发表文章攻击格茨，诬蔑他有犯罪记录，指责他是一名共产党员、在刑事审判中有意陷害被控的警察等。该文严重损害了格茨的名誉，致使其律师业务大受影响。

　　为此，格茨提起诽谤诉讼。但地方和上诉两级法院均以格茨无法证明被告有实际恶意为由，判其败诉。直到 1974 年，联邦最高法院推翻了上诉法院的裁决，将案子发回重审。该院判决认为，对于既不是公职人员又不是公众人物的普通个人，发表诽谤性不实言论的出版商或广播公司不得以涉及公共或一般利益问题为由，要求获得《纽约时报》规则的保护而免于诽谤责任。③ 新的诽谤诉讼规则由此形成，公共官员和公众人物必须证明的过错等级高于普通个人必须证明的过错等级，普通个人不需证明被告有

---

① New York Times Co. v. Sullivan, 376 U.S. 254 (1964).
② Gertz v. Robert Welch, Inc., 418 U.S. 323 (1974).
③ 同上。

实际恶意，便可以获得司法救济。与之类似，在印度，任何主体"对一个公务员在执行其公职时的行为，或就该行为上所表现出来的品格，不超越该行为限度，善意地发表的任何意见，不是诽谤"①。并且，印度《刑法典》专门对诽谤作出说明："在对一个人进行评价时，直接地或间接地降低他道德上或知识上的品质、阶层或职业上的品质，或降低他的信用，或使人相信他是处于可憎或不体面状态的，不认为是损害该人名誉。"②

在中国，虽然现行法律法规并未明确提出公共官员与公众人物的概念，但是在法律适用实践中已经出现了运用舶来品公众人物概念的大量裁决。这些裁决主要将影视、体育和文化知名人士认定为公众人物，截至目前尚未出现将政府官员认定为公众人物或公共官员的司法判决，并且至今也未明确界定公众人物的法律内涵，导致公众人物的法律适用出现了部分偏斜与争论。最早运用公众人物概念的是 2002 年的"范志毅诉《东方体育日报》案"，上海市静安区人民法院首次在判决中将公众人物作为媒体侵权抗辩的免责事项之一。③发展到现在，运用公众人物作为名誉侵权抗辩事由的判决已经越来越多。

相较于对普通公民名誉权适当从严保护的思路，我国法律界对公众人物的名誉权采用了适当弱化的处理原则。法学家江必新等人指出："这并不是说公众人物的个人权利要低于一般公民，而是面对两种不同权益的冲突所作的权衡和协调，是符合社会公共利益需要的。"④学术界认为，公众人物特别是官员承担了接受公众监督的义务，公众人物在献身于社会时应当放弃自己一部分权益，公众人物在自己的角色利益中已经得到了足够的报偿，公众人物的地位和权力使他具有较强的抗御侵害的能力。⑤在"范志毅诉《东方体育日报》案"中，上海市静安区人民法院在判决书中写道："即使原告认为争议报道点名道姓地称其涉嫌赌球有损其名誉，但作为公众人物的原告，对媒体行使正当舆论的过程中，可能造成的轻微危害应当予以容忍和理解。"⑥

---

① 赵炳寿、向朝阳等译：《印度刑法典》，成都：四川大学出版社 1988 年版，第 128 页。
② 同上。
③ 上海市静安区人民法院（2002）静民一（民）初字第 1776 号民事判决书。
④ 江必新、何东宁等：《最高人民法院指导性案例裁判规则理解与适用 侵权赔偿卷二》，北京：中国法制出版社 2014 年版，第 127 页。
⑤ 同上。
⑥ 上海市静安区人民法院（2002）静民一（民）初字第 1776 号民事判决书。

在该案之后，对公众人物名誉权进行弱化保护的法律适用渐成常态。各级法院普遍主张公众人物的名誉权在面对公共利益的冲突时可以适当克减。对于这种抗辩事由，法院认为，基于公共利益及正当公众兴趣等价值的利益考量，可以对公众人物的名誉权等人格权所涵摄的人格利益进行正当的、必要的、适度的合理限制。① 2018年12月，北京市第一中级人民法院在吴强等名誉权纠纷案中认为："吴亦凡为知名演艺人士，具有较高的知名度和相对广泛的文娱影响力，应属公众人物范畴。"② 该法院在判决书中指出："作为娱乐明星，吴亦凡在公众场合的言谈举止，属于公众关切内容。吴亦凡有义务回应社会公众的知情权利，并对社会公众的舆论监督持开放、包容之态度，这是其作为公众人物对自身人格权进行的必要限缩。"③ 在该案中，百家号账户"勿念寒"的注册人吴强在该帐号发布侵权文章《吴亦凡回应"被吸毒"很无辜，内行人用脑袋担保他绝对沾染过》，知名艺人吴亦凡为此将该帐户注册人和平台百度告上法庭，吴强在法庭辩称其发帖系帮助吴亦凡肃清谣言。

但是，对公众人物人格权的限制并非没有限度，公众人物的人格尊严依法受到保护，法律禁止他人恶意侵害。在吴强等名誉权纠纷案中，北京市第一中级人民法院认为，诉争言论将"吸毒"等违法行为与吴亦凡联系在一起，并通过信息网络方式公开传播，足以让社会对吴亦凡作出道德上的负面评价，严重破坏吴亦凡的公众形象，构成对吴亦凡名誉的侵害。其中，"涉嫌'吸毒'的消极评价对娱乐明星而言，无疑会严重降低其社会评价和商业价值，超出其作为公众人物应当克制、容忍的限度"④。该法院强调，在诉中引入公众人物限制作为抗辩事由，并不表明公众人物的名誉本身会受到限制，加害人可以任意采取侮辱、诽谤等方式随意侵害而不用担责，而是对于以满足公众对公众人物及公众事件的知情权等为目的，合理行使言论自由权、舆论监督权等表达及传播的行为，基于公共利益及正当公众兴趣等优先保护的价值取向，在认定言论是否构成以侮辱、诽谤等方式侵害名誉权的"标准"或"程度"上，采取相对于言论涉及普通大众

---

① 北京市第一中级人民法院（2017）京01民终5729号。
② 北京市第一中级人民法院（2018）京01民终9870号。
③ 同上。
④ 同上。

的情况更为宽松的尺度。① 在 2016 年"李彦德诉叶婧怡名誉权纠纷案"中，上海市第一中级人民法院也持同样主张，认为当事人李彦德的行为明显超出了对他人正常评价、批评、质疑的范畴，也超出了叶婧怡应当容忍的限度，即使叶婧怡系所谓的公众人物。②

值得注意的是，公众人物概念及其名誉权降格保护的实质应该源于宪政理念及对公共讨论、舆论监督的保障。这也正是"沙利文案"裁决的法律基础。正因如此，法律界对于公众人物本地化的法律适用实践、特别是名誉权克减的观点多有批评。我国最高人民法院法官何帆指出：案件涉及的法律争议，用民法中的过错责任原则已足以解决，"公众人物"的概念只起辅助性作用，甚至有画蛇添足之嫌。③ 传播法学者魏永征强调，"沙利文案"判决只是限于对涉及官员的职务行为（relating to their official conduct）的言论所提起的诽谤诉讼，并非凡是对"公众人物"的负面言论都予以特别保护。以"公众人物"为挡箭牌的人们往往笼而统之谈论"公众人物"名誉、隐私保护"弱化"或"克减"，而完全"忽略"了"职务行为"之类的条件，似乎"公众人物"在任何场合都只能任媒体宰割。④ 并且，"多数案件只与名人的情爱纠葛、丑闻八卦相关，并不关乎'公共事务'"⑤。如果略加比对就会发现，公众人物人格权利弱化、克减的说法在公众人物原产地找不到根据。⑥

四、公正评论

国际法律界普遍把公正评论作为名誉诽谤进行全面抗辩的重要事由。公正评论（fair comment）又称诚实评论（honest comment），通常是指媒体基于可靠的事实来源，发表涉及公共利益事项或社会公众关心的重要问题的立场公正、没有恶意的观点或意见。只要达到公正评论的要求，大众媒体发表的评论即使是片面的、否定的抑或偏激的，甚至有时可能具有诽

---

① 北京市第一中级人民法院（2017）京 01 民终 5729 号。
② 上海市第一中级人民法院（2016）沪 01 民终 10435 号。
③ 何帆：《如何确定批评官员的尺度》，《中国审判》2012 第 1 期，第 48—49 页。
④ 魏永征：《传媒规范简论》，广州：世界图书出版公司 2015 年版，第 225 页。
⑤ 何帆：《如何确定批评官员的尺度》，《中国审判》2012 第 1 期，第 48—49 页。
⑥ 魏永征：《传媒规范简论》，广州：世界图书出版公司 2015 年版，第 226 页。

谤性，行为人也无须承担侵权责任。并且，公正评论并不考虑观点的正确与否。传播法学者魏永征指出："各种意见当然有的对有的错，如果把错的意见等同于侵权，那无异于取消了发表意见的自由。"① 法学家贺卫方强调："可以构成名誉权纠纷或诽谤罪的，只能是新闻报道，而不可能是评论性的文字。对社会中存在的某一类现象的抨击，对某种政府机关或某个行业的批评，无论言辞如何激烈，都不构成对名誉权的侵犯，也不构成诽谤罪。"② 该抗辩原则总体上体现了法律对公众利益相关言论予以优先保护的权衡倾向。

适用公正评论的前提是将事实和观点进行区分。在传统媒体时代，涉及评论的侵权主要表现为报刊的社论、短评、快评、编者按和电视新闻评论等引发的侵权诉讼。虽然我国的新闻传播业带有明显的意见取向型特征，但是仍然比较容易对事实和评论进行划分。进入互联网时代，由于每个用户均可以在网上自由发表观点与见解，公民新闻业和利益表达的实践导致网民经常将事实与观点混杂在一起，与以往相比较难将事实和观点清晰地区别，网络表达似乎也引发了比以往更为普遍的名誉侵权纠纷。但无论如何，公正评论的逻辑起点是事实与观点的界分，被告在抗辩时需证明其内容是评论、意见表达，而非事实陈述。

对于其判断标准，美国联邦最高法院曾较为明确地提出了认定方法：1. 分析所涉及的陈述的一般正常用法与意义，可否被认定为一种事实或意见；2. 分析该陈述是否可被检验为真或伪；3. 了解表达该项陈述时的事实情境及全部陈述，以确定涉及争议的陈述的真正意涵是事实还是意见；4. 探求表达该项陈述时的客观社会状态，以判断当时社会对该陈述认定为事实或是意见。③ 在把事实和观点区分之后，针对事实发表的意见，如果没有侮辱和诽谤性，则不属侵权。在美国，传统的抗辩特许权公正评论致力于保障强健的、甚至是针对公共官员和公众人物的冒犯性的言论。该原则在1964年被沙利文案所确立的实质恶意原则所取代。最高法院通过提高诽谤诉讼中原告所需的举证责任，对报纸和其他媒体等被告提供了实质性保

---

① 魏永征：《新闻传播法教程》，北京：中国人民大学出版社2006年版，第175页。
② 贺卫方：《运送正义的方式》，上海：上海三联书店2002年版，第111页。
③ 张红：《事实陈述、意见表达与公益性言论保护——最高法院1993年〈名誉权问题解答〉第8条之检讨》，《法律科学》2010年第3期，第106–117页。

护。① 印度虽然没有公正评论的明确规定，但是却有类似公正评论的例外。印度《刑法典》在诽谤部分例外条款规定："就他人任何真实的情况予以指责，如该指责是为公众利益而应施以或公开的，不是诽谤"，"对任何人涉及公共问题的行为或，在该行为上所表现出来的品格，而不超越该行为限度，善意发表的任何意见，不是诽谤。"②

在英国，《诽谤法》(Defamation Act 2013)第26章第二条专门对公正评论作出了详细规定。该条款规定作为诚实意见（honest opinion）的抗辩需满足三个条件："1. 该陈述是一个意见陈述；2. 不论一般或具体的内容，被控的陈述均能表明观点的依据；3. 一个诚实的个体可基于两种情况持有个人意见：被控陈述发表时存在相关事实；在陈述被指控前，发表的有限特许陈述（指诚实意见）中包含的任何内容必须是事实。"③ 21世纪以降，英国最高法院已经扩大了公平评论的辩护和适用范围，最高法院这样做是为了减轻被告的举证责任，以便用"足够的特殊性"来确定他们正在评论的事实。该法院在"斯彼勒诉约瑟夫案"（Spiller v Joseph）中判决指出：至少在一般情况下，评论必须明确或含蓄地表明，它是基于事实作出的。④ 对于公正评论的准确问题，首席大法官尼古拉斯·菲利普斯（Nicholas Phillips）在判决书中总结称：

> 重要的是确定作者是否被恶意所驱使。如果他是一个诚实的人，他只是表达对公共利益事项的真实意见，那么无论他的言论传达了贬义归咎的说法，无论他的意见是错误的、夸张或包含偏见的，也无论他表达得如何不好以至于其他人把它视为各种含沙射影的批评，然而他享有公平评论的良好抗辩。他的诚实是最重要的检验，他必须诚实地表达他的真实观点。⑤

与国际社会相比，我国民法和侵权法虽然没有公正评论的明确规定，

---

① New York Times Co. v. Sullivan, 376 U.S. 254 (1964).
② 赵炳寿、向朝阳等译：《印度刑法典》，成都：四川大学出版社1988年版，第128–129页。
③ Defamation Act 2013, http://www.legislation.gov.uk/ukpga/2013/26/contents/enacted, 2019-04-29。
④ Spiller v Joseph. Reference [2010] UKSC 53.
⑤ 同上。

但有类似于公正评论的司法解释和运用公正评论的司法判决。1998 年的《最高人民法院关于审理名誉权案件若干问题的解释》第九条规定:"消费者对生产者、经营者、销售者的产品质量或者服务质量进行批评、评论,不应当认定为侵害他人名誉权。但借机诽谤、诋毁,损害其名誉的,应当认定为侵害名誉权。新闻单位对生产者、经营者、销售者的产品质量或者服务质量进行批评、评论,内容基本属实,没有侮辱内容的,不应当认定为侵害其名誉权;主要内容失实,损害其名誉的,应当认定为侵害名誉权。"但是,各级法院在一系列名誉侵权纠纷案中多次强调,新闻媒体、消费者和网络用户虽然享有公正评论的权利,但发表评论时应遵守法律规范,不能借机进行诽谤和诋毁。①

在"罗昌平诉百度名誉侵权案"中,北京市第一中级人民法院指出:对于意见表达而言,应该恪守公正评论的要求。在意见表达的问题上,认定结果会因被评论的对象的不同而有所不同:"针对有影响力的公众人物,即使意见表达在一定程度上有失偏颇,也被认为是公正评论,从而不构成侵权,除非这种偏颇的程度非常严重,任何人都无法容忍";"针对普通人的意见表达,只要言词激烈超过正常限度,即可能构成侵权"。②在法院看来:"发言者在确保事实基本属实的情况下的意见表达,因每个人的职业角色、教育背景、人生经历等不同而会有很大不同。为了贯彻宪法所保障的每个人的言论权利,只要发言的内容不侮辱被言及对象,则这种意见表达就是被允许的。"③

与之类似,在"汪峰诉北京新浪"等名誉侵权案中,北京市朝阳区人民法院认为,涉诉文章并未超出公正评论的范畴,而是媒体正当行使舆论监督权的一种行为,难以认定构成对原告名誉权的侵害。该院指出:"涉诉文章虽然措辞激烈尖锐,但其所基于的事实大体真实,所作评论基本属于个人观点表达,其言辞并未达到侮辱或诽谤的程度,且该文章和配图所评论的行为具有社会公共利益的性质。"④在该案中,《新闻晨报》于 2015 年 4 月 21 日刊发《用慈善为赌博张目是丧尽天良》的文章与配图,知名歌星汪

---

① 北京市第三中级人民法院(2016)京 03 民终 849 号;山东省高级人民法院案号:(2018)鲁民申 2576 号;上海市第一中级人民法院(2016)沪 01 民终 5468 号。
② 北京市第一中级人民法院(2018)京 01 民终 6151 号。
③ 同上。
④ 北京市朝阳区人民法院(2015)朝民初字第 21871 号。

峰指控该报道以及新浪公司的转载行为构成了名誉侵权。并且，该案中的原告系具有一定社会知名度的音乐人，法院认定其属于公众人物，主张公众人物应对未超过损害人格尊严必要限度的评论予以容忍和理解。该院在判决书中释称：原告的此种身份容易成为大众关注的焦点，具有吸引舆论的特质，原告亦有更多的机会通过媒体对相关报道或评论加以澄清，因此，其理应对社会评论具有更大的容忍义务。①

---

① 北京市朝阳区人民法院（2015）朝民初字第21871号。

第八章　隐私保护

只要有侵扰他人安宁的隐私侵权行为发生，无论行为人获知的信息内容是什么，无论是新婚夫妇闺房密语还是有关法定公共利益的言论，行为人都应当承担同等的侵权责任。

——斯卡丽·怀特

不论是传统媒体时代，还是现代互联网时代，公民隐私均面临严重威胁。责任缺失的媒体与个人常常假借知情权的便车，随意收集他人私密信息和公开他人私人活动，导致隐私侵权。特别是在现代信息传播环境下，公民的私人活动、私人信息常常在线上线下的互动交融之中被收集、定位、追踪和曝光，甚至无需物理、强制的方式就可侵入公民的私人领域。尤其是个人网络活动中的代码、以"同意"之名存储于各大网络平台之中的海量个人数据已经或正在被任性地不当利用或非法滥用。隐私侵权成为摆在世界各国面前的重要难题之一。

一、权利变迁

现代意义上的隐私权概念最早产生于美国。1890年，美国学者路易斯·布兰代斯和赛谬尔·沃伦在《哈佛法学评论》上发表的《隐私权》（*The Right to Privacy*）一文，首次提出了隐私权的概念。两位学者针对黄色新闻时代的低俗报纸对个人尊严的轻慢和侮辱，建议法律承认隐私权。他们指出，在任何情况下，每一个人都被赋予决定自己的事情不公之于众的权利，都享有不受他人干涉、骚扰的权利。[①] 此后，美国法律界围绕隐私问题展开了广泛讨论，相继发表了大量文章研究隐私权理论，隐私权日渐

---

① Warren, S. & Brandeis, L. The right to privacy. *Harvard Law Review*, 1890, 4(5): 193–220.

受到广泛重视。发展到 20 世纪，美国各州开始承认隐私权为民法权利，部分州制定并通过了成文法，另一些州则在判例法的范畴内发展出该权利。

对于隐私权（Right to Privacy），《牛津法律大辞典》将其解释为"不受他人干扰的权利，不得侵犯个人的私生活或者不得将人的私生活非法公开的权利要求"①。我国法院在适用法律时指出：隐私权是指自然人享有的私人生活安宁与私人信息秘密依法受到保护，不被他人非法侵扰、知悉、收集、利用和公开的一种人格权。②民法学家王利明认为，"隐私权是自然人所享有的对其个人的、与公共利益无关的个人信息、私人活动和私有领域进行支配的一种人格权"。③对于个人信息、私人活动和私有领域，杨立新进一步解释称，私人信息是指有关个人的一切情报资料和信息，诸如身高、体重、收入、生活经历、家庭电话号码、病患经历等；私人活动是指一切私人不愿意公开的个人活动，如日常生活、社会交往、夫妻之间的性生活、婚外性关系等；私人领域也称为私人空间，是指个人的隐秘范围，如身体的隐秘部位、个人居所、旅客行李、学生的书包、日记、通信等。④

进入现代信息社会之后，隐私权开始迅速从传统的消极权利向积极权利转向。它不再被仅视为一种不被了解和不受侵扰的被动权利，而是迅速发展成为一种对个人隐私进行自主控制、支配和使用的主动权利。阿兰·威斯丁（AlanWestin）将隐私权解释为"个人信息控制权"，即"个人决定何时、如何以及在何种程度下传递有关个人信息给他人的权利"⑤。欧美多国的法院通过判例也日益强调个体对隐私利益进行自我决定和控制的自主权。随着信息传播科技的更新迭代，信息隐私、数据隐私和个人信息权等与隐私权息息相关的概念相继诞生。现代法律对于隐私的保护重心也开始从关注信息收集转向信息处理等一系列环节，法律在平衡公共与私人利益关系的过程中，通过修法、释法与适用法律积极回应科技挑战。

其中，个人信息权是民法领域出现的一项与隐私法密切相关的权利，它又称个人数据权，是一个人保有安全感、意志和行动自由以及尊严感的

---

① 〔英〕戴维·沃克:《牛津法律大辞典》，李双元等译，北京：法律出版社2003年版，第901页。
② 吉林省高级人民法院（2017）吉民申 2502 号。
③ 王利明:《人格权新论》，长春：吉林人民出版社 1994 年版，第 487 页。
④ 杨立新:《关于隐私权及其法律保护的几个问题》，《人民检察》2000年第1期，第26-28页。
⑤ Westin, A. *Privacy and Freedom*. New York: Atheneum, 1967, p.7.

屏障。所谓个人信息权是指公民对个人信息进行利用、支配的自主决定的权利。①在美国它被视为隐私权这一集合概念中的新分支，具体包括个人信息获取权、数据迁移权和被删除权等一系列子权利，近年来其内容有不断扩充之象。与隐私权类似，个人信息权同属人格权，侵权表现形式与隐私权的侵害形式相仿。②在权利属性上，个人信息权不完全是精神性权利，它包含鲜明的财产价值，强调信息的自我决定和控制。③

对于公民个人信息权的保护，目前主要体现为欧盟的专门立法保护和美国的判例法保护两种模式。在欧洲，主要通过制定专门的法律来保障个人信息及隐私权。德国联邦议会曾于1976年通过《联邦数据保护法》(*Bundesdatenschutzgesetz*)，开始探索个人信息的保护路径。1995年，欧盟出台《个人数据保护指令》），以应对传播科技对现代隐私侵权的冲击。继该指令之后，欧洲议会于2016年4月14日正式通过了讨论四年之久的《通用数据保护条例》(*General Data Protection Regulation*, GDPR)，于2018年5月25日开始生效实施并取代了前述指令（可参照第十二章的论述）。与欧洲相比，美国对个人信息权的保护则以分散立法而不是统一立法为特征。虽然美国于1974年制定了《隐私法》，开始加强对个人隐私的保护，加州亦于2018年通过了最新的《2018年加州消费者隐私法案》(*California Consumer Privacy Act of 2018*)，但是美国联邦层面和各州均在各自的权限范围内通过判例法和分散立法的形式对个人信息予以保护。欧美相比，尽管这两个体系对隐私和个人信息保护的方式不尽相同，但仍然体现出将隐私作为宪法上的基本权利和侵权法中民事权利进行保护的普遍特征与趋势④，其共同目标是主体的独立自主与隐私的自治。⑤

我国新出台的《民法总则》《民法典》及其相关法律已经开始对隐私权和个人信息权进行明确的界分。2016年出台的《网络安全法》第41条规定："网络运营者收集、使用个人信息，应当遵循合法、正当、必要的原则，公开收集、使用规则，明示收集、使用信息的目的、方式和范围，并经被收

---

① 王利明:《论个人信息权的法律保护》,《现代法学》2013年第4期,第62—72页。
② 王利明:《个人信息权与隐私权有何区别》,《北京日报》2014年3月24日,第18版。
③ 李晓辉:《信息权利研究》,北京:知识产权出版社2006年版,第118—119页。
④ 贺栩栩:《比较法上的个人数据信息自决权》,《比较法研究》2013年第2期,第61—76页。
⑤ 高富平:《个人信息保护：从个人控制到社会控制》,《法学研究》2018年第3期,第84—101页。

集者同意。"2017 年正式实施的《民法总则》第 111 条也规定:"自然人的个人信息受法律保护。任何组织和个人需要获取他人个人信息的,应当依法取得并确保信息安全,不得非法收集、使用、加工、传输他人个人信息,不得非法买卖、提供或者公开他人个人信息。"在司法实践中,法院也开始逐步探索将传统的隐私权与新兴的个人信息权进行区分、以努力为权利人提供法律救济。[1]

二、隐私期待

不论是传统社会,还是现代信息社会,每个人都对自己的私密生活和信息怀有心理期待。这即是所谓的隐私期待,它通常用于讨论和解决公共领域和私人空间的隐私权界问题。在 1967 年的"卡茨诉美国案"(*Kartz v. United States*)中,美国联邦最高法院约翰·哈伦(John Marshall Harlan)大法官提出了合理的隐私期待的观点。他认为只要主观上公民表现出对隐私的真实期待,客观上社会也愿意承认这种期待是合理的,那么公民的这种期待就符合合理隐私期待的要求。[2] 在该案中,卡茨因涉嫌赌博犯罪,美国联邦调查局在没有获得许可令的情况下,就将电子窃听装置安装在了卡茨所用的公用电话亭外,地方检察官根据窃听所获记录对卡茨提起诉讼。[3] 虽然卡茨的请求最终未得到最高法院的支持,但是斯图尔特大法官在异议书中提出了一种隐私期待的主观标准,即"如果他人意在维护自己的隐私,那么即使他人处在公共空间中,他的隐私依然能够受到宪法性的保护"[4]。

在该案之后,合理的隐私期待就成为美国法律保障个人隐私的重要原则。该原则将《美国联邦宪法第四修正案》的适用问题转化为对主体隐私期待的评判。一般社会主体的隐私期待是否能够得到宪法性的保护,这不再取决于他人处在何种位置,以及他人是否对相关的财产拥有所有权,因为即使他人处在公共场所,其也可能拥有合理的隐私期待,尽管他人处在秘密的居

---

① 最高人民法院中国应用法学研究所(编):《人民法院案例选》(第4辑),北京:人民法院出版社 2011 年版,第 42 页。
② 黄利红:《住宅不受侵犯权研究》,北京:知识产权出版社 2014 年版,第 28 页。
③ Katz v. United States, 389 U.S. 347 (1967).
④ 张民安(主编):《隐私合理期待总论——隐私合理期待理论的产生、发展、继受、分析方法、保护模式和争议》,广州:中山大学出版社 2015 年版,第 93 页。

所中，其也可能意在公开自己的信息。① 根据美国联邦最高法院的判决意见，主体的隐私期待与其所处的地点没有太大的关联。既然如此，只要他人享有合理的隐私期待，那么就可以有效地阻止政府部门的搜查行为。换言之，"如果他人享有完整的隐私期待，那么根据《美国联邦宪法第四修正案》的规定，政府部门的搜查行为就是非法的，如果他人完全预期到自己的信息会被公开，那么政府的搜查行为就不应受到该修正案的限制"②。

在欧洲，公民的这种隐私期待也得到了法律的支持。《欧洲人权公约》(*The European Convention on Human Rights*) 第八条第一款规定："人人有权享有使自己的私人和家庭生活、家庭和通信得到尊重的权利。"在 1997 年的"哈尔福德诉英国案"(*Halford v. The United Kingdom*) 中，欧洲人权法院在适用该条款时提出了隐私期待的主张。在该案中，一位英国地方警局的女警察哈尔福德（Halford）诉称其所在警局对其有性别歧视，且在其数次提出晋升要求后，所在警局多次窃听她从家中或从地方警局所拨打的电话，构成侵权。③ 欧洲人权法院判决认为："原告与他人之间的通话属于该条所规定的私人生活或通讯内容，尽管原告使用了地方警局的电话与别人通话，但原告仍然对其与他人之间的电话通话享有合理的隐私期待；在没有预先警告原告的电话通话会被窃听的情况下，被告地方警局擅自窃听原告的电话通话，其行为侵犯了原告所享有的合理隐私期待，应当对原告承担隐私侵权责任。"④ 在"冯·汉诺威诉德国案"(*Von Hanover v. Germany*) 中，卡洛琳公主作为王室成员和名人而被视为公众人物，德国法院认为媒体有权公布其接送孩子上学的照片，因为这些行为属于公开场合下的拍摄行为。但是欧洲人权法院却驳回了该裁决，该法院指出："任何人，即使是大众熟知的人，也必能对其私生活受保护和尊重享有正当合理的期待"。⑤

在英国，合理的隐私期待标准也产生了影响。法官在适用该标准时，首先会衡量被披露信息是否明显具有隐私属性，如果该信息不具有明显

---

① 张民安（主编）：《隐私合理期待总论——隐私合理期待理论的产生、发展、继受、分析方法、保护模式和争议》，广州：中山大学出版社 2015 年版，第 94 页。

② Gerber, D. Types of Property Seizable Under the Fourth Amendment. *UCLA Law Review*, 1976, 23: 963–986.

③ Halford v. United Kingdom, (20605/92) [1997] ECHR 32.

④ 张民安（主编）：《隐私合理期待总论——隐私合理期待理论的产生、发展、继受、分析方法、保护模式和争议》，广州：中山大学出版社 2015 年版，第 42 页。

⑤ Von Hanover v. Germany, (40660/08) [2004] ECHR 24.

的隐私性质，法院则会考虑该信息披露行为对普通主体是否具有明显冒犯性。① 这在某种程度上与社会合理的隐私期待比较类似。对于影响合理隐私期待的客观要素，在"摩瑞诉快报集团案"（*Murray v. Express Newspapers plc.*）中，英国上诉法院裁决认为，判断他人是否享有合理的隐私期待，需要考虑的因素包括：他人的特点、他人从事活动的性质、侵扰行为发生的场所、侵扰行为的性质及目的、缺乏原告同意的要件以及行为人是否知情、侵扰行为对他人造成的影响等。② 大法官大卫·霍普（David Hope）在"坎贝尔诉镜报集团公司案"（*Campbell v. Mirror Group Newspapers Ltd.*）中对隐私的合理期待作出了说明，他指出，一旦行为人知道或者应当知道他人对其信息享有受到法律保护的合理隐私期待，则他们就应当对他人承担保密义务，不得泄露他人的秘密；如果行为人侵犯他人所享有的合理隐私期待，则他们应当对他人承担侵权责任，除非他们能够证明，他们在侵犯他人的合理隐私期待时具有某种正当理由。③

在国际范围内，普遍承认和保护私人领域中的隐私期待，对其没有多少争议。存在较多争议的是公共场所中的隐私期待问题。通常认为公共场所中的隐私期待会由于公共活动或利益的卷入而受到不同程度地压缩。由于当民众身处公共空间时，他们无法有效地将个人的隐私信息隐藏起来，所以导致长期以来不少法院不愿意承认公民在公共场所中享有隐私权。④ 英国法院认为，如果他人的行为是发生在公共场所的无伤大雅的行为，则他人对该种行为并没有合理的隐私期待。⑤ 在美国，《侵权法重述》规定无论在公共街道上还是在其他公共场所，原告都不享有独处权。⑥ 法院支持摄影师享有拍摄公共场所里其他公民的权利，不管摄影师有无取得公民的同意。⑦

但是，公共场所与私人空间并不是绝对对立的空间，在现代社会二者

---

① Horsey, K. & Rackley, E. *Tort Law*. London: Oxford University Press, 2011, p. 469.

② 杜红原：《隐私权的判定——合理隐私期待标准的确立与适用》，《北方法学》2015年第6期，第22–28页。

③ 张民安（主编）：《隐私合理期待总论——隐私合理期待理论的产生、发展、继受、分析方法、保护模式和争议》，广州：中山大学出版社2015年版，第38页。

④ Blitz, M. J. Video Surveillance and the Constitution of Public Space: Fitting the Fourth Amendment to a World that Tracks Image and Identity. *Texas Law Review*, 2004, 82(6): 1349–1381.

⑤ Murray v. Express Newspapers plc and another. [2008] EWCA Civ 446.

⑥ Restatement (Second) of Torts, §652B CMTc (1977). Mills, J.L. *Privacy: The Lost Right*. New York: Oxford University Press, 2008, p.286.

⑦ Muratore v. M/S Scotia Prince, 656 F. Supp. 471 (1987).

已经出现了交融，个人根本无法从社会当中完全抽离，保障公民隐私权也不是要将自己隔离于社会之外。所以，现在已经出现了法律支持公民在公共场所中享有一定程度隐私期待的做法与趋向。美国路易斯安那州新颁布的窥阴预防法律就保护公民在公共场所的权利。该法规定："只要他人不同意被观察或者被拍摄，行为人就不得出于淫秽目的，利用摄像机或者其他类似设备对他人进行观察、拍照或者录像。"①2004 年出台的联邦法律《视讯偷窥预防法》(Video Voyeurism Prevention Act) 进一步加强了对公民在公共场所个人隐私的保障。②在 2012 年的"美国诉琼斯案"(United States v. Jones) 中，美国联邦最高法院认为被告公民在公共场所中享有隐私期待，判决指出：持续性的 GPS 定位作为一个整体所搜集到的信息能够勾画出特定主体的生活模式和相关细节，因此构成《宪法第四修正案》所规制的搜查行为。③由此推翻了"美国诉诺特案"(United States v. Knotts) 确立的用于公共交通的机动车辆不受合理隐私期待保护的判例。④

在该案中，为了掌握贩毒嫌疑人琼斯的具体位置，联邦调查局通过人员监视、调取手机信号塔有关嫌犯手机位置的记录以及安装车载 GPS 追踪器，在调查许可超过期限之后，仍然继续追踪被调查车辆 GPS 信息。在中国，目前也出现了支持公民在公共场所享有一定程度隐私的司法判决。在李某、黄某某隐私权纠纷再审民事判决书中，广东省高级人民法院推翻了原一审法院作出的"公共场所无隐私"的错误认定，认为被告所安装摄像装置的拍摄范围虽然为属于公共活动区域的公共走廊，但该装置可以完整监控相邻住户原告李某出入住宅的全部情况，记录和存储原告不愿为他人知悉的个人信息，其行为超出了合理限度，对原告的个人居住安宁造成了侵扰。⑤

美国国会 1986 年通过的《储存通讯记录法》(Stored Communications Act, SCA) 之 18U.S.C.§2703 (b) 条规定政府在无搜查令的情况下可以搜查网上通信信息，也允许第三方网络服务者提供在无合理根据的情况下可以

---

① LA. REV. STAT. ANN.§283 (A).

② Moore, A. D. *Privacy Rights: Moral and Legal Foundations*. University Park, PA: The Pennsylvania State University Press, 2010, p. 130.

③ United States v. Jones, 565 U.S. 400 (2012).

④ United States v. Knotts, 460 U. S.276(1983).

⑤ 广东省高级人民法院（2016）粤民再 464 号。

向政府披露网络用户的电子邮箱及信息。在"美国诉麦斯韦尔案"(*United States v. Maxwell*)中,法院认为电子邮件是否具有合理隐私期待及其程度是由其传输形式与收件人的数量决定的。法官对电子邮件的合理隐私期待作了限制性解释,认为电子邮件就像传统信件或电报一样,在写好密封后,具有合理的隐私期待,而在将邮件或电报发出后,行为人并不能对邮件进行控制,不再具有合理的隐私期待权。① 在此基础上,2018 年,美国联邦最高法院在"卡彭特诉美国案"(*Carpenter v. United States*)中判决认为,《宪法第四修正案》保障社会认为合理的隐私期望,政府的搜查一般需要基于合理理由的许可。罗伯特大法官在判决意见书中指出:"鉴于手机定位记录的独特性,第三方掌握信息的事实不能剥夺用户所享有的《宪法第四修正案》的保护。不论政府运用了自身拥有的监控技术还是无线运营商拥有的科技手段,我们始终认为当公民通过移动基站定位信息被捕获时,他仍然对其物理移动记录拥有合法的隐私期望。"② 在该案中,提摩西·卡彭特(Timothy Carpenter)因涉嫌在密西根州和俄亥俄州抢劫商店,在其共犯被逮捕之后,美国联邦调查局要求手机公司提供了卡彭特数月的手机基站信息记录,以作为其持械抢劫的证据,他因此被控犯下 11 项重罪。该法院虽然没有推翻"第三方原则"(third party doctrine),但是在一定程度上明确了网络空间信息传播的特殊性,并确认了公民在网络空间的合理隐私期待。

在中国,原有的《民法通则》并未明确规定隐私权,隐私期待似乎并未进入法律讨论的视野。但是自《侵权责任法》和《民法总则》先后对隐私权进行法律确权之后,法律界对隐私期待的讨论逐渐增多,在法律适用过程中也出现了合理隐私期待的法律诉由。2015 年,原告李某在一起民事侵权纠纷案中上诉称其"在公共场所仍有部分隐私期待",广东省广州市中级人民法院在判决中支持了他的要求。③ 在 2017 年的另一起人格权纠纷案中,某健身会馆上诉称"自然人在身处公共场所时其隐私权亦应保持合理隐私期待标准",认为其在会馆内对会员李某的拍摄行为和视频网络发布行为不构成侵权,但是二审法院仍然判决其侵犯了会员李某的隐私权。④

与国外类似,公民在网络空间的隐私期待亦是一个颇受关注的热点问

---

① 庄乾龙:《刑事电子邮件证据论》,北京:社会科学文献出版社 2013 年版,第 84 页。
② Carpenter v. United States, 585 U.S. (2018).
③ 广东省广州市中级人民法院(2015)穗中法民一终字第 5018 号。
④ 吉林省长春市中级人民法院(2017)吉 01 民终 2055 号。

题。虽然在司法判决中未明确提出并保障公民在互联网平台中的合理隐私期待，但围绕该问题已经开始探索法律适用与解释。在备受关注的"朱某诉百度网讯隐私侵权纠纷案"中，尽管初审法院主张网络活动踪迹属于个人隐私的范围，但是二审法院南京市中级人民法院则认为："百度网讯公司的个性化推荐利用大数据分析提高了推荐服务的精准性，推荐服务只发生在服务器与特定浏览器之间，没有对外公开宣扬特定网络用户的网络活动轨迹及上网偏好，也没有强制网络用户必须接受个性化推荐服务，而是提供了相应的退出机制，没有对网络用户的生活安宁产生实质性损害。"① 因此，该院判决百度公司并未构成隐私侵犯。在该案中，朱某因发现自己在浏览器利用百度搜索引擎搜索"减肥""丰胸""人工流产"等关键词并浏览相关内容后，部分网站就会自动推送减肥、丰胸和人工流产等广告。

三、隐性采访

隐性采访是信息传播领域中的争议问题，又称暗访与秘密采访。所谓隐性采访（undercover reporting）通常是指在采访对象不知情的情况下，通过隐瞒记者身份以偷拍、偷录甚至是闯入等方式，以物理或非物理途径进入相关场所，获取已发生或正在发生而尚未披露信息的采访形式。它获取信息的方式很容易构成监视、窥探、偷拍、偷录和骚扰等各类侵入，常常导致隐私侵权甚至是构成犯罪。近年来，在民生新闻中，特别是媒体开展调查报道时，这种特殊的采访手段经常被大量使用。如何保证新闻的真实性，又不至于侵害公民隐私权，由此迅速成为媒体从业者和广大民众高度关注的重要问题。

2008 年 7 月，电影明星李亚鹏为了保护女儿李嫣不受娱乐记者的追踪与惊扰，在曼谷机场出手打了近距离拍摄其患有兔唇疾病女儿的《忽然一周》记者，以此表达了愤怒和抗议。他当时甚至怒言："我见到一次会打他一次！"② 该事件一度引发对隐性采访合法性的讨论。发展到 2015 年高考季，南都记者卧底采访事件再次引发了对隐性采访的热议。2015 年 6 月 7 日，《南方都市报》发布《记者卧底替考组织参加高考曝光跨省团伙》的爆

---

① 南京市中级人民法院（2014）宁民终字第 5028 号。
② 林艳雯：《李亚鹏：我不仅这一次要打 以后见一次打一次》，来源：中国新闻网，2008-7-24，链接为 http://www.chinanews.com/yl/mxzz/news/2008/07-24/1322776.shtml。

炸性消息并报警,称包括卧底记者在内的多名"枪手",在南昌的一些考点参加了高考。事件曝光之后,立刻引发社会关注。在该事件中,该报社记者通过与一高考"枪手"组织接头,以网络、电话等方式多次联络沟通后,该记者被成功发展为"下线"替考成员。记者按要求提供了本人(真实)照片和(虚假)身份信息,并与"上线"接头,获得了替考组织发放的高考使用的"身份证"和"准考证"。记者在成功进入高考考场后,向巡考人员进行了现场报告。① 该起隐性采访事件虽然由于涉及重大公共利益及操作规范而受到广泛好评,但是仍然有人质疑记者进入考场和"协助"制作证件行为的合法性。

通常而言,在公共场合的拍摄或观察,以及调查或复制非私人性的记录都不被认为是侵犯行为。② 但是,即便是在公共场所,法律也承认某些小范围的隐私领域,且记者不得追逐或骚扰他人。在1973年的"盖勒拉诉奥纳西斯案"(*Galella v. Onassis*)中,美国一家法院对记者颁布的禁制令就体现了这种保护精神。盖勒拉是一名自由摄影记者,他的日常工作就是跟踪当时的第一夫人杰奎琳·肯尼迪·奥纳西斯(Jacqueline Kennedy Onassis)和她的孩子们。这位摄影记者在年轻的约翰·肯尼迪骑自行车时跳上他的车道,侵扰孩子们的私人学校,他乘坐汽艇到奥纳西斯游泳的地方近距离拍摄。每次奥纳西斯和孩子们到公共场所活动,盖勒拉都会在极近的距离内拍摄。奥纳西斯以侵犯隐私、骚扰等请求法院对盖勒拉颁布禁制令。法院同意了她的请求。虽然法院认定盖勒拉有权在公众场合拍照,但要求盖勒拉必须与奥纳西斯保持至少25英尺距离,与她的孩子们至少保持30英尺距离。③

在我国,现行法律对隐性采访既没有明文保护,也没有明文禁止。按照"法无禁止即自由"的原则,应该是不违法的。在美国,秘密采访也是合法的。2019年,美国爱荷华州的一项加格法律(*Ag-gag Law*)(Iowa Code 717A.3A 2012)就被一家联邦法院宣布违反《宪法第一修正案》,该法律限制在饲养或宰杀食用牲畜的地方进行秘密录像、并对不如实报告接

---

① 《江西南昌高考替考事件调查》,《新民晚报》2015年6月8日,第A13版。
② 孙旭培:《新闻传播法学》,上海:复旦大学出版社2008年版,第245页。
③ 〔美〕约翰·泽莱兹尼:《传播法:自由、限制与现代媒介》,张金玺、赵刚译,北京:清华大学出版社2007年版,第188页。

近农业生产设施意图的行为予以刑事处罚。①但是，由于对隐性采访的使用很难把握界限，极有可能侵犯公民隐私权、不当干预事件发展和构成违法犯罪，所以隐性采访的使用必须受到严格限制。一般而言，只有在十分必要的情况下，才可以运用隐性采访的方式。这种"十分必要的情况"可以理解为采访事项涉及重大公共利益、甚至有违法行为发生，以常规采访渠道根本无法获得真实信息的特殊情况。传播法学者孙旭培指出：现实生活中的绝大多数题材都不应使用隐性采访，只有那些严重影响公众利益的题材才适用。②

对于媒体而言，一个基本的原则是，新闻采访报道是对公开信息的搜集和传播活动，新闻记者所允许接触的信息范围，同普通人并无不同。记者所允许接触的，也就是公众有权了解的；公众无权了解的，记者一般说来也不应当接触。新闻记者不是执法者，采访活动不是法定的执法行为，不享有执法者和执法行为的特权，不能任意侵入他人的私生活区域。③如果媒体或记者未经允许侵入了他人的私人领域，包括公共场所的私人空间，如商场的试衣间、宾馆的客房、路旁的公厕、医院的病房、个人网络空间等，就会构成侵权并需承担法律责任。夏某即因通过木马软件侵入他人私人空间而被追究法律责任。2010年，夏某因运用网上购买的木马软件远程监控了中央电视台主持人马斌的电脑，在获取电脑中的所有资料后实施敲诈。为此，夏某最终被以敲诈勒索罪受到法律处罚。④

特别重要的是，如果记者以常规方式无法获取信息，在别无选择的情况下运用隐性采访，仍须严格遵守国家各项法律法规，避免把暗访作为媒介市场竞争和追求个人名利的工具。媒介从业人员既不能装扮成政府工作人员（如行政官员、司法人员、执法者或军人等），也不能假扮成违法犯罪之徒（如毒贩、盗贼、黑客、人口贩子、嫖客等），还不能"诱导"采访对象，引诱对方上当受骗、甚至犯罪。在传播实践中，隐性采访风险很高，它既会让记者的人身安全受到威胁，也会损害媒体的公信力，还很容

---

① Case 4:17-cv-00362-JEG-HCA 79. (2019). Bhandari, E. Court Rules 'Ag-Gag' Law Criminalizing Undercover Reporting Violates the First Amendment. https://www.aclu.org/blog/free-speech/freedom-press/court-rules-ag-gag-law-criminalizing-undercover-reporting-violates, January 22, 2019.
② 孙旭培：《新闻传播法学》，上海：复旦大学出版社2008年版，第352页。
③ 魏永征：《新闻传播法教程》，北京：中国人民大学出版社2006年版，第200页。
④ 刘晓玲：《敲诈央视主持马斌"黑客"受审》，《北京青年报》2010年1月26日A20版。

易导致记者和被采访对象触犯法律。徐迅曾指出:"以一种违法的行为来制止另一种违法行为,不仅在逻辑上是荒谬的,而且在实践中也导致监督成本过高,完全不应提倡。"①有学者也为此忧心忡忡:"我们不能只重结果而不问手段,为了舆论监督,为了批评、揭露违法犯罪行为,而不惜以违法对违法。这是一种极其危险的倾向。一旦这种做法成为天经地义之时,便是法律尊严沦丧之日。"②并且,以隐性采访的方式获取信息即使不违法,也违背职业道德。

对于人身安全和触犯法律的风险问题,以下举两例分别予以说明。对于人身安全问题,2003年,《羊城晚报》记者赵世龙通过假扮"鸡头"、暗访广州长洲戒毒所组织贩卖戒毒女案件,在该报刊发题为《长洲戒毒所强卖戒毒女为娼全调查》的报道,并被央视《新闻调查》转载报道。他因此获评是年中国记者风云人物,但在采访过程中和完成报道之后,其人身安全多次受到威胁。③对于触犯法律问题,1998年,南方某晚报一位颇有名气的记者,在婚后发现妻子在从事贩毒活动,他不仅未及时制止,反而突发奇想,想利用这个关系"深入"贩毒的"虎穴"做一次"体验式采访",写一篇"有深度、有力度"的禁毒纪实报道。他由此两次亲历了贩毒过程,其携带毒品的行为最终导致他在事实上构成了贩毒罪。④

在美国,虽然媒体经常使用秘密消息来源,但并不鼓励使用暗访,媒体未经同意进入他人私人住宅、工作场所以及使用偷拍偷录设备获取隐私信息的行为,经常被提起欺诈和侵扰诉讼。这是因为私人住所的主人拥有合理的隐私权期望,在其他一些特殊的区域或空间,例如酒店客房、医院病房、救护车厢、办公隔间、公共厕所、个人电脑和商场试衣间等,免于侵扰和不受欢迎的观察的权利也是受到承认的。伊利诺伊州的一家法院于1986年解释道:"原告能被一些人见到的事实并不会令他丧失独处的权利。人们在家中与家人及受邀的宾客在一起,这并不意味着他们也会给电视台的摄像机打开了大门。"⑤

---

① 徐迅:《中国新闻侵权纠纷的第四次浪潮》,北京:中国海关出版社2002年版,第254页。
② 周也平:《"体验式报道"质疑》,《新闻记者》1998年第2期,第6—9页。
③ 《"长洲戒毒所贩卖戒毒女"追踪》,《兰州晨报》2004年6月11日,第A17版。
④ 南臣:《名记者娶了大毒枭》,来源:《华商报》,2001-2-19,链接为http://hsb.hsw.cn/gb/newsdzb/2001-02/19/2001-02-19-05gnxw9.htm。
⑤〔美〕约翰·泽莱兹尼:《传播法:自由、限制与现代媒介》,张金玺、赵刚译,北京:清华大学出版社2007年版,第182页。

在 1971 年的"迪特曼诉时代公司案"（Dietemann v. Time, Inc.）中，媒体就因使用欺骗手段入户采访报道而败诉。当时，时代公司所属《生活》杂志的两名记者假扮成患者到原告处求治，以调查原告的无照行医行为。在记者们进入原告的家之后，暗中将整个治疗过程偷拍偷录了下来，并用无线电发射器传送给在外面汽车上等候的同事和两名执法人员。随后不久，原告因无照行医被捕。但是，原告迪特曼诉杂志侵犯隐私权，并获得胜诉。①第九巡回区法院裁决认为，"原告同意两位患者进入其家中治疗，虽然要承担将整个治疗过程复述给他人知晓的风险，但这种风险并不包括对治疗过程的拍照和录音，因为这是其私人空间。这种同意范围之外的照相和录音以及公开行为，确实侵犯了原告的隐私。"②该院在判决书中指出："虽然《宪法第一修正案》保护新闻自由，但这并不意味着新闻记者可以免于新闻收集过程中侵权甚至犯罪责任的追究。第一修正案并非媒体侵入、窃取或以电子方式侵扰他人私宅或办公室的许可。"③

在 1992 年的"食狮公司诉美国广播公司案"（Food Lion v. ABC）中，被告因使用欺骗手段进入食狮公司暗访报道而后被提起侵入和不公平交易等侵权诉讼。④在该案中，美国广播公司（ABC）"黄金时间直播"（PrimeTime Live）的制片人得到秘密消息，称食狮商店有肉类处理不卫生的情况，其职员将过期牛肉和新鲜牛肉混在一起送进绞肉机，将过期肉贴上新标签继续出售。该公司发现了该指控包含的新闻价值，他们决定实施暗访，秘密调查此事。美国广播公司的两名记者使用虚假简历获得了食狮公司食品部的工作。

在此过程中，他们用偷拍机拍摄了该公司职员实施的数次明显不卫生的肉品处理行为，偷拍视频的部分内容在"黄金时间直播"中播出，对食狮进行了尖锐批评。⑤随后，食狮公司起诉美国广播公司及其记者，它针对的不是内容的准确度，而是信息的获取手段、欺诈、侵入等。初审法院判定美国广播公司承担欺诈责任，赔付补偿性赔偿 1402 美元，惩罚性赔偿 31.5 万美元（最初超过 5 百万）。1999 年，第四巡回区法院虽然驳回上

---

① Dietemann v. Time, Inc. 449 F.2d 245, 248 (9th Cir. 1971).
② 谢远扬：《个人信息的私法保护》，北京：中国法制出版社 2016 年版，第 78–79 页。
③ Dietemann v. Time, Inc. 449 F.2d 245, 249 (9th Cir. 1971).
④ Food Lion, Inc. v. Capital Cities/ABC, Inc., 887 F. Supp. 811 (1995).
⑤ Food Lion, Inc. v. Capital Cities/ABC, Inc. 984 F. Supp. 923 (M.D.N.C. 1997).

述赔偿金,但是仍然认为两位记者违反了对食狮的忠实义务且构成了侵入,判罚2美元。①该法院认为,只有当原告对记者错误描述的信赖直接导致损失时,原告才能获得赔偿,而法院在该案中找不到这种损失。在该案中,食狮公司的商誉损失不是由美国广播公司的错误描述导致的,而是由食狮公司自己的行为导致的。由此,第四巡回区法院指出,记者受雇于食狮公司,才获许进入食狮,但记者并没有获得在商家的非公众场合拍摄并让美国广播公司使用视频的许可。②

四、公共利益

公共利益是隐私侵权诉讼中的重要抗辩原则之一。这种抗辩原则是指凡是与社会公众利益相关的事项,或者出于社会公众利益需要必须公开的事项,不受隐私权保护。法学家博登海默认为,公共利益是行使个人权利时决不可以超越的外部界限。③在美国,高于一切个人的公共利益常常被视最重要的抗辩事由。④巴顿·卡特等人指出:"新闻媒体在公布真实的有关公共利益的事宜上受到保护。"⑤法国《民法典》第9条在1993年新增一款规定:为了公共利益,犯罪嫌疑人和被控犯罪的人,其隐私权受到限制。⑥英国上议院大法官在"雷诺兹诉《泰晤士报》案"(*Reynolds v. Times Newspapers Ltd.*)中指出:"如果涉讼新闻内容涉及公共利益,而媒体的表现又符合负责任的新闻业要求,那么即使出现错误也可以免除责任。"⑦2001年我国的司法解释也把"违反社会公共利益、社会公德"作为公民隐私权克减的前提。

---

① Food Lion, Inc. v. Capital Cities/ABC, Inc. 984 F. Supp. 923 (M.D.N.C. 1997).
② 同上。
③ 〔德〕博登海默:《法理学、法哲学及其方法》,邓正来译,北京:中国政法大学出版社1998年版,第317页。
④ 〔美〕阿丽塔·艾伦、理查德·托克音顿:《美国隐私法 学说、判例和立法》,冯建妹等编译,北京:中国民主法制出版社2004年版,第12页。
⑤ 〔美〕巴顿·卡特等:《大众传播法概要》,黄列译,北京:中国社会科学出版社1997年版,第92页。
⑥ 张民安:《现代法国侵权责任制度研究》,北京:法律出版社2003年版,第68页。
⑦ Reynolds v Times Newspapers Ltd and others: HL 28 Oct (1999). 转引自 魏永征、白净:《从沙利文原则到雷诺兹特权——对借鉴外国诽谤法的思考》,《新闻记者》2007年第8期,第42—45页。

公共利益通常指相关空间内大多数人的利益。[①]它不仅源于公民基本权利自身，而且亦是基本权利之外对基本权利的制约。对于其内涵和价值，尽管无法进行穷尽性归纳，但是我国现行法律法规仍然对其进行了界定。2017年最新修订通过的《测绘法》第36条第二款将公共利益界定为"各级人民政府及有关部门和军队因防灾减灾、应对突发事件、维护国家安全的需要"。我国2011年公布的《国有土地上房屋征收与补偿条例》第八条对征收房屋需要的公共利益做出了实体性界定。该条列举了六种"保障国家安全、促进国民经济和社会发展等公共利益的需要"：（1）国防和外交的需要；（2）由政府组织实施的能源、交通、水利等基础设施建设的需要；（3）由政府组织实施的科技、教育、文化、卫生、体育、环境和资源保护、防灾减灾、文物保护、社会福利、市政公用等公共事业的需要；（4）由政府组织实施的保障性安居工程建设的需要；（5）由政府依照城乡规划法有关规定组织实施的对危房集中、基础设施落后等地段进行旧城区改建的需要；（6）法律、行政法规规定的其他公共利益的需要。尽管这两部法规中的公共利益未必全部与隐私保护完全相关，但是总体上反映了我国现行法律对公共利益的内涵界定和平衡趋向。

隐私权缩减的重要前提之一就是公共利益，这是其正当性基础。为了保障公共安全和社会秩序等涉及公共利益的事项，可以将卷入公共事务的个人隐私公开，但只有在公共利益必须明显大于个人利益时才可实施。例如，为了追查违法犯罪的需要，依法提取、固定、使用监控录像，即使会对犯罪嫌疑人或者监控视频中其他人的隐私权构成一定损失，权利人也不能够因此获得法律保护。[②]因为打击违法犯罪是公共安全和利益的需要，法院在利益权衡时会倾向于支持保障公共利益。但是，一般情况下，普通公民的个人事务很少涉及公共利益，对公共利益不会有多大影响，也并非必须为公众所知晓。基于公共利益的例外，也并不意味着对个人隐私的获取和使用不受限制，法律通常会对隐私使用范围、方式和时间等进行限制。公共部门在获取和使用隐私信息时，通常需要满足必要性和最低限度保障原则。这在美国常常涉及宪法第四修正案，法律禁止不受限制的信息收集行为，执法人员要获取犯罪嫌疑人的隐私，必须要有充足的合理理由以提

---

① 陈新民：《宪法基本权利之理论基础》，台北：元照出版有限公司1999年版，第134页。
② 廖根：《监控录像系统中人像鉴定问题研究》，上海：上海人民出版社2010年版，第206页。

前获得法庭许可令。

公民隐私权因公共利益而须适度克减的情况，主要依卷入公共利益和社会公共事务的程度而定，这常常因人和因事而异。就人而论，不同的人物由于在公共生活中所处地位、影响不同以及他们与社会公共利益的相关程度不同，隐私的范围就不一样。其中，公众人物，包括政府官员、社会知名人士和各类影星、歌星、体育明星等完全公众人物和有限公众人物，由于他们的行为、特别是公开活动多与公共利益密切相关，其隐私范围就相对小于普通公民。法院认为"公众人物人格权益的法律保护较之普通民众亦应适当克减"[①]。虽然政府官员等公众人物的财产收入、公务活动、消费记录等个人隐私中包含较大的公共利益，但国内外法律界仍然普遍承认他们有权保守其私人通信秘密、家庭生活和性爱关系等隐私。换言之，为了满足或者保障公共利益，让作为极少数群体的公众人物牺牲或让渡某权利中的利益，是法律在利益冲突面前不得不做出的一种取舍，是不得已而为之的。[②] 普通民众因较少参与公共事务，如果没有特定法律关系的变更，他们的活动较少涉及公共利益，这导致其隐私范围可能略大于公众人物。通常而言，普通公民和公众人物隐私权界的变化常常因卷入公共利益的程度而异（具体可参照图 8-1）。

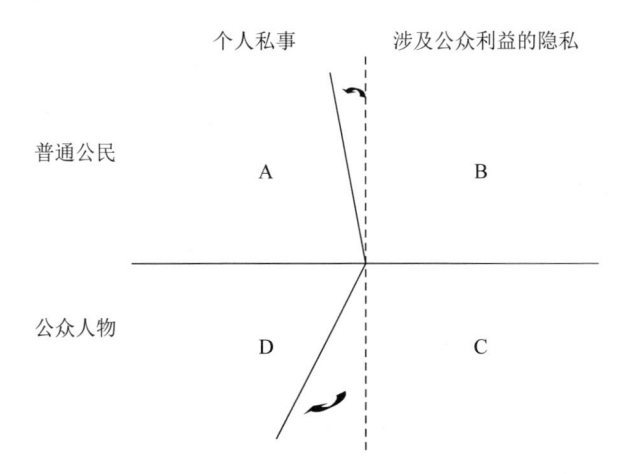

图 8-1 公众人物和普通公众的隐私权界变化坐标

---

① 广东省广州市中级人民法院（2014）穗中法民一终字第 4258 号。
② 国家新闻出版广电总局政策法制司（编）：《广播影视案例分析 传播内容篇》，北京：中国广播电视出版社 2014 年版，第 96 页。

就事而言，由于个人并不是离群索居，现代社会中一般主体难免不同程度地卷入社会公共生活。这样，普通公民的有些本来纯属私人事务的事情在一定条件下也可能转化为同公共生活有关而具有公共利益的属性。正如恩格斯所言："私事和私信一样，是神圣的，不应在政治争论中加以公开。如果这样无条件地运用这条规则，那就只能一概禁止编写历史。"① 传播学者陈力丹结合恩格斯论述的语境，将其观点进一步凝练为："个人隐私应受法律保护，但当个人私事甚至隐私与最重要的公共利益——政治生活发生联系的时候，个人的隐私就已经不是一般意义的私事，而属于政治的一部分，它不再受隐私权的保护，应当成为历史记载和新闻报道不可回避的内容。"②

这主要是指某些私事一旦对社会公共生活发生影响及至损害的情况。譬如对公共场合不遵守交通规则、随地吐痰、乱丢垃圾、随地便溺和裸露身体等行为的拍摄，对家庭暴力、殴打幼童、虐待老人的报道等。在2009年的"杨丽娟案"中，杨丽娟追星本是其私人事务、属于其个人隐私，但是由于其对于明星刘德华不同常人的痴迷以及多次主动向媒体披露其追星行为和隐私信息，导致其追星的隐私与青少年追星及健康成长的公共议题产生关联。虽不幸最终酿成悲剧，但法院因其行为而并未支持其隐私侵权的诉求。广州市中级人民法院裁决认为，"涉讼文章表面看确是涉及了杨丽娟的个人隐私，但这一隐私与社会公众关注的社会事件相联系时，自然成为公众利益的一部分。"③ 在判决书中，终审法院还指出："原审法院以公共利益、社会公德来判断个人隐私应该让位于公众知情权，是完全合情合理合法的。"④

值得注意的是，现实生活中的一些事情，例如一些人的个人成就、奇特经历、成长过程、生活习惯等，虽然不一定与公众利益紧密相关，但是由于符合公众合理的兴趣，也常常算作非隐私。在美国，合理的公众兴趣亦常常划归隐私侵权抗辩范畴。"弗吉尔诉《体育画报》案"就属这种情况。1976年，美国的《体育画报》杂志被著名的人体冲浪运动员迈克·弗

---

① 〔德〕弗·恩格斯：《流亡者文献》，中共中央编译局（编译）：《马克思恩格斯论巴枯宁主义》，北京：人民出版社1980年版，第579页。
② 陈力丹：《马克思主义新闻学词典》，北京：中国广播电视出版社2002年版，第27页。
③ 广东省广州市中级人民法院（2008）穗中法民一终字第3872号。
④ 同上。

吉尔诉上法庭。因为该杂志报道他的冲浪勇气时，还公开了他私生活中的一些古怪行为。这种行为包括头朝下滚下楼梯，吃活蜘蛛和其他昆虫以及将点燃的香烟放入嘴中熄灭等。由此引发隐私权诉讼，法庭并不支持其诉求。法官在判决书中写道："韦奇海岸的人体冲浪是公众具有合理兴趣的内容，新闻媒体刊登有关迈克·弗吉尔的个人事实主要是为了解释弗吉尔为何会在韦奇海岸有极端冒险、大胆的冲浪行为，媒介的这种处理是合理的。"①

然而，不能否认的是，公众兴趣是一个抽象的概念，有高雅的、正常的，也有低俗的、畸形变态的，较难认定和判断。并且，凡是足以引起公众好奇心或媒体报道兴趣的各类私人或公共事务，也未必属于公众正当的兴趣之所在。对此，法国有法官指出，如果报章作出的报道采取了哗众取宠的形式，足以显示有力求引起公众恶意好奇心的意图，就不能以满足读者知情权为辩护理由来解除报章责任。②近年来，我国情感类节目屡陷"诉讼门"的原因正在于此。2008年，上海一女性在电视节目《大话爱情》中大叹婚姻不幸，前夫及父母感觉颜面尽失，于是以侵犯隐私、名誉权为由将这位把家丑公开的丁女士以及节目频道所属传媒公司告上法庭。③尽管上海市第二中级人民法院终审判决没有支持原告的主张，但是情感类电视节目侵犯隐私的症结却暴露无遗。因此，公众合理的兴趣应以符合社会中的正当风俗或占主流地位的道德准则为标准，参照社会的习俗与公约，而不能以满足公众的恶意好奇心为标准。

此外，公民隐私权因公共利益而适当克减也受到批评。法哲学家亚历山大·米克尔约翰（Alexander Meiklejohn）指出："公共利益并不是凌驾于个人的愿望和利益之上的另一种不同的利益。它并不包含在个人利益和愿望之外的任何东西中。"④传播法学者魏永征亦曾撰文批评这种论点，他

---

① 〔美〕约翰·泽莱兹尼：《传播法：自由、限制与现代媒介》，张金玺、赵刚译，北京：清华大学出版社2007年版，第172–173页。

② 朱国斌：《法国关于私生活受尊重权利的法律与司法实践》，《法学评论》1999年第3期，第130–136页。

③ 孙振、刘丹：《情感倾诉类节目为何屡陷"诉讼门"个人隐私是软肋》，来源：中国经济网，2008年4月11日，链接为http://www.ce.cn/culture/opinion/200804/11/t20080411_15122173.shtml。

④ 〔美〕亚历山大·米克尔约翰：《表达自由的法律限度》，侯健译，贵阳：贵州人民出版社2003年版，第75页。

认为"实行这种特殊诉讼规则的目的，乃是为了保护人们对于涉及公共利益的公共事务的讨论，所以是有条件的，即限于所谓'公言论'的范围之内"①。对于公众人物的权益因公共利益而克减的情况，法律上有其既定的标准和程序，不存在笼而统之的"克减"和"弱化"。在隐私方面，公众人物由于同公共事务联系较多所以范围较小，并不等于他们不享有隐私权益或者对于确属隐私的事项可以"克减"保护。②这也有违法律面前人人平等的基本原则。并且，"宪法并没有在原则上规定哪些活动是促进公共利益所必需，是政府的行动范围；哪些活动留给个人，是私人的行动范围"③。

最后，媒体常常以公众知情权作为其侵权的合理理由。殊不知，公众知情权与隐私权只是侧重和取向不同，二者表面上似乎相互冲突，实质上并无直接冲突。从宪法层面讲，二者都受宪法保障、均是公民的基本权利。具体而言，知情权主要立足于公法领域，多指知政权和社会知情权，对个人隐私的知情也主要指知悉本人信息的权利；隐私权则侧重于私法领域，多指私人生活信息和事务不被公开、私人领域不受侵扰。前者主要涉及公共领域，后者主要立足私人空间。平衡知情权和隐私权的一个重要基点就是公共利益。如果私人事务卷入公共生活、特别是较多涉及重要公共利益时，隐私权才可能、才可以在公共利益前克减，否则隐私权没有这种所谓的克减之说。大众媒体尤其是互联网平台决不能以公共利益为凭借，肆意获取、披露普通民众和公众人物的个人隐私、甚至侵入他人的私人生活领域。不论娱乐新闻、还是政治新闻，均应更多地尊重他人的隐私权。

---

① 魏永征：《公众人物权益"克减"论可以休矣》，《新闻记者》2015年第3期，第63-66页。
② 魏永征、傅晨琦：《"公众人物"不是"狗仔"报道的挡箭牌》，《新闻记者》2014年第6期，第43-46页。
③〔美〕亚历山大·米克尔约翰：《表达自由的法律限度》，侯健译，贵阳：贵州人民出版社2003年版，第76页。

第九章　知识产权

直白的、直接的盗版行为是必须要抵制的,保护著作权人的合法权利很有必要。但是,法律对于文化权利的过分管制,只会让这个社会墨守成规、商业创新和文化发展止步不前。

——劳伦斯·莱斯格

在传播活动中,知识产权不仅影响着媒介产业的发展,而且会影响媒介声音的大小,从而制约传播效果。在现代社会,各类传播平台及其从业者均有可能成为侵权的客体,或因未经授权、使用不当以及受版权开放(copyleft)和免费文化的冲击,也有可能成为侵权的主体。目前涉及传播活动的知识产权争议,主要集中在新闻作品著作权、网络游戏版权和孤儿作品版权使用与保护等领域,对于这些问题的立法和法律适用,不同法系国家既有相同的做法,也有差异化的法律探索。

一、新闻作品

新闻作品的版权保护是媒介版权保护的核心问题。它涉及著作权人、传播者和使用者之间的关系平衡,主要内容包括作品构成、权利归属和权利限制。

(一)时事新闻

时事新闻在著作权法上较有争议。在著作权法范畴内,时事新闻不受版权法保护。我国现行《著作权法》第五条就将时事新闻排除在作品范围之外。在中国,按照《著作权法实施条例》第五条的规定,所谓"时事新闻","是指通过报纸、期刊、广播电台、电视台等媒体报道的单纯事实消息"。对于时事新闻的涵盖范围,《最高人民法院关于审理著作权民事纠纷案件适用法律若干问题的解释》第 16 条进一步指出:"通过大众传播媒介传播的单纯事实消息属于著作权法第五条第（二）项规定的时事新闻。"从法律文本上讲，我国著作权法不保护的是事实，即所谓"单纯事实消息"，并不是新闻业界所误解的新闻报道。《中华人民共和国著作权法释义》解释称:"需要区分时事新闻和时事新闻作品，时事新闻是一种事实，是不为著作权法所调整的，但作者根据时事新闻所创作的时事新闻作品则受著作权法的保护。"①

从观点与思想二分的层面来看，"单纯事实消息"重点强调报道内容，并未涉及独创性的存在与否，很难视为作品。实际上，具有独创性的表达才能构成著作权法上的作品，从而受到法律保护。在新闻传播业界，有人甚至将消息简单地视为时事新闻，或将时事新闻完全等同于新闻报道，法律概念的模糊和解释的多元导致媒介从业者对时事新闻的理解出现障碍。并且，现行《著作权法》中对时事新闻的规定无法解释围绕该概念所引发的疑惑，司法解释在定义时事新闻时，突出了新闻报道的体裁，使用了"消息"一词，而没有使用"报道"等其他称谓。这又被法律界和新闻界理解为司法解释似在暗示时事新闻仅指新闻界所理解的相对短小的、缺乏作品独创性的消息。② 此举不仅未能消解疑问，反而加重了原有的疑虑。

实际上，时事新闻不受著作权法保护所反映的法理是事实不受著作权法保护，即事实无法构成作品。对于新闻作品而言，要讨论著作权保护问题，基本的逻辑起点就是须将事实、信息和观点进行区分。所谓"著作权不保护事实"，包括著作权不保护关于事实的客观信息，这些信息是事实释放出来的，可以进入人的大脑，再由人形之于表达，例如日出的时间、方位和色彩等等。当然，事实信息同样不是人脑的创造，故也落在著作权保护之外。③ 北京市海淀区人民法院认为，"单纯事实消息"是指对时间、地点、人物、起因、经过、结果等客观事实的单纯叙述，不包括作者的主观感受、思想情感或修辞、评论。此种消息构成要素简单，表达形式单一，

---

① 胡康生（主编）:《中华人民共和国著作权法释义》，北京:法律出版社 2011 年版，第 26 页。

② 刘文杰:《探析著作权法中的"时事新闻"——翻译引发的著作权法疑难问题》，《新闻与传播研究》2016 年第 3 期，第 18–37 页。

③ 同上。

且为满足公众知情权需要尽快传播，因而不受著作权法保护。①

著作权法不保护事实是一项普遍原则，为国际社会和世界许多国家所认可。《伯尔尼保护文学和艺术作品公约》第二条第八款规定：公约的保护不适用于时事新闻（news of the day）或带有简单报刊信息性质的各类事实。② 对于公约中的时事新闻规定，世界知识产权组织（WIPO）于1978年出版的《伯尔尼公约指南》进行了解读。该指南第2.26段和2.27段解释称，时事新闻规定的精神在于，公约不打算保护单纯的新闻或各类事实，因为此类材料不具备可被认可为作品的特征。另一方面，在其包含足够的智力成分，可被视为文学艺术作品的程度内，记者和其他新闻从业者在报道或评论新闻时使用的文字则受到保护。传播法学者刘文杰认为："新闻和事实本身以及对新闻和事实的简单讲述均不受保护，因为此类事物缺乏可被视为文学艺术作品的必要条件。"③

日本也主张事实不受著作权法保护，日本《版权法》第10条第二款规定，每日新闻和单纯的消息报道不被视为"作品"。该法把无著作权的新闻信息限制到最小的范围。所谓"只是传播事实的杂闻和时事报道"，是指关于人事往来、讣告、火警、交通事故等日常消息。这些作品没有版权。而一般的报道、通讯、新闻照片不属于这个范围，应作为作品加以保护。④ 同时，日本《版权法》第32条第1款规定，已发表的著作物可以引用，但引用必须符合公正的惯例，在报道、评论、研究上的引用，其目的也必须限于正当的范围，这种引用须明确标明作品的出处。

著作权法不保护事实的法律理念也受到美国法律的认可。在美国，《版权法》第102(b)规定，任何情况下，版权保护都不涵盖想法、程序、步骤、系统、操作方法、概念、原则或发现，无论对它们以什么方式加以描述、

---

① 北京市海淀区人民法院(2009)海民初字第13593号民事判决书。
② 英文官方文本:The protection of this Convention shall not apply to news of the day or to miscellaneous facts having the character of mere items of press information. 法文官方文本:La protection de la présente Convention ne s'applique pas aux nouvelles du jour ou aux faits divers qui ont le caractère de simples informations de presse. 世界知识产权组织官方网站：http://www.wipo.int/treaties/en/text.jsp?file_id=283698#P85_10661，2017-05-04。
③ 刘文杰：《探析著作权法中的"时事新闻"——翻译引发的著作权法疑难问题》，《新闻与传播研究》2016年第3期，第18-37页。
④ 郑丽艳、程艳：《时事新闻著作权的保护及完善》，《法律适用》2011年第11期，第105-106页。

解释、说明或表现。① 美国联邦最高法院指出："文字表达中包含的有关于时事的信息，也就是其中的新闻要素不是作者的创造，因此也不为作者所垄断。他人可以复制作品中包含的事实，但不能复制作品的词句来呈现这些事实。"② 有司法判例指出，原始新闻以及资讯不受著作权拘束，凡当天的新闻实质资料，基于公共政策之缘故，任由公众采用。版权保护新闻报道的表达方式——它被讲述的方式、事实被呈现的风格与方法——但不保护报道里的事实。③

虽然著作权法不保护事实，但是著作权法保护表达，对于新闻作品也是如此。我国现行《著作权法》明确规定"时事性文章"是受著作权法保护的客体。该法第22条第4款强调："报纸、期刊、广播电台、电视台等媒体刊登或播放其他报纸、期刊、广播电台、电视台等媒体已经发表的关于政治、经济、宗教问题的时事性文章时，可以不经著作权人许可，不向其支付报酬，但应当指明姓名、作品名称，并且不得侵犯著作权人依照本法享有的其他权利，但作者不许刊登、播放的除外。"《最高人民法院关于审理著作权民事纠纷案件适用法律若干问题的解释》第16条尽管称通过大众传播媒介传播的单纯事实消息属于时事新闻而不构成作品，但是同时规定"传播报道他人采编的时事新闻，应当注明出处"。世界知识产权组织出版的《世界知识产权组织管理的著作权与相关权公约指南》第BC-2.72段特别指出，公约所说的时事新闻不保护指的是单独的新闻消息或事实，如果对它们进行原创性地选择和编排，则受《伯尔尼公约》的保护。

除了合理使用的例外，不仅单一时事性文章受到《著作权法》的保护，而且对多条时事新闻加以原创性地选择和编排，其整体则可以构成汇编作品而受到《著作权法》的保护。无论是我国的《著作权法》还是《伯尔尼公约》均规定，材料的原创性的选择和编排可以构成作品，且不论被选择和编排的材料本身有无独创性。④ 无论是报刊、广播电视还是互联网，各类媒介平台所发布的新闻报道均可分为消息类、专题类和评论类等类型。除

---

① 刘文杰：《探析著作权法中的"时事新闻"——翻译引发的著作权法疑难问题》，《新闻与传播研究》2016年第3期，第18-37页。

② Feist Publications, Inc. v. Rural Telephone Service Co., 499 U.S.340(1991).

③ 郑丽艳、程艳：《时事新闻著作权的保护及完善》，《法律适用》2011年第11期，第105-106页。

④ 刘文杰：《时事新闻的不保护与保护》，《电视研究》2014年第2期，第23-25页。

了这种区分，还存在着跨类的新闻报道形态，例如横跨消息类新闻和专题类新闻的连续报道和系列报道等。①"专题类和评论类报道不可能构成时事新闻，它们一般都构成受著作权保护的作品。至于消息类新闻构成时事新闻与否，要看其具备作品所要求的独创性与否。"②并且，随着新闻界竞争的日益激烈，单纯事实消息所占的比重越来越低，多元化的体裁、纵深化的报道日益增多。这些新闻报道的作者付出了大量的智力劳动，在单纯的事实要素中加入了作者独创性的情感表达、评论分析等成分，其创作出来的不再是简单的"时事新闻"，而是以"时事新闻"为基础的具有独创性的新闻作品。③这样，新闻报道由于往往体现了作者的个性，从而满足原创性要求而成为著作权法中应受保护的作品。④

此外，与文字描述既可能构成作品、也可能不构成作品的情况不同，反映新闻事件的照片在我国司法实践中常常划归作品。这主要是因为"拍摄过程通常都能为拍摄者留下了展示其个性的空间。不同的摄影师在对同一事件或人物进行拍摄时，可以对拍摄角度、距离、光线和明暗等拍摄因素进行富有个性化的选择，使得照片影像具有独特的效果"⑤。受拍摄者自身新闻敏感、内容判断和拍摄技艺的影响，许多新闻照片、特别是抓拍的一些特写照片，常常被视为著作权意义上的作品。在我国，大量日常生活中的普通照片都被认定为摄影作品，受到了著作权保护。例如，一位医生在腹腔镜胆囊切除手术过程中，开启腹腔镜的摄像头对手术过程进行了录像，并从中截取了几帧画面。一审法院主张，医生"确实为此付诸了一定程度的智力性劳动，该智力劳动所体现的独创性达到了著作权法要求的最低限度，由此应获得著作权法的保护"。⑥在"东星公司诉慧聪公司著作权侵权纠纷案"中，北京市第一中级人民法院亦指出，就摄影作品而言，即使其内容系反映时事，通常亦体现了拍摄者对于拍摄时机、角度、构图等

---

① 吴信训：《新编广播电视新闻学》，上海：复旦大学出版社2006年版，第39页。
② 刘文杰：《探析著作权法中的"时事新闻"——翻译引发的著作权法疑难问题》，《新闻与传播研究》2016年第3期，第18-37页。
③ 昆明市中级人民法院（编）：《昆明市中级人民法院精品案例（2015）》，昆明：云南大学出版社2016年版，第148页。
④ 卢海君：《著作权法中不受保护的"时事新闻"》，《政法论坛》2014年第6期，第48-58页。
⑤ 王迁：《论〈著作权法〉中"时事新闻"的含义》，《中国版权》2014年第1期，第18-21页。
⑥ 同上。

的选择，具有作品的独创性，而且使用照片亦非传播时事性消息或相关事实所必需。只要涉案照片不属于《著作权法》第五条第（二）项所称的时事新闻，就应受到《著作权法》的保护。①

（二）版权归属

按照著作权法的基本理论，新闻作品的版权原则上归作品的创作者。但是，在现代社会，绝大多数媒体从业者均在媒体机构工作，根据雇佣合同、劳动协议所完成的作品，版权常常划归雇主，也有划归自然人的情况。

在英国，从1956年开始，《版权法》规定新闻出版业的报纸、杂志和类似刊物的作品为雇佣作品的版权归雇主。在新闻报纸和期刊方面，英国和爱尔兰也限制了使用这一原则的范围，雇主只有在报纸和期刊上使用作品的权利，其他权利仍属于作者。1988年修订通过的《版权法》仍然强调，受雇期间完成的所有文学、戏剧、音乐或艺术作品的第一版权人是雇主，除非雇佣合同有相反约定。除非另有规定，当文字、戏剧、音乐、艺术作品或电影是雇员在雇佣过程中完成的，其原始版权归属于雇主，女王版权、议会版权或特定国际机构的版权除外。②

与之类似，在澳大利亚，作品的作者通常就是作品的第一版权所有人。但是，如果没有相反的约定，作者在受雇于报刊业主期间，根据服务合同或师徒合同而创造的文学、戏剧或艺术作品，凡在报刊上刊载或转载、广播的，由业主享有版权。但在其他情况下，由作者享有版权。③但是雇主拥有报刊发表权和广播权，仅能在报刊或广播上发表上述作品，不能享有其他版权，除此以外的一切权利均归记者，例如图书出版权即为记者的权利之一。同时，记者和业主也可通过协议来变更上述条款。④

在法国，《版权法》第L.112-1条规定，保护作者对其一切智力作品的权利，而不论其类别、表达方式、价值或用途，版权法第3款规定："雇佣合同、服务合同的存在或者智力作品的作者签订上述作品的行为丝毫不影

---

① 北京市第一中级人民法院（2010）一中民终字第10328号民事判决书。
② 翟真：《新闻作品版权研究》，北京：知识产权出版社2015年版，第211页。
③ 蒋茂凝：《国际版权贸易法律制度的理论建构》，长沙：湖南人民出版社2005年版，第171页。
④ 吴汉东、曹新明等：《西方诸国著作权制度研究》，北京：中国政法大学出版社1998年版，第323页。

响者享有的第1款确认的权利",不允许当事人通过合同约定改变版权属于作者的原则,委托作品的版权只能属于受托人。① 该法第 L.132-36 条规定,持续或偶尔参与新闻制作的职业记者或同类人员,为完成新闻报道而实现的作品,如果雇佣合同无相反约定,且无论作品出版与否,该新闻作品的使用权排他性地转让给雇主。② 对于报酬支付问题,该法同样指出,不同新闻报刊转载时须支付报酬为对价。记者作品在上述界定的新闻报刊内,在不同媒介上使用,仅以相应的工资为对价。除此之外的时期的新闻报刊内使用作品的报酬,依据公司协定或其他集体协定,以版权报酬或工资的形式支付。在相关新闻类别报刊中使用记者作品的,必须明确标注记者身份,或根据公司协定的规定标注作品原始发表的新闻报刊的名称(第 L.132-39 条第2款)。③

中国的情况亦大致如此。在中国,对于新闻作品的版权归属没有专门的法律规定,在法律上和其他创作主体受到同等保护。我国最高人民法院主张:"对著作权权属的审查,一般以作品上的署名等为初步证据,除非有相反证据予以推翻。对初步证据的举证要求要结合案件的具体情况,所涉及作品的情况等合理进行确定。"④ 新闻作品的版权归属也是按此原则进行划分。媒介从业人员所创作的作品根据署名,版权一般归作者个人,但职务作品或委托作品的情况通常另当别论。对于作者的确定问题,2012年修订通过的《著作权法》第11条第四款规定,如无相反证明,在作品上署名的公民、法人或者其他组织为作者。最高人民法院《关于审理著作权民事纠纷案件适用法律若干问题的解释》第七条第二款规定,在作品或者制品上署名的自然人、法人或者其他组织视为著作权、与著作权有关权益的权利人,但有相反证明的除外。

对于争议性的职务作品,《著作权法》第16条规定:公民为完成法人或者其他组织工作任务所创作的作品是职务作品,两类情形下的职务作品,作者享有署名权,著作权的其他权利由法人或者其他组织享有,法人或者其他组织可以给予作者奖励:主要是利用法人或者其他组织的物质技术条

---

① 翟真:《新闻作品版权研究》,北京:知识产权出版社2015年版,第208页。
② 吴汉东、曹新明等:《西方诸国著作权制度研究》,北京:中国政法大学出版社1998年版,第68页。
③ 翟真:《新闻作品版权研究》,北京:知识产权出版社2015年版,第208页。
④ 最高人民法院(2014)民提字第57号。

件创作，并由法人或者其他组织承担责任的工程设计图、产品设计图、地图、计算机软件等职务作品；法律、行政法规规定或者合同约定著作权由法人或者其他组织享有的职务作品。除这两类情况以外，著作权由作者享有，但法人或者其他组织有权在其业务范围内优先使用。作品完成两年内，未经单位同意，作者不得许可第三人以与单位使用的相同方式使用该作品。对于委托作品，该法第17条规定："受委托创作的作品，著作权的归属由委托人和受托人通过合同约定。合同未作明确约定或者没有订立合同的，著作权属于受托人。"

在2011年的"华盖公司诉正林公司著作权侵权案"中，最高人民法院在再审中做出了华盖公司享有摄影师部分著作权的判决。在该案中，正林公司未经华盖公司许可，在其两份宣传品中使用了华盖公司网站上的图片作品，既未支付使用报酬，又未署名著作权人，由此华盖公司向法院提起著作权侵权诉讼。最终华盖公司通过证明与其签署图片使用授权的美国盖帝图像公司（Getty Images, Inc.）的水印具有著作权部分权利功能，并通过盖帝图像公司与摄影师瑞恩·麦克维（Ryan McVay）的职务关系宣誓证明其与其他网站的分销或隶属关系证明，证明了盖帝图像公司享有相关图片的著作权。2014年，最高人民法院在判决书中指出："摄影师Ryan McVay的声明更直接证明了Getty公司对涉案图片享有著作权。"①

二、网络游戏

伴随着互联网游戏产业的迅速发展，游戏侵权问题一跃成为知识产权保护中的热门话题。由于知识产权制度的不完善且受经济利益的驱使，网络游戏开发者和其他社会主体常常违反合理使用的规定，甚至逾越法律边界，未经授权盗用他人游戏画面、情节与规则等各类核心元素，网络游戏侵权诉讼数量近年来迅速攀升。仅2015年和2016年，北京市石景山区法院受理的涉动漫游戏知识产权案件同比前两年上升了八倍。②在网络游戏侵权从架设私服、全盘抄袭到山寨盗版与不正当竞争的发展变化过程中，网络游戏作品的权属认定、保护方式与侵权判定成为备受关注的重要议题。

---

① 最高人民法院（2014）民提字第57号。
② 《网游侵犯著作权案频发 专家建议对恶意侵权适用3倍赔偿》，来源：正义网，2017年4月22日，链接 http://news.jcrb.com/jsxx/201704/t20170422_1745492.html，2018年12月26日。

（一）作品属性

从作品著作权属性层面讲，网络游戏整体上属于计算机软件。它由游戏代码设置和游戏资源库构成，涵盖了故事设计、场景道具、角色设置、音效表现、游戏运行的系列算法，是基于一定的数据库程序将开发者事先安排和配置的要素协调配置后形成的不同形式的组合，最后以动态画面的形式呈现出来的多元素表现形态。虽然网络游戏内容的复杂性和特殊性使其很难归入著作权法中规定的作品类型，但国际上普遍认为网络游戏具有著作权法意义上的作品属性。国际上对网络游戏作品属性的认识总体上可以分为三类：加拿大、意大利、俄罗斯、新加坡等国将网络游戏划为具有图形用户界面的计算机软件；巴西、法国、德国、美国则将其视作"分布式类型"（distributive classification），认为游戏中的每一种创造性元素都可以根据各自的性质分别获得保护；韩国则将电子游戏归入视听作品进行保护。[①]

在我国，《著作权法》对此并无明确规定，各级法院在法律适用过程中，既有将网络游戏划归计算机软件进行保护的情况，也有将网络游戏作为整体进行保护的案例，还有将网络游戏视为视听产品、即类电影作品进行保护的裁决。例如，深圳市南山区人民法院就曾判决指出："被告未经权利人许可，将被控游戏计算机软件置于互联网中，使相关网络用户能够随意浏览并下载的行为，侵犯原告就诉争作品享有的信息网络传播权。"[②] 尽管网络游戏都是以计算机软件程序的形式存在，游戏玩家要玩游戏必须启动并运行游戏软件。很多游戏开发商在进行版权登记时，也倾向于将游戏登记为计算机软件。但计算机软件著作权对网络游戏的保护远远不够。这是因为网络游戏源代码通常属于商业秘密而导致代理商一般无法取得，而侵权者可通过编写新的程序代码实现与其他游戏相同的图像、声音和界面，且"潜在的玩家并不在意计算机软件程序，除非这些程序会影响游戏运行的视听效果"[③]。相较而言，我国在司法实践中普遍主张将网络游戏作为整体进行保护，法院判决将网络游戏认定为计算机软件和类电影作品的情况

[①] 凌宗亮：《网络游戏的作品属性及其权利归属》，《中国版权》2016年第5期，第23—26页。
[②] 广东省深圳市南山区人民法院（2015）深南法知民初字第596号。
[③] Small, D. G. Stemming the Tide of Video Game Piracy: Copyright Protection for the Audiovisual Displays. *Brooklyn Law Review*, 1983, 49(4): 889–909.

较为罕见。

对于网络游戏保护，法学研究者凌宗亮主张："虽然网络游戏所包含的具体元素确实可以通过现有的作品类别得到保护，但在整体上确立游戏作品的独立地位，仍有一定的必要性。"① 这主要是因为，一方面游戏开发往往需要巨大的人力、物力和资金等方面的投入，网络游戏的开发需要的专业人员并不亚于拍摄一部电影所需的人员，除了资金，还需要编剧、关卡设计师、内容设计师、用户界面设计、计算机软件编程和动作设计等各类创造性主体参与。另一方面，除了特殊职务作品，其他诸如美术作品、音乐和游戏情节等可能构成作品的内容大多只能构成一般职务作品，其著作权归属可能导致投资者无法获得著作权由不同主体共有的局面。② 这不仅不利于对投资者形成有效激励，而且影响游戏作品后续的开发、流转和再使用。同时，网络游戏中的文字、美术作品由于和游戏本身具有较强的独立性，因此常有独立于游戏单独获得保护的情况出现。

（二）法律适用

伴随着现代传播科技的快速发展，在网络游戏著作权侵权中，游戏画面、游戏情节和游戏规则等游戏内容的判定与保护是法律适用中的重要挑战，特别是如何认定侵权作品、改编行为和合理使用成为网络游戏不同权利主体之间利益平衡的关键点。

1. 游戏画面

就网络游戏画面是否构成作品问题，虽然存有争议，但司法部门通常将网络游戏画面视为电影和类电影作品适用法律。我国现行《著作权法实施条例》从制作方式、表现方式、传播方式三方面对电影和类电影作品进行界定："电影作品和以类似摄制电影的方法创作的作品，是指摄制在一定介质上，由一系列有伴音或者无伴音的画面组成，并且借助适当装置放映或者以其他方式传播的作品。"③ 对网络游戏画面的作品认定，尽管我国法律规定需"摄制在一定介质上"，但《伯尔尼公约指南》提出：制作技术并非必须考虑的对象，"无论在哪种情况下，屏幕上所显示的都应当受到同

---

① 凌宗亮：《网络游戏的作品属性及其权利归属》，《中国版权》2016年第5期，第23—26页。
② 同上。
③ 《中华人民共和国著作权法实施条例》，《新疆新闻出版》2013年第2期，第79—81页。

样的保护"①。同时,有学者则从"连续动态的图像"、给玩家以"沉浸式"的视听体验两方面论证网络游戏画面符合电影作品的定义。②

在有着我国"网络游戏产业第一案"之称的《泡泡堂》与《QQ堂》诉讼中(即"NEXONHOLDINGS 株式会社等诉腾讯科技有限公司等侵犯著作权纠纷案"),北京市第一中级人民法院于 2007 年通过比对后作出判决,驳回了韩国游戏公司耐克森(NEXON)的诉讼请求,认为原告提交的 37 幅画面有的"属于通用的表达形式,原告无权就其主张著作权",有的"从整体上看均不相似",有的"属于思想范畴",因此被告腾讯不构成著作权侵权。③ 在该案中,腾讯公司仿效盛大的《泡泡堂》于 2005 年 1 月推出《QQ 堂》游戏。《QQ 堂》的出现让盛大"腹背受敌",根据盛大公布的 2006 年第二季度财报显示:"其休闲游戏《泡泡堂》在运营了 3 年之后遭遇到'老化'问题,休闲游戏业务收入较上季度下降 17.8%。"④

当时,盛大公司并没有直接提起诉讼,而是说服拥有该游戏著作权的韩国 NEXON 公司起诉腾讯著作权侵权和不正当竞争。该公司诉称:"无论是从游戏画面、操作方式、道具设计、背景颜色还是背景布置的具体细节上,《QQ 堂》均与《泡泡堂》相同或实质性相似。"⑤ 然而,该法院在判决中指出:对于游戏道具画面中的文字部分,"虽然若干道具名称具有相似之处,但原告并不能对诸如'太阳帽、天使之环、天使之翼'等这些名称享有著作权","对于原告所主张的美术作品来说,二款游戏的上述画面整体上均不相似,不构成抄袭"。⑥

网络游戏画面能否构成作品,亦取决于表现方式是否与电影和类电影作品相似。2017 年,上海知识产权法院在"《奇迹 MU》诉《奇迹神话》案"中指出:"涉案游戏的整体画面是否构成类电影作品,取决于其表现形式是否与电影作品相似,故涉案游戏的整体画面可以作为类电影作品获得

---

① 王迁:《电影作品的重新定义及其著作权归属与行使规则的完善》,《法学》2008 年第 4 期,第 83—92 页。
② 王迁、袁锋:《论网络游戏整体画面的作品定性》,《中国版权》2016 年第 4 期,第 19—24 页。
③ 北京市第一中级人民法院(2006)一中民初字第 8564 号。
④ 吴晓波:《腾讯传(1998—2016):中国互联网公司进化论》,杭州:浙江大学出版社 2017 年版,第 188 页。
⑤ 同上。
⑥ 北京市第一中级人民法院(2006)一中民初字第 8564 号。

著作权法的保护。"① 在该案中，法院分析认为："当玩家开启操作时，屏幕终端呈现出文字、图片、声音等组合而成的画面，上述画面具有独创性，并能以有形形式复制，是应受著作权法保护的作品。"② 并且，该法院还认为，《奇迹 MU》游戏画面由一系列有伴音或者无伴音的画面组成，通过电脑进行传播，具有和电影作品相似的表现形式，据此法院认定其构成类电影作品。③

虽然网络游戏画面的著作权一般归创作者即游戏开发者所有，但是游戏玩家也会影响游戏画面的权利属性。明尼苏达大学法学院博士约翰·巴瑞克（John Baldrica）发现，尽管玩家的行为大致在"单纯玩玩没有内容贡献"和"重新定义游戏内容"之间分布，但不可否认的是，玩家对游戏画面具有一定的独创性贡献。④ 有研究也认为，玩家的游戏过程体现了其对游戏规则的选择和对游戏技巧的运用，是一个智力运用过程，只有玩家操作游戏，才能产生游戏画面。⑤ 需要注意的是，游戏玩家除了在支持用户生产内容（UGC）的高自由度游戏中具有一定的创造性贡献外，在竞技类游戏中并无创造性贡献可言。这是因为游戏开发者预设了游戏内容，玩家只是在预设规则、情节和结局可能性之间提供动因连结，创造性不足。

并且，玩家玩游戏的目的是赢得胜利，其操作指向实用性，不构成个性表达。⑥ 对此，上海知识产权法院认为："在《奇迹 MU》的游戏操作中，玩家的行为并不具备作品创作的特征。"该法院在判决书中指出："玩家操作行为的实质是在游戏开发商创作好的场景中，按照设计好的游戏规则进行娱乐。"在该过程中，"游戏画面由游戏引擎按照既定规则调取开发商预先创作的游戏素材自动生成，并无证据证明玩家在该游戏呈现的画面中增加了不属于开发商预设的内容"⑦。对此，另有法院亦认为，问题恰恰在于

---

① 上海知识产权法院（2016）沪 73 民终 190 号。
② 同上。
③ 同上。
④ Baldrica, J. Mod as Heck: Frameworks for Examining Ownership Rights in User-Contributed Content to Videogames, and a more Principled Evaluation of Expressive Appropriation in User-Modified Videogame Projects. *Minnesota Journal of Law, Science & Technology*, 2007, 8(2): 681–713.
⑤ 江文华：《我国网络游戏的版权保护问题研究》，中山大学硕士学位论文，2018年，第14-15页。
⑥ 北京海淀法院课题组：《网络游戏侵犯知识产权案件调研报告（二）——游戏作品受著作权法保护的范围》，《中关村》2016 年第 9 期，第 94-97 页。
⑦ 上海知识产权法院（2016）沪 73 民终 190 号。

游戏具有双向互动性，不同玩家操作同一款游戏，画面顺序和画面内容均不同。①

2. 电竞直播画面

在电竞赛事直播中，画面作品的认定问题同样存在。电竞赛事直播是以电竞赛事为主要内容的直播，直播画面一般分为比赛画面和其他个性内容。在判定使用电竞赛事直播画面侵权时，通常会首先判断其是否属于作品，判断的难点在于独创性标准的认定。独创性的认定同时亦会考量电竞赛事组织者对直播画面的控制程度，这种控制应起到既保护组织者权益又促进赛事传播的效果。就电竞赛事直播画面是否构成作品问题，有研究将电竞赛事直播与传统竞技赛事直播进行类比，从而判断电竞赛事直播画面的作品属性。研究者认为，传统竞技比赛摄制需要选择特定的角度，以便捕捉运动员、裁判、观众的表情，且竞技比赛直播节目含有点评及解说。这些要素体现了制作者的个性与独创表达，直播画面应当属于作品。②

在"上海耀宇文化公司诉广州斗鱼科技公司案"中，上海市浦东新区人民法院认为网络游戏直播过程"具有随机性和不可复制性，比赛结果具有不确定性，故比赛画面并不属于著作权法规定的作品"③。美国版权局也曾因玩家的交互性操作产生随机性，否认游戏画面的作品属性。④在实践中，游戏玩家的操作确实会导致游戏画面发生变化，但玩家的操作基于游戏开发者的预设规则。如果玩家按照相同的操作方法操作游戏，则会产生完全一致的游戏画面。⑤游戏画面的内容可能不同，但无法掩盖画面的侵权来源。2016年，上海知识产权法院指出："客户端呈现给观战者的比赛无论从哪个观战视角而言，均来源于耀宇公司举办并正在进行直播的涉案赛事，斗鱼公司通过该客户端直播的比赛与耀宇公司正在进行直播的比赛在本质上仍是同一场比赛。"⑥这种行为实质上构成了不正当竞争。

与之类似，在"凤凰网赛事转播案"中，凤凰网被控未经授权转播中

---

① 上海市浦东新区人民法院（2015）浦民三（知）初字第529号。
② 江文华：《我国网络游戏的版权保护问题研究》，中山大学硕士学位论文，2018年，第15页。
③ 上海市浦东新区人民法院（2015）浦民三（知）初字第191号。
④ Genetski, C. & Troncoso, C. Copyright Industry Perspectives: The Pivotal Role of TPMs in the Evolution of the Video Game Industry. *Columbia Journal of Law & the Arts*, 2015, 38(3): 359–364.
⑤ 储翔：《网络游戏直播著作权保护困境与出路》，《中国出版》2016年第24期，第8–11页。
⑥ 上海知识产权法院（2015）沪知民终字第641号。

超联赛直播视频。正因如此,北京市朝阳区人民法院判定中超联赛直播视频构成作品,认定凤凰网构成侵权。该法院在分析直播视频的独创性时,强调作品的与众不同:"通过对镜头的选取,即对多台设备拍摄的多个镜头的选择、编排……不同的机位设置、不同的画面取舍、编排、剪切等多种手段,会导致不同的最终画面,或者说不同的赛事编导,会呈现不同的赛事画面。"①版权法学者王迁则从竞技比赛画面摄制角度提出异议,认为直播画面一般难以达到作品所需要的独创性程度,他指出:"由于体育比赛中摄影的作用……是抓住与比赛有关的稍纵即逝的任何精彩场景……各摄像师各自操控一台有固定机位的摄像机,其摄制角度和范围是相对固定和有限的。"②该研究聚焦于独创性标准的认定,以足球运动员带球的例子进行类比,称"一旦进入了某机位摄像机的拍摄范围,摄像师应让镜头跟随球员的跑动而移动,不能随意将镜头对准不相关的场景。这就大大降低了摄影师进行个性化选择的可能性"③。

对于独创性,传播法学者刘文杰指出,独创性不能以艺术品质、作者个性为判定依据,只能从表达的客观层面入手,即独创性是指"外在表达与众不同",且这一与众不同并非常人轻易可得,也并非"表达之超凡脱俗"。④与一般体育赛事直播画面相比,电竞游戏比赛画面同样具有独创性,且可以被固定和复制。王丽娜认为,"网络游戏比赛是在游戏程序的基础上所进行,是游戏玩家通过运行游戏程序来展现本身设定好的场景,调取游戏中本已存在的作品,其直播动态画面可以构成以类似电影的方法创作的作品"。⑤类似于其他赛事直播,电竞赛事直播者不仅对赛事部分画面进行选择,而且电竞比赛直播还配有专业解说、背景音乐、专家访谈和嘉宾表演等个性内容,另外该类直播制作还基于故事背景和规则设置等预先设计,具备作品的基本要素。

当然,并非所有电竞赛事直播画面都可以构成作品。譬如,简单录制电竞比赛游戏实况的直播画面就无法构成作品。只有富有创造性的电竞赛

---

① 北京市朝阳区人民法院(2014)朝民(知)初字第40334号。
② 王迁:《论体育赛事现场直播画面的著作权保护——兼评"凤凰网赛事转播案"》,《法律科学:西北政法大学学报》2016年第1期,第182–191页。
③ 同上。
④ 刘文杰:《微博平台上的著作权》,《法学研究》2012年第6期,第119–130页。
⑤ 王丽娜:《网络游戏直播画面是否构成作品之辨析》,《中国版权》2016年第2期,第46–49页。

事直播画面，才有可能构成作品。如果电竞赛事直播画面具有独创性，满足作品要件，就可以根据《著作权法》第15条规定归为类电影作品。直播节目制作者享有完整的著作权。但若直播节目独创性不足，则只能归为录音录像制品范围，制作者仅享有邻接权，即"许可他人复制、发行、出租、通过信息网络向公众传播并获得报酬的权利"。[①] 即使电竞赛事直播画面均构成作品，最后也只能依据其行为是否超出游戏客户端旁观者的合理使用范围而判定是否构成侵权。

3. 游戏情节

游戏情节的著作权保护问题，一般涉及游戏情节的作品属性、二次改编的授权和情节的实质性相似认定三个方面。由于游戏情节处于思想与表达的临界点，抽象的情节通常划归思想，不受著作权法保护，而具体的情节一般被视为表达，受到法律保护。

游戏情节是游戏中具有内在因果关系的人物活动及其形成的事件发展过程。[②] 它将游戏机制、游戏美学要素串联在一起，能够增强游戏吸引力，是游戏作品的重要组成部分。在"琼瑶诉于正案"中，北京市高级人民法院将情节与文学作品进行类比认为："一部具有独创性的作品，通常以故事情节与人物的交互作用来呈现个性化的、具体的人物关系，人物关系基于特定情节的发展产生独创性的表现效果。"[③] 此时，作品中的这种特定设置就将基于作者的独创设计脱离公知素材的维度，而进入著作权保护范畴。另有法院亦认为："大量使用涉案作品的人物名称、对话及故事情节，系以涉案作品的基本内容为基础的具体表现，实为使用涉案作品的独创性部分。"[④] 它是作品重要的组成部分，是作品中具有独创性的基础表达。

在法律上，使用已有作品情节创作游戏的行为称为改编，属于演绎行为的一种。将其他作品改编成网络游戏，一般会利用已有作品的故事情节等要素，即对已有作品的基本表达予以部分保留，并在其基础上增加人物造型、场景设置、游戏规则等要素。网络游戏产品的种类很多，不同类别

---

① 全国人大常委会：《中华人民共和国著作权法》，《中华人民共和国全国人民代表大会常务委员会公报》2010年第2期，第159–166页。

② 江文华：《我国网络游戏的版权保护问题研究》，中山大学硕士学位论文，2018年，第25页。

③ 北京市高级人民法院（2015）高民（知）终字第1039号。转引自禾田（主编）：《琼瑶诉于正案始末》，西安：西北大学出版社2016年版，第129–130页。

④ 北京市海淀区人民法院（2015）海民（知）初字第6153号。

的游戏对故事情节的关注度是不同的。例如，角色扮演游戏强调情节发展和个人体验，一般有较完整的故事情节，而动作游戏是由玩家控制游戏人物用各种武器消灭对手过关的游戏，并不注重故事情节，卡牌游戏一般亦非以故事情节取胜。不论如何，游戏制作者在改编、特别是使用原有故事情节之前，通常需征得作品现有著作权人的许可。对此，我国《著作权法》第 12 条规定："改编、翻译、注释、整理已有作品而产生的作品，其著作权由改编、翻译、注释、整理人享有，但行使著作权时不得侵犯原作品的著作权。"① 然而，改编作品具有的仅仅是消极权利，只有二次改编侵犯改编作品著作权时，改编作品著作权人才能依据著作权法主张自己的权利。

在司法实践中，对游戏情节进行保护主要是通过保护改编权实现的。如果作品构成改编作品，则该游戏作品受到保护。行使改编权所形成的改编作品，是在保持原有作品基本表达的基础上，对原有表达加以发展变化而形成的有独创性的新作品。2016 年 4 月，北京知识产权法院在"畅游公司诉普游公司等侵权案"中指出："改编作品应当与原有作品的基本脉络和主要情节相符或者相适应，对于仅仅使用了原有作品的少量内容或表达，整体上与原有作品无法形成对应关系的，则不构成改编作品。"② 对于情节问题，该法院强调："对于没有利用授权作品的故事情节，而仅使用了人物名称和/或武功名称，或者仅少量利用了授权作品的故事情节和/或人物名称、武功名称而形成的新作品，由于其表达与授权作品已经无法形成对应关系，不构成近似，因此无法认定属于授权作品的改编作品，该使用行为也就不受改编权这项著作权专有权利的控制。"③

在该案中，畅游公司曾于 2013 年获得香港著名作家金庸授权的 11 部作品的独家移动端游戏软件改编权。然而，2014 年，普游公司和微游公司未经畅游公司或金庸的许可，在其开发运营的手机网络游戏《大武侠物语》中大量使用了金庸作品中的人物名称、武功或装备及情节，而被权利人畅游公司诉至法院。北京知识产权法院分析发现，仅涉案游戏中的"缘起无量山"部分，就在该关卡设置了"无量剑灾、娇女出手、世子出游、剑湖宫之争、南海鳄神、无量玉璧、神貂显威、神农帮现、俏罗刹、马王神"

---

① 全国人大常委会：《中华人民共和国著作权法》，《中华人民共和国全国人民代表大会常务委员会公报》2010 年第 2 期，第 159–166 页。
② 北京知识产权法院案（2015）京知民终字第 2256 号。
③ 同上。

等小关卡，这些小关卡的名称与小说《天龙八部》第一、二、四章的有关情节是相对应的。① 该法院指出："上述人物名称、武功和武器名称、情节等金庸作品元素在涉案游戏中占有相当部分的比例，通过对这些作品元素非偶发、同时的使用，相关公众很容易联想到金庸小说。"② 由此，法院认定涉案的普游公司与微游公司的行为构成对畅游公司的侵权。该法院还认为，如果仅仅使用了原有作品的思想或创意，而未使用其内容或表达，也不构成改编作品。

判断游戏是否侵权的一个重要标准，主要就是依据游戏所展现的人物、人物关系、故事情节发展与原版权作品内容和情节等是否构成实质性相似。在"完美世界公司诉《六大门派》案"中，上海市杨浦区人民法院即把游戏情节作为重要元素进行判别。该法院认为，从故事情节发展来看，原告完美世界公司公证的《六大门派》游戏的情节与《笑傲江湖》文字作品前七章的情节发展基本相同，"尽管《六大门派》游戏不构成对《倚天屠龙记》、《射雕英雄传》和《神雕侠侣》三部文字作品的改编，但是被告野火公司在《六大门派》游戏中整体上将四部小说予以糅合，将经典元素、桥段、人物使用于《六大门派》游戏中，构成侵权"③。

4. 游戏规则

网络游戏规则的架构与设计是游戏创作过程中的一个重要环节，它是网络游戏与其他作品的主要区别之一。与游戏画面、情节相比，游戏规则是网络游戏独具魅力的重要部分，它直接决定着游戏作品的创意与优劣，能够成为游戏作品独创性的集中体现。游戏规则的设计是游戏开发的首要环节，是游戏中音乐、美术等视听元素后续创作的基础，游戏规则的创新将产生新的游戏玩法，甚至新的游戏类型。④ 虽然目前网络游戏的规则设计已经达到了较高的创新程度，但是法律界仍然把游戏规则划归思想的一般陈述，而非独创性表达，从而不受著作权法保护。

除了属于公有领域的规则，当网络游戏的具体规则中的表达与思想不具有拆分可能性时，仍然不能进入著作权法的保护范围。根据合并原则，

---

① 北京知识产权法院案（2015）京知民终字第 2256 号。
② 同上。
③ 上海市杨浦区人民法院（2015）杨民三（知）初字第 55 号。
④ 曾晰、关永红：《网络游戏规则的著作权保护及其路径探微》，《知识产权》2017年第6期，第 68–73 页。

当某一思想的表达方式是唯一的或是极为有限的，这种唯一性表达或有限表达将不会受到著作权法的保护，否则对于表达的保护将会延及思想，而造成实质上的思想垄断。①如果游戏规则具备一定程度的创造性或是最低限度的创造性，则有可能获得著作权法的保护。广州知识产权法院即主张多元素词句混搭表述游戏规则具有独创性。该法曾判决指出，涉案作品运用独特的词句组合方式，在整体描述具有武侠剧情的网络游戏背景故事之余留存玩家互动参与塑造具体人物、情节的空间，同时兼顾介绍游戏体系和游戏规则的功能，此种思想表达方式在当时具有独创性，应受法律保护。②反之，"几个活动环节组合以及简单游戏规则的文字罗列，并不能形成著作权法意义上的作品"。③

在"暴雪娱乐有限公司等诉上海游易网络科技有限公司"一案中，尽管被告辩称游戏规则不属于著作权保护范畴，《炉石传说》游戏规则没有独创性，仅是抽象的思想，没有具体的表达形式。但是，上海市杨浦区人民法院判决指出："游戏规则尚不能获得著作权法的保护，并不表示这种智力创作成果法律不应给予保护。游戏的开发和设计要满足娱乐性并获得市场竞争的优势，其实现方式并不是众所周知的事实，而需要极大的创造性劳动。"④该法院还强调："现代的大型网络游戏，通常需要投入大量的人力、物力、财力进行研发，如果将游戏规则作为抽象思想一概不予保护，将不利于激励创新，为游戏产业营造公平合理的竞争环境。"⑤

在法律实践中，虽然游戏规则不能被认定为作品而受到著作权的直接保护，但是它却可以作为游戏动态画面或游戏重要元素而受到间接保护。特别是将游戏整体画面认定为类电影作品，使得游戏规则有了得到著作权法保护的可能性。⑥在2017年的"《奇迹MU》诉《奇迹神话》"案中，上海知识产权法院在认定涉案内容是否构成作品时指出："《奇迹MU》作为一款角色扮演游戏，具有一定的故事情节，由游戏玩家操作游戏角色，遵

---

① 曾晞、关永红：《网络游戏规则的著作权保护及其路径探微》，《知识产权》2017年第6期，第68-73页。
② 广州知识产权法院（2015）粤知法著民初字第19号。
③ 北京知识产权法院（2017）京73民终2042号。
④ 上海市第一中级人民法院（2014）沪一中民五（知）初字第22号。
⑤ 同上。
⑥ 曾晞、关永红：《网络游戏规则的著作权保护及其路径探微》，《知识产权》2017年第6期，第68-73页。

循一定的游戏规则在游戏场景中升级打怪,并可进行组队等互动性操作。当玩家开启操作时,屏幕终端呈现出文字、图片、声音等组合而成的画面,上述画面具有独创性,并能以有形形式复制,是应受著作权法保护的作品。"①

从该判决书中可以看出,法院虽然主要是从线条、图案、画面等整体方面进行了对比,但仍然不同程度地包括了游戏规则,如"每一个地图对玩家的等级限制"、"两款游戏均有剑士、魔法师和弓箭手三个角色,并且技能基本相同"、"游戏装备的属性"等游戏具体规则,并认为两款游戏"在游戏玩法……等方面高度近似"。② 在该案中,硕星公司完成的网页游戏《奇迹神话》被诉侵犯了壮游公司运营的角色扮演游戏《奇迹MU》。

三、孤儿作品

在新媒体时代,伴随着数字化和网络化的快速发展,孤儿作品的使用和保护已经成为版权界高度关注的热点问题。在我国新一轮的《著作权法》修订过程中,孤儿作品的使用和保护就备受关注。2012年3月,我国决定对《著作权法》进行修订,国家版权局先后发布了两份征求意见稿;2014年6月,国务院法制办公室向社会又公布了《著作权法》(修订草案送审稿),再次征求意见。在2015年的两会上,《著作权法》及其配套法规的立改废仍是讨论焦点之一。社会各界特别是立法部门旨在通过对新增设的孤儿作品版权使用与保护的讨论,完善法律法规,以解决互联网时代不明身份作品的数字化和授权困难的问题。③

所谓孤儿作品(orphan work)就是指仍在版权保护期内,但版权人不明,或者虽然以可查明版权人,但是无法找到版权人以获得其许可的作品。④ 按照法律规定,当无法找到版权所有人时,用户因未得到版权人许可,就不能对该作品进行任何使用或演绎。如果未经授权随意使用孤儿作

---

① 上海知识产权法院案号(2016)沪73民终190号。
② 同上。
③ 该部分主体部分已经发表,具体参阅卢家银、段莉:《孤儿作品版权保护的三大模式评析》,《编辑之友》2016年第1期,第59—64页。
④ Gompel, S. & Hugenholtz, P. B. The Orphan Works Problem: The Copyright Conundrum of Digitizing Large-Scale Audiovisual Archives, and How to Solve It. *Popular Communication*, 2010, 8(1): 61–71.

品，则会侵害版权人的权利，多数情况下还须承担高额赔偿责任；但是，如果为了保护版权人的权益而禁止使用孤儿作品，又会阻碍作品的数字化和网络化，最终将严重损害公共利益。为了平衡这种公私权益，许多国家都在立法和司法活动中进行了大量的探索和实践，就孤儿作品的保护和使用，世界范围内现已形成扩展性集体授权、非自愿许可和责任限制三种主要模式。这三种模式在孤儿作品的保护和利用方面影响很大、且各有利弊，它对于构建我国孤儿作品的版权保护体系，完善版权人、用户和社会公众之间权益的平衡大有裨益。

（一）扩展性集体授权模式

扩展性集体授权（Extended Collective Licensing, ECL）模式是保护孤儿作品版权的一种非常有效的方式，最早出现于20世纪60年代，主要以北欧诸国的法律为代表。[1] 扩展性集体授权是版权集体管理组织和作品使用者之间自愿达成的一种授权协议，意即如果一个版权集体管理组织被版权人授权管理大量版权，且该版权管理组织在某一特定领域有充分的代表性，那么该组织就可以依照法律将版权管理范围扩展到其他未授权版权持有人的作品。[2] 这种授权模式具有四个基本特征：（1）这种许可是基于集体管理组织和用户之间的自由协商；（2）扩展范围延伸到了非会员的权利持有者；（3）扩展效果是通过法律实现的；（4）非会员权利人有权依照法律要求个人酬劳（individual remuneration）和禁止使用作品。[3]

在世界范围内，瑞典（《版权法》第42a条）、挪威（《版权法》第36条和第38条）、冰岛（《版权法》第15a条）、芬兰、丹麦等国普遍采用扩展性集体授权的模式。其中，丹麦对孤儿作品版权的保护和使用最具有代表性。2010年2月27日，丹麦国会修订通过的《版权法》设立专章对孤儿作品的使用进行规范，该法明确规定了扩展性集体许可的共同适用条件。丹麦《版权法》第50条第2-3款规定："在某一特定领域内，如果一个用户与一家丹麦境内由某种作品的大多数作者组成的机构签署了版权使

---

[1] Schønning, P. Chronique des pays nordiques. *R.I.D.A.* 2002, 192: 252–309.

[2] 王英、马海群：《面向数字图书馆的扩展性集体管理制度探究》，《数字图书馆论坛》2011年第6期，第22–27页。

[3] Strowel, A. The European 'Extended Collective Licensing' Model. *Columbia Journal of Law & the Arts*, 2011, 34: 665–669.

用协议，那么该用户就可以申请适用扩展性集体授权。但是，如果某作者禁止协议中任意一方使用其作品，则不能适用前述扩展性集体许可的规定；尽管某些作品的作者与前述公共版权管理组织未签署任何协议，扩展性集体授权的规定也仍允许用户以同等性质和同样的方式使用这些作品。然而，扩展性集体授权的规定仅仅是给予用户根据其与版权管理组织的协议条款和规定的形式，使用其非成员作者作品的权利。"[1] 同时，丹麦《版权法》第16b条第1款规定："依据本法第50条扩展性集体授权的规定，公共图书馆和其他受公共机构全额或部分资助的图书馆，可以对报纸、杂志、汇编作品（composite works）、图书和其他已发表文学作品的简短摘录、以及插图和音乐作品的文本等进行数字化复制。"[2] 为了获许使用孤儿作品，用户必须和相关领域的版权集体管理者进行协商。丹麦法律的这种最新修订不仅是为了补充和完善扩展性集体授权的规定，而且其主要目的在于帮助解决公共服务机构对各类文化作品进行大规模数字化的问题，特别是孤儿作品的合理使用问题。丹麦《版权法》中的前述规定虽然扩大了原有的集体许可制的适用范围，但是孤儿作品的使用许可仍受到严格限制，每项许可都须获得政府部门——文化部（Ministry of Culture）的批准。更为重要的是，在扩展性集体授权制之下，权利人可向版权协议中的任何一方（包括版权集体管理组织和用户）发布禁止使用的声明，而版权集体管理者无权发布这种禁令。

与之类似，2005年修订通过的芬兰《版权法》第16d条也规定："政府法令规定向社会公众开放的档案馆、图书馆和博物馆，可依据版权法第26条扩展性集体授权的规定：除了第16a-16c条规定的情况（不论其目的是为了获得直接或间接的经济收益、或是传播给公众为了研究和学习之用、或是怀疑在制作副本或公众借阅过程中造成损害等），都可以为其馆藏作品制作一件副本，也可以向公众传播其馆藏作品。同时，该法第1条第1款保护作者版权的规定不适用于作者禁止复制和传播的作品。"[3] 换言之，在扩展性集

---

[1] 梁志文：《著作权延伸性集体许可制度的移植与创制》，《法学》2012年第8期，第122-131页。

[2] Danish Parliament. Consolidated Act on Copyright 2010. Kontakt Ministeriet, http://kum.dk/Documents/English%20website/Copyright/Consolidated%20Act%20on%20Copyright%202010%5B1%5D.pdf, 2010-02-27.

[3] Ministry of Education and Culture. Finland Copyright Act. *Finlex*, http://www.finlex.fi/fi/laki/kaannokset/1961/en19610404.pdf, 2013-12-13.

体授权制之下,即使作品作者不允许他人复制和传播其作品,向社会公众开放的档案馆、图书馆和博物馆亦可依法为公众复制和传播该作品。

发展到现在,扩展性集体授权的做法已经被欧盟、匈牙利、俄罗斯、乌克兰和马拉维等国采纳。现行欧盟法律已确认了该项许可制度的合法性,考虑用其解决信息传播中孤儿作品的版权问题。欧盟知识经济版权传播委员会(Communication on Copyright in the Knowledge Economy)明确强调扩展性集体授权是一种处理发生在图书馆或档案馆内孤儿作品使用的方法。[①]2012年10月,欧盟出台了《孤儿作品指令》(全称为《2012年10月25日欧洲议会和理事会第2012/28/EU号关于孤儿作品的许可使用的指令》)(Directive 2012/28/EU of the European Parliament and of the Council of 25 October 2012 on certain permitted uses of orphan works)。该指令开篇即对其目的和适用范围作出了界定,称"该指令的制定主要是为了建立欧洲数字图书馆,从而允许各成员国内的公共图书馆、公共教育单位和博物馆以及档案馆、声像资料研究机构和公共服务广播电视机构等,对他们保存的资料和档案等进行大规模的数字化存储"[②]。

根据该指令,在将某作品或材料首次数字化之前,前述公共机构将通过一种基于良好信念(good faith)的勤勉搜索(diligent searches)确认该作品受保护的相关版权信息,并需将勤勉搜索的结果、查询机构等搜索记录保存并与同类竞争性机构分享。在此基础上,该指令第6条对孤儿作品的使用和补偿问题作出了规定:"欧盟成员将为作品复制权和公众近用权提供一种例外或限制,以确保前述公共机构能够获准使用其保存的孤儿作品,但其使用一方面要使社会公众通过勤勉的搜索能够获得,另一方面其复制行为要服务于数字化的目的,要做到能够获取、索引、编目、保存或可恢复。一旦版权人出现,欧盟成员国将会给予权利人合理的经济补偿。补偿层级由成员国在欧盟法律框架内、依据公共图书馆等公共机构对孤儿作品的使用情况来确定。"[③]2013年10月4日,该指令最终获得了欧洲议会的批准。此外,2008年底,匈牙利议会在修订《版权法》时也采用了扩展性集

[①] Riisi, T. & Schovsbo, J. Extended Collective Licenses and the Nordic Experience: It's a Hybrid but is it a VOLVO or a Lemon?. *Columbia Journal of Law and the Arts*, 2010(4): 1–26.

[②] European Commission. Directive 2012/28/EU. *European Commission*, 2012-10-27, http://eur-lex.europa.eu/LexUriServ/LexUriServ.do?uri=OJ:L:2012:299:0005:0012:EN:PDF, 2013-12-21.

[③] 同上。

体授权的模式,对孤儿作品进行保护和使用,该法第 57A-B 条对此作了类似规定。

从前述欧洲国家的法律实践来看,扩展性集体授权这种制度主要是基于维护公共利益、促进文化传承和教育发展,版权集体管理组织无须经版权人授权即可依照法律将孤儿作品数字化和网络化。这种做法不仅适用于版权人已经死亡的作品,而且适用于版权人为外国人的作品,特别是适用于那些版权信息不全、版权人信息缺失或无法查询版权信息的作品。[①] 这极大地方便了数字化时代的版权清理(clearance of rights)。在扩展性集体授权制度之下,用户只要获得了公共机构的版权许可,就可以自由使用孤儿作品,而无须为将来版权所有者出现后可能导致的侵权风险而担忧。毫无疑问,扩展性集体授权制度在网络时代有助于促进版权人、信息传播者及公众等多方利益平衡,尤其在传播技术日益发达的今天,建立面向数字化的扩展性集体授权制度具有不可估量的现实意义。但是,扩展性集体授权制度的实际运行依赖于版权集体管理组织的代表性和成熟度,既要看该集体组织能否代表该领域足够多的版权持有者,又得看该集体组织是否已经在孤儿作品比较集中的领域成功运行。毕竟有一些版权所有人(例如影片制作人和发行人)宁愿自己持有版权,而一般不愿意将他们的版权委托集体管理。[②]

(二)非自愿许可模式

非自愿许可模式(non-voluntary licensing)是一种孤儿作品版权保护的例外方式,又称为国家许可模式(state licensing)。这是一种在不得不保护使用作品的权利和适当传播的情况下方可接受的折中解决办法,它包括强制许可和法定许可。一般而言,在作品已经首次发表后,只有基于公共利益等特定使用目的,才会依据法律或版权协议规定,不经作者或版权所有人同意,而直接允许他人使用作品。

加拿大、日本和韩国等国对孤儿作品的使用和保护即采用非自愿许可模式。在加拿大,2012 年 11 月最新修订通过的《版权法》(*Copyright Act*)

[①] 翟建雄、邓茜:《孤儿作品的数字化及利用:欧洲的立法与实践》,中国图书馆学会(编):《中国图书馆学会年会论文集(2012 年卷)》,北京:国家图书馆出版社 2012 年版,第 92–101 页。

[②] 卢家银、段莉:《孤儿作品版权保护的三大模式评析》,《编辑之友》2016 年第 1 期,第 59–64 页。

（该法最初于1921年通过，后经1988、1997和2011年三次修订）第77条规定："如果用户要使用无法确定版权所有者的文字出版和声像表演等作品，使用者则必须向版权局提出申请、并说明其已经通过了合理的努力（reasonable efforts）查找版权人而无果，若使用者申请和查找的各项条件符合版权局的要求，版权局就会颁发许可证，允许其使用该作品；该许可是非排他性许可，且必须接受版权局规定的其他附加条款和条件；版权所有人可以在该许可过期后五年之内，收讨该许可中所规定的版税。如果收讨未果，版权所有人可以提起法律诉讼来进行追讨。"① 在多数情况下，这类版税将由版权管理机构托管五年，五年之内，如果版权人没有提出索要，则该版税将返还版权管理机构，但版权所有者不得终止由版权局所颁发的许可。在加拿大，这种强制许可制不仅覆盖了已经出版的作品，而且也包括尚未出版的作品，但申请手续和提交材料各不相同。2000年2月21日，加拿大版权局（Copyright Board of Canada）向加拿大历史缩微研究所颁发了一个非独家使用许可，授权他们以多种形式复制560部作品。② 据该版权局的统计，从1990年到2012年，该版权局共发布260项使用许可，仅拒绝了8项许可申请。但是这并不包括对12640件孤儿作品文档进行公开的情况（2010年至少公开了411件）。③

日本对孤儿作品的保护方式与加拿大的做法基本一致，均是强制许可。现行《日本著作权法》第67条规定了"著作权人不明等情况下作品的使用"，规定使用孤儿作品的前提为"已经发表的作品或经过一定期间提供或者提示给公众的事实明显的作品，由于著作权人不明或者其他类似原因，根据政令规定付出相当的努力仍然无法和著作权人取得联系的情况下，其使用的方式是必须经过日本文化厅长官进行裁定，并为著作权人寄存了文化厅长官规定的相当于通常使用费的补偿金时，才能以裁定的方式加以使用。"同时该作品使用者"必须向文化厅长官提交记载作品使用方法和其他政令规定事项的申请书、著作权人无法取得联系的说明资料以及政令规

---

① Parliament of Canada. Copyright Act. *Justice Laws Website*, http://laws-lois.justice.gc.ca/eng/acts/C-42/, 2014-02-17.
② 杨士虎（编译）：《加拿大版权法概要》，兰州：甘肃人民出版社2012年版，第244页。
③ Intellectual Property Office. Copyright, and the Regulation of Orpan Works. *Intellectual Property Office*, http://www.ipo.gov.uk/ipresearch-orphan-201307.pdf, 2013-07-02.

定的其他资料"①。

与之类似，2009 年 7 月公布的《韩国著作权法》第 50 条同样规定了孤儿作品行政强制许可的解决方案。该条第一款规定："如果根据大总统令规定的标准作出相当努力，仍然无法获得已发表作品（外国人的作品除外）的著作权人或其住所，在无法获得许可使用时，可以根据大总统令的规定并得到文化体育观光部长官的批准后，按照文化体育观光部制定的标准，交存一定补偿金后利用作品。"② 根据该法的规定，在使用孤儿作品之时，用户需要明确说明自己的使用行为已经得到了韩国文化体育观光部长官的批准，并应注明批准的日期。在未署名作品的保护期限方面，《韩国著作权法》第 40 条规定："除非假名被广泛知晓，匿名或假名作品的保护期为作品发表后五十年。但是，如果有正当的理由认定作者死亡已经超过五十年，则著作财产权为作者死后五十年。"③

此外，英国对孤儿作品的保护则属于非自愿许可模式中的法定许可。其主要是通过立法明确规定孤儿作品使用的版权例外和限制。英国《1988 年版权、设计和专利法》（Copyright, Designs and Patents Act 1988，CDPA）第 57 条第一款规定，对于匿名或笔名作品，如果通过合理调查无法确定作者的身份，并且有理由推定版权已经期满，或者在实施行为或作出安排之年初，作者死亡时间已达 70 年或以上，那么利用该作品的行为不构成侵犯版权。④ 2010 年，英国修订了《数字经济法案》（Digital Economy Act），当时得到了皇室特准。该法在 1998 年版权法的基础上继续尝试走法定强制许可的道路。根据该法第 43 条的规定，如果用户能够提供合理搜索（reasonable search）的证据，他就可以依法获得孤儿作品的使用许可。特别是公共图书馆或档案馆，就可以依法将孤儿作品传播给公众或是将其数字化。考虑到将来版权人有可能会出现，用户需要提前支付一笔合理的使用费用交由第三方代为保管。⑤ 这种做法也为我国香港 1997 年《版权法》第 66 条所沿用。

---

① 十二国著作权法翻译组译：《十二国著作权法》，北京：清华大学出版社 2011 年版，第 393 页。
② 同上书，第 521 页。
③ 同上书，第 519 页。
④ 同上书，第 601 页。
⑤ Khong, D. W. K. The (Abandoned) Orphan Works Provision of the Digital Economy Bill. *European Intellectual Property Review*, 2010, 32(11): 560–564.

对于孤儿作品，我国采用的也是非自愿许可的模式。2012年国家版权局公布的《中华人民共和国著作权法》（修改草案）第25条规定："下列著作权的保护期尚未届满的作品，使用者可以向国务院著作权行政管理部门申请提存使用费后使用作品：（一）作者身份不明且作品原件的所有人经尽力查找无果的；（二）作者身份确定但经尽力查找无果的。"① 对于具体实施办法，2013年1月修订通过的《中华人民共和国著作权法实施条例》第13条做出明确规定："作者身份不明的作品，由作品原件的所有人行使除署名权以外的著作权。作者身份确定后，由作者或者其继承人行使著作权。"② 但是，我国现行法律既没有对孤儿作品的认定程序做出明确规定，也没有规定未来版权人出现后作品的版权清偿与责任承担。③

从加拿大、日本、韩国和英国等国的法律规定可以看出，非自愿许可是一种对作者所有权和公众使用权的平衡，不论是强制许可还是法律许可，虽然作者在行使披露的精神权利之后，他对作品的专有权利会受到明显削弱，但是作者获取报酬的权利仍然受到保障。从前述各国的做法来看，非自愿许可这种模式侧重对已出版孤儿作品版权的保护，减少了版权交易费用，既能解决社会公众使用孤儿作品的正当需求，同时也能保证版权拥有者可以得到合理的赔偿，从长远来说有利于孤儿作品的传播与利用。当然也存在制度建设和运行成本较高的特点，如果考虑到使用孤儿作品程序的烦琐性和使用报酬的问题，也有可能使潜在的使用者顾虑重重，不利于孤儿作品的传播与利用。

（三）责任限制模式

责任限制模式（Limited Liability）模式出现在美国，是美国法律倡导和主张的一种对孤儿作品版权进行保护的方式。该种模式旨在对孤儿作品使用者和版权人的相关责任进行限制。一般而言，责任限制模式允许真诚的使用者在无法确认和找到版权人的情况下先行使用作品，但是版

---

① 国家版权局：《中华人民共和国著作权法（修改草案）》，《中国新闻出版报》2012-04-05，第6版。
② 国务院：《国务院关于修改〈中华人民共和国著作权法实施条例〉的决定》，《中华人民共和国国务院公报》2013年第6期，第8-11页。
③ 周艳敏、宋慧献：《版权制度下的"孤儿作品"问题》，《出版发行研究》2009年第6期，第66-68页。

权人接受法律救济的权利也要受到限制（如果版权人最终出现并提起诉讼）。为了获得这种限制，使用者需要证明他进行过"合理而勤勉的搜寻"（reasonably diligent search），在这种情况下，如果有可能或是确属合理，还需要向作者和版权所有人提供版权归属。

责任限制模式最早是由美国版权局（US Copyright Office）于2006年5月在《2006年孤儿作品法案》（Orphan Works Act of 2006）中提出的。当时，美国《1976年版权法》已不能自发地保证已失去商业价值但仍在版权保护期内的孤儿作品自动进入公共领域，原有的版权法严重地妨碍了社会公众对孤儿作品的自由使用。所以，美国在谷歌数字图书馆计划引发争论之后，迅速开展修法工作。《2006年孤儿作品法案》提交美国众议院被否决之后，美国参议院司法委员会（Senate Judiciary Committee）又制定了《2008年孤儿作品法案》（Orphan Works Act of 2008）和《肖恩·本特利孤儿作品法》（Shawn Bentley Orphan Works Act of 2008）两部法案。这两个内容非常类似的法案，当时都被列入了国会两院的议程。但是，由于全美作家联盟（National Writers Union）、美国艺术家权利协会（Artists Rights Society）和美国社论漫画家协会（Association of American Editorial Cartoonists）等60个文化艺术团体的联合反对，这两个法案至今未能获得通过。

迄今为止，美国法律界所争论的这一系列"孤儿作品保护法案"采用的即是责任限制的方式。这些立法尝试的目的是为了在涉及孤儿作品的侵权案件中，对司法救济进行限制。美国这一系列"孤儿作品保护法案"的内容基本上都是对"孤儿作品的界定""适用范围""合理而勤勉搜寻的认定""对版权人金钱救济和禁令救济的限定条件"等所做的详细规定。[①]

根据这些法案，"合理而勤勉的搜寻"包括是否检索过版权登记信息、对合理的专家指导和技术的使用等。如果使用者仅仅是依据原作品或其副本中缺乏相关版权信息而称无法查找，就不能获得使用作品的许可。无论如何，使用者的搜索是否属于"合理而勤勉的搜寻"最终由法院根据具体情况来判定。如果使用者满足了"合理而勤勉的搜寻"的各项标准并标注了原作者或版权所有者的权利归属，即使版权人重新出现并提起诉讼，使用者也可以减轻责任或免除侵权责任。通常而言，如果是商业使用，金钱救济

---

① 韩莹莹译：《〈2006孤儿作品法案〉议案及〈2008年孤儿作品法案〉议案》，《环球法律评论》2009年第1期，第151–160页。

（monetary relief）就会被限定在对作品使用的"合理赔偿"范围内，这种费用与合理的版权许可费用相当。然而，如果这种使用是非商业用途并且使用者在接到版权人的通知后即迅速停止了侵权行为，那就不需要对版权人进行赔偿。[①] 此外，这种责任限制规则还为禁令救济（injunctive relief）进行了限制。如果使用者向版权人支付了合理的费用并明确标注了权利归属，那么当孤儿作品被融合进一部演绎作品（例如电影或纪录片）中时，版权所有人也无法获得完全的禁令救济以阻止该演绎作品的使用。但是，如果用户没有对孤儿作品的内容进行任何改动，而只是将孤儿作品再次出版或是张贴在互联网上，则会构成侵权，版权人就可以享受完全的禁令救济。[②]

与其他两种模式相比，虽然说美国式的责任限制模式既规定了使用者的责任，又限制了对版权人的救济，应该是平衡保障版权人和使用者权利的一种不坏的选择。但是，也有人质疑这种制度可能会大幅提高孤儿作品使用者的法律地位，并且对禁令救济的限制也提高了用户将孤儿作品用于演绎作品的法律确定性。同时，还有反对者认为在该种模式下，法条所规定的"合理而勤勉的搜寻"的评判和认定标准模糊，实践中许多用户很可能并不想采取实际行动、真正去查找版权人，不少版权信息不明的作品由此会完全沦为真正的"孤儿"而让人随意使用，版权人毫无讨价还价的余地。[③]

（四）特殊作品版权保护路径

现有世界范围内对孤儿作品版权保护的三大模式虽然在效用上各有优劣，但均较能有效地保护孤儿作品的版权，并能在一定程度上推进孤儿作品的合理使用。其中，扩展性集体授权模式和非自愿许可模式相对而言，对我国可能更具借鉴意义。因为扩展性集体授权模式的出现与发展与北欧及欧洲国家对版权的集体管理传统息息相关，这与我国实践有一定的相似性。我国已成立音像著作权集体管理协会，2014年的《著作权法》（草案）第五章也确立了著作权集体管理的制度，孤儿作品的集体授权机制有其存

[①] 马海群、高思静：《孤儿作品的版权困境及解决路径》，《图书馆情报工作》2011年第17期，第87-91页。

[②] Gompel, S. V. & Hugenholtz, P. B. The Orphan Works Problem: The Copyright Conundrum of Digitizing Large-Scale Audiovisual Archives, and How to Solve It. *Popular Communication*, 2010, 8(1): 61-71.

[③] 管育鹰：《欧美孤儿作品问题解决方案的反思与比较》，《河北法学》2013年第6期，第135-142页。

在和发展的法律基础和现实土壤。相比之下，非自愿许可模式则表现了最大程度的法律确定性，对于我国这样一个正在深化法治改革的成文法国家而言，有助于实现权利平衡，推动孤儿作品的使用与版权保护。对于美国法律界所倡导的责任限制模式，由于其存在争议、未能完全推行，所以仍需观察和分析。但是，美国现行版权法和孤儿作品立法尝试中所制定的诸如合理而勤勉的搜寻证据的提供、版权使用的登记与通知等详细明确的可操作化流程，对版权人的有限救济、合理补偿、对孤儿作品的商业化使用等规定，与扩展性集体授权模式和非自愿许可模式中的规定亦有相通之处，这对《著作权法》（修订草案送审稿）第 27 条的修订完善和未来孤儿作品法律保护体系的构建仍具启发意义。①

具体而言，孤儿作品版权使用和保护的三大模式对我国孤儿作品的版权保护有三个层面的启示。其一，孤儿作品的界定和范围的划定是关键。对此，我国现行《著作权法实施条例》第 13 条和《著作权法》（修订草案送审稿）第 27 条中均有"作者身份不明的作品"的规定。对于这种规定，是否需要对其进行具体化甚至扩大化的修订或解释，以适应正在发生重大变化的现实环境。这应该是我国孤儿作品立法上的突破点。其二，"合理而勤勉搜寻"的认定是核心。国际上现有的这三种孤儿作品的版权保护模式均围绕合理而勤勉搜寻的时间先后、搜寻方式、搜寻范围等进行了探索，目的都在于确立一个明晰的标准和可操作的流程。我国目前的《著作权法》及《著作权法实施条例》在这方面还没有具体清晰的规定，这就成为当前著作权法修订的重要内容。其三，孤儿作品使用费用归属的划分是重点。对此，我国是借鉴扩展性集体授权模式还是非自愿许可模式的规定？用户是否需要向国家、或是专门的版权管理机构交纳使用费用（待版权所有人出现时，可申请提取费用），还是无须交纳使用费用（将孤儿作品直接划归公共领域，以鼓励创新）？这毫无疑问是我国相关法律完善的路径选择。②

最后，需要说明的是，在互联网时代，我国必须结合自身国情，在现有法律的基础上，全面借鉴世界法治国家的成功经验，探索一条符合中国实际的道路，以不断平衡版权使用者、权利人和公共利益，推动文化创新发展。

---

① 卢家银、段莉：《孤儿作品版权保护的三大模式评析》，《编辑之友》2016 年第 1 期，第 59-64 页。

② 同上。

第十章　媒介审判

司法独立并非免除法官之公众责任，但媒介及其他组织就应了解对法官施加过度的压力与司法独立有潜在的冲突。

——国际律师协会

围绕司法公正问题，媒体和法院之间始终保持着一种张力。新闻媒体想通过报道司法活动，以监督和确保社会公正最后的一道防线司法公正不被突破，但法律系统却并不欢迎媒体的报道行为，担心媒体的报道影响司法审判和侵害诉讼参与人的基本权利。由于媒体与司法之间的这种紧张、不信任甚至误解的关系，不仅导致言论自由、公正审判和公民人格权等核心法律价值之间发生冲突，而且导致新闻媒体对各类司法活动的报道常常被指责为越权和滥用权利，媒介审判由此成为传播法中的一个重要议题。在追求司法透明的过程中，媒体和公众如何避免侵害公民接受公正审判的权利和其他基本人格权，就成为媒体和法院面临的重要问题。

一、法系差异

媒介审判（trial by media）原初是西方新闻传播法中的一个概念，又称新闻审判或舆论审判。它指新闻媒体或传播平台针对法庭未决和庭审案件，对诉讼参与方武断地进行有罪、无罪、重罪、轻罪的报道与倾向性评判，是一种超越法律程序、影响审判独立和司法公正的行为。法学者陈新民将其称为舆论裁判，他认为所谓"舆论裁判"是指媒体在报道一个尚未进入司法程序或正在审判中的"未决"程序中的案件时，已经利用报道、分析、评论的方式，令读者产生"先入为主"的印象，形成"未审先判"。① 在实行陪审团制度的国家，参与审判的陪审员是来自社会各阶层的普通民众，不一定具有法律素养，比较容易受到媒体舆论的影响；在不实行陪审团制度的大陆法系国家，尽管主要是由法官来适用法律和量刑审判，但由于司法不独立等因素，在舆论的压力之下，法官可能受到来自行政等权力部门的压力而影响审判。

虽然新闻报道是司法公正的特殊救济手段和保障公民知情权的重要管道，但法律界普遍担心媒体对司法活动的过度与不当报道会侵害公民接受公正审判的权利。传播法学者孙旭培认为，媒体的这种越位行为具有严重的负面影响，它不仅可能损害司法尊严，不利于实施法治，而且可能造成误判、错判，影响司法公正，它还会侵害公民获得公正审判的权利以及侵蚀传媒工作者的职业伦理，造成传媒腐败。② 在世界范围内，公正审判权和言论自由同属公民享有的基本权利。美国《宪法第六修正案》规定："在所有刑事案件中，被告人有权提出下列要求：要求由罪案发生地之州的公正的陪审团予以迅速公开之审判。"③ 尽管该修正案只适用于刑事案件，但是各州宪法或法律通常也为民事审判规定了类似的公正的陪审团（impartial jury）标准。《公民权利和政治权利国际公约》第14条同样规定："所有的人在法庭和裁判所前一律平等。在判定对任何人提出的任何刑事指控或确定他在一件诉讼案中的权利和义务时，人人有资格由一个依法设立的合格的、独立的和无偏倚的法庭进行公正的和公开的审讯。"④ 该条还就无罪推定、禁止自我归罪、封闭法庭等做了明确规定。

综观世界，由于法律体系和法律文化的差异，导致媒介审判在不同法系国家的表现也各不相同。在普通法国家，由于陪审团制度的存在，法律界普遍担心媒介审判影响公民接受公正审判的权利及其司法正义；在民法国家陪审团制度缺失的环境中，虽然不存在对陪审团裁决不公的担忧，但是出于对公权力的警惕和司法独立的维护等各种缘由，法律界仍然对媒介

---

① 陈新民：《新闻自由与司法独立——一个比较法制上的观察与分析》，北京大学法学院人权研究中心（编）：《司法公正与权利保障》，北京：中国法制出版社2001年版，第176页。

② 孙旭培：《新闻传播法学》，上海：复旦大学出版社2008年版，第298页。

③ 〔美〕约翰·泽莱兹尼：《传播法：自由、限制与现代媒介》，张金玺、赵刚译，北京：清华大学出版社2007年版，第237页。

④ 《公民权利和政治权利国际公约》，夏泽祥（主编）：《宪法学》，济南：山东人民出版社2011年版，第458–467页。

审判抱有深深的忧虑。

(一)美国的媒介审判

在美国,由于陪审团制度的存在,新闻媒体与司法系统之间在保障公民接受公正审判的问题上一直保持张力。二者之间的冲突自报纸获得大量发行便开始加剧,发展到互联网与社交媒体迅速渗透的今天,这种冲突仍然存在。特别是在20世纪50年代至60年代中期的一系列案件中,美国联邦最高法院曾明确表示,大众媒介确实可能危及公正审判的宪法标准,联邦最高法院当时曾五次因为媒介对案件的大量报道而推翻刑事定罪。

较有影响的案例之一即是"里多诉路易斯安那案"(*Rideau v. Louisiana*)。1961年2月,一名男子抢劫了路易斯安那州查尔斯湖的一家银行,绑架了三名银行员工并杀死其中一人。随后该男子威尔伯特·里多(Wilbert Rideau)被警方逮捕并被关进监狱。第二天早上,当地警方对抢劫者里多进行了"视频采访",该次"采访"持续了大约20分钟。它包括由治安官审讯和里多承认他犯下了银行抢劫、绑架和谋杀罪的内容。当晚,拍摄的"采访"在查尔斯湖的一家电视台播出并被重播。① 对此,被告里多的律师提出更改审判地点的动议,但动议被驳回,随后里多被认定有罪并被判处死刑,路易斯安那州最高法院确认了该定罪判决。后里多诉至联邦最高法院。在该案中,判决被告有罪的陪审团中的三名成员在预审中表示,他们至少有一次见过和听过里多与警长的电视"采访"。卡尔克苏县(Calcasieu Parish)的民众在电视上看到的是里多在监狱里回答警长提问时,详细地承认了抢劫、绑架和谋杀的行为,而他两侧是治安官和两名州警。②

1963年,美国联邦最高法院推翻原审判决,认为原审法院拒绝变更审判地点的做法违反法律正当程序。波特·斯图尔特(Potter Stewart)大法官在判决书中写道:"国家可以依据自己的政策观念自由地规范司法程序,但并不是说它可以用折磨取代审判。虽然现在摆在我们面前的案件并不涉及身体的暴行,但该案中的袋鼠法庭(kangaroo court)程序涉及更为微妙且同样严重的剥夺正当法律程序的行为。根据宪法对正当程序的保障,被控犯罪的人享有聘请律师、无罪辩护和在有法官主持的法庭上接受审判等

---

① Rideau v. Louisiana, 373 U.S. 723 (1963).
② 同上。

最基本的权利。"他指出：正当的法律程序要求里多在一个没有看到和听到他的电视"采访"的陪审团面前接受审判。然而，在该案中，卡尔克苏县（Calcasieu Parish）的民众看到和听到的不是一次、而是三次，在监狱中由警长主持的对里多的"审判"，里多并没有被告知他可以找律师和有权保持沉默。①

与"里多案"类似，1966年的"谢帕德诉马克斯韦尔案"（*Sheppard v. Maxwell*）也属于媒介审判的典型表现。在该案中，被告谢帕德医生怀孕的妻子被人在家中殴打致死，谢帕德被控杀害了自己的妻子。在开庭之前，新闻媒体大量报道检方的指控内容，针对被告的恶毒攻击和有罪报道迅速使该案臭名昭著。WHK电台在节目中断言谢帕德通过聘请一位知名的刑事律师来为自己辩护以图证明其清白，另一家媒体则报道称"山姆医生脾气暴躁，并不是辩方所称的性情温和"。② 有报纸甚至刊登了未来陪审员的姓名和地址，导致他们能够收到有关案件的信件和电话。在审判过程中，新闻工作者被允许"接管"了几乎整个小法庭，记者们拥挤在法庭的围栏内，使得庭审中的被告和律师之间几乎不可能进行秘密的沟通。在陪审员开始审议之前，他们没有被隔离，并且可以接触所有新闻媒体。媒体对该案件进行了广泛的报道，其中大部分涉及在审判中没有引入的罪证，且陪审员被置于名人的角色之中。③ 在这样的环境中，谢帕德被判有罪，在他入狱服刑十年之后，美国最高法院受理了该案。

1966年，美国联邦最高法院推翻原审判决并指出：大量、普遍和充满偏见的报道使被告没有受到符合第十四修正案正当程序条款的公正审判。该院将此案发回重审且要求在再次审判之前释放被告。汤姆·克拉克（Tom C. Clark）大法官在判决书中写道："我们发现对未决案件的不公正和偏颇的新闻评论越来越普遍。正当程序要求被告接受不受外界影响的公正陪审团的审判。鉴于现代传播的普遍存在和从陪审员心中抹去偏见报道的困难，初审法院必须采取有力措施，确保不针对被告而保障司法公正。"④他强调："新闻界并不是简单地公布有关审判的信息，而是通过对警察、检察官和司法程序进行广泛的公众监督和批评来防止司法不公。讨论自由应

---

① Rideau v. Louisiana, 373 U.S. 723 (1963).
② Sheppard v. Maxwell, 384 U.S. 333 (1966).
③ 同上。
④ 同上。

该在最广泛的范围内,与公平有序的司法本质要求保持一致。"①

在 2010 年的"斯基林诉美国案"(Skilling v. United States)中,虽然索尼娅·索托马约尔(Sonia Sotomayor)法官在异见书中将斯基林案与谢帕德案类比,认为这些案件不仅涉及大规模的审前报道,还涉及媒体对审判过程的破坏。她指出:"尽管原审法院所适用的程序在典型的热点案件中可能已经足够,但在本案的特殊情况下,他们仍然不足以在公正的陪审团面前保障斯基林受到公正审判的宪法权利。"② 然而多数意见却认为媒体报道并不构成媒介审判。该案始于 2001 年,安然公司破产之后,政府起诉了包括首席执行官杰弗里·斯基林(Jeffrey Skilling)在内的数十名员工,指控斯基林等人通过操纵公开报告的财务结果并作出虚假和误导性陈述等 25 项实质性证券欺诈罪名。

面对指控,斯基林争辩说,安然公司总部所在地休斯顿充满敌意,再加上针对他的大量的审前报道,已经毒害了潜在的陪审员。他提交了数百封详细报道安然公司倒闭的新闻报道,以及描述休斯顿与其他地方对其不同社区态度的专家宣誓书。地方法院否决了斯基林更换审判地点的动议并认为,审前报道并不能保证斯基林无法在休斯顿获得公平审判。地方法院指出,尽管有不节制评论的情况,但媒体报道总体上是客观和非情绪化的,案件的事实既不令人发指也不耸人听闻。③ 斯基林的上诉被第五巡回区法院以类似理由驳回之后,他又上诉到联邦最高法院。

对此,美国联邦最高法院在 2010 年判决认为:"审前报道和社区偏见并没有阻止斯基林获得公平审判。他未能证实出现了陪审团偏见的推定或者实际的偏见污染了陪审团。"④ 大法官安东宁·斯卡利亚(Antonin Scalia)指出:"虽然关于斯基林的新闻报道并不友善,但它们并没有包含诸如'里多诉路易斯安那案'(Rideau v. Louisiana)中上演的有罪判决的任何明显的偏见信息。与'里多案'和其他伴随审判广泛报道的案件不同,安然公司的破产和斯基林的审判已经过去了四年多。尽管记者在此期间报道了与安然有关的新闻,但在安然公司倒闭后的几年里,媒体关注度已有所下降。"⑤ 同

---

① Sheppard v. Maxwell, 384 U.S. 333 (1966).
② Skilling v. United States, 561 U.S. 358 (2010), Concurrence & Dissent In Part (Sotomayor).
③ Skilling v. United States, 561 U.S. 358 (2010).
④ 同上。
⑤ 同上。

时,斯卡利亚还认为,第五巡回法院推定陪审团的偏见主要基于直接针对安然的大量媒体报道及其负面基调。但是"审前报道,即使是普遍和负面的报道,也不一定会导致不公正的审判"①。在这里,有关安然的新闻报道没有提供法院认为特别容易产生偏见的那种生动、难忘的信息,休斯顿的人口与城市规模和多样性也削弱了媒体的影响力。②

在美国,法律界重点关注的是陪审团是否接触到了媒体的倾向性报道或受到了媒体报道的影响,主要担心媒体的报道"污染"了陪审团,可能导致当事人无法在公正的陪审团面前接受审判。美国联邦最高法院和各级法院所力图保障的实质上是《宪法第十四修正案》正当程序条款所规定的公正审判权。尽管媒体的片面报道和贬损性评论可能不受法庭或当事人欢迎甚至可能受到质疑,也可能会侵害公民接受公正审判的权利。但是,所有媒体仍然会强调他们报道是客观的,他们有权对任何材料进行编辑和发表评论,普遍认为这是《宪法第一修正案》赋予他们的基本权利。

(二)德国的"媒介审判"

与美国不同,由于德国既不实行陪审团制度,又对司法独立和法官自主性比较自信,所以德国总体上并不认为媒体的报道会严重威胁司法公正和存在判例法国家所担忧的媒介审判问题。在德国,宪法保障公民的言论与新闻自由,《基本法》第五条规定任何人皆有以文字、书面和图片发表意见的权利,且有不受限制获取信息的权利。同时,德国各州的新闻法普遍规定,州属机构均有向媒体机构的代表提供相关信息、满足其履行公共任务所需信息的义务。除了会造成使现行未定的程序加快、困难、迟误或危害时,或抵触保密规定,侵犯重大公益或值得保护的私人利益,或已达到过分的程度时,不在此限。③据此,媒体拥有报道司法案件的权利和自由,且司法机构等相关部门均有义务向媒体提供相关信息。

虽然媒体享有自由报道司法案件的法定权利,但是包括司法机构在内的相关部门通常也会依据法律规定,对未决案件、特别是涉及国家秘密或侵犯公民隐私权等公民权益的案件拒绝媒体的信息诉求或限制信息供给。

---

① Nebraska Press Assn. v. Stuart, 427 U. S. 539 (1976).

② Skilling v. United States, 561 U.S. 358 (2010).

③ 陈新民:《新闻自由与司法独立——一个比较法制上的观察与分析》,北京大学法学院人权研究中心(编):《司法公正与权利保障》,北京:中国法制出版社 2001 年版,第 190 页。

除此之外，德国媒体还有评论的自由。1994年1月通过的《关于新闻媒体与司法独立的关系的基本原则》确立了在不违背无罪推定原则的前提下，对司法活动包括对庭审前、庭审中和庭审后案件进行评论，而且对评论的权利不应予以任何特别限制的基本精神。① 德国法学界认为，媒体对诉讼案件事实、审判程序、法律适用、法理争议等发表意见，法官可以由此获得更多的启发或释疑。既然一般民众通过新闻报道可对案件的来龙去脉及复杂的法律关系获得清晰的印象，就不应担心对法官造成负面影响。② 即使新闻评论不公正，也可以事后更正。

德国慕尼黑地方法院院长杰哈德·萨尔（Gerhard Cierl）也认为媒体对法院审判的报道和批评，反映了公众对法院和法官的评价，可以促使法官们自省。他在接受记者采访时说：在德国，严肃的媒体一般不会有意对审判施加影响，不太严肃的媒体有时会企图这么做，但法院和法官都不会认真对待它，更不会受它的影响。③ 萨尔曾介绍称德国法院与媒体的关系有一个变化的过程。他指出，在以往，由于媒体普遍主张和试图对法院进行批判，而法官也过于强调尊严应受到绝对尊重，所以法院和法官对媒体和记者不甚欢迎、甚至比较反感和不信任。现在，法院和法官的观念发生了较大的转变，他们希望通过信息的有效传播和与媒体的积极合作，促进司法透明，试图重建失去的社会信任。④

尽管如此，德国法律界对"媒介审判"现象也始终保持警惕，防止媒体对诉讼参与人个人基本权利构成侵害。在1973年的"莱巴赫诉讼案"中，德国联邦宪法法院主张对媒体与法院关系张力中的一般人格权和媒体自由权进行法益斟酌，该院在判决中明确指出："从宪法的意志来看，两种宪法价值均构成了基本法之自由民主秩序的本质构成要素，因此其中任何一个宪法价值原则上都不得要求优先地位。"⑤ 在该案中，德国西南小镇巴赫（Lebach）发生了一起同性恋团体意图建立反社会组织而抢劫军火库并杀害哨兵的案件，两主犯被法院以谋杀罪分别被判处终身监禁和六年监禁。

---

① 谢小剑：《法院的公共责任及其限度》，北京：中国政法大学出版社2014年版，第361页。
② 周甲禄：《舆论监督权论》，济南：山东人民出版社2006年版，第399页。
③ 孙剑博：《法院与媒体——德国、荷兰的经验》，《人民法院报》2005年1月7日。
④ 同上。
⑤ 熊琦：《德国解决刑事司法与大众传媒间冲突的若干基本原则的理论探析》，林亚刚（主编）：《武大刑事法论坛（第六卷）》，北京：中国人民公安大学出版社2009年版，第394–417页。

在二人服刑期间，德国最大的一家广播电视台制作了有关此案的纪录片，其中披露了该二人的姓名、照片、性取向及其私密关系等。原告认为该片已严重侵犯其个人权利，要求法院禁止播出此片而被驳回。后联邦宪法法院最终判决禁止该电视台播放饰演原告形象的纪录片。根据联邦宪法法院的裁决，如果要限制媒体的报道自由，可以依据那些既不妨害某特定观点，也不特别针对某观点表达的"一般性法律"加以限制。[1]

虽然媒体直接左右司法活动的"媒介审判"情形至今难以寻觅，但法院对媒体仅是有限度地开放，法律对媒体进入庭审现场同样做了限制性规定。《法院组织法》第169条第二款禁止媒体在庭审过程中现场录像与录音。该条规定："庭审以及判决和裁定的公布是公开的。不允许录音和广播录制以及为公开放映或出版之目的而进行录音和电影拍摄。"在2001年的"庭审报道案"中，柏林地方法院刑事审判庭根据该法拒绝媒体在庭审现场录音录像，该项决定还得到了联邦宪法法院的支持。[2] 在该案中，上诉人德国N-TV电视台向法庭申请在庭审期间对庭审进行电视录制，并保证其摄制小组不会影响法庭各个方向的视野，也不会产生噪音且向法庭提供了备选方案。该法庭依法准许其在庭审前摄像和录制，但禁止在庭审期间拍摄。[3] 虽然该媒体对摄影摄像设备不得进入法庭的规定提出抗议，认为所在法院的禁令违反了德国《基本法》第五条所规定的基本权利，以违宪为由起诉到联邦宪法法院，但并未得到对媒体有利的判决。联邦宪法法院将《基本法》第五条解释为保障媒体获得与报道已经存在的信息，而不是获取和发展新的信息。[4]

在该案中，德国联邦宪法法院认为，在法律上禁止录音和广播电视录制，其实是基于人格保护和程序公正等不同利益的考量。对于人格权保护问题，该法院指出："在诉讼中，人格保护具有超越一般在法律秩序中所承认的保护必要的意义。不仅如此，在刑事诉讼中，被告和证人需要特殊强

---

[1] 熊琦：《德国解决刑事司法与大众传媒间冲突的若干基本原则的理论探析》，林亚刚（主编）：《武大刑事法论坛（第六卷）》，北京：中国人民公安大学出版社2009年版，第394—417页。

[2] 张千帆：《西方宪政体系》（下册·欧州宪法）（第2版），北京：中国政法大学出版社2005年版，第436页。

[3] 张翔（主编）：《德国宪法案件选释（第2辑）：言论自由》，北京：法律出版社2016年版，第219页。

[4] 张千帆：《西方宪政体系》（下册·欧州宪法）（第2版），北京：中国政法大学出版社2005年版，第436页。

度的保护。"① 在法庭上,诉讼参与人尽管必须出庭,但他们并不一定愿意出现在公众面前。"借助法院强制收集信息,并将这些信息以声音和图像保存下来,会使被告和证人的形象不再只是存在于法庭上在场者的短暂感觉。如果更进一步,将这些影像全部或部分地在电视上播出,这些行为对人格权的干涉就会更严重。"② 并且,联邦宪法法院认为:"很多人在媒体在场的情况下会改变自己的行为。一些人会因为媒体录制而被鼓舞,还有一些人则会被抑制。尤其是在刑事诉讼中,如果被告或证人因为媒体录制的原因不敢陈述对于发现真实具有重要意义的事情,如隐私、难堪或可耻的情况,那么,对于被告或证人而言,程序公正会受到威胁。"③

伴随着新媒体的发展和民众近用法庭程序的强烈要求,德国法院对媒体近用庭审过程的限制也呈现出适度放松的趋势。2017年,德国联邦议会和参议院通过了一项"德国联邦宪法法院法案"(German Courts Constitution Act)的修正案,增加了媒体准入内容(第1条),允许在一个单独的媒体室中现场音频播放法院审判、广播联邦最高法院诉讼过程和裁决,以及对具有历史意义的法院审判进行录音,为新闻工作者录制和在电视上播放联邦法院与其他法院的审判与判决提供了可能。④ 该修正案还改善了媒体获取司法审判的程度,并为有听力或语言障碍的民众近用司法材料提供了更多协助和机会。

二、媒介判意

我国并不存在类似于欧美法律界所论的原初意义上的媒介审判。在我国,媒体所做出的这种倾向性报道或"判决意见"式的评论应该称为媒介判意,是舆论的体现,而不能称之为媒介审判。媒介判意是公众舆论的折射和反映,它主要是指大众媒介和互联网平台在报道和评论热点案件或轰动性案件的过程中,对案件和涉案人员所做出的倾向性报道及推断性、分

---

① 张翔(主编):《德国宪法案件选释(第2辑):言论自由》,北京:法律出版社2016年版,第228页。
② 同上。
③ 同上书,第229页。
④ Germany: New Law Allows Broadcasting and Recording of Court Proceedings, Oct. 24, 2017, https://www.loc.gov/law/foreign-news/article/germany-new-law-allows-broadcasting-and-recording-of-court-proceedings/, 2018–08–20.

析性甚至否定性的评判意见或观点。① 就目前的情况来看，这种媒介判意虽然是媒体在开展舆论监督的过程中的一种违规与失范行为，但却有助于司法公正在我国的渐进发展。

（一）媒介判意的表现

在实践中，媒介判意主要表现为对未决案件进行倾向性报道、将公安部门的调查或检察机关的指控作为事实进行报道、对审判结果进行批评和质疑三种，普遍是基于是非、善恶、道德及违法与否的有罪推定的预设性或定论性报道与点评。其中，对未决案件进行倾向性报道和评论是媒介判意最常见的表现。在绝大多数热点案件中，各类媒体或平台在追求真相、挖掘信息的过程中，常常由于对法律问题的误判、信息来源的受限和信息核查机制的缺失等因素而丢弃了客观、公正的原则，对未经法院判决的案件进行大量倾向性报道和评论。特别是互联网平台，由于信息发布者多是未受新闻职业训练的普通公民，他们既不对所获得的信息进行核实，也很难保持理性和客观以发表公正评论，倾向性报道和过激评论的问题显得更为严重。

就实践来讲，媒介判意在事实方面往往表现为片面、夸张甚至是失实；表达方式往往是煽情式的，力图激起公众对当事人憎恨或者同情的情绪；它有时会采取"炒作"的方式，即由诸多媒体联手对案件作单向度的传播，有意无意地压制相反的意见。它的主要后果是形成一种足以影响法庭独立审判的舆论氛围，从而使审判在不同程度上失去了应有的公正性。② 尽管我国媒体存有这类失范的行为表现，需要进行批驳和反对，但这并不意味着媒体对案件的正常报道和公正评论、特别是对审判结果的报道就是媒介审判。虽然法院认为媒体的这类轻率的片面报道属于炒作，民众也认为有越权之嫌。但是，从严格意义上来说，我国媒体的这类不当行为与英美的媒介审判有着质的区别。

在近年来的法律适用中，司法部门已开始对这种媒介判意进行司法层面的矫正。在2018年的"土豆网与徐某名誉侵权纠纷案"中，湖南省高级人民法院就认定该网站所转载传播的视频内容"足以让普通民众产生其行

---

① 卢家银：《媒介判意不等于媒介审判——基于对2013年三大热点案件报道的分析》，《法治新闻传播》2014年第2期，第40—48页。

② 魏永征：《新闻传播法教程（第三版）》，北京：中国人民大学出版社2010年版，第114页。

为构成犯罪的认识",而认定该平台承担相应的民事责任。在该案中,原告徐某在未经检察院审查起诉及法院判决之前,一位土豆网用户便转载了湖南卫视"常德一男子自制枪支被警方查获"的新闻视频,引发关注。但经当地人民检察院审查,作出证据不足、对徐某不予起诉的决定后,该用户与网站仍未删除或更正前述网帖。为此,湖南省高级人民法院判决指出:这表明土豆网对徐某的报道不实,影响了其社会评价,没有尽到必要的注意义务。① 该院从而维持原审法院判决,认为判决赔偿原告精神损害抚慰金3000元,并无不当。

(二)媒介判意的本相

不论媒介判意在现实中表现为何种形式,与司法发生怎样的碰撞和互动,都无法掩盖它作为一种法律评判、捍卫司法公正和受政府与公众双重影响的本相。

1. 媒介判意是以既往案例为参照的法律评判

对于热点案件的报道和评判,虽然绝大多数媒介都不是基于法律视角,但这并不意味着他们所表达的判决意见完全脱离法律框架。"无论是对个案的思考,还是他们在讨论中所作出的表达,都依据和遵循各自所具有的法律智识。与法律专业人士不同的是,公众的法律智识往往并不产生于他们对法条的熟知或对法学理论的掌握,而是形成于既往生活经历中出现的各种案例。"② 各种各样的案例使媒介和公众积累了一定的法律知识,这种知识作为他们社会知识和社会经验的重要组成部分,既实际指导着他们的社会行为,也成为他们认识、报道和分析其他案例、并提出具体评判意见的参照。具体而言,媒介所做出的这种评判,不仅使用相似性比较,而且也使用相异性比较。因此,媒介在呼吁保证同案同判的同时,也强调对现实个案特殊性的关照。例如,在"复旦投毒案"中,媒介不仅高度关注该案和清华铊中毒案的类同性,而且特别注重犯罪嫌疑人林某和受害人黄洋的特殊身份和处境;在"李某某等人轮奸案"中,媒介期望的也是同案同判;在"陈永洲案"中,媒介将之与同年的仇子明事件和2007年的"訾北佳案"进行了比较,有媒介怀疑陈永洲适用损害商业信誉罪的合理性。

---

① 湖南省高级人民法院(2018)湘民申722号。
② 顾培东:《公众判意的法理解析——对许霆案的延伸思考》,《中国法学》2008年第4期,第167–178页。

2. 媒介判意是公众对司法公正的有力捍卫

司法是社会公正的最后一道防线。社会公众对此抱有高度期望，根本无法容忍司法不公正现象的出现。随着我国社会转型加快，利益冲突加剧，各种与社会公正息息相关的事件层出不穷。在这种背景下，大量的社会矛盾和争议事件迅速转移到了司法系统，司法个案也已不再仅仅是当事者之间或当事者与社会之间的矛盾和冲突。无论是案件主体的境况，还是个案涉及的社会问题，都不同程度地与当事者以外的其他主体发生了广泛的联系。即使有时不是利益上的关联，也会涉及价值观念上的认同或冲突。① 正因如此，一旦有案件引发关注，媒介和公众都会为了捍卫司法公正而自行对案情进行调查、分析和表达判意。这也正是媒介在热点案件中以善恶取代法律、以情感取代理性表达判意的原因所在。从"复旦投毒案"到"李某某等人轮奸案"再到"陈永洲案"，不论媒介表现出了怎样的判意，其实质都在于捍卫司法公正。

3. 媒介判意不等于媒介审判

在中国，很多人常常将媒介判意简单地等同于媒介审判，认为其干预了司法独立。实际上，这种观点既忽略了媒介审判诞生的法律环境及其作用机理，又没有看到中国大陆司法制度和海洋法系国家司法制度的差异。首先，如前所述，媒介对司法个案的倾向性或定性式报道与评论是一种法律评判，是媒介反映的公众舆论。这种评判意见和舆论尽管可能是偏颇的、情绪化的，但也没有出现媒体直接取代法院进行审判、宣判和执行的违法情况。即使是权力机关通过媒介传达官方信息和见解，亦是媒介判意。因为这只是权力机构通过设置媒介议程，影响和引导舆论，针对的是社会公众，并不是为了影响同级部门或下属单位。其次，媒介审判的概念源自海洋法系国家美国，主要是认为它会对陪审团造成影响（参与审判的陪审员是来自社会各阶层的普通民众，不一定具有法律素养）。中国是大陆法系国家，不实行陪审团制度，案件的审理主要是由法官根据事实适用法律，如何量刑，法律条文中有明确规定。

---

① 卢家银：《媒介判意不等于媒介审判——基于对2013年三大热点案件报道的分析》，《法治新闻传播》2014年第2期，第40-48页。

(三)合理性与可能的偏失

从法理上讲,媒介判意还具有合理性,一方面它是公民追求言论自由的体现,另一方面它不会超越现行的法律框架,同时在一些个别问题的分析上常常独具智慧。但是,它也可能包含一些偏失。①

1. 媒介判意的合理性

(1) 媒介判意是公民追求言论自由的体现

言论自由是公民与生俱来的个人权利。只要是一个人,就有表达自己思想和见解的权利。约翰·弥尔顿在《论出版自由》中明确指出:"言论自由是每个公民与生俱来的权利,是一切伟大智慧的乳母。"② 同时,言论自由也是一项宪法权利。中国《宪法》第三十五条规定:"中华人民共和国公民有言论、出版、集会、结社、游行、示威的自由。"《宪法》第四十一条还规定:"中华人民共和国公民对于任何国家机关和国家工作人员,有提出批评和建议的权利;对于任何国家机关和国家工作人员的违法失职行为,有向有关国家机关提出申诉、控告或者检举的权利,但是不得捏造或者歪曲事实进行诬告陷害。"③ 所以,每当有热点案件发生,社会民众就会从各个角度搜寻案件信息、对案件进展和处理进行分析或质疑,这都是公民实现言论自由权利的体现。这时媒介所表达的判意肯定既包括准确的信息和正确的观点,也包括失实的信息和错误的见解。毕竟在公共讨论中,错误在所难免。"民主要求公民意识到自己难免出错,也相信人人都不免出错。"④

(2) 媒介判意通常不会超越现行法律框架

从近年的一系列轰动性案件来看,虽然社会上和媒介中对于案件存在激烈的争论,甚至在网络空间还有一些偏离法律规定的过激主张,但总体而言,媒介所传达的多数意见或是主导判意都没有超越现行法律框架。媒介表达判意并不是为了颠覆现行法律制度,而是为了推动司法个案的公正审理。从媒介对"复旦投毒案"、"李某某等人轮奸案"和"陈永洲案"等一系列热点案

---

① 对于媒介判意的合理性与可能的偏失的分析采纳了顾培东先生的部分观点,具体参阅顾培东:《公众判意的法理解析——对许霆案的延伸思考》,《中国法学》2008年第4期,第167—178页。

② 〔英〕约翰·弥尔顿:《论出版自由》,吴之椿译,北京:商务印书馆1958年版,第44页。

③ 《中华人民共和国宪法》,《新华月报》2004年第4期,第24—34页。

④ 〔美〕科恩:《论民主》,聂崇信、朱秀贤译,北京:商务印书馆2007年版,第174页。

件的报道和评论来看，所有参与讨论的公众、包括权力机关，都把现行法律法规作为认识和评价个案的依据，都不想让自己的主张显得于法无据。

（3）媒介判意在一些个别问题上常常会有真知灼见

美国联邦最高法院大法官霍姆斯曾经说过："法律的生命从来就不是逻辑，而是经验。"① 法官在司法过程中的法律发现，就是对这种经验的考验。在现代社会，各种法律很多，法官不可能全部掌握，而每一个具体案件中所要加以运用的法律是极其有限的，尤其在疑难案件中，还会出现不明确的法律或可能的法律漏洞，法官在浩如烟海的法律条文中寻找、适用和解释法律的责任就面临挑战。并且，有时无论法官的司法经验如何丰富，都可能难以对应社会生活的复杂性和社会事实的多样性。但是，与法官依照法律所作出的判断相比，社会公众的某些认识、印象及经过讨论后形成的见解或许更为准确，因为公众具有深厚的生活经验的积累，他们对法律的见解存在于自然的、社会的、文化的共同基础之上，而较少受制于有关法律文本和法律意识的规范约束。在对一些法律酌定的问题认定上，媒介判意可能比立法规定及司法视点更为全面，经常会显得独具真知灼见。

2. 媒介判意可能的偏失

（1）媒介判意可能夹杂某些偏激的社会情绪

当前，中国正处于从传统社会向现代社会快速转型的发展期，出现了一些社会矛盾。当此背景，每有群体事件发生或是热点案件出现时，公众之前因社会矛盾而出现的不满情绪都会毫无保留地通过各类媒介平台发泄出来。在社会情绪的支配下，司法个案中的某些因素容易被过度放大，由此而得出的结论难免会有一定的偏失。在媒介判意中，有时甚至还掺杂着与个案处置完全不相关的社会要求或情绪，成为以个案为寄托的一种偏激的公众表达与宣泄。

（2）媒介判意可能侵害当事人的个人权利

根据现行法律，每个公民都平等地享有名誉权、隐私权、姓名权、肖像权等个人权利，这些权利受到法律明文保护。我国《民法总则》第110条规定："自然人享有生命权、身体权、健康权、姓名权、肖像权、名誉权、荣誉权、隐私权、婚姻自主权等权利。"② 但是，一有热点案件发生，

---

① Oliver Wendell Holmes. *The Common Law*. New York: Dover Publications, 1881, p1.
② 《中华人民共和国民法总则》，《中华人民共和国最高人民检察院公报》2017年第4期，第1-16页。

不论涉案者是官员还是普通公民，不论相关信息是否涉及公共利益、是否与案件相关，有时都会被媒介全方位曝光，当事人常被冠以各种侮辱人格的称谓或被称为罪犯等，有时甚至是夸张、歪曲或无中生有，有时会侵害当事公民的名誉权、隐私权。

（四）媒介判意的应对

媒介判意是舆论的一种反映，它直接展现了公众对司法个案的法律评判。对此，司法系统应该在落实宪法法律原则和保障人民群众参与司法的制度框架下，积极回应、依法应对。对于司法系统而言，应继续以开放的心态吸纳媒介判意中的合理内容，同时努力规避可能的偏失。一方面司法系统要将媒介判意作为处理个案的重要参考，采纳其所闪耀的真知灼见。如果实在无法确定哪些内容是媒介判意中的合理部分，那么按照最高民意——宪法的规定恪尽职守就是最不坏的选择。另一方面，对于媒介判意中情绪化、偏激化和侵权性质的内容要及时回应和矫正；对于媒介判意中感性的道德判断，则宜权衡折冲，衡平利益；对于滥用言论自由的，也要依法追究法律责任。①

同时，司法部门还需要在深化依法治国的实践中，继续全面推动司法公开。法学者徐骏指出："作为司法文明的标志，公开是实现司法正义的必由之途。充分的公开将有助于获得舆论的理解与信赖，更好地融合法律正义与情感正义。"② 只要司法系统切实按照现行法律及最高人民法院制定的《关于司法公开的六项规定》和《关于进一步深化司法公开的意见》等文件的规定，恪守"公开是原则、限制为例外"的准则，及时公开审判执行信息、诉讼服务信息和司法改革信息等法定公开内容，就既可以大幅减少管理部门和公众之间的信息不对称，又能够让"让人民群众在每一个司法案件中都能感受到公平正义"③。当民众能够方便快捷地获取司法信息时，以往通过网络关注偶发或热点个案的传统模式将逐渐丧失吸引力，媒介判意

---

① 卢家银：《媒介判意不等于媒介审判——基于对2013年三大热点案件报道的分析》，《法治新闻传播》2014年第2期，第40-48页。

② 徐骏：《司法应对网络舆论的理念与策略——基于18个典型案例的分析》，《法学》2011年第12期，第105-115页。

③ 习近平：《在首都各界纪念现行宪法公布施行三十周年大会上的讲话》（2012年12月4日），中共中央文献研究室（编）：《十八大以来重要文献选编》（上），北京：中央文献出版社2014年版，第91页。

中的情绪化和偏激性的内容自然会慢慢消弥，网络虚假信息特别是网络谣言也将失去滋生环境。

三、报道限制

在英美等判例法国家，由于实行的是陪审团制度，媒体的新闻报道和评论往往会对司法审判产生巨大影响。为了防止媒介审判和保障公民接受公正审判的权利，英国和美国均在其立法和司法活动中对媒介的司法新闻报道进行了限制。英美相比而言，英国采用的是一种直接限制措施，法律倾向于限制媒体对未决案件中当事人信息的披露、对案情的报道和庭审现场的录音摄像；美国采用的是一种间接限制措施，法律倾向于限制诉讼参与人发言和调整审判活动等，主要是通过限制潜在消息来源而对媒介的司法报道进行限制。①

（一）对未决案件的报道限制

在英美两国，为了保障公正审判，法律均对未决案件的媒介报道都进行了限制，区别在于英国是直接对媒体的司法新闻报道进行限制，美国则是通过限制诉讼参与人、调整审判活动等措施限制信息流向媒体。

在英国，法律对未决案件的媒介报道有明确限制规定，对于已审结的案件报道则不作限制。英国《刑事法庭法》（*Magistrates Courts* 1980）第8条规定，对于羁押案件只能简略地报道嫌疑人的姓名、地址、涉嫌罪名、犯罪情节梗概、辩护人及法官的姓名、有无交保、开庭时间、法院的决定等九项内容。在未得到法院许可的情况下，只能等到审判正式结束后才能详细报道。②20世纪60年代，有名的"八卦报"《每日镜报》（*Daily Mirror*）对一个青年被控谋杀罪的案件进行了提前报道，其头条标题为"吸血鬼被捕"，文章指出该青年还涉及多起命案，且将死者姓名交付警方等等。法院将该编辑判入狱三月，并罚报社一万英镑。戈达德（Goddard）法官判决时强调："要让其他编辑们知道，如果胆敢再发生这种事，他们会

---

① "报道限制"部分的主体内容已经公开发表，具体参阅卢家银：《英美司法新闻的报道限制比较》，《南昌大学学报》（人文社会科学版）2014年第3期，第120–124页。

② 陈新民：《新闻自由与司法独立——一个比较法制上的观察与分析》，北京大学法学院人权研究中心（编）：《司法公正与权利保障》，北京：中国法制出版社2001年版，第193页。

发现，法律的武器仍可以及于他们身上。"①

对此，1981 年《藐视法庭法》(Contempt of Court Act 1981) 第 11 节规定："任何案件中，在法院（其有权力这样做）要求对诉讼期间相关人员的姓名或其他事项予以保密的情况下，只要法院认为这样做确有必要，就可以发出指令，禁止公开诉讼参与人的姓名或有关事项。"② 该法第 4 节第 2 款规定："关于正在进行的诉讼程序或任何其他处于未决或迫近状态下的诉讼程序，当似乎有必要采取措施以避免对相关司法程序造成损害的时候，法院可以命令，在其认为有必要的一段时间之内，推迟对相关诉讼程序或诉讼程序某一部分所作的报道。"③ 这类推迟必须以法院令的形式作出。在 1991 年的"中部独立电视 (Central Independent Television) 侵权纠纷案"中，陪审团退庭后，在一个旅馆内对其判决进行了讨论。出于对相关报道可能是不公平的和不准确的担心，审理法官颁发了一个法院令，要求在那个晚上不准播发与该案有关的任何报道。④ 然而，上诉法院认为，该案中对刑事审判的电视报道中没有会影响退庭后陪审团进行裁决的任何内容，不会让人担心后续报道会产生严重偏见的风险。据此，上诉法院推翻了该指令。⑤

在美国，对未决案件的报道限制主要是通过限制诉讼参与人、调整审判活动等措施来实现的。这种限制诉讼参与人的禁制令被称为"禁口令"(gag orders)（又译作"钳口令"）。该措施主要是禁止律师、证人和其他诉讼参与人等潜在的消息来源透露案件信息和就案件公开发表评论，从而对媒介实施限制。"禁口令"最初既有针对诉讼参与人的，又有针对媒体的。当时是受"谢帕德案"的冲击，美国法律界为了防止偏见性报道对公正审判权的侵害，由初审法官在审判中选择发布的。但是，这种针对媒体的"禁口令"却不为最高法院所认可。1976 年，美国最高法院在"内布拉斯加州新闻协会诉斯图尔特案"(Nebraska Press Association v. Stuart) 中，

---

① 陈新民：《新闻自由与司法独立——一个比较法制上的观察与分析》，北京大学法学院人权研究中心（编）：《司法公正与权利保障》，北京：中国法制出版社 2001 年版，第 195 页。

② Walker, C., Cram, I. and Brogarh, D. The reporting of Crown Court Proceedings and the Contempt of Court Act 1981. *The Modern Law Review*, 1992, 55(5): 647–669.

③ 〔英〕萨莉·斯皮尔伯利：《媒体法》，周文译，武汉：武汉大学出版社 2004 年版，第 353–355 页。

④ Ex. P. Central Television (1991)1 WLR 4.

⑤ Walker, C., Cram, I. and Brogarh, D. The reporting of Crown Court Proceedings and the Contempt of Court Act 1981. *The Modern Law Review*, 1992, 55(5): 647–669.

一致判决针对媒体的这种"禁口令"违宪。判决意见声明了一条绝对规则：不得事前限制新闻界报道来自公开审判的信息。①在该问题上，美国最高法院选择支持限制诉讼参与人在法庭之外发言的禁令。1991年，美国最高法院总体上同意了限制律师在法庭之外发表意见的自律规则。最高法院认为，律师在言论上受到的限制可能比媒介或公众可能受到的限制更加严厉。但是，针对诉讼当事人的禁口令也受到一些限制，因为现代法院已经认识到，诉讼参与人同样享有必须获得尊重的自由言论权。为了避免禁口令的禁止范围过广，一些上诉法院要求初审法官证明，被禁止的陈述会给公正审判造成明显而即刻的危险，而且没有其他替代该钳口令的措施。②

由于"钳口令"颇具争议，且有可能侵犯《宪法第一修正案》，因此，美国法律界在"内布拉斯加州新闻协会诉斯图尔特案"判决以来，开始采用一种或更多种既确保审判公正，又不与《宪法第一修正案》冲突的替代措施。一般而言，美国法院常用的替代措施主要有：(1)延期审理——将审判推迟至偏见性报道偃旗息鼓；(2)变更审判地点；(3)预先甄选——向陪审员备选人提问，判断他们是否因为新闻报道而形成偏见；(4)陪审团警诫（jury admonitions）——建议陪审员不要阅读和收听媒介关于案件的报道；(5)隔离陪审团——在审判期间，为陪审员安排一个受到监控的地点，以避免他们接触到新闻报道。③1997年6月，对美国南部"俄克拉何马城爆炸案"主犯麦可维（McVeigh）的审判，就采取了变更审判地点的做法。1995年俄城联邦大楼发生爆炸案，168人丧生，举国震惊。由于媒体对此案的广泛关注和报道，受害者家属血泪控诉这一暴行。在这种情况下，陪审团在爆炸案发地不可能不受到来自媒体和受害者家属的压力，为了避免媒介审判的情况，该案被转移到了远在美国中西部的科罗拉多州首府丹佛进行审判。④

在中国，现行法律中没有直接限制对未决案件进行报道的明确规定，主要是通过宣传纪律和规范性文件来进行调整的。与此直接相关的限制，

---

① Nebraska Press Association v. Stuart, 427 U.S. 539 (1976).
② 〔美〕约翰·泽莱兹尼：《传播法：自由、限制与现代媒介》，张金玺、赵刚译，北京：清华大学出版社2007年版，第248–249页。
③ 同上书，第246页。
④ 魏永征等：《西方传媒的法制、管理和自律》，北京：中国人民大学出版社2003年版，第136页。

主要表现为对媒体舆论监督行为的约束。2009年12月，最高人民法院下发了《关于人民法院接受新闻媒体舆论监督的若干规定》，对媒体的司法舆论监督行为作出明确要求，禁止恶意倾向性报道。该规定第九条规定：人民法院发现新闻媒体在采访报道法院工作时有下列情形之一的，可以向新闻主管部门、新闻记者自律组织或者新闻单位等通报情况并提出建议。违反法律规定的，依法追究相应责任。（1）损害国家安全和社会公共利益的，泄露国家秘密、商业秘密的；（2）对正在审理的案件报道严重失实或者恶意进行倾向性报道，损害司法权威、影响公正审判的；（3）以侮辱、诽谤等方式损害法官名誉，或者损害当事人名誉权等人格权，侵犯诉讼参与人的隐私和安全的；（4）接受一方当事人请托，歪曲事实，恶意炒作，干扰人民法院审判、执行活动，造成严重不良影响的；（5）其他严重损害司法权威、影响司法公正的。①

（二）禁止庭审录播

英美两国虽然都承认司法公开的原则，但都不同程度地禁止媒体在庭审现场录音和摄像。

在英国，1925年《刑事司法法》（*Criminal Justice Act* 1925）第41条禁止电视录播法院的诉讼过程，否则就会招致藐视法庭罪的指控。1981年《藐视法庭法》（*Contempt of Court Act* 1981）第9条禁止旁听人员擅自在法庭上录音。虽然法院可批准记者在庭审中录音以作备忘，但录音内容不得对外播放或向目击证人展示。②根据该法，在法庭内，对法官、陪审团成员、证人或当事人拍摄照片、绘制草图均属违法行为。这是一项在司法实践中一直严格遵守的禁令，对于任何案件都不例外。1977年英国广播公司在拍摄一部农村生活的纪录片时，希望加上教堂内宗教法庭的庭审情况，虽然当事人同意，但法官拒绝了该项请求。2000年在审判涉嫌"洛克比空难爆炸案"的两个利比亚人时，英国广播公司提出拍摄庭审过程的要求未获批准，之后又申请获得法庭提供录像在庭审后转播庭审情况，亦遭拒绝。③2010

---

① 《最高人民法院印发〈关于司法公开的六项规定〉和〈关于人民法院接受新闻媒体舆论监督的若干规定〉的通知》，来源：最高人民法院网站，2010-3-31，链接为http://www.court.gov.cn/qwfb/sfwj/jd/201003/t20100331_3593.htm。

② 林娜：《英国刑事法院案件报道指南》，《人民法院报》2013年11月29日，第5-6版。

③ 卞建林、焦洪昌：《传媒与司法》，北京：中国人民公安大学出版社2006年版，第225页。

年 12 月，在阿桑奇的保释听证会上，英国高等法院法官琼斯里（Quseley）最终否决了下级法院的做法，指出不允许记者使用推特进行实时报道。尽管 2011 年英国最高法院制定了《基于保障公正准确报道的法庭内即时文字通讯使用的指导意见》[*Practice Guidance: The Use of Live Text-based Forms of Communication (Including Twitter) From Court For the Purposes of Fair and Accurate Reporting*]，允许记者和法律评论员对庭审进行文字实时报道（包括推特），但是仍然强调这些做法必须与前述法律规定保持一致，绝对禁止在法庭上录像、录音和拍照，法院有权限制社交媒体的使用并可以随时撤销许可，且该意见仅适用于最高法院，而不适用于其他法院。①

在美国，大多数法院多年来一直严格禁止使用摄影摄像设备。虽然法院普遍接受甚至规定，携带采访本和钢笔的人享有近用权，但是携带摄影摄像设备进入审判庭却一直颇具争议。法官们憎恶他们的审判庭上出现电视摄像机和照相机，认为使用这些设备很可能会干扰陪审团、胁迫证人、鼓励律师和证人"演戏"，甚至会整体上破坏法庭规范。②许多法官认为，这样可能会影响审判的公正性。特别是在联邦法院，始终禁止使用摄像机。《联邦刑事程序规则》(*Federal Rules of Criminal Procedure*) 第 53 条禁止媒体在联邦法院程序中使用摄像机。报道联邦刑事案件的媒体不得不依靠人们进出审判庭的照片或者美编绘制的审判场景素描。③1965 年，得克萨斯州一名刑事被告人起诉摄像机进入法庭损害了他接受公正审判的宪法权利，将官司打到了联邦最高法院。美国联邦最高法院以 5:4 的多数意见推翻原有罪判决，将案件发回重审。该法院认为，摄录设备进入法庭可能对公正审判产生影响，大法官克拉克在代表法院发表的判决意见书中指出，《宪法第一修正案》保障记者进入法庭的一般性权利，但并不必然保障他们携带某种设备进入法庭的权利。④然而，这种对媒介近用的限制后来也出现了松动。1981 年，美国联邦最高法院在"尚德勒诉佛罗里达州"（*Chandler v.*

---

① Lord Chief of Justice of England and Wales. Practice Guidance: The Use of Live Text-based Forms of Communication(Including Twitter) From Court For the Purposes of Fair and Accurate Reporting. *Judiciary of England and Wales*, 2011-12-14,http://www.judiciary.gov.uk/Resources/JCO/Documents/Guidance/ltbc-guidance-dec-2011.pdf.

② 〔美〕约翰·泽莱兹尼：《传播法：自由、限制与现代媒介》，张金玺、赵刚译，北京：清华大学出版社 2007 年版，第 258 页。

③ 同上书，第 259-260 页。

④ Estes v. Texas, 381 U.S. 532 (1965).

Florida）一案中判决，各州可以在自己权限范围内制定规则，决定摄像机是否可以进入法庭。①各州法院由此拥有了自由裁量权。发展到今天，美国所有州已经有限地允许摄像机出现在本州的审判庭，已有超过50个州允许电视转播全部或部分刑事审判。自2011年7月18日起，美国联邦法院在14个联邦地区法院开始试点摄像机进入法庭，但仅限于民事案件，且须征得主审法官和当事人同意。②

当前，我国司法对传媒的报道限制主要体现在程序和方式上。我国现行的法庭规则明确规定，在法庭上，旁听人员未经审判长许可，不得擅自录音、录像，不得当场提问，不得当场批评。1999年3月8日，最高人民法院为了进一步落实公开审判制度，颁发了《最高人民法院关于严格执行公开审判制度的若干规定》。该文件第11条就规定："依法公开审理案件，经人民法院许可，新闻记者可以记录、录音、录相、摄影、转播庭审实况。外国记者的旁听按照我国有关外事管理规定办理。"③2009年12月8日，最高人民法院又印发了两份文件:《关于司法公开的六项规定》和《关于人民法院接受新闻媒体舆论监督的若干规定》。在明确了立案公开、庭审公开、执行公开、听证公开、文书公开、审务公开六项原则后，最高人民法院在后一份文件中明确了媒体的报道界限。特别是对于庭审公开问题，《关于司法公开的六项规定》明确规定："依法公开审理的案件，旁听人员应当经过安全检查进入法庭旁听。因审判场所等客观因素所限，人民法院可以发放旁听证或者通过庭审视频、直播录播等方式满足公众和媒体了解庭审实况的需要。"④

为应对互联网时代社会公众对司法公开的现实需求，最高人民法院于2010年11月21日正式出台了《关于人民法院直播录播庭审活动的规定》，规定直播庭审"报主管副院长批准"即可进行，"必要时"才"报上级人民法院审核"。2017年1月25日，最高人民法院进一步修订了该规定，该规定具有司法解释的效力，要求庭审活动全程同步录音录像，开辟庭审公开

---

① Chandler v. Florida, 4491U.S. 560 (1981).
② 龙飞:《美国联邦法院试点"摄像机进法庭"》,《人民法院报》2011年11月11日, 第8版。
③ 《最高人民法院关于严格执行公开审判制度的若干规定》,《中华人民共和国最高人民法院公报》1999年第2期, 第55页。
④ 《〈关于司法公开的六项规定〉和〈关于人民法院接受新闻媒体舆论监督的若干规定〉》,《法律工作手册》2010年第1期, 第141–145页。

新路径和建设透明法庭。新修订通过的《最高人民法院关于人民法院庭审录音录像的若干规定》(法释〔2017〕5号)第一条即规定:"人民法院开庭审判案件,应当对庭审活动进行全程录音录像。"该规定要求法院在法庭内配备固定或者移动的录音录像设备。但是,对于法院以外人员(包括媒体工作者)的录音录像行为则有明确限制,该规定第15条指出:未经人民法院许可,任何人不得对庭审活动进行录音录像,不得对庭审录音录像进行拍录、复制、删除和迁移。①

(三) 不公开审理的法定例外

基于保障性侵案件中的受害人、未成年人的权利、国家安全和平衡重大公共利益的考量,英美立法和司法判例中还普遍存在一些限制信息公开和媒体报道的法定例外。

在英国,关乎国家安全、特殊身份证人、性侵案件和未成年人的案件一般不公开审理。即使法院允许媒体代表旁听此类案件,也明确禁止媒体报道这类案件(特别是不公开审理部分)。如果媒体违规,法院可随时采取排除旁听和判处藐视法庭罪等严厉措施。② 在这方面,法律主要是限制媒体公开信息。英国法律明确禁止报道这类案件中可能确定受害人身份的任何事项,这种保护的适用期限从接到受害人报案,到嫌疑人被提起公诉,而后一直延续贯穿受害人终生。英国的1992年《防治性犯罪法》、1994年《刑事司法和公共秩序法》规定:不能在与民事和刑事诉讼有关的报道中指明下列各种性犯罪被害人的身份:强奸(包括对男性的强奸),强奸未遂,帮助、教唆或共同强奸或强奸未遂,引诱强奸,共谋强奸,行窃时故意强奸。③ 1999年《青少年司法和刑事证据法》第44—46节规定,对任何未满18周岁人员涉嫌犯罪事项的报道,都不应该被包括在任何公开出版物中;当易受胁迫或攻击的人提交证据的时候,不论证人的年龄为何,都可以对相关报道施加限制。④ 该法罗列出了限制报道的详细清单,包括姓名、地

---

① 《最高人民法院关于人民法院庭审录音录像的若干规定》,《中华人民共和国新法规汇编》2017年第3期,第229-231页。
② 卢家银:《英美司法新闻的报道限制比较》,《南昌大学学报》(人文社会科学版)2014年第3期,第120-124页。
③ 〔英〕萨莉·斯皮尔伯利:《媒体法》,周文译,武汉:武汉大学出版社2004年版,第355-356页。
④ 同上书,第358-363页。

址、照片等能使公众辨认出来的材料。此外，1926年《司法程序法》第1条规定，禁止报道诉讼中任何涉及医疗、外科手术或是生理细节的可能有伤风化的不雅内容。①对于违反上述法律规定的媒体，法院则可以依法给予藐视法庭罪等处罚。

在美国，只有涉及未成年人隐私、性侵案件和国家机密的案件可能不公开审理。除此，其他绝大多数案件都向社会公众和媒体开放，任何人都可出庭旁听，判决书全部向公众公开。在这方面，美国法律主要是限制媒体和记者获得信息，而不限制媒体发表报道。为了防止司法报道对陪审团的影响，在20世纪80年代以后，美国许多法院采取了封闭预审甚至审判的方法以限制媒体。因为最高法院一再表示，不准禁止记者报道他们已经采集到的有关案件的信息。但是最高法院并没有说，是否可以首先拒绝记者获得这些信息。在这种情况下，对于法官而言，封闭特定的司法程序似乎是一个解决问题的简单方法。封闭会使记者得不到有偏见的信息。新闻界立刻反对这些封锁行为。上诉法院裁决，这种封闭和针对媒体的禁口令一样，违反《宪法第一修正案》。最高法院在20世纪末的一系列的重要判决中，确认了新闻界和公众享有出席刑事或民事审判的权利。但是，新闻界这种接近预审程序与文件的权利是有条件的，最高法院在1986年的"新闻企业报诉里弗赛德高级法院"（Press-Enterprise v. Riverside Superior Court）案中确立了（封闭司法程序与档案的）标准，即如果法官能够清楚地阐述支持下述内容的事实，那么司法程序推定为开放的情况就会被推翻：存在一种受保护的压倒性利益；公开听证会和文件"极可能"会损害此种利益；封闭必须受到严格限定，只允许封闭为保护该利益而不得不封闭的内容；法庭考虑过合理的替代方法；初审法院必须有足够的事实支持封闭决定。②

在中国，有关国家安全、个人隐私和未成年人犯罪等案件一般不公开审理。《最高人民法院关于审理未成年人刑事案件的若干规定》第11条规定："对在开庭审理时不满十六周岁的未成年人刑事案件，一律不公开审理。对在开庭审理时不满十八周岁的未成年人刑事案件，一般也不公开审理。如果有必要公开审理的，必须经过本院院长批准，并且应适当限制旁

---

① 林娜：《英国刑事法院案件报道指南》，《人民法院报》2013年11月29日，第5—6版。
② 〔美〕唐·彭伯：《大众传媒法》，张金玺、赵刚译，北京：中国人民大学出版社2005年版，第418页。

听人数和范围。"①对于不公开审理的案件，均会要求不公开报道。对此，现行《未成年人保护法》第 58 条规定：对未成年人犯罪案件，新闻报道、影视节目、公开出版物、网络等不得披露该未成年人的姓名、住所、照片、图像以及可能推断出该未成年人的资料。2015 年 8 月通过的《刑法修正案（九）》明确禁止媒体公开报道不公开审理的案件。第 36 条指出："司法工作人员、辩护人、诉讼代理人或者其他诉讼参与人，泄露依法不公开审理的案件中不应当公开的信息，造成信息公开传播或者其他严重后果的，处三年以下有期徒刑、拘役或者管制，并处或者单处罚金。公开披露、报道第一款规定的案件信息，情节严重的，依照第一款的规定处罚。"

（四）限制原则与方式

从对未决案件的报道限制、法庭庭审录播的禁止和不公开审理的法定例外三个层次来看，英国法律采用的是一种直接限制方式，其主要是通过限制媒体对案件信息、审判内容和当事人身份的披露和评论，通过限制媒体公开信息，以实现对司法报道的限制；美国法律则采用的是一种间接的限制方式，其主要是限制律师、证人、陪审员等诉讼参与人、调整审判活动自身和封闭法庭及文件等，通过限制媒体获取信息，以实现对媒介司法报道的限制。从整体上来讲，这两种限制模式显然是英美两国司法报道限制的显著不同之处。除此，英美司法报道限制的另一细微区别，则在于对不公开审理的法定例外案件的应对上。英国法院虽然有权要求公众离席，但媒体代表往往会例外。即使那些同时要求媒体离席的案件，法院仍会指定一位媒体代表留在法庭内旁听案件审理。与此相比，美国法院却不允许媒体代表旁听此类案件，因为法官们知道美国的媒体往往会选择公开已获得的信息。毕竟《宪法第一修正案》不禁止记者报道他们已经采集到的有关案件的信息。②

英美两国司法报道限制的相同之处在于对庭审录播的普遍禁止和不公开审理案件类型的类同上。特别在禁止庭审录播的问题上，英美两国的普通法近年来普遍出现松动。二者相比，英国是最高法院率先放松管制，美

---

① 最高人民法院：《最高人民法院关于审理未成年人刑事案件的若干规定》，《新法规月刊》2001 年第 6 期，第 38–41 页。

② 卢家银：《英美司法新闻的报道限制比较》，《南昌大学学报》（人文社会科学版）2014 年第 3 期，第 120–124 页。

国是州法院普遍放松管制。需要说明的是，在英美，司法公开是基本原则。依据法律，公众和媒体有权旁听庭审，媒体有权对案件进行充分、准确的实时报道。对司法新闻的报道限制都是司法公开的例外情况，这是言论自由和公民接受公正审判权进行利益平衡的结果，并且两国法律都明确规定这类报道限制只有在确有必要时方可做出，对媒体的报道限制还会受到严格的司法审查。[①] 与之相比，我国法院采取的是有限制的开放原则，对庭审过程中的摄影、录音、录像和网络直播行为，近年来从普遍限制发展到相对开放。虽然对庭审公开在不同层级法院的实施中会有所差异，但所追求的目标是司法权力主导下的规范庭审与司法公开。

---

① 卢家银：《英美司法新闻的报道限制比较》，《南昌大学学报》（人文社会科学版）2014年第3期，第120-124页。

第十一章　真实威胁

> 对真实威胁的处罚,并不以行为人后来实现该危害为必要,其处罚的目的是要保护个人免于暴力的恐惧与干扰。
>
> ——沃特·霍普金斯

互联网恐吓言论是网络诽谤的最新表现形式,它不仅极易侵犯他人合法权利,而且可能引发人身暴力攻击,对网络空间和现实社会秩序构成直接威胁。对于该类言论,虽然各大法系国家普遍主张对其严厉限制,但由于对认定标准的争论和出于政府公权力扩张的警惕,网络威胁表达的规制问题就成为互联网治理中的争议问题之一。网络恐吓言论由于涉及公民言论表达的基本权利,任何仓促的立法行动、不当的法律适用或利益平衡,都有可能阻遏公民权利或扰乱社会治安。为了保障公民的合法权益和社会公共秩序,许多国家均在立法活动或司法实践中对威胁言论的规制展开了探索。①

美国法律界对于该问题的探索最多,也最具影响。美国国会于1917年就曾制定了法律,《美国法典》第18条(18 U.S.C. § 879)规定以刑事处罚威胁美国总统或主要总统候选人人身安全的行为。许多联邦法也禁止威胁司法人员及其家人的言行、禁止以邮件传递威胁信息等。②1969年,美国联邦最高法院在"沃茨诉美国案"(*Watts v. United States*)中,又提出了真实威胁不受《宪法第一修正案》保障的司法原则。③互联网勃兴以后,美

---

① 本章主体部分已经公开发表,具体参阅卢家银:《真实威胁:美国对互联网恐吓言论的认定研究》,《西北师大学报》(社会科学版)2019年第4期,第56—63页。

② 廖元豪:《Virginia v. Black 与种族仇恨言论之管制》,焦兴铠(主编):《美国最高法院重要判决之研究:二〇〇〇—二〇〇三》,台北:中央研究院欧美研究所 2007 年版,第105—150页。

③ Watts v. United States, 394 U.S. 705, 89 S. Ct. 1399, 22 L. Ed. 2d 664 (1969).

国各级法院将已有法律规定和司法裁决的适用范围扩展到网络空间。从 1969 年的"沃茨案"到 2015 年的"艾隆尼斯诉美国案"（*Elonis v. United States*），联邦最高法院逐步明确了网络恐吓言论的认定与规制标准问题。发展到今天，美国在网络恐吓言论的规制问题上已形成了包括事实基准检测、主观意图检测和客观理解检测在内的真实威胁的司法认定标准。

一、事实基准检测

事实基准检测（criteria-based tests）是美国下级法院用以认定言论真实威胁的重要标准。① 该标准最早源于"沃茨诉美国案"（*Watts v. United States*）的判决。1969 年，美国最高法院对"沃茨诉美国案"作出终审裁定：政治上的夸张修辞要与真实威胁相区分，什么是威胁也必须与宪法保护的言论相区别。② 在该案中，一个名叫罗伯特·沃茨（Robert Watts）的年仅 18 岁的请愿者要求加入华盛顿纪念碑广场公开集会中的一个集会群组时，被该群组的成员以在发表观点前应该接受更多教育为由拒绝，他即当场声称："他们叫嚷着让我们去接受教育，我没有去。如果能让我携带一把来福枪，我想见到的第一个人就是总统林登·贝恩斯·约翰逊（Lyndon Baines Johnson）。"③ 他因此被初审法院和美国哥伦比亚特区巡回上诉法院以违反《美国法典》第 18 条（18 U.S.C. § 879）蓄意威胁总统的规定而被认定有罪。最高法院最终推翻了下级法院的裁决。此后美国最高法院在该案中所作出的判决就成为下级法院认定恐吓言论的重要标准。

事实基准检测最显著的特征就是将威胁言论进行政治言论和非政治言论的类型化界分。对言论进行类型化界分是美国各级法院审理言论表达类案件的常规做法。法院通常会依据争讼言论的自身特征，将其划归某一言论类型，然后按照该类型适用的原则和标准进行处理。司法常规是对政治言论给予高度保护。该理念植根于美国法律界对于言论自由与宪政代议制民主核心关系的理解与追求，两者之间的这种紧密关系也创设了第一修正

---

① Fuller, P. B. The Angry Pamphleteer: True Threats, Political Speech, and Applying Watts v. United States in the Age of Twitter. *Communication Law and Policy*, 2016, 21(1): 87–128.
② Watts v. United States, 394 U.S. 705, 707 (1969).
③ Watts v. United States, 394 U.S. 705, 89 S. Ct. 1399, 22 L. Ed. 2d 664 (1969).

案原则，即必然保护政治言论这种参与民主过程的言论。① 在"查普林斯基诉新罕布什尔州案"（Chaplinsky v. New Hampshire）中，法庭将政治言论、宗教言论划归高价值言论，将淫秽言论、攻击言论划归低价值言论，强调对政治言论等高价值言论给予较高层级的保护。大法官弗兰克·墨菲（Frank Murphy）在判决书中写道：

> 言论自由的权利并不是在任何时间、任何情况下都是绝对的。某些言论属于明确界定和严格限制之列。对这些言论予以禁止和惩罚并不会引起违宪问题。这些不受保护的言论类型包括淫秽（lewd and obscene）、亵渎（profane）、诽谤（libelous）以及侮辱（insulting）或挑衅言论（fighting words）。这些言论本身将造成危害，或容易煽动即刻发生的治安骚乱。这类言论并非是任何思想或观念表达的必要部分，并且它们对获得真理的社会价值微不足道，以至于即使这些类型言论能给社会带来任何利益，这些可能的利益也明显小于限制这些言论所欲维持之社会秩序及道德规范之社会利益。诉诸辱骂或人身攻击的方式并不是任何意义上的受到宪法保障的信息或观点的交流，将其当作犯罪行为进行惩罚并不会出现任何问题。②

依据双阶理论，政治言论在宪法保护层级中占据最高地位，其次是商业言论，而暴力威胁与仇恨侮辱类的低价值言论，本质上则不受法律保障。③ 在此案之后，美国的法院系统就开始以定义性衡量（definitional balancing）的方式，来界定淫秽、煽动、造谣与真实威胁等不受保障的言论类型。④ 法院对这些案件的审查并不是去衡量这些言论的价值与公共利益二者孰轻孰重，而是界定所论争的这些言论在定义上是否属于不受保护的言论。⑤ "一旦所论争的言论被界定为属于不受保护言论的类型范围内，就

---

① BeVier, L. The First Amendment and Political Speech: An Inquiry into the Substance and Limits of Principle. *Stanford Law Review*, 1978,30(2): 299-358.
② Chaplinsky v. New Hampshire, 315 U. S. 568, 572 (1942).
③ 郑涵（主编）：《国际电影审查与分级制度》，上海：上海交通大学出版社2014年版，第91页。
④ 廖元豪：《Virginia v. Black 与种族仇恨言论之管制》，焦兴铠（主编）：《美国最高法院重要判决之研究：二〇〇〇—二〇〇三》，台北：中央研究院欧美研究所2007年版，第105-150页。
⑤ 同上。

无所谓内容管制和应受严格审查的问题了，因为此类言论从根本上是可以被禁止的。"①

通过对下级法院言论类判例的分析，美国法学者布鲁克·富勒（Brooks Fuller）指出，美国 30 个案例中就有 19 个案例使用了事实基准检测，该标准主要用以界分受保护的政治言论和不受法律保护的真实威胁。② 自 1953 年至 2004 年最高法院的判例显示，与《宪法第一修正案》相关案件的言论主张更容易得到支持，尤其是政治类表达，即使是颇受争议的罗伯茨法院（Roberts Court），政治言论也会受到《宪法第一修正案》的严格检视。③ 国内法学者张千帆在研究美国宪法时也发现："政治言论对于自由民主的基本制度是至关重要的，因而不到万不得已的时候不得受到任何限制。其他类型的言论——例如有关色情、商业广告或煽动种族仇恨的言论则不具备这种重要价值，因而其受保护程度较小或者不受保护，在有些国家甚至可以受到立法的自由规制。"④

事实基准检测的方法就是将争讼案件与"沃茨案"中的事实进行比照。在司法实践中，美国下级法院常常依据该测试标准，试图将在审案件与"沃茨案"中的条件性制约因素、受众反应和物理环境进行区分，把"沃茨案"中的相关事实作为受保护言论的典型例证，以认定真实威胁。在描述情境的差异时，法院强调了罗伯特·沃茨现场表达的三个层面：表达语句的条件性、政治集会的环境、现场受众以大笑回应。⑤ 联邦最高法院指出了该案中的核心事实，主张适用法律时不要仅仅把沃茨表达的这三个层面作为案件情境化的指针，而是要作为把政治言论从威胁表达中区分出来的关键指标。⑥ 政治言论挑战真实威胁指控的案例分析揭示，许多州法院似乎更倾向于依据事实基准检测而不是《宪法第一修正案》的类型化平衡对言论进行限制。⑦

---

① 郑智航（主编）：《山东大学法律评论（2014）》，济南：山东大学出版社 2014 年版，第 142-143 页。

② Fuller, P. B. The Angry Pamphleteer: True Threats, Political Speech, and Applying Watts v. United States in the Age of Twitter. *Communication Law and Policy*, 2016, 21(1): 87-128.

③ Gamreklidze, E. Freedom of Speech in US Supreme Court Justices' Opinions: Political Speech Protection as Applied by the Roberts Court. *First Amendment Studies*, 2015, 49(1): 44-66.

④ 张千帆：《宪法经典判例导读》，北京：高等教育出版社 2008 年版，第 238 页。

⑤ Watts v. United States, 394 U.S. 705, (1969).

⑥ Fuller, P. B. The Angry Pamphleteer: True Threats, Political Speech, and Applying Watts v. United States in the Age of Twitter. *Communication Law and Policy*, 2016, 21(1): 87-128.

⑦ 同上。

从对事实基准检测的分析可以看出，与其说美国下级法院把"沃茨案"作为《宪法第一修正案》权利平衡的指南时选择规制表达，倒不如说是将"沃茨案"作为政治言论保护的一整套标准时经常限制言论。①

运用事实标准检测的重点是强调政治集会的环境要素。长期以来，美国各级法院并未对政治集会这一术语进行界定，但是第三巡回区法院曾指出在无家可归者的避难所的公共聚会不是政治集会。②近年来出现的关于网络恐吓言论的案例，再次凸显了政治集会环境在认定真实威胁问题上的重要性。在"美国诉卡斯蒂罗案"（United States v. Castillo）中，第十一巡回区上诉法院认为被告克里斯托夫·卡斯蒂罗（Christopher Castillo）在"脸书"（Facebook）上针对总统奥巴马的评论与"沃茨案"中政治集会的表达环境并不相同。在该案中，被告只是就奥巴马的一张照片发表评论，并不符合政治集会的环境标准。被告卡斯蒂罗在"脸书"上称：医保法案是"最后一根稻草"，"如果他连任，我就追杀他，让他亲眼见证自己的死亡"。③与之类似，在"美国诉杰弗瑞斯案"（United States v. Jeffries）中，第六巡回区上诉法院支持了初审法院对于被告富兰克林·杰弗瑞斯（Franklin Jeffries）的有罪判决，认为被告在社交媒体平台中的表达并不符合政治集会的标准。④在该案中，杰弗瑞斯录制并在"油管"（YouTube）中上传了一个威胁音乐视频，他在"脸书"上向好友分享了该视频。该视频包含被告杰弗瑞斯的原创音乐和歌词，视频提到他在战争时期杀人的经历并警告正在审理被告孩子监护权案件的法官在即将举行的听证会上做正确的事。⑤

依据事实基准检测原则对网络威胁言论进行认定的重要案例是"萨维诺威胁奥巴马案"。2013年9月，一个名叫尼古拉斯·萨维诺（Nicholas Savino）的男子因在白宫网站向奥巴马发送威胁邮件（且该邮件亦在推特上发布）而判监禁一年。⑥该男子在邮件中称"奥巴马是反基督分子，作为

---

① Fuller, P. B. The Angry Pamphleteer: True Threats, Political Speech, and Applying Watts v. United States in the Age of Twitter. *Communication Law and Policy*, 2016, 21(1): 87–128.

② United States v. Richards, 271 F. App'x. 174, 177 (3d Cir. 2008).

③ United States v. Castillo, 564 F. App's. 500, 501 (11th Cir. 2014).

④ United States v. Jeffries, 692 F. 3d 473, 483 (CA6 2012).

⑤ 同上。

⑥ NBCNews(2014, Jun 18) Man in Obama 'Anti-Christ' Threat Gets Year in Prison. *NBCNews*, access to https://www.nbcnews.com/news/us-news/man-obama-anti-christ-threat-gets-year-prison-n134916, 2017–12–03.

违反宪法的结果,要么下台,要么被射杀"。① 基于事实基准检测,萨维诺的推特帖文中"要么下台,要么被射杀"的表述根本不符合"沃茨案"对事实的认定。因为条件本身的模糊不清,法院适用事实基准检测后就会得出该推文不属于受保护的政治鼓吹或夸张表达的范畴。同时,萨维诺的推文与公开辩论或政治集会没有任何牵涉或隐含联系。萨维诺在推文中提到奥巴马总统时,既没有使用"回复"功能,也没有使用推特所具有的"标签"功能。基于严格的科斯马标准,只有公开的、组织化的游行示威活动中表达的言论才能得到第一修正案最大程度的保护。② 并且,萨维诺的推文很难满足事实基准检测中的受众反应标准。尽管无法预测受众对一个假设表达的反应,但是以往司法判决对受众反应的分析已经解释了该问题。在"美国诉科斯马案"(United States v. Kosma)中,第三巡回区法院指出:美国特勤局和白宫的相关受众不可能将针对总统的暴力威胁视为玩笑。③ 在"卡斯蒂罗案"中,法庭指出:卡斯蒂罗的"脸书"受众中,没有一人会将他针对总统奥巴马的暴力威胁帖文视为笑谈,至少在网上不会如此。④

二、主观意图检测

主观意图检测是美国各级法院用以认定真实威胁的主要标准。主观意图检测的重点是关注言者,它将真实威胁(true threat)的确定焦点置于威胁的制造者,而不是被威胁的受众。如果要认定某言论属于真实威胁,它必须具备两个要件:一是必须证明被告是有意发表该言论,二是必须证明被告有实施威胁的明确意图。⑤ 大法官桑德拉・戴・奥康纳(Sandra Day O'Connor)认为真实威胁包括言者有意作出的、意图对某个特定个人或群体实施非法暴力的严肃表达。⑥ 尽管该检测标准被"沃茨案"和"布莱克

---

① McDonald, J. (2014, June 19) Pennsylvania man gets year in prison for threat to kill Obama. *Reuters*, access to https://www.yahoo.com/news/pennsylvania-man-gets-prison-threat-kill-obama-205914267.html, 2017-12-03.
② Fuller, P. B. The Angry Pamphleteer: True Threats, Political Speech, and Applying Watts v. United States in the Age of Twitter. *Communication Law and Policy*, 2016, 21(1): 87-128.
③ United States v. Kosma, 951 F.2d 549, 554 (3d Cir. 1991).
④ United States v. Castillo, 564 F. App's. 500, 504 (11th Cir. 2014).
⑤ Crane, P. "True Threats" and the issue of Intent. *Virginia Law Review*, 2006, 92(6): 1225-1277.
⑥ Virginia v. Black, 538 U.S. at 359.

案"等案件的下级法院拒绝，但它却被联邦最高法院所采纳。

"艾隆尼斯诉美国案"（*Elonis v. United States*）是采用主观检测标准认定真实威胁的最新判例。2010年10月，宾州一家游乐园的运营主管安东尼·艾隆尼斯（Anthony Elonis）在"脸书"上以创作说唱（Rap）歌曲的形式发泄他对前妻、同事和联邦探员的不满，他在歌词中声称"要将前妻千刀万剐"、"要在附近制造校园枪击事件"等。联邦探员登门警告其好自为之，他却再次创作声称要和联邦探员同归于尽，最终因此被捕并被当地法院判决有罪。① 在"艾隆尼斯案"中，第三巡回区法院支持了艾隆尼斯有罪的判决，部分原因是依据"'布莱克案'不是说认定真实威胁不需要对威胁的主观意图检测"的论断。② 并且，最高法院并未支持下级法院经常采用的客观理解标准，而是依据植根于主观过错原则中的严格的法定理由，最高法院推翻了原审法院对被告的定罪。③ 联邦最高法院认为，根据《美国法典》第18条，对特定主体的定罪，不能仅仅基于一个理性人对被告言语的理解和解释。④

在下级法院层面，主观意图检测也是用以认定真实威胁的重要标准之一。例如，美国第九巡回区上诉法院始终拒绝采用单一的客观检测标准，该院认为依据《宪法第一修正案》客观检测标准的合宪性不足，因为该标准的定罪仅仅是基于陪审团对于一个理性人是否会把一个传播行为理解为真实威胁的决定。⑤ "美国诉巴达塞里安案"（*United States v. Bagdasarian*）是第九巡回区上诉法院对于真实威胁原则的重要判决，在该案中法庭确认了对主观意图检测的使用——在客观检测之外，法院根据《宪法第一修正案》采用了主观意图检测标准。⑥ 在该案中，由于没有直接的威胁语言和事实环境证明被告能控制和计划使用特定方式实施威胁，第九巡回区法院采

---

① Elonis v. United States, 575 U. S. (2015).

② Russomanno, J. Facebook threats: the Facebook Threats: the Missed Opportunities of Elonis V. United States. *Communication Law and Policy*, 2016, 21(1): 1–37.

③ Federal Threats Statute — Mens Rea and the First Amendment —Elonis v. United States. *Harvard Law Review*, 2015, 129(1): 331–340.

④ 135 S. Ct. 2012–2013 (2015).

⑤ United States v. Bagdasarian, 652 F. 3d 1113, 1116(9th Cir. 2011).

⑥ Fuller, B. Evaluation Intent in true threats cases: The importance of context in analyzing threatening internet messages. *Hastings Communications and Entertainment Law Journal*, 2015, 37(1): 37–78.

用了严格的主观意图标准判定真实威胁。①由此，法院对真实威胁作出解释："考虑到整个语境和所有环境，言者头脑清醒且能预见言论所指的对象会感到自己将遭受人身伤害。"②

在"巴达塞里安案"中，被告沃尔特·巴达塞里安（Walter Bagdasarian）因在 2008 年的总统大选中威胁刺杀总统候选人奥巴马，而被联邦地区法院依据美国法典第 18 条认定有罪，他以证据不足提起上诉。巴达塞里安在《雅虎财经网》上发贴攻击贝拉克·奥巴马："奥巴马，他妈的黑鬼，很快就让他头中口径 0.5 英寸的子弹"，"毙了那个黑鬼"。③大选当天该男子还发出邮件声称要射杀奥巴马。第九巡回区法院指出，尽管许多人厌恶巴达塞里安的恶言恶语，但是多数法官坚持被告所发的帖子并未构成真正的威胁而构成违法。④在推翻原审法院的定罪时，第九巡回区法院明确表示："布莱克案"要求法庭依据所有的威胁法律（threats statutes）分析指控中表达者的主观意图。该法院认为，被告所发网帖没有表现出威胁奥巴马的主观意图，因为这些网帖既未显示被告会实施该威胁，也未显示被告掌握了实施该威胁的任何方式，他的言论从而受第一修正案的保护。⑤在法院看来，将主观意图标准应用于真实威胁案件，能够修正不充分的陪审团指令或法条理解等客观理解标准的潜在失误。⑥

主观意图的认定是主观意图检测中的核心问题。弗里德里克·肖尔（Frederick Schauer）曾质疑第一修正案是否需要发现表达者确有一般或特殊意图，以支持对真实威胁的判定。⑦在这方面，司法先例并不多，涉及真实威胁的案例也不甚明晰。但是最高法院在"布莱克案"中仍然主张，如果要依据《宪法第一修正案》认定传播一个真实威胁的表达有罪，就必须

---

① Fuller, B. Evaluation Intent in true threats cases: The importance of context in analyzing threatening internet messages. *Hastings Communications and Entertainment Law Journal*, 2015, 37(1): 37–78.

② 同上。

③ United States v. Bagdasarian, 652 F. 3d 1113, 1113–1115 (9th Cir. 2011).

④ 同上。

⑤ United States v. Bagdasarian, 652 F. 3d 1113, 1122–1123(9th Cir. 2007).

⑥ United States v. Sutcliffe, 505 F. 3d 944, 962(9th Cir. 2011).

⑦ Schauer, supra note 30, at 216.

证明表达者有恐吓目标的主观意图。① 肖尔强调，所有案件中的定罪均基于构成伤害表现的指控、被告实施这种引起伤害行为的意图和应受谴责的主观过错的表现。意图检测的方法深植于所有的真实威胁的成文法律中，这意味着基于第一修正案的特定意图要求毫无必要。② 并且，无论表达者的特定意图和基于伤害的理据对言论的限制通常使合宪审查得以进行，但是《宪法第一修正案》的判例法仍然包含了无数禁止某类表达行为的判例。③

法律界对于真实威胁的司法原则是否需要主观意图标准问题的分歧较大，并且"布莱克案"的判决只是让基于《宪法第一修正案》的意图要求变得更为复杂。其实早在"布莱克案"宣判之前，詹妮弗·罗斯曼（Jennifer Rothman）就曾建议最高法院将主观意图标准融入真实威胁的法理考量，以避免将一般过失标准适用于真实威胁案件。④ 第九巡回区法院也有同样的思考，他们主张在每一个真实威胁案件中，应该用主观审查来调和限制性的客观标准。⑤ 第九巡回区法院的关切与《宪法第一修正案》原则开创性地应用于治理威胁言论的法律非常类似。⑥ "布莱克案"被误读为一个转折点，2011年第九巡回区法院判决指出："布莱克案"确立的主观检测必须写入所有处罚纯粹言论的威胁法律中。⑦ 对此，加勒·梅森（Caleb Mason）分析认为，正如一些法律评论者所提出的建议，如果"布莱克案"被解释为废除客观检测，那么它就严重违背了《宪法第一修正案》和其他联邦巡回区法院在"布莱克案"之前的司法探索和指引，这些法院曾经运用客观理解标准判定真实威胁。⑧

---

① Fuller, B. Evaluation Intent in true threats cases: The importance of context in analyzing threatening internet messages. *Hastings Communications and Entertainment Law Journal*, 2015,37(1): 37–78.

② Schauer, supra note 30, at 217–218.

③ Fuller, B. Evaluation Intent in true threats cases: The importance of context in analyzing threatening internet messages. *Hastings Communications and Entertainment Law Journal*, 2015,37(1): 37–78.

④ Rothman supra note 44, at 316.

⑤ Fuller, B. Evaluation Intent in true threats cases: The importance of context in analyzing threatening internet messages. *Hastings Communications and Entertainment Law Journal*, 2015,37(1): 37–78.

⑥ Mason, C. Framing context, anonymous Internet speech, and intent: new uncertainty about the constitutional test for true threats. *Southwestern Law Review*, 2011,41(1): 43–68.

⑦ United States v. Bagdasarian, 652 F. 3d 1113, 1117(9th Cir. 2011).

⑧ Mason supra note 66, at 68.

沃特·霍普金斯（Wat Hopkins）同样认为在"布莱克案"中最高法院未能明确受保护的意识形态主张与不受保护的威胁言论之间的区别。① 在"布莱克案"中，最高法院通过法理上与"恐吓"相嫁接，增加了对真实威胁原则已有的不确定性解释，特别是对诸如焚烧十字架的煽动性表达行为的认定。相对于真实威胁原则而言，恐吓是一个模糊的概念，它只阻遏引起立即恐惧和心理伤害的言论。② 最高法院在"布莱克案"中也未能解决焚烧十字架能否在宪法上等同于受保护的政治言论的问题。最高法院只是在判决指出，部分焚烧十字架的行为受宪法保护，部分不受保护。同时，最高法院的这种无必要性的判决让通过反恐吓立法的许多州陷入困境，他们只能企望联邦最高法院在其他案例中明确真实威胁的原则。③

正因如此，联邦最高法院在"艾隆尼斯案"中反复强调："仅仅是一部刑法未对犯罪意图进行规定，就不能被解读为对犯罪意图的豁免。一个基本的原则是犯罪必须是有意识地去实施的一种行为。"④ 在一个成熟的法律体系中，这个原则与人类意志自由的观念和随之而来的在善恶之间进行选择的能力和义务一样普遍和恒久。⑤ 首席大法官约翰·罗伯茨（John Roberts）在"艾隆尼斯案"中指出：这种认定的核心在于被告在被判有罪之前他必须主观上负有责任，这是长期以来许多法院通过诸如犯罪意图（mens rea）、故意（scienter）、恶意预谋（malice aforethought）、犯罪意识（guilty knowledge）等各种术语所表达的一种观念。⑥ 尽管有例外，但一般规则在于犯罪心理是有罪指控和证明犯罪的必备要件。即使刑法中不包括指涉主观意图的术语，最高法院也通常将刑事法规解释为包括故意要件在内的广泛适用。⑦

在认定真实威胁的问题上，也许最重要和最令人迷惑的责任原则就是要求行为人必须有犯罪意图，即无犯意之行为不为罪。该原则的含义与适用一直是争论不休的话题。⑧ 对主观意图检测的批评主要来自急于提高刑事

---

① Hopkins, supra note 30, at 313–314.
② Hopkins, supra note 30, at 308–309.
③ Hopkins, supra note 30, at 272–273.
④ Elonis v. United States, 575 U. S. (2015).
⑤ 同上。
⑥ 同上。
⑦ 同上。
⑧ 〔美〕道格拉斯·胡萨克：《刑法哲学》，谢望原等译，北京：中国人民公安大学出版社1994年版，第12页。

司法制度效能和减少犯罪行为发生的群体，强调更加公正地对待被告的人群则常常反对在适用该原则时妥协。他们认为："如果没有犯罪意图也可以追究刑事责任，那么人们就会无所适从。"①第三巡回区上诉法院也曾判决指出："将真实威胁的定义限定在言者主观上意图威胁的陈述，将无法保护个人免于暴力的恐惧和持续的心理恐惧，因为它保护一个理性表达者理解为威胁的言论。"②

此外，互联网上的恐吓言论的认定还面临新的挑战。乔丹·施特劳斯（Jordan Strauss）指出，在一个业已作出的威胁信息传播中的主观意图伤害与表达者的符号学和语言学经历紧密相连。③为了处罚威胁信息的传播，施特劳斯主张法院须通过社会符号理论的透镜解释主观意图，并认识媒介选择所反映的文本材料的深层意义。④弗里德里克·肖尔（Frederick Schauer）在追溯真实威胁原则的困境时亦指出，尽管某言论是暴力的和具有伤害性的，但法庭无法对真实威胁和受保护的抽象概念、观点进行明确区别，也很难找到这种区别的语言学或其他表达性特征。⑤鉴于真实威胁原则自"沃茨案"提出到"布莱克案"中的较有分歧的援用，他建议最高法院对该原则进行解释。

三、客观理解检测

客观理解检测意指一个理性人如果能够在一个传播行为中发现威胁即为真实威胁。⑥该检测主要基于一个理性表达者、理性听众或中立的理性人的理论假定。⑦所有的客观检测都要求具备一个一般的意图要素，即被告必须是有意作出了某种陈述。与之相应，政府也必须证明该陈述不是过失、被迫或强制的结果。⑧如果表达者不是出于本意作了某陈述，那么最终也无

---

① 〔美〕道格拉斯·胡萨克：《刑法哲学》，谢望原等译，北京：中国人民公安大学出版社1994年版，第15页。
② Virginia v. Black, 538 U.S. at 330.
③ Strauss, supra note 80, at 257.
④ Lessig, L. The regulation of social meaning. *The University of Chicago Law Review*, 1995,62(3): 943-1045.
⑤ Schauer, supra note 30, at 213-214.
⑥ Crane, P. "True Threats" and the issue of Intent. *Virginia Law Review*, 2006,92(6): 1225-1277.
⑦ Blakey & Murray, supra note 10, at 937-1002.
⑧ United States v. Hart, 457 F. 2d 1087, 1091 (10th Cir. 1972).

法通过客观检测。从"沃茨案"开始,美国的下级法院发展形成了真实威胁的客观检测标准。无法否认的是,根据最高法院对受保护的言论和不受保护的真实威胁区别的有限讨论,多家联邦巡回区法院倾向于运用客观理解检测标准,而拒绝对真实威胁采用主观意图检测。① 在"艾隆尼斯案"中,地区法院即使用了客观理解标准,该院认为如果一个理性人能够预见他的表达会被解读为威胁,该主体即构成犯罪。第三巡回区法院在判决中也进一步强调,真实威胁的认定不仅需要传达威胁的主观意图,也需要地区法院所主张的前述客观理解检测。②

客观理解检测包括理性表达者、理性听众和理性中立者三个检测维度。③ 对于理性表达者检测而言,如果某言论是一个理性人能够预见到其陈述会被他人理解为遭受身体伤害的严重表达,那么该言论就是一个真实威胁。在理性表达者检测中,言者的行为必须是疏忽所致,即政府必须证明被告是故意发表他明知是威胁的言论的。④ "萨维诺案"中,在联邦第三巡回上诉法院真实威胁裁决的先例下,如果一个理性的表达者能够预见该表达会被理解为一个威胁,那么萨维诺的推特言论就会被认定是真实威胁。⑤ 在"布莱克案"之前,理性表达者检测是最为流行的标准,受到不少巡回区法院的追捧。其中,联邦第一巡回区法院在"美国诉福勒案"(*United States v. Fulmer*)中解释了采用理性表达者检测的原因。该判决书写道:

> 该标准不仅考虑了发表言论的事实环境,而且较好地规避了理性接受者标准所存有的风险,即陪审团会考虑接受者所特有的敏感性问题。我们发现理性听众标准难以站得住脚的地方在于,如果我们要应用理性听众标准,被告就会因作出了模糊的陈述导致接收者感受到威胁而被认定有罪,因为事情的发展不在被告的认知范围之内。⑥

客观检测的第二维是理性听众检测。如果一个熟悉某言论所在环境的

---

① Crane, P. "True Threats" and the issue of Intent. *Virginia Law Review*, 2006,92(6): 1225–1277.
② Elonis v. United States, 575 U. S. (2015).
③ Blakey & Murray, supra note 10, at 937–1010.
④ Crane, P. "True Threats" and the issue of Intent. *Virginia Law Review*, 2006,92(6): 1225–1277.
⑤ United States v. Elonis, 730 F. 3d 321(2013).
⑥ 108 F. 3d 1486, 1491 (1st Cir. 1997).

普通的、理性的接收者会把该言论理解为伤害的威胁，那么该言论就是真实威胁。① 与理性表达者检测不同，理性听众检测仅仅作为真实威胁的一个司法定义发挥作用，且并不要求提供额外的意图要件。该检测标准最早源于"美国诉麦逊尼特案"（United States v. Maisonet）的判决，后经第二、第七、第八、第十一等多家巡回区法院援引与采用。对于该标准的支持，第七巡回区上诉法院法官理查德·波斯纳（Richard Posner）指出："对于某言论是否属于威胁的检测是一个客观标准，它并不是被告意图做什么而是信息接受者能否合理地把被告的言论视为威胁。"② 在"巴达塞里安案"中，虽然第九巡回区法院主要采用了主观意图标准判定真实威胁，但仍然参照了理性听众检测的客观标准。③ 尽管吉姆·沃德罗（Kim McLane Wardlaw）法官认为有足够的证据显示巴达塞里安的确犯下了威胁伤害罪，但法庭以2比1的票数推翻了原审法院的判决，认为虽然被告的言论特别令人憎恶，但是一个正常的人不会认为那些话可以构成真实威胁。④

客观检测的第三维是理性的中立者检测。依据中立者检测标准，如果特定环境中的某言论表现出了一种该言论的创作者会依据其言论主旨行动的合理倾向，那么该言论即是一种真实威胁。⑤ 与理性听众检测类似，该标准只是确定真实威胁这种犯罪行为的含义，而不是要区分任何额外意图标准的内容。该检测标准是客观理解检测三个维度中最不普遍的一个维度，在美国各级法院中只有第五巡回区法院曾经使用过。⑥ 在"波特诉天生区教育董事会案"（Porter v. Ascension Parish School Board）中，在确定学生的涂鸦是否构成真实威胁的问题上，第五巡回区法院在判决中指出：如果一个客观理性的特定主体把该言论理解为意图引起即刻或未来伤害的严肃表达，那么该言论就是不受保护的真实威胁。该法院还声称这种言论首先必须是言者向威胁目标或第三人有意传播的。⑦ 该学生因为并不是有意传达威胁，所以第五巡回区法院最后判决该言论受《宪法第一修正案》保护而不属真实威胁。

---

① United States v. Maisonet, 484 F. 2d 1356, 1358 (4th Cir. 1973).
② United States v. Holzer, 816 F. 2d 304, 310 (7th Cir. 1987).
③ United States v. Bagdasarian, 652 F. 3d 1113, 1113–1115(9th Cir. 2011).
④ 同上。
⑤ United States v. Morales, 272 F. 3d 284, 287 (5th Cir. 2001).
⑥ 同上。
⑦ 393 F. 3d 608, 616 (5th Cir. 2004).

尽管有不同意见，但多家下级法院均在判决中主张"布莱克案"支持了客观理解标准。在"美国诉科斯马案"（*United States v. Kosma*）中，第三巡回区法院坚持认为，"布莱克案"对真实威胁的检测并不是与第三巡回区法院在科斯马案所采用的理性表达者检测的标准相冲突。该法院在判决书中指出："'布莱克案'的定义语言仅仅是重申了第三巡回区法院的要求，他们要求表达者在陈述中必须传达一种意图，意即这种陈述不是偶然、强制或胁迫的产物。"① 第四巡回区法院在"美国诉布莱案"（*United States v. Bly*）中也强调：在确定言论是否构成真实威胁问题上，该法院所主张的理性听众检测仍然是一个指引性的先例。② 该院认为要求真实威胁的定义中体现特定意图的解释明显错误，判决称"不要求政府证明被告有恐吓或伤害他人的意图"。③

四、司法最低限度主义

对于网络恐吓言论的认定与审查，美国联邦最高法院发展形成了真实威胁的标准，多次确认与强调网络空间中的真实威胁表达不受《宪法第一修正案》的保护。④ 各级法院在认定真实威胁的过程中，已形成了事实基准检测、主观意图检测和客观理解检测三类检测标准。事实基准检测是美国下级法院用以认定言论真实威胁的重要标准，它以政治言论和非政治言论的类型化界分为基础，强调表达环境的公开与政治属性；主观意图检测是美图各级法院特别是最高法院用以认定真实威胁的主要标准，它强调被告的主观故意和实施威胁的特定意图；客观理解检测是不少联邦巡回区法院用以认定真实威胁的常规标准，它基于对特定理性主体客观理解的假定，关注被告的犯罪心态和政府的举证责任。美国各级法院对三类检测标准的采用和解释，虽然表现了真实威胁认定的多元视域和宪法审查的现实挑战，但却反映了美国司法对《宪法第一修正案》的历史思考及其对保障权利的坚定追求。

同时，美国对网络真实威胁的认定与审查，尤其是最高法院的一系列

---

① United States v. Kosma, 951 F. 2d 549, 557 (3d Cir. 1991).
② United States v. Bly, 2005 WL 2621996, at *1.
③ Crane, P. "True Threats" and the issue of Intent. *Virginia Law Review*, 2006,92(6): 1225-1277.
④ Virginia v. Black, 538 U.S. 343, at 359 (2003).

判决，体现了美国司法最低限度主义的特征。① 所谓司法最低限度主义，就是为避免错判或不当判决带来不可预料的后果，最高法院应寻求一个狭窄的理由裁决案件，以避免清晰的规则和终局性的解决方案。② 即在决定宪法问题时法官应当采取严格的、不具有理论野心的步骤，有理论雄心的判决会将太多问题从由选举产生的立法机关的权限范围内移除，从而也就从公众选择的权限范围内移除，它剥夺多数群体商议有分歧的道德问题并通过商议就这些问题达成共识的权利。③ 对于互联网威胁言论，最高法院尽量避免裁决复杂的宪法性问题并努力遵循先例，从而让某些关键问题保持开放，留待民意机构协商解决。在2015年的"艾隆尼斯案"之前，美国最高法院已经有50多个裁决采纳或提议采用最低限度主义的方法。④ "艾隆尼斯案"的判决则是最高法院自愿采纳最低限度主义的又一案例。尽管大法官塞缪尔·阿利托（Samuel Alito）和克拉伦斯·托马斯（Clarence Thomas）在异议书中对多数派的观点进行了批评，他们认为多数派的判决意见未能对网络威胁固有的问题展开全面讨论。⑤ 但是，在"艾隆尼斯案"这个宪法案件中，法院只重点关注了该案应当确定的内容，而不是讨论如何决定宪法的含义。多数派的大法官们也只是"将他们判断的基础建立在宪法文件原初、公开的含义之上"，"谦虚地以他们自身的先例为基础，而不是进行宽泛且有野心地裁决"。⑥ 按照知名法学家凯斯·桑斯坦的分析："司法最低限度主义已经成为20世纪90年代美国法律的最显著特征。"⑦

与之相比，中国虽然未采取司法最低限度主义的路径，但是网络威胁与恐吓言论亦属违法表达行为。我国对网络人身威胁与恐吓言论的认定主要基于表达内容与表达者的行为，在认定过程中更强调维护社会秩序。在

---

① 任东来、胡晓进等：《最有权势的法院：美国最高法院研究》，南京：南京大学出版社2011年版，第55页。

② 陈红梅：《美国司法审查正当性理论考察》，北京：光明日报出版社2011年版，第73页。

③ 〔美〕索蒂里奥斯·巴伯、詹姆斯·弗莱明：《宪法解释的基本问题》，徐爽等译，北京：北京大学出版社2016年版，191页。

④ Russomanno, J. Facebook threats: the Facebook Threats: the Missed Opportunities of Elonis V. United States. *Communication Law and Policy*, 2016,21(1): 1–37.

⑤ Elonis v. United States, 135 S.Ct. 2001, 2013 (2015)(Alito, J., dissenting).

⑥ 〔美〕索蒂里奥斯·巴伯、詹姆斯·弗莱明：《宪法解释的基本问题》，徐爽等译，北京：北京大学出版社2016年版，193页。

⑦ 〔美〕凯斯·桑斯坦：《就事论事——美国最高法院的司法最低限度主义》，北京：北京大学出版社2007年版，第4页。

我国，依据现行《刑法》第 293 条的规定，在互联网上辱骂、恐吓他人，构成情节恶劣者，会被追究五年以下的刑事责任。即使不构成情节恶劣，也可能根据《治安管理处罚法》第 42 条予以处罚。该标准关注表达者的发言次数与社会影响，如果是"多次辱骂、恐吓他人"、"引起他人精神失常、自杀等严重后果"、"严重影响他人的工作、生活、生产、经营"与"造成恶劣社会影响"，则会构成犯罪。该规制标准比较类似于美国的主观检测标准，但并不突出意图认定、也不同于其类型化的双阶检验，聚焦于言论的社会后果，体现了不同法律文化环境中对网络空间的差异化法律治理路径。①

总体而言，我国对网络有害言论的治理借鉴了欧美发达国家的法治理论与实践。伴随着中国法的现代化，我国立足互联网快速发展的实践和独特的法律文化传统，在互联网治理领域不断尝试将法律移植与本土资源相结合。目前，我国虽然已经初步确立了网络威胁与恐吓言论的认定标准，但是该标准并未区分言论类型和主观意图，需加强针对性与操作性方面的建设，关键是需全面建立与之相配套的社会主义网络法律体系。这样才能解决法律适用中的实践问题，并且有效治理网络空间层出不穷的新问题与新挑战，为广大社会主体频繁的网络活动提供可靠保障。因此，在互联网治理领域，我们必须继续大胆地借鉴世界发达国家法律体系中有利于培育、发展和完善市场经济体制的法律，我们必须继续大胆地借鉴世界发达国家法律体系中有利于我们解放思想、开拓奋进的法律观念和法律精神。唯有如此，我国才能够继续推进社会主义法治体系的建设，才能够有效应对人工智能的最新挑战，才能够切实规制各类网络有害言论，从而深入推进网络空间的法治化进程。

---

① 卢家银：《真实威胁：美国对互联网恐吓言论的认定研究》，《西北师大学报》（社会科学版）2019 年第 4 期，第 56—63 页。

第十二章　数据迁移

> 人与人之间的相互关系之所以可以如此丰富多彩，正是源于个人享有自由选择与其他人建立密切私人关系的形式与性质的权利。
>
> ——迈克·桑德尔

伴随着网络空间信息流动的智能演化与加速，数据迁移迅速成为备受关注的重要隐私问题。为了回应数据迁移的实践发展和隐私威胁，欧洲议会于2016年4月14日正式通过了讨论四年之久的《通用数据保护条例》（General Data Protection Regulation, GDPR），并于2018年5月25日开始生效实施，取代了1995年的《关于个人数据处理和自动流动权利保护的第95/46/EC号指令》（Directive 95/46/EC on the protection of individuals with regard to the processing of personal data and on the free movement of such data, 通称《个人数据保护指令》）。该条例的重要亮点之一即是首次创造性地提出数据迁移权（right to data portability），以法律确权的方式积极应对网络发展中的隐私保护问题。[①]

受《通用数据保护条例》的影响，英国及欧盟27个国家相继将该条例纳入国内法体系，迅速修订与制定了个人数据保护的相关法令。美国加州2018年6月通过的《2018年加州消费者隐私法案》（California Consumer Privacy Act of 2018）同样制定了数据迁移权的类似规定。包括中美在内的许多国家的互联网公司也相继调整隐私政策，以对应条例中数据迁移权等相关个人数据保护规定和继续开展欧洲业务。尽管我国新出台的《民法总则》《民法典》和个人信息保护的相关法律法规中，尚无"数据迁移权"与"数据可携权"的表述。但是，数据迁移问题已进入我国的法律视野，现行

---

① 本章主体部分已经公开发表，具体参阅卢家银:《论隐私自治：数据迁移权的起源、挑战与利益平衡》，《新闻与传播研究》2019年第8期，第71-88页。

《网络安全法》与《个人信息安全规范》已经涉及个人信息与重要数据的迁移,微信海外版、阿里速卖通(AliExpress)、新浪微博国际版等多家互联网公司已开展实际业务,并纷纷更新隐私政策和请求欧洲用户重新授权。在此背景之下,加强数据迁移权的研究,既能够进一步推动数据隐私保护的理论建构,又有助于回应和解决愈益严峻的隐私威胁的现实问题。

一、法权意涵

数据迁移权本质上属于隐私权和人格权,是数据近用的延伸形式,最初为欧洲议会所创制。欧洲议会于2012年首倡,并在2018年的《通用数据保护条例》中实现法律确权。该法权的创制与发展,是为应对日益频繁的个人数据收集与处理行为,以期在《欧洲人权公约》的隐私理论框架下为数据主体赋权,既在规则设计上限制信息控制者的活动范围,又在数据处置上增强主体的控制能力。数据迁移权的创制是人格权去客体化的最新发展,它加强了个体对自身信息的主动传播与积极利用,推动数据主体对个人隐私保持自主意志并排除外来干涉。[1]

数据迁移权是该条例第三章数据主体六大权利中的重要一项,它包括个人数据获取权(right to receive the personal data)、个人数据转移权(right to transmit personal data)和可传输个人数据持有权(right to have the personal data)三项子权利。其中,个人数据获取权又称为副本获取权,它赋予主体从控制者处接收个人数据的权利。相较于2012年的立法草案,欧盟最后通过的法律文本中将原来"正在处理的数据"修改为数据主体提供给控制者的个人数据,从而划定了该权利的保护范围。对于数据迁移权的具体内容,该条例第20条前两款规定:

  1. 数据主体有权获得其提供给数据控制者的相关个人信息,其获得的个人数据应当是结构化、普遍可使用和机器可读的格式。并且,数据主体有权无障碍地从原有数据控制者向其他数据控制者迁移这些个人数据。数据控制者要做到:(1)对信息的处理要依据该条例第6

---

[1] 卢家银:《论隐私自治:数据迁移权的起源、挑战与利益平衡》,《新闻与传播研究》2019年第8期,第71–88页。

条或第 9 条的规定基于主体同意，或是依据该条例第 6 条基于协议规定；（2）对数据的处理要通过自动化的方式实施。

2. 权利主体对数据迁移权的实施要依照前款规定，数据主体有权拥有个人数据，只要技术可行，这些个人数据可从一个数据控制者转移到另一个数据控制者。①

该规定第一款赋予用户主体获取和迁移个人数据的控制权，该处的个人数据指用户曾经提供给数据控制者的所有数据，诸如社交媒体、医疗服务和金融组织等机构掌握的可识别与不可识别的所有个人数据，数据主体可获取个人数据副本并自由迁徙。该规定明确了处理个人数据的合法基础是主体同意与协议授权，在此基础上的数据处理活动才符合合法、合理和透明的原则。这意味着该同意规则之外的其他数据处理活动，并不适用于数据迁移权。例如，用户已自行披露的个人数据以及数据机构为了预防欺诈等实质性公共利益必要的数据处理并不适用于此。该规定第二款则强调用户主体享有可传输个人数据的持有权。该条款明确了个人数据迁移的前提是"技术可行"。法条中提及的"技术可行"并不与"结构化、普遍可使用和机器可读的格式"相联系，而是和"通用数据保护条例详述"第 68 条概称的系统互通能力息息相关，欧盟鼓励数据控制者开发平台互通格式以保障数据迁移。② 无论如何，该表述以软法宣示的形式为"脸书"、"推特"等各类数据机构的数据迁移服务市场的发展留下了广阔空间。

除了"技术可行"，"无障碍"是数据迁移权适用的另一关键标准。数据迁移权规定不直接要求数据控制者履行数据迁移的积极义务，而是致力于限制第一方数据控制者从技术上阻碍数据迁移到其他数据控制方。其目的主要是为了防止用户锁定和潜在的人格损害。对于"无障碍"的法律解释直接决定着数据迁移权的适用，法学家彼得·史怀亚（Peter Swire）和雅尼·拉戈斯（Yianni Lagos）指出：在不同数据服务平台之间"无障碍"

---

① European Parliament & Council of the EU. General Data Protection Regulation, 2018 年 5 月 25 日, https://gdpr-info.eu/art-20-gdpr/, 2019 年 1 月 22 日。本章所有关于《通用数据保护条例》内容的注释，全部同此。

② Hert, P., Papakonstantinou, v., & Malgieri, G. et. al. The right to data portability in the GDPR: Towards user-centric interoperability of digital services. *Computer Law & Security Review*, 2018, 34(2): 193–203.

地传输数据，应该达到欧洲电子政务对"协同工作能力"（interoperability）和对信息传播科技能力的界定标准，以此可以实现数据交换和不同系统之间的信息与知识分享。① 虽然需要借赖市场研发数据迁移接口与模型，但毋庸置疑的是，强大的"协同工作能力"和信息传播能力能够让用户提升数据控制能力和自我意识，从而实现立法者所期待的信息自决。

对于数据权利的行使，该条例要求数据控制者不应拒绝数据主体的迁移请求，除非控制者能够证明其无法识别数据主体。该条例第 12 规定：在数据主体提出数据迁移的请求后，数据控制者应当提供数据，不应无故拖延，在任何情形下应当在收到请求后一个月内提供数据。依据该规定，如果数据主体的请求明显不具备正当理由或超过必要限度，则数据控制者负有举证责任，需要其证明数据主体的请求是毫无根据或过分的。但是，当数据控制者履行公共职责时，可以拒绝主体数据迁移的请求，这被视为公共利益与隐私自治之间的权衡。并且，它并不是一项绝对的权利，第 20 条第三款规定：第一款中所称的数据迁移权的实现不能损害第 17 条所规定的被删除权，该权利的实施不适用于基于公共利益必要职责的履行或官方机构对数据控制者的授权。

对数据迁移权的这种基于公共利益的限制，与《欧洲人权公约》第八条的规定保持了一致。公约第八条第一款在规定保障公民隐私生活权利的同时，第二款以但书条款的形式规定了对隐私权的限制。该款规定："依照法律规定的干预以及基于在民主社会中为了国家安全、公共安全或者国家经济福利的利益考虑，为了防止混乱或者犯罪，为了保护健康或者道德，为了保护他人的权利与自由而有必要进行干预的，不受此限。" 2018 年的"本·凡泽诉法国案"（Ben Faiza v. France）中，虽然欧洲人权法院承认法国刑事调查机构在贩毒嫌犯车上安装定位装置和通过法院命令获取手机通话记录的行为，构成了对嫌犯隐私的干涉，但是该院特别指出该行为并没有违反公约第八条，仍然符合法律规定。② 因为法院认为，该数据收集的目的是破获一项重大的贩毒活动，所获得的信息用于调查和刑事审判的公共利益，它在民主社会中是必要的。

除了上述限制，第 20 条第四款还规定数据迁移权的行使不能对他人

---

① Swire, P. & Lagos, L. Why the right to data portability likely reduces consumer welfare: Antitrust and privacy critique. *Maryland Law Review*, 2013, 72(2): 335–380.

② Ben Faiza v. France, no. 31446/12, [2018] ECHR 153.

的权利或自由产生负面影响。根据《数据迁移权指南》(Guidelines on the right to data portability)的规定，申请迁移的数据中包含有用户主体以外的第三人数据的情形，可能会对他人的权利造成负面影响。[①]基于主体同意与协议授权的合法性要求，用户在迁移数据时，通常需给予新的数据控制者收集、处理和使用该数据的同意或与之达成授权协议。然而，当用户要求迁徙的数据中存在第三人的个人信息时，而第三人与新的数据控制者之间却没有达成前述同意，这样就会产生侵权风险。同时，如果数据中包含他人知识产权和商业秘密，法定权利亦会受到限制。该指南认为，在数据含有第三人商业秘密和知识产权的情形下，应予以删除可能侵犯第三人权利的相关信息。当然，数据控制者也不得以此为由拒绝向数据主体提供所有数据，而是应在不泄露第三人数据的情况下，尽可能地向数据主体提供数据。[②]

值得注意的是，数据迁移权的系列规定具有一般制定法的特征，根据《欧洲共同体条约》第 189 条的规定，该条例具有普遍适用效力，可直接适用于欧盟成员国，成为成员国法律的一部分。在中国，除了《网络安全法》第 37 条作出了跨境数据迁移的类似规定，全国信息安全标准化技术委员会 2017 年 12 月发布的《信息安全技术个人信息安全规范》(2018 年 5 月 1 日生效实施)则以"个人信息主体获取个人信息副本"的表述对个人数据迁移问题进行了规范。该规范第 7.9 条明确规定："根据个人信息主体的请求，个人信息控制者应为个人信息主体提供获取以下类型个人信息副本的方法，或在技术可行的前提下直接将以下个人信息的副本传输给第三方：a) 个人基本资料、个人身份信息；b) 个人健康生理信息、个人教育工作信息。"[③]虽然我国对于数据迁移权的规定与欧盟略有不同，但保护数据隐私权利的实质相同。这既反映了欧盟创制数据迁移权的广泛影响，也体现了中欧在保护公民隐私权益上的共同趋向。

[①] Article 29 Working Party. Guidelines on the right to data portability. 16/EN WP 242, rev01, 5 April 2017.

[②] 卢家银：《论隐私自治：数据迁移权的起源、挑战与利益平衡》，《新闻与传播研究》2019 年第 8 期，第 71—88 页。

[③] 全国信息安全标准化技术委员会：《个人信息安全规范标准》，《中国质量与标准导报》2018 年第 3 期，第 36 页。

二、社会起源

首先，数据迁移权源于快速发展的互联网传播科技对隐私自主的深层威胁。自互联网勃兴以来，商业网站、搜索引擎、社交媒体和云计算等信息传播科技迅速融入社会的各个系统与细胞，信息社会的结构之变直接影响着个人数据的收集、迁移与处理等基本数据权利。尤其是大数据与人工智能的飞速发展激发了数据驱动型网络产业的活力，企业越来越倾向于利用新科技拓展其在物理世界的数据追踪、收集与分析能力及其业务。① 虽然信息传播科技能够促进个人隐私的保护，但是传播科技无孔不入的渗透与扩散逐步导致公共与私人领域重叠空间的扩大和边界的模糊，个人隐私在这种边界变动中面临前所未有的威胁和侵害。

哲学家卢奇亚诺·弗洛瑞迪（Luciano Floridi）指出，信息传播科技是一种再本体化的科技，它最明显的方式就是正在重新本体化人类所处的这个"信息圈"（infosphere），在提升和增强机器、网站和用户等各类主体能力方面明显优于传统技术，它通过改变多元主体深植于其中的信息圈及其互动环境的本质，愈益引发严重的信息隐私问题。② 在该信息圈之中，多元主体之间中性的道德负载出现了摩擦与冲突，传统的分布式道德在各主体之间很难有效衔接，主体之间的互动联结由于平台的逐利行为而受到损害，以发展、创新和有序自由之名的隐私侵权日益普遍，且已危及我们所珍视的政治与社会文化。③ 当超级网络平台与大型企业对普通用户个人数据的收集、俘获与处理能力越来越强的时候，具备自我学习能力的智能算法在持续的演化竞争中会发生质变，显性层面上进化的算法在实现平台利润最大化的过程中，极易在隐性层面侵害公民隐私而不为人知。④ 由此会导致对用户的有感及深层的无感伤害。⑤

---

① Tene, O. & Polonetsky, J. A Theory of Creepy: Technology, Privacy and Shifting Social Norms. *Yale Journal of Law & Technology*, 2014, 59(16): 59–102.
② Floridi, L. *The Ethics of Information*. New York, NY: Oxford University Press, 2013, p.234.
③ Cohen, J. E. What privacy is for. *Harvard Law Review*, 2013, 126(7): 1904–1933.
④ 李侠:《基于大数据的算法杀熟现象的政策应对措施》,《中国科技论坛》2019 年第 1 期，第 3–5 页。
⑤ 顾理平:《无感伤害：大数据时代隐私侵权的新特点》,《新闻大学》2019 年第 2 期，第 24–32 页。

面对世界范围内日益增长和普遍的科技发展，法律界意识到通过加强个体对信息的控制是积极推动隐私保护的最佳方式。①为此，欧盟试图通过立法的形式回应数字技术对隐私的冲击。《数据迁移权指南》(Guidelines on the right to data portability) 解释称："创制这项新权利的目的就是为数据主体赋权，以提升他们从一个网络科技环境移动、复制和传输个人数据到另一个网络科技环境的能力。"②《通用数据保护条例》宣称欧洲议会制定该法的目的主要是为应对现代传播科技的挑战和保护公民隐私，条例第一条明示了立法宗旨："制定该法的目的就是为保护自然人的基本权利和自由，特别是个人数据与隐私。"与前者的表述基本一致，1995年的《数据保护指令》第一条同样指出：制定该指令的主要目的是主要保护与个人数据相关的隐私权。

英国在脱欧之际，以几乎相同的目的参照前述条例制定了最新的《2018 数据保护法案》(Data Protection Act 2018)。英国信息委员会专员伊丽莎白·丹汉姆（Elizabeth Denham）表示："之前的数据保护法案在应对互联网、数字科技、社交媒体和大数据时未能奏效，所以英国制定了新的数据保护法案，为数据主体提供了工具并增强他们控制个人数据的权利。"③与之类似，为应对科技的这种本体化冲突，美国《2018年加州消费者隐私法案》开篇即申明其旨在保障消费者对个人数据行使控制权和防治个人信息滥用，以期提升主体对个人数据的自我控制。中国近年来亦是通过出台《刑法修正案九》、发布司法解释并颁布《民法总则》和《民法典》为个人信息权进行确权，以提升主体对个人数据的自我控制。

其次，数据迁移权亦源于社会对人类人格尊严的日益尊重。传播学者克利福德·克里斯琴斯（Clifford G. Christians）指出："在这个信息科技革命化的时代，将隐私与人格尊严有机融合是最迫切的问题。人格尊严不是抽象的假设，而是关乎人类生存的主张，它深深植根于文化、政治与

---

① Akrivopoulou, C. & Psygkas, A. *Personal Data Privacy and Protection in a Surveillance Era: Technologies and Practices*. Hershey, PA: IGI Global, 2011, p.22.

② Article 29 Working Party. Guidelines on the right to data portability. 16/EN WP 342, rev01, 5 April 2017.

③ Information Commissioner's Office. An overview of the Data Protection Act 2018. 2018年5月25日，https://ico.org.uk/media/for-organisations/documents/2614158/ico-introduction-to-the-data-protection-bill.pdf, 2019年1月3日。

科技制度之中，与真相和非暴力共同决定着全球正义伦理的走向。"① 在当下，人们越来越重视个人数据所体现的人格利益与尊严。"如果个人无法知道自己的个人信息在何种程度上、被何人获得并加以利用，则个人将失去作为主体参与的可能性，而沦为他人可以操纵的信息客体。"② 这种人格尊严的伤害是对数据主体作为人之为人的根本损害。数据迁移权的法律创制，正是为了满足社会主体的这种权利诉求。费迪南·斯克曼（Ferdinand Schoeman）表示：人格尊严诠释了作为一种独特和自我定在的人性本质，它决定着个体思想、观点和情感传播给他人的程度。③ 换言之，沃伦和布兰代斯之所以倡导捍卫隐私权，就在于担心猖獗的媒体对隐私生活不受限制的报道会摧毁个体的人格尊严、正直品质和脆弱的个体权利。

对此，印度隐私法学者莎玛（S.K. Sharma）强调，主体控制个人物理存在和信息系统的两项权利都与对个体的尊重原则紧密相关，二者均需依据科技与社会环境的变化而重新诠释。④ 隐私这种对个人自身定在和个人信息形式延伸的控制，主要基于主体对人格尊严的要求。物理主体的个人数据和信息是个体人格尊严的延伸，主体可以以其自认为适当的方式传递或拒绝转移到其他平台。这种对数据的自主管理即体现了人的主体地位和人格尊严。只有当个人可以支配其个人数据时，才可能自由发展其人格和实现隐私自治。现代隐私理论常常将人格尊严与个性自主设定为隐私的基础，认为它包含信息自决和免于各类侵入的权利。斯克曼指出，个体独立的行为和个体对自主状态的控制均是个体自由和人格尊严的本质所在，如果一个人的家被他人随意闯入，他的谈话被他人随意偷听，他的婚姻和家庭亲密行为被他人随意窥视，那么他就不再是一个完整的人，他的人格尊严将会因此受到严重损害。⑤

并且，人格尊严是隐私存在的主体哲学基础。包括数据迁移权在内的

---

① Christians, C. G. *Media Ethics and Global Justice in the Digital Age*. Cambridge, UK: Cambridge University Press, 2019, p.17.
② 杨芳：《个人信息自决权理论及其检讨》，《比较法研究》2015 年第 6 期，第 22—33 页。
③ Schoeman, F. D. *Philosophical Dimensions of Privacy: An Anthology*. New York: Cambridge University Press, 2009, p.163.
④ Sharma, S. K. *Privacy Law: A Comparative Study*. Maya Puri, New Delhi: Atlantic Publishers & Distributors, 1994, p.4.
⑤ Schoeman, F. D. *Philosophical Dimensions of Privacy: An Anthology*. New York: Cambridge University Press, 2009, p.165.

数据隐私权就是对人类尊严和个体的重释与确认。不论如何界定隐私与管理边界，在人性之中都蕴含着最大可能满足人的生理、心理还是精神上的感受和需求，能带给人以自由、价值和理想的实现。[①]社会主体拥有数据迁移权，意即个人在法律许可的范围内可以独立按自由意志活动。它体现了数据主体对基本权利的内心渴望，如果主体失去了对个人数据和隐私的控制，其他的权利就很难得到保障。法学者王治东坚称："每个人都有一个对个人空间的基本需求，拥有这个空间就意味着个体拥有自由，侵犯其他主体私人生活空间就是对他人权利的干涉。"[②]私域空间的本质特征本身就在于主体自在和自决，只要拥有个人数据权，主体就可以实现隐私边界的自主治理，并以此培养其社会关系和实现自我。

第三，数据迁移权还源于社会对个人数据财产价值与信息财产的日益重视。虽然数据隐私本质上属于人格权，但这并不能抹杀其财产权属性。伴随着大数据结构化影响的持续扩散，不仅个人数据的财产属性和经济价值愈来愈凸显，而且公众对个人数据作为新型资产强化保护的要求越来越强烈，个人数据的财产化保护趋势已成为一种不争的现实。[③]法律界已经出现了将个人数据视为个人财富的法律适用趋向，主张网络平台应当向个人数据被收集和利用的用户支付报酬，使主体可以通过个人数据的适当交易获益而享有较高层级的信息财产权，实现个人数据市场更加公平合理的运作，同时促使商家在收集个人数据时更多考虑成本问题，以此肯定用户主体对个人数据所享有的财产利益。[④]

尽管条例采取了人格权保护的进路，但欧盟对数据隐私的立法保障仍然体现了对数据财产的高度重视。《通用数据保护条例》明确承认权利主体对其个人数据所蕴含商业价值的所有权，并确立了默认权利原则和基于财产规则的救济原则，对个人数据的规定表现出了财产权保护的明显特征。[⑤]在美国，个人数据的保护普遍置于电子商务等相关法律的框架之中，法律

---

① 王治东：《技术化生存与私人生活空间：高技术应用对隐私影响的研究》，上海：上海人民出版社2015年版，第43-44页。
② 同上书，第45页。
③ 蓝蓝：《确立个人信息财产权的必要性与正当性研究》，易继明（主编）：《中国科技法学年刊（2008年卷）》，武汉：华中科技大学出版社2010年版，第133-146页。
④ 刘德良：《论个人信息的财产权保护》，北京：人民法院出版社2008年版，第87-108页。
⑤ Victor, J. M. The EU General Data Protection Regulation: Toward a Property Regime for Protecting Data Privacy. *The Yale Law Journal*, 2013, 123(2): 513-528.

上默认个人是其个人数据的所有者，从而认可将个人数据作为商品在市场中自由交易。① 在我国，虽然法律目前对于数据产品的所有权尚未作出具体规定，但是《网络安全法》在《关于加强网络信息保护的决定》的基础上，明确了对个人数据保护的财产规则。该法第 12 条规定网络运营者收集使用个人信息必须征得被收集者同意。2019 年生效实施的《电子商务法》同样沿用了该同意规则。并且，司法实践中也出现了认可个人数据财产价值的判决。2018 年 11 月，北京市朝阳区人民法院在适用新出台的《民法总则》时指出："随着社会的进步和信息经济的发展，个人信息作为一种愈益重要的资源，其财产价值日益凸显"，"个人信息同时体现着人格利益和财产价值，对个人信息的侵害必然带来承担相应经济赔偿责任"。② 浙江省杭州市中级人民法院也认为个人数据及其衍生产品具有财产属性，该院在 2018 年 12 月的一份裁决中强调：淘宝公司在用户原始痕迹数据的基础上，经综合、计算、整理而形成的数据产品，可以为其带来直接经营收入，无疑属于竞争法意义上的财产权益。③

对于个人数据的这种财产化控制需求，法学家劳伦斯·莱斯格（Lawrence Lessig）主张："如果人们把隐私权作为一种财产权进行保护，那么对隐私的保障将会更为有力，人们需要拥有这种权利以保护数据隐私，并且财产化是我们用以识别和提供保障的传统方式。"④ 他认为，应认识到数据的财产属性，通过赋予数据以财产权的方式，强化数据本身的经济驱动功能，方可打破传统法律思维之下单纯依据隐私或信息绝对化保护用户而限制、阻碍数据收集、流通等活动的僵化格局，从而以一种赋予个人信息以财产权品格的新设计，使数据活动更加方便和顺畅。⑤ 对此，哲学家黑格尔曾指出："财产化保护之所以合乎理性，并不在于它能够满足人的需要，而在于它扬弃了人格的纯粹主观性。"⑥ 李强和施嘉岳亦认为，人只有在财产权中，或者说在人的意志将外在物质转变为人的意志的财产后，人

---

① 刘德良：《个人信息的财产权保护》，《法学研究》2007 年第 3 期，第 80-91 页。
② 北京市朝阳区人民法院（2018）京 0105 民初 9840 号。
③ 浙江省杭州市中级人民法院（2018）浙 01 民终 7312 号。
④ Lessig, L. *Code: And Other Laws of Cyberspace*. New York, NY: Basic Books, Inc. 2006, p. 229.
⑤ 〔美〕劳伦斯·雷席格：《网络自由与法律》，刘静怡译，台北：商周出版社 2002 年版，第 396 页。
⑥ 〔德〕黑格尔：《法哲学原理》，范扬、张企泰译，北京：商务印书馆 1962 年版，第 50 页。

的自我才真正与外部条件相分离，才获得人格的独立。①个人数据的迁移本质上是自由意志定在的强化，社会主体通过对个人数据的占有而成为现实的存在，权利的实现与主体对个人数据的有效控制才能直接形成勾连。

对于数据隐私，传统的法律并没有提供诸如强制令之类的事前救济，也没有提供惩罚性赔偿的保护手段。在数据迁移权创制之前，保罗·施瓦茨（Paul Schwartz）等学者就曾呼吁以财产规则来对个人数据强化保护，他们指出：无论是美国还是欧洲，只对隐私提供了基于责任规则的保护，而没有提供基于财产规则的保护。②阿兰·威斯丁（Alan Westin）同样强调数据隐私的关键是对个人数据的控制，即"个人、群体或机构对自身信息在何时、如何以及在何种程度上与他人沟通的主张"。③作为一种资源，人们正在逐步发掘个人数据的经济价值。使用个人数据应承担相应的成本，关键就在于构建一种财产权的机制，促使数据使用者通过支付数据使用费用将外部成本内化。④

不可否认，既有市场虽然已将个人数据的财产权赋予了权利主体，供其以数据换取其他产品或服务。例如，人们向"脸书"、"推特"、微信和微博等社交网站提交个人数据为代价换取免费信息和通讯服务。当前也有制度将个人数据认定为一种财产，只是在法律适用的过程中，并未显示出财产权属于个人主体，而是属于数据收集和使用者。⑤这样导致大型公私机构与数据主体之间严重的信息不对称，网络平台可以通过使用和出售个人数据将收益内化，将这些行为造成的负面影响外化。市场不但无法限制大型机构特别是垄断企业滥用个人数据，反而创造了过度披露个人数据的机制性激励。⑥在此语境之中，社会公众期盼通过制度化建设，赋予主体更多权利，以提升数据主体在实体机构中的谈判权和对个人数据的控制权。

---

① 李强、施嘉岳：《财产理论及海洋资源产权冲突的经济学分析》，青岛：中国海洋大学出版社 2015 年版，第 13 页。
② Schwartz, P. M. Property, Privacy, and Personal Data. *Harvard Law Review*, 2004, 117(7): 2056-2128.
③ Westin, A. *Privacy and Freedom*. New York: Atheneum, 1967, p.7.
④ 孔令杰：《个人资料隐私的法律保护》，武汉：武汉大学出版社 2009 年版，第 82 页。
⑤ 同上书，第 82-83 页。
⑥ Sholtz, P. The economics of personal information exchange. *First Monday*, vol.5, no.9, 2000.

三、现实挑战

数据迁移权的创制虽然从法律上解放了公私数据服务机构对用户数据的控制、锁定甚至是垄断，但无法否认的是，该法权的发展在实践中也可能带来包括网络安全威胁、企业负担增加和用户福利减损等多个层面的结构冲击与挑战。

（一）威胁网络安全

数据迁移权的实践所带来的首要隐忧就是其可能威胁互联网安全。它所形成的这类挑战主要体现为空间维度的结构冲击。数据迁移权的发展反映了各类数据在不同虚拟空间中流动的现实，也体现了个人数据在不同物理空间中移动的实践。这种数据的空间流动突破了隐私原有的物理边界，在数据迁移的过程中社会主体的隐私期望、隐私空间与安全保障也会随之发生变化。

在网络安全问题上，数据迁移所导致的结构冲击首先是大量和频繁的数据迁徙构成了无法忽视的安全风险。在既往数据流动相较缓慢的时代，网络黑客就一直在伺机而动。雅虎、谷歌和网易等各大互联网平台的数据泄密事件也因此而此起彼伏，个人数据安全问题一直是困扰网络发展的安全之踵。近年来关于个人数据安全脆弱性的丑闻和企业不当使用用户数据的事件已经激起了公众对隐私保护的普遍关注，并严重削弱了用户信任。[1] 在数据迁移权正式实施之后，"推特"和亚马逊等各类网络平台每天都会收到数以万计的数据迁移请求并需系统进行自动处理。在此数据移动对接、机读与再存储的间隙，就很可能让暂时失去多重安全保护的数据遭受黑客入侵，也可能因为普通数据主体的非专业操作、特别是不当操作造成数据泄露。这种频繁的和海量的数据迁移既可能对个人数据的安全构成新的威胁，也可能对各类互联网平台特别是公共服务机构（包括关键信息基础设施运营者）涉及金融、教育、交通、医疗甚至是军事等重要数据平台构成

---

[1] Li, H., Yu, L., & He, W. The Impact of GDPR on Global Technology Development. *Journal of Global Information Technology Management*, 2019, 22(1): 1–6.

威胁，进而影响到社会稳定和国家安全。[①]

相较于数据的境内流动，个人数据的跨境迁移对网络安全的冲击更大。除了特殊数据主体，普通主体的个人数据中虽然不包含涉及国家安全的相关信息。但是，一般主体个人数据的高速流动和海量聚合会生成新的数据元和数据集，这种聚合而成的数据集不仅能产生整合型隐私[②]，而且能在一定程度上还原一个族群、一个社会和一个国家的社会、经济和政治面貌与实际样态，这在总体上会对数据主权与国家安全构成威胁。特别是人工智能和机器算法快速发展的当下，这种威胁会与日俱增。同时，大型互联网平台间海量个人数据的跨境流动，其中会直接涉及企业巨头数据中心的设立与不同数据中心之间的数据迁移，这自然会不可避免地牵涉网络信息与国家安全。正因如此，欧盟出台的《通用数据保护条例》将个人数据的跨境转移单列一章作了全面规范。其中，该条例第 45 条第一款规定："当欧盟委员会认定认为相关的第三国、第三国中的某区域或一个或多个特定部门、或国际组织具有充足保护时，才可以无须特定授权将个人数据转移到第三国或国际组织。"在欧盟委员会评估保护的充足性时，还强调重点考量数据接入方已经作出的国际承诺、拥有的法律体系、独立监管机构的有效运作与所在地对法治、人权和基本自由的尊重。

与之类似，数据的跨境迁移对我国的网络安全法治建设同样产生了影响。针对跨境数据移动，我国 2017 年正式实施的《网络安全法》第 37 条规定："关键信息基础设施的运营者在中华人民共和国境内运营中收集和产生的个人信息和重要数据应当在境内存储。因业务需要，确需向境外提供的，应当按照国家网信部门会同国务院有关部门制定的办法进行安全评估。"[③] 同时，我国现行法律法规还明确规定个人金融数据、人口健康数据和未标明密级的特定信息等不得跨境迁移。《人口健康信息管理办法（试行）》虽然规定数据服务提供者应当为不同系统间的迁移、交互和共享提供安全与便利，但是其第十条明确要求责任单位不得将人口健康信息在境

---

① 卢家银：《论隐私自治：数据迁移权的起源、挑战与利益平衡》，《新闻与传播研究》2019 年第 8 期，第 71—88 页。

② 陈堂发：《互联网与大数据环境下隐私保护困境与规则探讨》，《暨南学报》2015 年第 10 期，第 126—130 页。

③ 全国人民代表大会常务委员会：《中华人民共和国网络安全法》，《全国人民代表大会常务委员会公报》2016 年第 6 期，第 899—907 页。

外的服务器中存储，不得托管、租赁在境外的服务器；《中国人民银行关于银行业金融机构做好个人金融信息保护工作的通知》第六条同样规定："在中国境内收集的个人金融信息的储存、处理和分析应当在中国境内进行。除法律法规及中国人民银行另有规定外，银行业金融机构不得向境外提供境内个人金融信息。"①

（二）增加企业负担

对于数据迁移权的最大争论就在于它可能增加互联网企业的负担、束缚市场创新和网络产业发展。许多互联网平台担心数据迁移权规定的普遍实施，将会以法律强制力的形式刺激企业增大投入，研发实现数据迁移所必备的"结构化、普遍可使用和机器可读的格式"以及数据的"无障碍"迁移接口与技术。这对于已经占据市场、颇具规模的互联网平台来讲是竞争优势，譬如谷歌、"脸书"、亚马逊和腾讯等大型科技公司可相对容易地升级其隐私政策与运营以符合法定标准，但对于初创企业和正值发展瓶颈期的互联网公司来讲，则是巨大的生存压力。为了达到数据迁移权的法定要求，互联网公司需要配置大量的人力和物力资源，以升级技术平台、修订隐私政策、改变广告操作和调整数据存储与处理模式等。②面临激烈的市场竞争，新创公司很难在互联网市场特别是消费者数据服务领域超越独占优势的网络巨头企业，赢得消费者的青睐和信赖，并发展成为个人数据迁移的替代目标平台。这种竞争压力和潜在的法律负担无疑会影响互联网市场的发展，可能导致互联网企业在新一轮竞争中产生组织消解、功能分化与市场重构等一系列连锁反应。

虽然数据迁移权创制的目的是为了保障用户数据隐私，但其系列规定以及整个《通用数据保护条例》并不能显著促进科技与市场创新。从其规制手段和处罚规则来看，它实质上倾向于有利于规模首发优势方，该类企业能够轻松获得亿万消费者的数据收集与迁移的"许可"与"同意"，这会直接威胁次规模优势企业和第三方生态系统，因为次规模优势企业和第三方企业只为消费者提供间接服务，它们与消费者之间的联系是脆弱和短

---

① 中国人民银行：《关于银行业金融机构做好个人金融信息保护工作的通知》，《中华人民共和国国务院公报》2011年第22期，第58—60页。

② Li, H., Yu, L., & He, W. The Impact of GDPR on Global Technology Development. *Journal of Global Information Technology Management*, 2019, 22(1): 1–6.

暂的。①这种权力失衡行为的典型表现即属"脸书"的做法。在数据公司"剑桥分析"（Cambridge Analytica）丑闻事件之后，"脸书"将第三方数据提供者全部从其平台上剔除，不仅推卸了数据移动与泄露的相关责任，还便捷地将该条例作为合理借口以巩固其规模优势方的权力。"剑桥分析"作为第三方公司被曝称曾以数据迁移获取了"脸书"五千万用户的资料、通过制造丑闻等手段影响美国大选。②相对于其他公司，"脸书"拥有规模、资源和一切就绪的第一方优势地位。数据迁移会影响"脸书"等互联网公司收集、迁移和处理数据的方式以及用户关系和目标广告运行模式等，虽然它可能会有助于数据收集和服务质量的提升以及用户对网络平台信任的建立，但是很难否认的是它可能造成的技术垄断。③占据规模优势的互联网公司能凭借数据迁移权及其系列条款提升他们的市场权力并进一步保障他们在与小型企业的竞争中胜出。这会导致市场创新生态系统的失灵和技术寡头政治的强化。④

同时，数据排他性产生的后续迁移成本不仅会削弱既有市场主体之间的价格竞争，而且会抑制市场进入。⑤乔舒亚·甘斯（Joshua Gans）指出，如果数据排他性正在造就这些市场中的市场权力关注，那么这种关注就没有以一种向消费者收取高价的形式反映它们自身。⑥这种排他性竞争壁垒会影响数据流动和平台转接的成本，从而束缚创新。如果市场进入者能够给消费者提供特别重要和新奇的服务与产品，并且这种服务与产品能够轻松克服平台对接与数据迁移的困难，他们才会有可能获取市场份额。在一个消费者价格早已归零的市场中，克服市场转换成本特别具有挑战性。新的市场进入者面临创新回馈太低，以至于很难有正当理由将现有资源投入该

---

① Battelle, J. How GDPR kills the innovation economy. 2018年5月25日，https://shift.newco.co/2018/05/25/how-gdpr-kills-the-innovation-economy/，2019年2月25日。

② Granville, K. Facebook and Cambridge Analytica: What You Need to Know as Fallout Widens. *The New York Times*, March 19, 2018.

③ Bohmecke, M. & Niebel, C. The general data protection's impact on data-driven business models: The case of the right to data portability and Facebook. *ICT Discoveries*, 2018,2(9): 9–16.

④ Borho, T. *Making The Oligarchy Obsolete: Defining Problems of Coercion and Seeking Voluntary Solutions*. Förlag: Lulu Press, 2015, p.177.

⑤ Viard, V. B. Do Switching Costs Make Markets More or Less Competitive? The Case of 800 Number Portability. *RAND Journal of Economics*, 2007, 38(1): 146–63.

⑥ Gans, J. Enhancing competition with data and identity portability. 2018年6月13日，http://www.hamiltonproject.org/assets/files/Gans_20180611.pdf，2019年1月15日。

市场。① 这种市场准入缺乏创新的压力意味着已进入现有市场的企业同样不愿意在创新上有所投入。②

另外，数据迁移虽然能促进人工智能服务可获数据总量与种类的增加，但是为用户提供复杂和分离数据集成本的叠加会削弱企业收集和存储海量数据的积极性，这限制了数据可获性从而束缚人工智能的创新发展。数据迁移权的诞生特别是数据本地化迁移的要求增加了人工智能企业的负担，它成为隐私法的无益扭曲，不仅无法为个人隐私提供有效保障，反而导致云服务的竞争性减弱而增加了人工智能的成本。③ 且数据迁移所引发的数据删除会影响原数据控制平台算法的有效性和合法性，亦会增加人工智能系统管理的人力成本，甚至有可能完全阻断或损坏原有的智能算法运行。④ 这限制了欧盟企业在欧盟以外的国家或地区发展和运用人工智能建立竞争性的云服务和提供科技产品，并且可能无助于解决隐私保护中的根本问题。

（三）减损用户福利

在社会结构领域，数据迁移权的实施还可能会导致网络用户福利的降低。社会学家韦伯斯特认为，"福利是一种健康、幸福和舒适的良好状态"，反映了社会对各个主体的关注与服务。⑤ 互联网以其应用与服务的非稀缺性，重构了产品与用户之间的关系，大幅提升了网络用户的福利，使广大消费者在网络空间中能够自由、快速和普遍免费地享受邮箱登录、在线购物、即时交流和获取资讯等各类服务。但是，数据迁移权系列规定的出台可能会减损互联网用户的福利。隐私法学家彼得·史怀亚（Peter Swire）和雅尼·拉戈斯（Yianni Lagos）指出："不仅协同工作能力实际上较难实现，而且数据迁移权为软件和应用提供者增加了大量成本，要求他们编写软件

---

① Gans, J. & Person, L. Entrepreneurial commercialization choices and the interaction between IPR and competition policy. *Industrial and Corporate Change*, 2013, 22(1):131–151.

② Segal, I. & Whinston, M.D. Antitrust in Innovative Industries. *American Economic Review*, 2007, 97(5): 1703–1730.

③ Cory, N. Cross Border Data Flows: Where Are the Barriers, and What Do They Cost?. 2017年5月1日，http://www2.itif.org/2017-cross-border-data-flows.pdf, 2018 年 5 月 20 日。

④ Malle, B., Kieseberg, P. et al. Right to be Forgotten: Towards Machine Learning on Perturbed Knowledge Bases, in Buccafurri, F., Holzinger, A. et al. eds. *International Conference on Availability, Reliability, and Security*. Salzburg, Austria: Springer International Publishing, 2016, pp.251–266.

⑤ 范斌：《福利社会学》，北京：社会科学文献出版社 2006 年版，第 20 页。

以无障碍地将数据从一个系统迁移到另一个系统,这种强制性法律规定的成本会转嫁到消费者身上。"①

在法哲学层面,反不正当竞争法的重要目的就是保护消费者的利益和福利。②然而,作为反不正当竞争法的一个子域,《通用数据保护条例》对数据迁移权的规定过于宽泛,它既适用于小企业,又适用于没有垄断权力的企业和没有准入壁垒的市场。③这导致数据迁移权的规定与反不正当竞争法中排他行为的规定相冲突,它实际上限制了反不正当竞争法中合理性法则的适用,既可能影响效能,也会损害市场竞争。④关键是滥用市场相对优势地位的行为会对用户造成直接与间接的多重损害,它包括提高消费者的支付、降低产品的多样性和增加消费者的选购成本。⑤具体而言,数据迁移权的相关规定可能会影响市场竞争,从而导致目前绝大部分免费的互联网应用与服务转向收费模式,造成用户使用成本的增加,并且也会导致目前多元的数据应用服务转向单一或形成垄断固化。

数据迁移权的实践还会影响用户的法律权利福利。数据迁移权系列条款虽然反映了对人格权的全面保障以及社会主体对个人数据的自决与控制的加强,体现了信息时代私权扩张的趋向,但是这种私权的扩张的背后却是立法权和行政权等公权力活跃的身影。在欧洲,《欧盟基本权利宪章》第八条单独将个人数据保护权列为基本权利,规定"每个人都有权获取其个人数据"。《欧洲人权公约》第八条确立的"尊重隐私与家庭生活的权利"已涵盖数据迁移,欧洲人权法院在裁决中也曾确认该条包含对数据隐私的保护。在2008年的"马普等诉英国案"(S. & Marper v. United Kingdom)中,法院判决指出:"个人数据的保护,对一个人享有隐私和家庭生活受到尊重的权利是根本性的、且特别重要,公约第八条保障公民实现该项权利。"⑥在这种情况下,是否有必要在个人权利的基础上确立数据迁移权,

---

① Swire, P. & Lagos, Y. Why the Right to Data Portability Likely Reduces Consumer Welfare: Antitrust and Privacy Critique. *Maryland Law Review*, 2013, 72(2): 335–380.

② 孔祥俊:《反不正当竞争法的创新性适用》,北京:中国法制出版社2014年版,第81页。

③ Draft Regulation, *supra* Part II.A.

④ Swire, P. & Lagos, Y. Why the Right to Data Portability Likely Reduces Consumer Welfare: Antitrust and Privacy Critique. *Maryland Law Review*, 2013, 72(2): 335–380.

⑤ 郭学兰、昆波拉提:《相对优势地位理论的反垄断法适用研究》,北京:知识产权出版社2016年版,第139–140页。

⑥ S. & Marper v. United Kingdom, 2008 Eur. Ct. H.R. 1, 29.

其正当性自然存有争议。

哲学家约瑟夫·拉兹（Joseph Raz）批评了法律界近年来出现的权利大量增生的现象，他认为将数据迁移权纳入人类基本权利序列时有理由保持谨慎。拉兹指出："迅速出现的名目繁多的各类权利都宣称是人类基本权利，并且这类例子不胜枚举，譬如全球化的权利、全面性教育的权利、安全健康和保护生态美好环境的权利等，接受这一系列新增的权利时需要反复斟酌。"① 与保护反种族灭绝和能够将国际干预和人类普遍理想正当化的其他权利相比，数据迁移权似乎不在同一重要级别。史怀亚等人发现，与美国创制一项新宪法权利需要修订宪法的程序相比，欧洲对数据保护权的界定程度实质上接近于普通的立法程序。② 《通用数据保护条例》开篇即承认其制定是基于 2009 年的《欧盟运行条约》的第 16 条，遵循的是普通立法程序。这种立法操作就有可能为立法权、行政权的扩张与越界提供基础，越界的权力就很可能会以类似的方式干预公民基本权利，网络用户的权利福利受损亦会难以避免。

四、利益平衡

数据迁移权的制法实践反映了当代个人数据与隐私保护中的利益衡量，它包括信息流动与网络安全、社会知情与隐私保护、数据主体与客体利益等一系列潜在与显性冲突法益的竞合，全面回应了现代互联网科技的隐私挑战。

（一）国家域：信息流动与网络安全的衡量

信息的均衡流动一直是国际社会积极努力的方向。20 世纪 80 年代，在中国等发展中国家的共同推动下，联合国教科文组织公布的《麦克布莱德报告》(The McBride Report) 曾强调信息流动的重要性。该报告提出："在当今世界中，如果要使某种宽大的原则不再继续有利于少数并有害于国

---

① Raz, J. Human Rights in the Emerging World Order. *Transnational Legal Theory*, 2010, 1(1): 31-47.

② Swire, P. & Lagos, Y. Why the Right to Data Portability Likely Reduces Consumer Welfare: Antitrust and Privacy Critique. *Maryland Law Review*, 2013, 72(2): 335-380.

际国内多数的话,就必须为实现真正的信息自由流动而创造先决条件。"①发展到今天,在论及隐私保护与数据获取时,该原则仍然在制法者的考量之中。世界经济合作与发展组织(OECD)在《关于保护隐私和个人数据跨境流动指南》的序言和备忘录中指出:考虑到个人数据自由流动(包括跨境流动)的必要和有益性,如果各国在个人数据保护立法方面存在很大差异,就会给经济活动,给诸如银行业和保险业的发展造成严重干扰。确立稳定可预期的基本原则,有助于实现对现代数据处理技术潜力的充分发掘。②

尽管推动信息流动是社会各界的普遍诉求,但是仍有迹象显示实施个人数据跨平台、跨地域和跨国界流动面临重重安全风险。这是数据迁移中必须权衡的重要因素之一。个人数据保护的国际纲领性文件《关于保护隐私和个人数据跨境流动指南》将数据移动问题划分为"国内适用的基本原则"及"国际间适用的基本原则"。在国内层面,目前欧盟成员国主要是通过为数据主体赋权的形式,让数据主体享有数据控制权和信息自决权,鼓励个人数据跨平台、跨区域流动,以期减缓数据主体客体化的发展并保障网络用户的数据隐私和人格利益。为了防止数据在迁移过程中的安全风险,欧盟的数据迁移权法条规定了"主体同意"、"技术可行"和"充足保护"等个人数据迁移的限制条件。出于对隐私泄露风险等因素的衡量,虽然欧盟对个人数据迁移权的规定目前尚未被其他国家或地区所普遍仿效,但是美国不少大型企业已开始积极推进数据的标准化、为用户安全迁移数据提供便捷服务。③

在国际层面,基于国家安全的考量,欧盟和其他许多国家对数据迁移采取限制流动的原则。"在目前各种信息自由流动的伪装下,有些国家的政府、跨国公司、交流工作和有组织的压力集团不时地企图破坏其他国家的内部稳定、侵犯这些国家的主权、扰乱这些国家的发展。"④特别是根服务

---

① 中国对外翻译出版公司第二编译室译:《多种声音 一个世界》,北京:中国对外翻译出版公司1981年版,第197页。
② OECD. Guidelines on the Protection of Privacy and Transborder Flows of Personal Data. 2013年7月11日, http://www.oecd.org/sti/ieconomy/privacy.htm, 2019年3月15日。
③ Gohman, K. The Data Portability Landscape Is Changing Globally And The U.S. Financial Sector Is Taking Notice. *Forbes*, Oct. 11, 2017.
④ 中国对外翻译出版公司第二编译室译:《多种声音 一个世界》,北京:中国对外翻译出版公司1981年版,第197页。

器的实质宰制以及资源分配、协议标准及规则制定的网络霸权,导致数据库的地理分布不均和信息流动的明显失衡与国际垄断。为此,我国《网络安全法》第37条与2019年正式实施的《电子商务法》第26条及其相关法规普遍限制个人数据的跨境流动,实行的是限制迁移与安全评估制度。欧洲采用也是类似的方式,1995年出台的《个人数据保护指令》曾规定:个人数据不得流通至欧盟以外国家,但该国"数据保护完备"或具备其他条件的除外。《欧盟金融服务数据保护指南》要求金融业处理个人数据迁移问题时,需要衡量数据处理是否可能妨害隐私权、数据处理的正当依据和数据安全保护措施等。

对于数据的跨境迁移,欧盟要求达到"有效保护"的标准。2015年10月6日,欧盟最高司法机构欧洲法院(ECLI)作出判决,以美国未能达到为欧盟隐私数据提供有效保护的理由,认定欧美2000年签署的关于自动交换数据的《安全港协议》(International Safe Harbor Privacy Principles)无效,并要求"脸书"等美国公司遵守欧盟隐私法规。① 这样,美国随之失去了其在欧洲"对个人数据提供充分保护国家"的地位。为有效权衡这种利益冲突,欧美最新达成的隐私盾(U.S.-EU Privacy Shield)更强调安全问题,要求个人数据的迁移必须符合告知和选择原则,规定第三方至少也要提供相同水准的隐私保护,必须采取合理的预防措施,保护个人数据不会遗失、滥用和受到未经授权的存取、泄露、窜改和破坏。②

(二)社会域:社会知情与隐私保护的衡量

社会知情与隐私保护的冲突主要源于公共领域和私人空间的交融以及公共活动与私人生活的交叠。在个人与社会之间关系张力增大的过程中,社会主体要求避免其私人活动和信息遭受侵害的诉求日益强烈,以对抗新闻媒体、网络平台和窥私人群对私人领域的侵犯。传播法学者刘文杰指出:"保护个人数据归根结底是为了实现个人对其私人空间的自我支配和对其私人生活及个人形象的自我决定,从而免受外界不请自来的干扰。"③ 然而个

---

① C-362/14 Maximilliam Schrems v. Data Protection Commissioner [2015] ECLI:EU:C: 2015: 650.
② Cole, D., Fabbrini, F., & Schulhofer, S. *Surveillance, Privacy and Trans-Atlantic Relations*. Portland, Oregon: Hart Publishing, 2017, p.210.
③ 刘文杰:《被遗忘权:传统元素、新语境与利益衡量》,《法学研究》2018年第2期,第24-41页。

人总是社会的一分子,纯粹的离群索居并不现实,法律在保护隐私这一对世性权利的同时,还保护个体知悉以及获取信息的权利,由此形成了社会知情与隐私保护之间的利益冲突。①隐私必须社会化,以避免人类的自尊和内在的自我的完整性受到公共领域的自己和私人领域的自己之间持久存在的紧张而造成伤害。②数据隐私制度旨在平衡的利益矛盾也正是数据主体的隐私利益(人格尊严与个人数据等)与他人(即负有消极不作为义务的其他自然人、法人或网络平台等)的知情权之间基本权益的冲突。

隐私法学者张新宝指出:隐私权与知情权均是社会主体所共同享有的基本权利,是为维持个体的人格尊严和自由、增进民主社会的多元化所必需,面对不同主体在基本权利之上的冲突,国家作为超然于个体权利冲突之外的中立第三方,以立法和司法裁判的方式进行利益冲突的协调。③数据迁移权的确权即反映了国家对这种利益冲突的法律权衡。一方面,欧盟将数据迁移权、数据获取权和被删除权等数据隐私权上升为一项普遍适用于欧盟成员国的对世性人格权,以法律形式表现了国家意愿与超国家意志对数据隐私权的认可;另一方面为平衡这种利益之间的冲突,欧盟以法条的形式允许公共利益对社会主体隐私权的正当限制。数据迁移权的但书条款(第20条第三款)规定:"对于数据控制者为了公共利益,或者为了行使其被授权的官方权威可以对数据迁移权进行的必要处理。"该法律允许基于国家安全与公共安全,预防、调查、侦查、起诉刑事违法或者执行刑法,基于欧盟或某个成员国的重要公共利益、特别是其经济或金融利益等,对数据迁移权予以必要的限制。数据隐私制法所坚持的一个基本的原则是,当社会知情权与平台表达符合公共利益标准时,数据公开、公众人物和新闻价值等限制构成对隐私侵权的合理抗辩。

在公私信息海量汇聚的现代网络环境中,欧盟通过创制数据迁移权,增强个体对数据的控制,以平衡隐私保护与公众知情的内在限度。在公共利益之外,数据迁移规定授权数据主体自主决定数据是否可以迁移、向谁

---

① 张新宝:《从隐私到个人信息:利益再衡量的理论与制度安排》,《中国法学》2015年第3期,第38-59页。

② 〔美〕格兰特·米德:《自由、隐私与自治》(王垚译),张民安、宋志斌(主编):《自治性隐私研究:自治性隐私权的产生、发展、适用范围和争议》,广州:中山大学出版社2014年版,第517-538页。

③ 张新宝:《从隐私到个人信息:利益再衡量的理论与制度安排》,《中国法学》2015年第3期,第38-59页。

迁移以及为何种目的进行迁移，发端于隐私权的数据自治不再囿于传统意义上的私密保护，开始更多指向隐私的个人信息自决维度。欧洲由此逐步探索形成了一套利益平衡机制。早在1983年德国联邦宪法院在判决中就首次提出了"个人数据的自我决定"，1995年的《个人数据保护指令》正式提出数据迁移权，1998年欧洲议会在第1165号决议《隐私权》第五条中明确要求：考虑到存储和使用个人数据通讯技术的新发展，对个人数据的控制权应当被加入隐私权定义之中。在2016年草案的基础上，2018年的《通用数据保护条例》正式为数据迁移权确权，总体上反映了通过个人数据自决进行利益权衡的治理路径。

（三）个人域：权利主体与客体利益的衡量

在大数据时代，隐私权的主体与客体之间的冲突状态进一步加剧。个人数据尤其是各类平台中海量积聚的个人数据潜在和显性价值的凸显，使数据一跃成为信息时代的"石油"与"黄金"。数据价值的迅速跃升，不仅导致作为隐私客体的个人数据陷入商品化和侵权化的危机之中，而且致使作为隐私主体的自然人呈现出明显的客体化倾向。伴随着个人数据的收集、转移与处理，隐私主体的本体属性日益减弱，隐私客体的资源属性与商品特征愈益增强。正因如此，隐私权主客体间的权衡成为信息立法与司法的优先考量事项。《通用数据保护条例》在明确隐私权利主体是自然人的基础上，不仅对客体"个人数据"进行了法律界定，而且确立了对个人数据使用的授权原则，强化了主体对客体的自主控制。并且，该条例还构建了"数据最小化"的规则，要求个人数据的处理应当是为了实现数据处理目的且是适当的、相关的和必要的。我国的《民法总则》第111条和《网络安全法》第41条也确立了类似的同意准则，要求个人数据的收集与使用应当遵循合法、正当、必要的原则。①

同时，数据迁移问题亦涉及数据主体之间的利益冲突与权利平衡。个人数据的迁移不仅直接与该数据主体相关，还涉及其他数据主体。杰尼·滕尼森（Jeni Tennison）指出："赋予人们获取和迁移个人数据的权利，可能会造成对他人权利的侵害：因为数据实质上从来并不仅仅与某个特定

---

① 卢家银：《论隐私自治：数据迁移权的起源、挑战与利益平衡》，《新闻与传播研究》2019年第8期，第71–88页。

主体相关，它还始终与所有卷入该数据的个人相关。"①例如，如果某特定个体欲分享与转移其基因数据，那么该主体实现该权利的实际行为就会侵害其他家庭成员的隐私权，换言之，不论其家人是生或死，均不能改变他们是这些数据共有主体的事实。2015年的"剑桥分析"丑闻就属于这种情况。在该事件中，数据主体丧失了其对个人数据的控制，致使个人数据从一个平台转移到其他平台，从而导致了涉及广大用户主体的严重侵权。并且，由于个人数据是属人的利益，个体（数据主体）与利益（数据客体）冲突的实质上亦是人与人之间的矛盾，属于道德主体间的冲突。②这样，数据主客体之间的冲突又会进一步加剧数据主体之间的张力。

为了避免这种侵权的重演与扩大，欧洲议会尝试进行利益权衡。2018年正式实施的《通用数据保护条例》第20条第四款做出了针对性的规定：实现第一款所规定的数据迁移权不能对他人的权利或自由产生负面影响。对于数据迁移权的限制问题，该条例第23条允许基于"保护数据主体或其他人的权利和自由"和"实施民事法律主张"而限制数据迁移权等相关权利的实施。对于数据权利主体平衡中的特殊主体与一般主体的权利衡量，该条例第8条进一步明确："在适用数据处理合法性时，对于为儿童直接提供信息社会服务的请求，当儿童年满16周岁，对儿童个人数据的处理是合法的。当儿童不满16周岁，只有当对儿童具有父母监护责任的主体同意或授权，此类处理才是合法的。"

此外，除了在制法中统筹考虑应予考量的因素，欧盟还在法律适用中发展形成了比例原则以协调隐私保护中的冲突利益。法学家沈宗灵指出，法律的作用就是对各种对立的利益进行协调和平衡，建立一套平衡利益冲突的规则，以使社会能够进入有序状态，保持持续发展。③在面临权利主客体冲突时，法律需要通过权利维护和行政裁决对形形色色的个人要求进行鉴别，确立每个公民应该享有的个人利益。④在欧洲，比例原则在隐私等民法领域中的适用已成为一种普遍现象。欧洲人权法院在裁决隐私侵权

---

① Pariag, V. & Char, K. Balancing Act: Innovation vs. Privacy in the Age of Data Portability, 2018年8月3日，http://thegovlab.org/balancing-act-innovation-vs-privacy-in-the-age-of-data-portability-2/, 2018年12月15日。
② 任丑:《伦理学》，北京：中国农业出版社2015年版，第37页。
③ 沈宗灵:《现代西方法理学》，北京：北京大学出版社1992年版，第291页。
④ 〔英〕罗杰·科特威尔:《法律社会学导论》，潘大松译，北京：华夏出版社1989年版，第83页。

类诉讼时经常适用该原则，德国宪法院在对私法进行合宪性审查时，主要适用的也是比例原则。① "比例原则要求合比例、适度，着眼于相关主体利益的均衡，其精神在于反对极端、实现均衡，既不能'过'，也不能'不及'。"② 它不仅反对国家权力对个体权利造成过度的干预，也反对个体不当地介入他人的私人空间。在权衡数据迁移权利冲突时，未来还需考虑以社会的道德和伦理价值来权衡冲突利益，尊重"社会的道德判断"甚至"人类的良心"，保护那些以深置于传统中的道德原则和社会基本情感为基础的利益，应受"人民共同的良心"的指导。③

五、信息自决

数据迁移权的创制及发展从法律上强化了对个人数据权利的保障，改变了传统的信息治理范式，促使隐私保护从聚焦被动的个体独处转向积极的个人数据控制及信息自决。这种法律与观念的演变导致隐私从一种私人生活的静止与排他性的含义设置转向一种动态的个人及其环境的边界控制过程。④ 桑德拉·彼得罗尼奥（Sandra Petronio）将个体在处理隐私保护与自我披露冲突时的决策原则概括为传播隐私管理理论（CPM）。⑤ 尽管该理论富有创见地讨论了文化、性别与动机等隐私自我管理准则，但其仍然局限于微观的个体隐私决策行为层面，忽略了宏观的社会制度对个体隐私边界的治理、特别是国家与超国家意志对这种法律制度的形塑。数据主体这种自身、环境与社会之间的互动与边界管理，实际上是个体在法律框架下对个人数据及其隐私的自我规制与治理过程，属于数据自治。

数据主体的这种自治不仅关注个体的数据与信息传播行为，而且关注国家对隐私边界活动的干预和影响，更强调社会对数据主体的赋权和对信息活动的法律与技术治理。在该过程之中，个体在法律框架下按照自己的

---

① 郑晓剑：《比例原则在民法上的适用及展开》，《中国法学》2016年第2期，第143-165页。
② 王利明：《民法上的利益位阶及其考量》，《法学家》2014年第1期，第79-90页。
③ 〔美〕詹姆斯·安修：《美国宪法解释与判例》，黎建飞译，北京：中国政法大学出版社1999年版，第212-213页。
④ Rannenberg, K., Royer, D., & Deuker, A. *The Future of Identity in the Information Society: Challenges and Opportunities*. Verlag, Berlin: Springer, 2009, p.292.
⑤ Petronio, S. Brief status report on communication privacy management theory. *Journal of Family Communication*, 2013, 13(1): 6–14.

意志既对个人数据进行自由支配，也对私人生活和事务自主决策、以形成或更改权利与义务关系。这样，法律对主体的赋权越多，主体对隐私的自我管理越有可能实现。数据自决的价值就在于，"保持对自己的信息的控制，使之不会受制于他人，以使自己免于被重塑、被物化的危险。这既是个人自治的体现，又是为人的尊严这一终极目的服务"①。在大数据时代，个人通过与他人和社会的关系定位和交流互动，控制数据流动和进行信息自我管理，以实现个体对无害于公共利益的私人领域较高程度的自主。如果他人的数据隐私遭到侵害，那么该个体的个人自治也必然受到损害。

从国内外数据权利的立法与司法实践来看，隐私的自我治理一般通过规范性保护与物质性保护两种途径实现。②就规范性保护而言，我国的《民法典》《民法总则》《网络安全法》和欧盟的《通用数据保护条例》等均通过明确赋予社会主体保障数据隐私的硬法与软法规则，以规范个人的隐私边界活动；就物质性保护而言，中外法律法规普遍借助限制他人非法获取、闯入和处理涉及数据主体信息的物质实体，例如房屋、电脑、软件、手机等，以调整个体的隐私治理行为。在隐私公开与封闭的辩证边界治理过程中，动态的隐私在不同空间中的流动会导致隐私边界的位移甚至重塑，传统的公私法益冲突也会因信息的流动而继续保持张力。在数据流动过程中，如果对特定主体边界的侵害越严重，个体保护个人隐私的动力也会愈强。③约瑟夫·库普弗（Joseph Kupfer）认为："隐私有助于个人自治能力的形成和发展，因为隐私意味着他人能够控制是否使自己的精神活动被别人所知悉。这样的控制对他人来说是必要的，使他人能够意识到自己是作为自治主体而存在的。"④由此来看，网络用户自我意识的增长与自己有能力控制个人数据的认知之间具有密切联系，当个体开始意识到其有能力决定别人能否以及在多大程度上能够获取与个人数据时，该主体就发展出了个人自治的自我意识。

---

① 李兵：《IT时代隐私观念与隐私权保护研究》，北京：世界图书出版公司2016年版，第97页。

② 吕耀怀、罗雅婷：《大数据时代个人信息收集与处理的隐私问题及其伦理维度》，《哲学动态》2017年第2期，第63-68页。

③ Spitzberg, B. H. & Cupach, W. R. *The Dark Side of Relationship Pursuit: From Attraction to Obsession and Stalking*. New York, NY: Routledge, 2014, p.253.

④ Kupfer, J. Privacy, autonomy, and self-concept. *American Philosophical Quarterly*, 1987, 24(1): 81–89.

总体而言，数据迁移权的创制反映了大数据语境下全面保障隐私与个人数据权利的普遍趋势。与被遗忘权类似，数据迁移权强化了数据主体对个人数据的控制，体现了法律规范重心从数据收集转向数据使用环节以及个人隐私自治的法治发展趋向。作为宪法权利的"影子区域"，数据迁移权涵盖了数据获取、转移和持有的默示权利，成为个体自由裁量和明示权利自主实现的空间。[①] 在此区域中的隐私并不拒绝国家强制与信息监控，且能够超越传统空间的界限，为主体自身带来思想、生活与亲密关系的自由选择与自治。在一个以普遍的社会主体形塑为特征的世界里，隐私促进或是部分鼓励个体自决。它既能保障个体维持关系联结，又能建构对个体周围世界的批判性视角。[②] 虽然以数据迁移权为代表的一整套个人数据权利并非能够放之四海而皆准，但是它确实对欧美和我国隐私保护的法治实践产生了广泛影响。特别是我国，在加强个人信息保护的法律移植与推进立法的呼吁下，现行法律虽没有进行法律确权，但是《网络安全法》等法律法规在推进个人信息自决领域中已迈出了坚定的本土化步伐。

---

① 〔美〕乔尔·费因伯格：《自治、主权与隐私：宪法当中的道德观念》（王垚译），张民安、宋志斌（主编）：《自治性隐私权研究：自治性隐私权的产生、发展、适用范围和争议》，广州：中山大学出版社 2014 年版，第 413–453 页。

② Cohen, J. E. What privacy is for. *Harvard Law Review*, 2013, 126(7): 1904–1933.

第十三章 青少年在线保护

> 互联网和信息技术的发展推动了各项儿童权利的实现，但也对儿童的安全构成了重大威胁，他们可能会接触到违法不良信息甚至威胁其信息与人身安全。
>
> ——法图玛塔·恩达耶

伴随着网络科技的飞速发展，尤其是青少年网民人数的迅速增长和人工智能的冲击，互联网对未成年人的日常生活与社会化进程的影响全面加深，未成年人的网络保护已经成为一个普世性的法律问题。在世界范围内，普遍面临着法律发展滞后于科技更新的问题，许多国家、特别是成文法国家缺少有效保障未成年人网络活动的专门法律，现行法律法规在保障未成年人权益方面显得捉襟见肘。法律保障的缺失导致网络空间中的淫秽色情、网络暴力、网络恐怖、网络欺凌、网络沉迷和人格侵权等一系列科技本体层面的问题层出不穷。尤其是影响未成年人健康成长的网络淫秽色情、网络欺凌、网络欺诈与沉迷，已经成为阻碍互联网良性发展的安全之踵。[①]

对此，在《世界人权宣言》《儿童权利公约》等多份国际法律文件的基础上，许多国家开始通过修订法律、专门立法或以判例造法等各类方式，积极应对网络空间中潜在与显性的安全冲击与挑战。美国于 2000 年正式实施《儿童网络隐私保护法》，欧洲议会于 2017 年制定了影响特别广泛的《通用数据保护条例》（General Data Protection Regulation），英国参照该法于 2018 年修订重新出台了《数据保护法案》（Data Protection Act 2018），法国亦于同年通过了第 2018-493 号关于个人数据保护的法令。我国也于 2012 年 10 月重新修订了《未成年人保护法》，相继修订出台了《网络安

---

① 本章的主体部分已公开发表，具体参阅卢家银：《未成年人网络活动保护的法律比较分析》，季为民、沈杰（主编）：《中国未成年人互联网运用报告 2019》，北京：社科文献出版社 2019 年版，第 43-55 页。

全法》(2016)、《网络游戏管理暂行办法》(2017)和《民法总则》(2017)等法律法规,并开始制定专门针对青少年网络活动保护的《未成年人网络保护条例(草案征求意见稿)》(2017年国务院法制办提交了送审稿),努力为未成年人创造健康的网络环境。

一、制法模式

对于未成年人的在线活动,世界范围内既有通过专门立法予以单独保护的,也有通过各类法律对青少年的网络活动内容进行保障的分散保护模式,目前是二者并存发展。

(一)英国:分散保护

英国对未成年人在线活动的法律保护是比较典型的分散保护模式。英国至今没有专门针对青少年网络活动的单行法,对未成年人网络活动的保护主要是通过各类普通立法中一般规定和相关的判例法而实现的。

在英国,与未成年人权益保护直接相关的法律首先当属《1978年青少年保护法》(Protection of Children Act 1978)。该法单独规定了对儿童色情的控制,其第1节规定,任何拍摄、允许拍摄、散发、展示、广告、为散发或展示而持有16周岁以下儿童有伤风化的照片或类似照片的行为都构成犯罪(《2003年性侵犯保护法案》将未成年人的年龄范围从16岁扩展到18岁),将受到最高三年监禁的刑事处罚。[①] 鉴于互联网的冲击与挑战,英国修订了《淫秽出版物法令》,并于1995年实施了《1994年刑事正义和公共秩序法》(Criminal Justice and Public Order Act 1994),规定电子传输也可以被认为是一种形式的出版行为。该法第84条修订为"有伤风化的儿童虚拟照片",在原条款之中的"照片"之后增加了"虚拟照片"(pseudo-photograph)一项,扩大了"照片"的定义范围。[②] 该法条第六款还指出,"虚拟照片"指的是一种图像,不管是通过计算机制成的还是通过其他方式生成的,看上去像照片一样的图像,这种照片包括储存在电脑磁盘里的数

---

① 〔英〕萨莉·斯皮尔伯利:《媒体法》,周文译,武汉:武汉大学出版社2004年版,第393页。

② 卢家银:《利益平衡:英美青少年在线活动的法律保护原则》,《中国青年政治学院学报》2012年第6期,第20—24页。

据以及任何能够通过其他电子方式转化成照片的数据。①

针对互联网的快速发展，2000 年，英国出台了《2000 年电子通迅法》（Electronic Communications Act 2000），对《1983 年人民代议法案》（Representation of the People Act 1983）等法律中与电子出版物相关的条款进行了修订，既延缓了针对互联网的专门立法，又有效限制了政府公权力，保障了公众的自由表达权。②英国之所以这样做，其实是为了保持法律的确定性——一方面努力保持立法机关颁布的成文法文本的精确性，另一方面鼓励法官造法，尽可能地允许法官根据若干年来已经形成的一整套规则去发现和揭示法律。这样才能真正有助于应对互联网对青少年在线活动的挑战。2002 年，英国签署了《欧洲理事会网络犯罪公约》（Council of Europe's Convention on Cybercrime），第三年该公约正式生效。它要求各成员国加强国内法律对网络有害内容（包括与虚拟儿童色情信息相关的内容）的惩处，从而使英国在国家层面上表现出了对明显的儿童色情内容的更为严格的限制趋向。③英国在《1998 年数据保护法》的基础上，于 2018 年修订重新出台了《数据保护法案》（Data Protection Act 2018），该法于 2019 年 2 月 23 日正式生效。《数据保护法案》要求数据监管机构要考虑儿童不同于成年人的需求及其在不同成长阶段的需求变化，法案第 9 条降低了数据主体授权同意的年龄限制，规定对于为未成年人直接提供信息社会服务的请求，如果数据主体不满 13 周岁的情况，需要具有父母监护责任的主体同意或授权。④

除了成文法，在判例法中，英国司法部门也努力为未成年人的在线活动提供保障。在 1997 年的"女王诉费洛斯和阿诺德案"（R v. Fellows and Arnold）中，英国上诉法院（English Court of Appeal）首次将《1994 年刑事正义和公共秩序法》的修订应运于司法判决，指出计算机文件包含原始的照片和其他任何形式的拷贝数据。在该案中，英国男子奥尔巴尼·费洛斯（Alban Fellows）在公司的电脑中保存了大量儿童色情图片，这些图片

---

① Criminal Justice and Public Order Act 1994. Available at http://www.legislation.gov.uk/ukpga/1994/33, 2012-02-13.

② Electronic Communications Act 2000. Available at https://www.legislation.gov.vk/vkpga/2000/7/contents, 2020-07-31.

③ Cram, I. *Contested Words: Legal Restrictions on Freedom of Speech in Liberal Democracies*. Aldershot: Ashgate Publishing Ltd, 2006, p.167.

④ Data Protection Act 2018, http://www.legislation.gov.uk/ukpga/2018/12/contents, 2019-02-21.

既可以让该电脑的使用者观看和打印，又能被注册成为会员的网民浏览和下载，成为会员的网民还可上载图片。法院最后判处费洛斯三年监禁，同时判处其主要协助者阿诺德（Arnold）六个月监禁。①与之类似，1999年11月，一位名叫宝登·乔纳森（Bowden Jonathan）的男子因从互联网上下载含有有伤风化的儿童照片而被判处四个月的监禁。上诉法院认定他的行为构成了制作和持有有伤风化的儿童照片的非法行为。②

与之类似，在2002年的"女王诉史密斯与杰森等案"（R v. Jayson）中，上诉法院裁定"自愿从互联网下载不雅图像到电脑的行为属于制作照片或虚拟照片的行为，因为计算机操作员在下载时会导致图像存在于屏幕上"③。2011年，伦敦警察厅（Scotland Yard）破获了一起制作有伤风化的儿童图片的案件。在该案中，儿童被强奸的图片也被纳入有伤风化的儿童图片。警方在一位名叫史蒂文·弗里曼（Steven Freeman）的男子家中发现了3000多张儿童色情图片，并且发现弗里曼通过网络与英国最大的恋童癖组织"儿童性爱信息交流群"（Pedophile Information Exchange, PIE）的其他成员分享和交易该类图片。法院最终判处弗里曼30个月以上的不定期刑罚（indeterminate sentence）。其他四个该组织成员也分别被判处了12个月至24个月不等的监禁。④2019年4月，英国信息委员会最新公布消息称，英国即将出台新规以阻止未成年人在社交媒体上"点赞"，互联网平台将会被禁止使用鼓励未成年人持续使用网络的"轻推技术"（nudge techniques），对于违规者将会受到各类处罚，最高将面临所在公司全球收入4%的罚款。⑤

（二）德国：分散保护

与英国相似，德国对未成年人网络活动的立法保护亦是分散保护，而非专门立法的集中保护。目前，德国各类普通法中关于限制包括色情、极端暴力和侵犯知识产权在内的条款均适用于互联网。向18岁以下的青少年

---

① R v. Fellows and Arnold [1997] 1 CAR 244.
② R v. Bowden[2000] 2 ALL ER 420.
③ R v. Graham Westgarth Smith and Mike Jayson [2002] EWCA Crim 683 (No.2001/. 00251/Y1).
④ R v. Freeman. Available at http://www.iwf.org.uk/hotline/case-laws/r-v--freeman, 2012-02-17.
⑤ Drew, R. UK proposes banning social media 'likes' for children. *The Washington Post*, April 15, 2019.

提供色情、暴力和种族歧视内容的材料可能被视为刑事犯罪，但父母和子女间涉及这些内容的通信不在此列。通过电子媒介出版、发行和订阅含有鼓吹纳粹国家主义和种族仇恨的言论都属于刑事犯罪而被严格禁止。①

在联邦层面，德国《基本法》第一条的但书条款明确规定，为保护青少年及个人名誉权利时可限制公民以文字、书面及图片发表意见和不受限制的获取信息的权利。在此基础上，1997年，德国制定通过了有名的《多媒体法》（又称《关于信息和通信服务的一般条件的法案》）。该法对国际互联网的规制提出了新的方法，明确规定了互联网内容提供方、互联网服务提供方和网络搜索服务提供方的法律责任。《多媒体法》扩大了《刑法》中"出版物"的概念，明确规定"出版物"包括电子的、视觉的或其他类型的数据存储介质，着重限制包含猥亵、色情、恶意言论、谣言、种族主义的言论，尤其禁止与纳粹相关的思想言论与图片在互联网上传播。在保护青少年的问题上，该法修订了旨在寻求言论自由和保护未成年人权益之间平衡的现有法律。根据《多媒体法》，信息提供者有义务在德国境内不向儿童传播已列入名单的、只可向成人开放的出版物。信息提供者应采取必要的技术措施，限制特定出版物的传播。违反者将受到处罚。德国危害儿童出版物检查署负责列出对青少年构成危害的出版物的名单。信息提供者还应当在其机构内部或外界管理机构指定"年轻人保护官"作为监督员，与公众配合，保证儿童接触不到不适宜的出版物。②

2003年4月，德国联邦制定了新版的《青少年保护法》（*Jugendschutzgesetz*, JuSchG），替代了1985年出台的《散布不良内容残害青少年法》，适用范围同样扩展到了广播电视和网络媒体领域。新出台的《青少年保护法》明确规定儿童为14岁以下者，青少年为14岁至18岁之间者。这部法律除了对公共场合中的活动（餐厅、舞厅、游戏间、其他不适于少儿的活动、场合等）进行管制，还进一步区分了线下媒体和线上媒体。根据该法，电脑游戏必须像电影和录像那样，根据其内容标明不同的年龄限制级别；如果电脑没有监控装置，网络服务商则必须有限制性措施的设计，以防止青少年进入色情网页。《青少年保护法》规定，在联邦政府

---

① 赵国玲（主编）：《预防青少年网络被害的教育对策研究——以实证分析为基础》，北京：北京大学出版社2010年版，第148页。

② 徐觉哉等（编）：《上海市科教兴市立法框架研究 国外科技教育政策和法律选》，上海：上海人民出版社2006年版，第303页。

层面，成立直属于联邦家庭、老年、女性和青少年部的"危害青少年媒体检查署"（Bundesprüfstelle für jugendgefährdende Medien, BPJM），对儿童及青少年教育和发展有严重影响的信息内容进行管制。该法第19条规定，"危害青少年媒体检查署"由主管机关、协会组织、社会团体等各界代表组成，并通过讨论来确认是否有将某类内容进一步列入危害青少年出版物品名单的必要。①

与之类似，对于青少年的网络近用，德联邦出台的《公共场所青少年保护法》规定，网吧经营者不得向未成年人提供可能危害他们身心健康的游戏软件。对传播黄色信息的网吧或个人，德国法律将对其责任人进行处罚，最高可处以十五年监禁。②德国法律规定，只有年满16周岁者方可进入网吧上网，有些网吧甚至只接待18岁以上的顾客。周一至周五的早上9点至下午3点之间，中学生严禁出入网吧（因为这是学生上课时间）。为防止网络有害信息传播，德国政府规定所有网吧的电脑必须设置有过滤和监控黄色有害网站的系统，如顾客输入德国政府"黄色网站黑名单"里的地址，电脑立即会出现"警告"，指出这个网址"有害健康，禁止链接"。违反规定的责任人将被处以罚款，并受到指控。

此外，德国《刑法典》第184条明文规定，向青少年传播色情信息的将被处罚款或者3年以下有期徒刑。传播或有组织传播儿童色情信息的，将被处以最高10年有期徒刑的惩罚。针对手机上网问题，2003年，德国通过了《联邦反垃圾邮件法案》，该法案应用范围包括手机通信领域，法案规定向用户推销商品和服务的广告短信，必须要征得用户的书面同意，否则将被处以罚款，德国政府还成立了"联邦手机短信处理中心"，来管理违反该法案的非法者。2009年，德国还出台了一部反儿童色情法案——《阻碍网页登录法》。根据此法案，联邦刑警局将建立封锁网站列表并每日更新，互联网服务供应商将根据这一列表，封锁相关的儿童色情网页。该法案已经获得德国联邦议院和联邦参议院的批准。不仅如此，德国政府还在制定新的打击互联网儿童色情犯罪法案，将由原来的"封锁"儿童色情

---

① 温静：《德国保护青少年的网络媒体法制》，上海交通大学硕士学位论文，2010年，第6页。

② 卢家银：《未成年人网络立法保护的国际视野与中国经验》，张志安（主编）：《互联网与国家治理年度报告（2015）》，北京：商务印书馆2015年版，第47-59页。

网页改为"删除"网页。[1]

在州层面,德国各州在立法活动中均积极保护青少年的在线活动。1991年,德国布兰登堡州还制定通过了《布兰登堡法》,该法的第20条在规定"人人有权以任何形式自由传播信息"的权利的同时,强调保护青少年的基本权利——"允许通过法律的制约来保护青少年、保护(个人)名誉和其他重要的法律价值,不得从事战争宣传和宣扬伤害人类尊严的公共歧视"。同时,各州还共同制定了《青少年保护州际协议》、《广播电视州际协议》和《青少年媒体保护州际协议》等重要法律文件,强调保护青少年的共同规则。[2] 其中《青少年媒体保护州际协议》规定,凡是描写少儿呈现出不自然姿态的内容(包括虚拟信息)、作为暴力对象的色情、儿童性虐待及或青少年的性行为或人兽交的内容均属违法内容。并且,德国在州政府层面还设立了青少年媒介保护委员会,下辖青少年保护网络有限公司,专门敦促网站删除不符合要求的内容。

(三)法国:分散保护

与英德的做法类似,1998年6月17日,法国通过第98-468号《保护与消除性伤害及未成年人保护法》,对《刑法典》中的相关规定进行了修订,对利用互联网侵害未成年人的违法犯罪行为开始加重处罚力度。[3] 同时,法国还通过了对互联网内容过滤的专门规定,第86-1067号新闻自由法第43-7条规定,提供有线通讯服务的自然人或法人应告知用户可以使用技术手段对服务项目或内容进行监控和筛选,并至少应向用户推荐一种此类方法。[4] 2006年,法国信息与自由全国委员会(CNIL)又制定了《互联网个人信息保护指南》,引导企业及个人加强个人信息保护。该指南特别规定互联网站如果发布涉及未成年人的个人数据、尤其是照片,必须得到其监护人的明确许可。[5] 除了框架和基础性的法律《信息、档案与自由法》,

---

[1] Pooth, S. *Jugendschutz im Internet-Staatliche Regelung und private Selbstkontrolle*. Verlag Dr. Kovac, Hamburg, 2005 S.167

[2] 卢家银:《未成年人网络立法保护的国际视野与中国经验》,张志安(主编):《互联网与国家治理年度报告(2015)》,北京:商务印书馆2015年版,第47-59页。

[3] 中国驻法国使馆教育处:《法国对未成年人上互联网的保护与管理》,世界教育信息网,http://www.jyb.cn/theory/bjjy/200902/t20090226_244371.html,2009-02-26。

[4] 同上。

[5] 刘卓:《法国:全方位维护互联网信息安全》,《中国青年报》2012年12月26日第03版。

2000 年之后，法国还相继颁布出台了《数字经济信心法》、《互联网创作保护与传播法》和《互联网知识产权刑事保护法》等，均不同程度地涉及未成年人网络保护。①

依据 2016 年新修订融入的欧盟数据指令，如果未成年人的父母在网上公开其私人生活的私密细节，将会被处以一年监禁和 4.5 万欧元的处罚。②2018 年 6 月，法国通过了第 2018-493 号关于个人数据保护（DPA）的法令，修订了之前对《信息、档案与自由法》的原修法令，将《通用数据保护条例》的相关规定融入法律。并按照欧盟成员国的自由酌量权，将"数码成人年龄"设定为 16 岁，意即 16 岁以下的青少年注册相关帐户时，需要父母授权同意，任何公司收集未成年用户的姓名、出生日期和邮箱，都必须遵守该规定。③

（四）美国：专门保护

与英国的做法不同，美国在未成年人网络法律保护方面采取的是专门立法保护的模式，已经在立法和司法领域做了大量的探索。

为了保护未成年人的在线活动，1996 年美国国会通过《抵制儿童色情法》（Child Pornography Prevention Act），在原有判例法的基础上进一步拓展了联邦法律，以对抗以计算机生成的形象代替真实儿童来发生性行为的侵犯材料。同年，美国国会又通过了《传播庄重法》（Communication Decency Act, CDA），以应对互联网上具有明显冒犯性的性表达或猥亵的性表达对未成年人的影响。《传播庄重法》是《1996 年电信法》（Telecommunications Act of 1996）第五章的一部分，《1996 年电信法》是 60 多年来美国第一次对《1934 年电信法》进行的"大修订"，其主要目的是规制网络色情，以保护未成年人的网络活动。在《传播庄重法》（CDA）中，有两条保护未成年免受因特网上"低俗的"和"明显冒犯性的"（patently offensive）信息传播的条款尤为关键。其中，该法第 223 条第

---

① 刘卓：《法国：全方位维护互联网信息安全》，《中国青年报》2012 年 12 月 26 日第 03 版。
② Chazan, D. (1 Mar, 2016) French parents 'could be jailed' for posting children's photos online. The Telegraph, https://www.telegraph.co.uk/news/worldnews/europe/france/12179584/French-parents-could-be-jailed-for-posting-childrens-photos-online.html，2019-02-21.
③ 赵怡蓁：《保护隐私：法国 16 岁以下青少年注册社交网络将需授权》，环球网，http://baijiahao.baidu.com/s?id=1586826332952160348&wfr=spider&for=pc，2017-12-15。

一款规定:"禁止任何明知对象未满十八岁,而在因特网上对其进行低俗的传播。"该条第四款还规定:"禁止任何人在明知可能被未满十八岁人士获得的情况下,在因特网上传播'以当前社区标准看来明显冒犯的方式刻画或描述性或排泄的器官以及行为的内容'。"①该法的处罚措施十分严厉,违反以上条款的人将会面临高达25万美元的罚金和长达5年的监禁。虽然该法也明确规定了侵权者的抗辩事由,但反对者仍然认为相关禁令太过宽泛,威胁到了成年人合法的言论表达。

仅在《传播庄重法》通过5个月后(即同年7月),美国费城地区法院的一位法官就宣布《传播庄重法》因侵犯成年人的言论自由而部分无效。美国公民自由联盟(American Civil Liberties Union, ACLU)和其他19个团体联合提起了反对该法的宪法诉讼。1997年6月,美国最高法院在"雷诺诉美国公民自由联盟案"(Reno v. American Civil Liberties Union)中判决,《传播庄重法》限制淫秽言论之外的其他言论的规定是违宪和无效的。②约翰·史蒂文斯(John Stevens)大法官在撰写的多数意见中指出:"《传播庄重法》在试图阻止未成年人接近潜在的有害言论的同时,也有效压制了成年人按宪法权利可以自由获得并互相发表的大量言论。"③当然,该法院还强调,它的判决不会在任何方面限制政府起诉那些在网上传播淫秽材料和儿童色情文学的人,它的判决专门针对该法律中禁止传播猥亵材料的条款。④

《传播庄重法》虽然失败了,但并没有阻止美国民众通过专门立法保障未成年人权益的脚步。1998年,美国国会通过了《儿童在线保护法》(Child Online Protection Act, COPA),目的是"限制未成年人在互联网上接近任何对其有害的材料"。该法以类似于米勒标准定义淫秽的方式"对未成年人有害"进行了定义,该法规定:"任何人故意地在明知某材料性质的情况下,在州际和国际商业活动中利用万维网,为了商业目的传播可被未成年人接触到的,或者对未成年人有害的材料,可被处以5万美元以下的罚

---

① 左亦鲁:《美国的互联网管制——以未成年人互联网保护为例》,《中国经济》2010年第4期,第1—12页。
② Reno v. American Civil Liberties Union, 117 S.Ct. 2329(1997).
③ 同上。
④〔美〕唐·彭伯:《大众传媒法》,张金玺、赵刚译,北京:中国人民大学出版社2005年版,第460页。

款，或 6 个月以下的监禁，或两刑并罚。"① 与《传播庄重法》的命运类似，1999 年美国公民自由联盟（ACLU）和其他一些团体对《儿童在线保护法》（COPA）也提出挑战，一家联邦地区法院颁布了临时禁制令，禁止该法实施。该法院法官洛厄尔·里德（Lowell Reed）指出，为了保护未成年人不受商业"性"网站的骚扰，国会又一次通过了妨碍成人接收受宪法保护的材料的法律。

第二年，美国第三巡回区上诉法院支持了里德法官的判决。2002 年，最高法院审理了这起针对《儿童在线保护法》的案件（名称为 Ashcroft v. American Civil Liberties Union）。该案被发回第三巡回区上诉法院，由该法院进一步考察该法是否因其他原因而过于宽泛。2004 年，最高法院支持了下级法院对该法的禁制令，判决该法可能违宪。安东尼·肯尼迪（Anthony Kennedy）大法官撰写的多数意见指出，在限制未成年人接触网络有害材料方面，过滤比《儿童在线保护法》的年龄认证方式更为有效，制定该法的儿童在线委员会（Commission Child Online）在自己的报告中也确认了这一点。② 直到 2009 年，美国最高法院还是拒绝受理下级法院的相关上诉，否决该法的合宪性。

在这种情况下，美国对未成年人在线活动的法律保护开始走上了支持技术过滤的道路。1999 年，时任参议员的约翰·麦凯恩（John McCain）发起《儿童因特网保护法》（Children's Internet Protection Act, CIPA），并于 2000 年 12 月获得通过。根据该法，如果学校和图书馆希望获得联邦资助（或折扣）购买电脑或接入网络，那么根据《儿童因特网保护法》（CIPA）的要求，学校和图书馆必须具有因特网安全政策和技术保护措施，每一台接入因特网的电脑必须安装相应的过滤软件，可以屏蔽"属于淫秽或儿童色情的图像，防止未成年人获取对其有害的材料"。③ 对于该法，美国图书馆协会（American Library Association）在第二年 1 月提起诉讼。不过，与《传播庄重法》和《儿童在线保护法》的命运不同，在 2003 年的"美国诉美国图书馆协会案"（United States v. American Library Association）中，最

---

① Child Online Protection Act, 47 U. S.§231.
② Supreme Court of the United States. Ashcroft v. ACLU. Available at http://www.law.cornell.edu/supct/html/03-218.ZS.html, 2006-03-30.
③ Children's Internet Protection Act (CIPA), P.L.106–554, 20 U.S.C. § 7001.Cited from Ku, R. S. R. & Lipton, J. D. *Cyberspace Law: Cases and Materials*. New York: Aspen Publisher, 2010, p.148.

高法院以 6 比 3 支持了《儿童因特网保护法》（CIPA）的合宪性。

首席大法官威廉·伦奎斯特（William Rehnquist）撰写了多数意见，他认为《儿童因特网保护法》是国会合法行使其权力来实现其保护未成年人利益的，它并不侵犯图书馆和学校等公共场所中的用户的《宪法第一修正案》权利。① 伦奎斯特针对下级法院认为《儿童因特网保护法》是"对进入公共论坛的基于内容的限制"的说法，他指出，图书馆不是"传统上的或被设计出来的公共论坛"，公共图书在社会中的价值在于"利于人们学习和丰富文化"，图书馆要选择性地提供那些"对共同体有直接、重大好处和利益的材料"。② 并且该法只为那些安装了过滤软件的图书馆和学校提供资助，并不是对那些拒绝安装此类软件的场所的惩罚。③ 这样，从《传播庄重法》（CDA）到《儿童在线保护法》（COPA）再到《儿童因特网保护法》（CIPA），最高法院不仅在保护未成年人与成年人言论表达之间实现了基本平衡，而且在政府公权力与公众私权利这对存在紧张的价值和利益之间取得了某种暂时的平衡。

此外，在 2009 年"联邦通讯委员会诉福克斯电视台"（FCC v. Fox Television Stations, Inc.）一案中，美国联邦最高法院以 5 比 4 判决联邦通讯委员会胜诉并发回重审。联邦最高法院判决认为，联邦通讯委员会对福克斯电视台节目中出现的所谓"临场粗口"（fleeting expletives）这种不雅内容的处罚并不武断和反复无常。④ 虽然该案在 2012 年的联邦最高法院再审时，法院以《宪法第十四修正案》中法律正当程序的规定——任何州不经正当法律程序，不得剥夺任何人的生命、自由或财产"，裁决联邦通讯委员会败诉，但这并未减弱美国法律对猥亵和不雅内容的规制力度。⑤

为了进一步为了平衡这种权利冲突，2011 年美国联邦最高法院以 7 比 2 的结果裁定加利福尼亚州禁止销售暴力游戏的法案违反了美国宪法第一和第十四修正案，该院指出：与之前受保护的书籍、电影、戏剧等艺术形式一样，电子游戏通过许多人们熟悉的载体（如人物、语言、情节、音乐）

---

① 卢家银：《利益平衡：英美青少年在线活动的法律保护原则》，《中国青年政治学院学报》2012 年第 6 期，第 20—24 页。

② 左亦鲁：《美国的互联网管制——以未成年人互联网保护为例》，《中国经济》2010 年第 4 期，第 1—12 页。

③ United States v. American Library Association, 539 U.S. 194 (2003).

④ FCC v. Fox Television Stations, Inc., 556 U.S. 502 (2009).

⑤ FCC v. Fox Television Stations, Inc., 567 U.S. 239 (2012).

以及这种媒介所具有的独特功能（如玩家与虚拟世界的互动），传递各种创意甚至社交信息，由此美国联邦最高法院认为电子游戏是一种明显的传播媒介，应受到《宪法第一修正案》保护。①

对于备受关注的青少年网络信息保护问题，美国国会于1998年制定通过了《儿童网络隐私保护法》（The Children's Online Privacy Protection Act of 1998，COPPA），并于2000年4月正式实施，对互联网平台收集13岁以下儿童的个人信息的行为进行了具体的规制与约束。与欧盟《通用数据保护条例》的广泛视角不同，美国的《儿童网络隐私保护法》只聚焦于防止未成年人遭遇网络不公与欺诈。该法案规定："要求与儿童有关的商业网站经营者，或有意向儿童收集个人数据的网站经营者禁止以不公平或欺诈方式收集、使用及披露十三岁以下儿童网络个人数据。"②2005年10月，加利福尼亚州议会出台了AB1179法案，规定禁止向未成年人出售含有暴力内容的电子游戏。③

2012年12月，美国联邦贸易委员会发布了一份《儿童网络隐私保护法》的修订规则，第一次对该法案进行了比较重要的修订。该修订创制了父母注意和知情要求，补充了互联网平台需承担的义务和责任。该法要求互联网运营和服务提供者必须考虑运用可获得的科技手段尽力为13岁以下用户的监护人提供直接通知，以获取关于该用户个人信息的收集、使用或公开。④2016年，全球最大的移动广告网络公司伊摩比（InMobi）就因追踪所有用户（特别是获取13岁以下用户的信息而未经监护人允许）的地理位置而被罚款95万美元。在该案中，尽管用户已作隐私设置，但该广告公司的软件仍然持续定位和追踪用户。⑤

---

① Brown v. Entertainment Merchants Association, 131 S. Ct. 2729, 2742 (2011).
② 蒋玲：《美国儿童网络隐私保护概况及其启示》，《四川图书馆学报》2009年5期，第77—80页。
③ 何帆：《电子游戏、格林童话和言论自由》，《人民法院报》2011年8月12日第8版。
④ Larose, C.J. & Siripurapu, J.M. Guide to Compliance with the Amended Children's Online Privacy Protection Act (COPPA) Rule. The National Law Review, https://www.natlawreview.com/article/guide-to-compliance-amended-children-s-online-privacy-protection-act-coppa-rule, 2013-06-28.
⑤ Mobile Advertising Network InMobi Settles FTC Charges It Tracked Hundreds of Millions of Consumers' Locations Without Permission. Federal Trade Commission, https://www.ftc.gov/news-events/press-releases/2016/06/mobile-advertising-network-inmobi-settles-ftc-charges-it-tracked, 2016-06-22.

二、本土路径

中国没有专门的法律保护未成年人的网络活动，我国现行涉及未成年人网络保护的立法分散在《宪法》《刑法》《民法》和《未成年人保护法》等各类法律法规（甚至是部门规章）之中，效力层次各不相同，属于典型的间接保护。尽管如此，我国已经开始了对青少年在线活动进行专门立法的探索，已体现出直接立法保护的趋向。

（一）间接保护的现实

在我国，这类间接保护的法律主要包括普通法中的一般规定和青少年相关立法中的专门规定两类。

1. 普通法中的一般规定

对于普通法中的相关规定，网络淫秽色情信息的规制是重中之重。2011年2月修订通过的《刑法》第364条规定："传播淫秽的书刊、影片、音像、图片或者其他淫秽物品，情节严重的，处二年以下有期徒刑、拘役或者管制。……向不满十八周岁的未成年人传播淫秽物品的，从重处罚。"2004年9月，最高人民法院和最高人民检察院发布的《关于办理利用互联网、移动通讯终端、声讯台制作、复制、出版、贩卖、传播淫秽电子信息刑事案件具体应用法律若干问题的解释》（法释〔2004〕11号）第9条对"其他淫秽物品"进行了解释，指出其包括具体描绘性行为或者露骨宣扬色情的诲淫性的视频文件、音频文件、电子刊物、图片、文章、短信息等互联网、移动通讯终端电子信息和声讯台语音信息。[①]

我国大陆地区还通过立法保护青少年的网络隐私权、名誉权等人格权利。现行《宪法》第38条规定："中华人民共和国公民的人格尊严不受侵犯。禁止用任何方法对公民进行侮辱、诽谤和诬告陷害。"除了原有的《民法通则》，2017年新出台的《民法总则》和2020年通过的《民法典》已经为公民隐私权和个人信息权再次确权，并进一步完善了一般人格权的规定，这为未成年人的网络人格权保护奠定了基础。2017年开始正式实施的《网

---

① 最高人民法院、最高人民检察院：《关于办理利用互联网、移动通讯终端、声讯台制作、复制、出版、贩卖、传播淫秽电子信息刑事案件具体应用法律若干问题的解释》，《中华人民共和国最高人民法院公报》2004年第10期，第6-8页。

络安全法》第 13 条同样规定：国家支持研究开发有利于未成年人健康成长的网络产品和服务，依法惩治利用网络从事危害未成年人身心健康的活动，为未成年人提供安全、健康的网络环境。虽然这些条款是原则性的规定或软法宣示性的内容，但是其仍然是青少年网络保护的法律基础和重要依据，能在法律适用中为青少年的基本权益保护提供有力支撑。

同时，为了规范互联网行业的发展并保护青少年的在线活动，我国大陆的行政管理部门还出台了一系列的行政法规、部门规章等，诸如《计算机信息网络国际联网安全保护管理办法》、《互联网上网服务营业场所管理条例》、《互联网文化管理暂行规定》和《互联网视听节目服务管理规定》等，以管制淫秽色情信息、暴力信息和其他侵权信息的传播。例如，2016 年颁布实施的《互联网上网服务营业场所管理条例》第 21 条规定："互联网上网服务营业场所经营单位不得接纳未成年人进入营业场所。互联网上网服务营业场所经营单位应当在营业场所入口处的显著位置悬挂未成年人禁入标志。"这些行政法规和部门规章尽管在一定程度上弥补了现行法律的不足，但是仍然无法适应互联网的快速发展，也未能对青少年的网络活动提供有效保障。

与大陆相比，我国台湾地区的做法也比较类似。台湾地区对青少年在线活动保护的法律也是分散在刑法、民法等普通法律之中。为了保护青少年免受网络有害信息的影响，台湾立法院通过修订相关法律或新增法律的方式加大了对青少年网络活动的保护力度。台湾现行《刑法》第 235 条第一款规定"散布或贩卖猥亵之文字、图画或其他物品，或公然陈列，或以他法供人观赏者，处一年以下有期徒刑，拘役或科或并科三千元以下罚金"。1997 年 10 月，台湾立法院通过了《刑法》修正案，将该条规定的适用范围扩展到了互联网。为了进一步平衡未成年人的基本权利和成年人的言论自由，台湾还在现行法律的框架下实施网络分级的制度。2004 年 4 月 26 日，台湾"行政院新闻局"颁布了《电脑网路内容分级处理办法》，该办法对网络内容进行了分类管制，将网络内容分为限制级和非限制级。限制级指有害儿童及少年身心发展者，包括"过当描述赌博、吸毒、贩毒、抢劫、盗窃、绑架、杀人或其他犯罪行为者。过当描述自杀过程者。有恐怖、血腥、残暴、变态等情节且表现方式强烈，一般成年人尚可接受者。以动作、影像、语言、文字、对白、声音、图画、摄影或其他形式描绘性行为、淫秽情节或裸露人体性器官，尚不至引起一般成年人羞耻或厌恶感者"。电脑网络内容,具有以上情形之一,则会被列为限制级。① 如果内容为非限制级者,仍宜视其内容,由父母、监护人或其他实际照顾儿童之人辅导浏览。从该分级制度可以看出,台湾法律在保护青少年免受暴力色情等不良网络信息影响的同时,也十分注重成年人言论自由的保障,多项规定中提到了该信息是否在"成年人尚可接受"的范围。

2. 青少年相关立法中的专门规定

我国对青少年的立法保护是建立在宪法保护的框架之下的。我国《宪法》第49条确立了未成年人法律保护的基本原则——"儿童受国家的保护"。并且,《宪法》第46条还规定"国家培养青年、少年、儿童在品德、智力、体质等方面全面发展"。在此法律框架之下,全国人大常委会和国务院等相关部门除了在普通法律中对未成年人进行保护,而且先后制定了一系列青少年保护的专门法律法规,以保障未成年人的基本权利。1991年,全国人大常委会制定了《未成年人保护法》。该法立足于保护未成年人的身心健康,明确规定,严厉禁止向未成年人出售、出租或者以其他方式传播淫秽、暴力、凶杀、恐怖等毒害未成年人的图书、报刊、音像制品的行为。② 后来为了应对互联网的挑战,在2006年对《未成年人保护法》进行修订时,增加了对互联网上传播淫秽色情信息行为的限制。最新修订通过的《未成年人保护法》第34条规定:"禁止任何组织、个人制作或者向未成年人出售、出租或者以其他方式传播淫秽、暴力、凶杀、恐怖、赌博等毒害未成年人的图书、报刊、音像制品、电子出版物以及网络信息等。"③

与之类似,全国人大常委会1999年6月制定的《预防未成年人犯罪法》也对此作了禁止性的规定,其中第31条明确禁止向未成年人传播包含淫秽色情及暴力等内容的信息。该条规定:"任何单位和个人不得向未成年人出售、出租含有诱发未成年人违法犯罪以及渲染暴力、色情、赌博、恐怖活动等危害未成年人身心健康内容的读物、音像制品或者电子出版物。任何单位和个人不得利用通讯、计算机网络等方式提供前款规定的危害未成年

---

① 许育典、郭兆轩:《"儿童及少年保护"的宪法建构:兼论我国网路内容分级规范的合宪性》,《台北大学法学论丛》2011年第3期,第169—261页。
② 卢家银:《未成年人网络立法保护的国际视野与中国经验》,张志安(主编):《互联网与国家治理年度报告(2015)》,北京:商务印书馆2015年版,第47—59页。
③ 《中华人民共和国未成年人保护法》,《中华人民共和国最高人民检察院公报》2013年第6期,第2—7页。

人身心健康的内容及其信息。"① 截至目前,《未成年人保护法》和《预防未成年人犯罪法》可以说是对青少年在线活动提供直接法律保护的两部法律,二者为青少年网络权益的保障提供了有力支撑,但是这两部法律均未对违法行为的追惩作出明确规定。

同时,我国未成年人领域的专门立法还对青少年的隐私权等进行保护。早在 1991 年制定《未成年人保护法》时就对青少年隐私权的保护作了规定。该法第 30 条规定:"任何组织和个人不得披露未成年人的个人隐私。"当时并未对隐私的具体内容进行阐释,只在 31 条中规定"任何组织和个人不得隐匿、毁弃未成年人的信件"。到 2006 年,全国人民代表大会常务委员会对《未成年人保护法》进行修订时,将未成年人隐私权的保护内容从传统媒体扩展到了互联网,第 39 条前两款如是规定:"任何组织或者个人不得披露未成年人的个人隐私。对未成年人的信件、日记、电子邮件,任何组织或者个人不得隐匿、毁弃。"对于媒体对未成年人群体的报道,《预防未成年人犯罪法》第 45 条进一步规定:"对未成年人犯罪案件,新闻报道、影视节目、公开出版物不得披露未成年人的姓名、住所、照片及可能推断出该未成年人的资料。"② 但是,令人遗憾的是这一条在实际生活中执行得并不尽如人意。

与大陆类似,我国台湾地区对青少年的在线活动的保护,也多是通过青少年相关立法而实现的。在 2003 年制定的专门保护青少年成长和发展的《儿童及少年福利法》中,台湾立法部门及时增添了对青少年在线活动保护的条款。该法先后经过台湾立法院 2011、2012、2014 年三次修订,后将名称改为《儿童及少年福利与权益保障法》。该法第 49 条第 11、12 款规定:"禁止利用儿童及少年拍摄或录制暴力、血腥、色情、猥亵或其他有害儿童及少年身心健康之出版品、图画、录影节目带、影片、光碟、磁片、电子讯号、游戏软体、网际网路内容或其他物品。禁止对儿童及少年散布或播送有害其身心发展之出版品、图画、录影节目带、影片、光碟、电子讯号、游戏软体或其他物品。"③ 对于违反该法者,将会被处以 5 万至 25 万台币的

---

① 《中华人民共和国预防未成年人犯罪法》,《中华人民共和国全国人民代表大会常务委员会公报》1999 年第 4 期,第 276—285 页。
② 同上。
③ 卢家银、聂晓静:《两岸青少年在线活动的法律保护比较》,《中国青年政治学院学报》2014 年第 6 期,第 33—38 页。

罚款，并会被公布姓名及机构名称并须限制改正，情节严重者，将会被勒令停业 1 个月至 1 年。对于青少年的名誉和隐私权问题，现行《儿童及少年福利与权益保障法》第 69 条明确禁止在互联网和各类媒介上公布儿童的姓名及相关身份信息。该条规定："宣传品、出版品、广播、电视、网际网路或其他媒体对儿童及少年不得报道或记载其姓名或其他足以识别身份之资讯。"特别是不得公布和报道关于遗弃、身心虐待、身心障碍、行乞、拐卖、绑架、收养、亲权行使等事件中当事未成年人或相关未成年人的身份讯息。①《少年事件处理法》第三十八条亦有类似规定。

（二）直接保护的趋向

虽然我国对青少年在线活动的法律保护是间接保护，但是现在已出现较为明显的直接保护趋向，立法部门正在着手制定未成年人在线保护的专门法律。《未成年人网络保护条例》已经纳入国务院"2014 立法计划"，国家互联网信息办公室前期已召开了相关部委会议，专门研究条例的立法问题。该条例已由团中央牵头起草完成《未成年人网络保护条例》（征求意见稿）共计 8 章、47 条，将会对未成年人网络权益予以特殊优先保护。②

2017 年，国家网信办起草报送国务院审议的《未成年人网络保护条例（送审稿）》已面向社会公开征求意见。该条例明确了未成年人网络保护的管理体制、建立了网络内容管理制度、增加了公共上网场所预装过滤软件、网络沉迷规范矫正、网络欺凌防治和未成年人个人信息保护的规定。③2017 年新出台的《民法总则》也已经为公民隐私权和个人信息权再次确权，并进一步完善了一般人格权的规定，这为未成年人的网络人格权保护奠定了基础。2019 年 8 月，国家互联网信息办公室审议通过《儿童个人信息网络保护规定》，开始对网络运营者收集、存储和使用儿童个人信息的行为进行针对性规范。概言之，为应对互联网的挑战和持续推进社会主义法治进程，我国已经在未成年人网络保护领域展开了专门立法的实践探索，已体现出直接立法保护的发展趋向。

---

① 尤英夫：《大众传播法》，台北：新学林出版股份有限公司 2011 年版，第 188 页。
② 徐霄桐：《我国将出台未成年人网络保护条例》，《中国青年报》2014 年 11 月 26 日，第 03 版。
③ 王利明：《中国未成年人网络保护立法的成就与展望》，法制网，http://www.legaldaily.com.cn/fxjy/content/2017-12/05/content_7412005.htm?node=89858，2017-12-05。

三、法律文化

纵观中外,目前未成年人在线活动的立法保护模式主要表现为分散立法保护和集中立法保护两类,前者以英国和德国为代表,后者以美国为代表。尽管英国、德国没有建立专门的青少年网络法律体系,但是通过修订和完善现行各类法律法规,扩大相关法律的适用范围等,在立法和司法实践中仍然对未成年人的网络活动提供了有力的法律保障。美国虽然是判例法国家,但并未囿于判例法的发展传统,而是通过一系列专门立法的尝试和突破,努力为青少年的网络活动提供专门保护。我国的立法实践虽然与英国和德国有着一定的相似性,但我国的这种分散保护仍与英德有一定的差距。我国现有保护青少年权益的相关法律法规虽然数量和层次比较多,但法律体系并不完善,普遍存在针对性不强、规定宽泛和依靠行政规章及文件的不足,无法为未成年人的网络活动提供可靠保障。这种现实也直接导致社会各界呼吁和推动未成年人网络保护的立法迅速转向专门立法保护的方向。目前这种立法模式的选择似乎已定,好像只剩下立法思路和判法技术的问题需要全面探讨和尽快解决。

同时,中外各国相比,青少年在线活动保护路径的差异还表现在法律文化层面。第一,英美德等国有关未成年人网络保护的法律虽然强调保障未成年人的各项权益,但仍然在立法上努力与成年人的权利进行法益权衡。相较而言,其中一个显著特征表现为这些相关法律普遍强调保障公民基本权利、限制公权力滥用,普遍担心政府以保护未成年人网络安全为由限制公民的合法自由,体现了一种权利本位的理念。与之相比,我国的青少年网络保护的法律则明显带有义务本位的特征。不容忽视,目前我国与媒体相关的法律均属于管理法,即对于公民的禁止性规范多而授权性条款少,更多的是强调对相关行政部门的管理授权。"现行法律法规中,许多法律条文条款普遍强调各类传播主体'不得'怎样、'应当'如何的禁止性规范和义务性规范,确认、保护和维护普通主体各种合法权利益的授权性规范相对屈指可数。"[①]《未成年人网络保护条例(征求意见稿)》亦是如此。之所

---

① Shao, G., Lu, J. Y., & Hao, Y. Assessing China's Media Reform. *Asian Perspective*, 2016, 40(1): 27–50.

以这样，另一个原因在于我国几乎所有的法律法规的制定都以秩序为终极目标，法律的制定与实施总体上服务于国家安全和社会稳定的目标，为此其他价值目标需要不同程度地服务于该目的。这是以秩序为追求的法律文化直接影响的法制发展结果之一。①

第二，中美英德等国相比，其他国家青少年网络保护的法律并没有受到某种明确的意识形态的影响，如果说这些西方国家的法律中也存在一种意识形态，那可能是自由主义或资本主义。与之相比，中国青少年网络保护的法律则以马克思列宁主义为指导。《网络安全法》第6条、《民法总则》第1条等都强调"传播"和"弘扬""社会主义核心价值观"，《未成年人保护法》第1条明确指出其宗旨是"培养社会主义建设者"。根本目标是要让青少年接受"社会主义的教育"、形成"社会主义的公德"、最终成为"有理想、有纪律的社会主义建设者"。

第三，中外诸国相比，西方法治国家青少年网络保护的法律普遍强调个人，我国青少年网络保护的法律则更强调国家和集体。在历史文化层面，西方传统文化以个性解放和重构人的主体性为核心的人文主义思潮为主潮，奉行个人主义和倡导保护个人利益，不能容忍对个人行为、身体、精神和经济自由的干预，蕴含着人与国家、社会关系的感知与理解。②中国传统法律文化则强调，"社会个体是国家和社会中的一分子，应该以整体利益为个人价值目标的依归，法律则应主要保障社会和国家的利益"③。我国各级法院在适用法律中也强调，公民在行使个人权利时必须遵守宪法和法律的规定，不得破坏社会秩序，不得损害国家的、社会的、集体的利益或其他公民的合法的自由和权利。④这种法律文化的差异，可能导致现代法律移植和本土化发展中出现观念与行为的实践张力，也会对不同国家和地区的制法模式和法治发展产生影响。

总体而言，不论是他国模式还是中国经验，都必须立足本国现实和文化传统。这首先需要处理好法的移植和本土化问题。中国法在近现代化过

---

① 卢家银：《未成年人网络活动保护的法律比较分析》，季为民、沈杰（主编）：《青少年蓝皮书：中国未成年人互联网运用报告（2019）》，北京：社科文献出版社2019年版，第43-55页。

② 王少俊：《中国政治宪法学的生成逻辑与价值诉求》，北京：中国政法大学出版社2016年版，第25-26页。

③ 朱颖：《改革开放三十年我国新闻法律文化的变迁》，《广东外语外贸大学学报》2008年第6期，第22-25页。

④ 吉林省高级人民法院（2018）吉行申142号。

程中，借鉴了外国法律，这是一个不争的事实。所以，我们要不断地将法律的借鉴与本土资源相融合。尤其是互联网领域，中国尚未建立完善的互联网法治体系、对未成年人在线保护的探索不多，与此相配套的治理机制尚未形成，有必要借鉴发达国家在这方面的成功经验。其次，在未成年人网络立法保护领域特别需要处理好利益平衡的问题。青少年的网络保护问题，不仅涉及未成年人与成年人的权利冲突，而且涉及政府公权力与公众私权利之间的综合考虑。为了有效解决该问题，英美德等国均在立法活动和司法实践中普遍采用了利益平衡的原则。对于前者，英美德等国法律均主张对未成年人给予例外或是优先保护，但是这种保护是建立在权利平等的基础之上，这些国家的法律都反对在确认未成年人现有利益和宣告成年人非法利益时损害成年人合法的权利与自由；对于后者，英美德等国法律均强调保障权利、限制权力，普遍担心政府以保护青少年在线活动为借口限制民众的言论自由，体现了一种权利本位的理念。

最后，未成年人的网络保护立法是一项系统工程，它不仅涉及法律、技术、伦理等多个层面，而且需要立法机关、政府部门、社会团体、学校、家庭和普通公众的广泛参与，不可一蹴而就。① 在这个虚拟与现实迅速交融的智能算法时代，青少年的在线保护需要全面统筹利益衡量、路径选择和文化传统，以推动未成年人网络保护法律体系建设过程中实现国家目标、集体利益和个人权益的有机统一。对照未成年人网络保护的实践发展和潜在挑战，毫无疑问法律界需要进一步思考法律条款中的授权与限权、法律文化传统、法律的借鉴与移植以及法律实施与适用过程中的利益平衡与实际效用。如果法律确实无法有效解决问题，在实践中既可以借助现代科技手段、诉诸技术，也可以考虑调动社会多元主体参与互联网治理、诉诸共律，通过建立现代网络治理体系而有效应对。②

---

① 卢家银：《未成年人网络立法保护的国际视野与中国经验》，张志安（主编）：《互联网与国家治理年度报告（2015）》，北京：商务印书馆2015年版，第47-59页。

② 卢家银：《未成年人网络活动保护的法律比较分析》，季为民、沈杰（主编）：《青少年蓝皮书：中国未成年人互联网运用报告（2019）》，北京：社科文献出版社2019年版，第43-55页。

跋

传播法研究是一个魅力无穷的领域，其中既有利益的平衡，又有程序的对话，还有权利在文化与历史广阔空间中的抗争。在孙旭培和魏永征等前辈学人的矢志推动下，传播法治思维在庙堂与江湖之上播种开花，理论研究与制度建树在本土化的呼声中步步向前。在这样的历史背景下，笔者幸有机缘于2007年忝列恩师门下、跟随孙旭培教授攻读博士，自此踏入传播法的研究沃土。亦正是从这一年我开始在卡夫卡所谓的"法律之门"（Before the Law）面前徘徊和思考，后在2010年与法律之门的"守门人"对话之后，选择主动接近传播法，以期突入法律之门。这正是本书写作的主要动因之一。

与此同时，在我攻读博士学位期间，屠忠俊教授推荐我阅读了严复的译著《群己权界论》，让徘徊在"法律之门"外的我看到了穆勒笔下的门中之景。这进一步坚定了我这"外乡人"对传播法研究的信念。就这样，在恩师孙旭培课上课下的耳提面命、埃德温·贝克（Edwin Baker）课间饭后的点拨沟通、克利福德·克利斯琴斯（Clifford Christians）线上线下的理论鼓励之下，我得以理清思路并坚持每天写作，以期步穆勒与严复之"后尘"，探索现代国家、社会与公民等多元主体的法律规范和权利界限，寻求"富强者之利民之政"和"自治者之节矩之道"。

经过这十年有余的材料搜集、案例积累和日常写作，现终得以完成拙著《群己权界新论——传播法比较研究》。该书一共十三章，总体上可分为五个版块：第一章为宪法权利部分，第二、三章为国家安全部分，第四、五、六章为社会秩序部分，第七、八、九、十章为公民权利部分，第十一至十三章为特殊权界部分。本书立足世界传播法治的历史语境，围绕十三个传播法核心问题，全面梳理和分析了世界各主要法系代表国家的传播法制体系和群己权界统合中的法益平衡。在各个版块与章节的讨论中，笔者一方面对涉及议题的法律制度异同进行了检视，另一方面对涉及议题的哲学原理和法律适用进行阐述，此外还多维度比较分析了争议性论点、发展趋势及其背后的文化价值，以探索基本权利在不同法系国家的法律限度。

另外，虽然笔者在这已逾十年的写作过程中，积极与学界同仁切磋，认真向青年学子求教，以期拙著能够超越博士论文，让自己的研究更上层楼。但是，无法否认的是，本书仍然存在以下不足，需要在未来的研究中进一步完善：一是本书虽然对相关国家的法律法规和法律适用进行了分析，但是未全面讨论其所在的历史文化语境；二是本书的论述尽管对互联网与人工智能的发展有所关注，但未能对这种新技术发展所带来的传播法制变化进行系统分析；三是本书对世界各大法系国家的传播管制亦未进行全面比较，需进一步挖掘这种差异背后的历史文化。这些缺憾，只能留待在未来的研究中逐步提升和完善，也真诚期待同行学者批评指正。由此，也可以帮助笔者改变卡夫卡笔下"乡下人"的悲剧命运，真正迈入"法律之门"。

最后，在本书付梓之际，我衷心感谢我的导师孙旭培教授，是他将我引入鲜有人涉足的传播法领域，激励我潜心研究。我也深深感谢中国政法大学魏永征教授、中国传媒大学王四新教授、南京师范大学顾理平教授、香港城市大学李金铨教授、美国伊利诺伊大学传播研究所克利斯琴斯教授和法学院费伊·琼斯（Faye Jones）教授，感谢他们的资料提供、访问支持、观点碰撞和写作鼓励等各种形式的指导与帮助，感谢这十年来积极参与我传播法课程的莘莘学子，正是与他们的互动交流，让我在教学相长中得以完成拙著。本书的出版还得到商务印书馆苑容宏主任和责编王婉珠女士的鼎力支持，在此深表谢意。

是为跋。

卢家银
2020年于中山大学